지역사회 개발론

임재현

Community Development Theory

박영사

머리말

현재는 지방자치시대이다. 지방자치시대에서는 지방과 관련된 권한이 지방에 이양된 만큼 이에 대한 책임도 지방이 져야 한다. 지방 스스로가 지방경쟁력과 주민들의 삶의 질을 향상시키기 위해 노력해야 한다. 그런데 우리의 현실은 그러하지 못하였다. 학교에 와서 지방행정론과 도시행정론을 가르치면서 '지방이 살 길이 무엇인가?'에 대해 고민을 하던 중 지역사회개발론을 개설하고자 했다. 당시 많은 행정학과에는 지역개발론이 개설되어 있었고 또한 지역개발학과가 있는 대학들도 많았다. 학과의 선배교수님들과 논의하던 중에 막내이던 나의 의사를 존중하겠다는 결정이 내려졌다. 당시만 해도 지역사회개발이라는 개념이 생소하였고 또한 국내에는 관련 책이나 연구자료도 많지 않았다. 지방자치와 지역사회개발을 연계시키면서 또한 지역사회개발과 지역개발의 차이를 부각시키면서 강의를 준비하려고 노력하였다. 이런 과정을 통해 지역사회개발론을 학생들과 같이 공부하게 되었다.

세계화와 정보·지식화가 진행되어 전 세계적으로 경쟁이 확대되는 상황에서 지역사회개발의 중요성은 더욱 커질 수밖에 없다. 지방이 살 길은 중앙정부에 대한 의존 정도를 낮추고 스스로가 살 수 있는 방법을 찾아야 하기 때문이다. 그러기 위해서는 지방자치단체장, 지방의원, 지방공무원의 역할도 중요하지만, 무엇보다 지역사회 구성원들 모두가 공동체의식을 가지고 살기 좋은 지역사회를 만들기 위해 자율적이고 적극적으로 노력해야 한다. 이것이 지역사회개발의 본질이다. 지역사회개발론을 강의하면서 우리나라의 지역사회들은 현재의 변화에 제대로 적응하고 있는가 그리고 지역사회개발의 본질을 추구하고 있는가에 대해 생각을 하고 또 했다. 그러나, 기대에 많이 못 미친다는 생각을 떨칠 수가 없었다. 이러한 현실을 생각할수록 지역사회개발에 조금이라도 기여하고 후학들에게 도움이 되는 책을 남기고 싶다는 생각이 끊이지를 않았다. 지역사회개발에 관심이 있는 학생들에게 많은 도움을 주는 훌륭한 저서들이 많지만, 변화의 시대에 맞는 새로운 내용을 담은 책이 필요하다는 생각에서 미루었던 집필을 시작하기로 마음을 먹었다. 그동안 강의를 위해 계속해서 모았던 자료들을 검토하고 정리하면서 책의 내용을 가다듬었다. 지역사회를 주민들이 살기 좋은 곳으로 만들기 위해서는 지역사회를 구성하고 있는 모든 분야들에 대해 진단하고 개선할 점이 있으면 개선해야 한다. 그러나, 이 모든 분야들을 이 책에서 논의할 수는 없다. 나름대로 가장 우선적으로 개발되어야 한다고 판단되는 여섯 분야, 즉 정치, 경제, 사회복지, 인적자원, 문화, 환경 분야에 초점을 맞추기로 했다.

이 책은 다음과 같은 내용들을 담고 있다. 지역사회는 세계의 일부분이기 때문에 세계의 변화를 거스를 수 없다. 세계의 대표적인 변화인 세계화, 정보·지식화, 지방화, 복지국가의 위기 등을 맞아서 지역사회가 부각되는 이유와 지역사회의 역할에 대해 검토한다. 지역사회의 중요성이 강조될수록 지역사회가 자신의 역할을 제대로 수행하기 위해 지역사회개발에 관심을 가질 수밖에 없다. 따라서, 지역사회를 정의하고 지역사회 기능을 검토한 후 지역사회개발이 무엇인지에 대해 지역개발과 비교검토하고 또한 지역사회개발의 주요 특징들을 살펴본다. 지역사회개발은 주민들이 주도하여 지역사회를 살기 좋은 곳으로 만들기 위한 역동적인 과정이기 때문에 원칙 없이 추진되면 소기의 목적을 달성하기 어렵다. 지역사회개발을 위한 대표적인 여섯 가지 원칙들을 다양한 사례들과 같이 살펴보는 것은 의미가 있다. 또한, 지역사회개발은 관이 주도하는 것이 아니라 주민들이 주도하는 것이기 때문에 민주적 절차에 따라 진행되어야 한다. 이에 따라 지역사회개발 과정을 지역사회 진단과 의제 설정, 대안 결정, 실행, 평가의 네 단계로 나누고 각 단계에 대해 구체적으로 검토한다. 그리고, 지역사회개발은 지역사회의 모든 부분을 개발하는 것이 맞지만 위에서 설명한 이유로 인해서 여섯 분야에 초점을 맞추고 구체적으로 논의하도록 한다. 다만, 이 여섯 분야의 명칭이 지역사회 정치개발, 지역사회 복지개발, 지역사회 인적자원개발, 지역사회 경제개발, 지역사회 문화개발, 지역사회 친환경개발로 되어 있어서 조금은 생소하고 또한 각 영역의 명칭이 길다고 생각될 수 있다. 이는 관 주도적인 지역개발이 아니라 주민공동체와 주민 주도에 기반하고 있는 지역사회개발을 강조하기 위해서이다.

이러한 의도와 내용을 포함하고 있는 이 책은 필자의 고뇌와 성과와 노력이 망라된 책이다. 아직 가야 할 길은 멀지만, 집필을 마치고 나니 준비과정에서 겪었던 어려움들이 보람으로 변하였다. 이 책으로 인해 지역사회개발과 관련된 공무원들이 지역사회의 문제를 해결하고 지역사회를 살기 좋은 곳으로 만드는 데 크게 기여했으면 하는 기대를 가져본다. 그리고 지역사회개발을 공부하는 후학들이 지역사회와 지역사회개발에 대한 지식과 능력을 향상시키는 데 많이 이바지하였으면 하는 바람도 있다.

마지막으로 이 책을 발간하면서 도움을 주신 많은 분들께 감사의 말씀을 전하고 싶다. 먼저, 돌아가신 아버님과 어머님께 깊이 감사를 드리고 싶다. 지역사회개발을 강의하고 집필하기로 마음을 먹은 가장 중요한 이유는 두 분께서 지역사회를 위해 헌신적인 활동을 하신 것을 보고 자랐기 때문이다. 두 분께 감사와 사랑의 마음을 전하고 싶어서 이 책을 집필하기로 마음을 먹었다. 두 분께서 하늘나라에서 책의 출간을 보시겠지만, 이 땅에서는 출간을 보시지 못한 점이 너무 아쉽다. 그리고, 이 책을 출간함에 있어서 용기와 아낌없는 지원을 해 준 나의 영원한 벗인 사랑하는 아내에게도 고마운 마음을 전하고 싶다. 집필 과정에서 어려움을 겪을 때마다 한 잔의 술을 같이 기울이면서 스트레스를 해소시켜준 점은 결코 잊지 못할 추억이 될 것이다. 또한, 훌륭하게 성장하여 자신의 길을 묵묵히 걸어가는 자랑스러운 장남과 차남 그리고 마음씨 곱고 이쁜 며느리들에게도 고마움을 표시하고 싶다. 또한, 항상 오빠를 걱정해주는 아름답고 사랑스러운 여동생들에게도 고마운 마음을 전하고 싶다. 이 외에도 고마움을 전하고 싶은 분들이 많지만, 마지막으로 이 책을 출판할 수 있도록 많은 지원을 아끼지 않으신 장규식 과장님과 전채린 과장님을 포함한 박영사 관계자 분들께도 감사의 마음을 전하고 싶다.

2021년 2월
청파동 언덕 연구실에서
저자 씀

차 례

03 지역사회개발의 원칙

06 지역사회 복지개발

07 지역사회 인적자원개발

08 지역사회 경제개발

09 지역사회 문화개발

01

세계변화와 지역사회

제1절   세계화와 지역사회

1. 세계화

20세기 중후반부터 세계는 거대한 '변화의 소용돌이'에 빠져 있다. 그 변화 중에서 가장 중요한 변화는 세계화, 정보 · 지식화,[1] 지방화라고 볼 수 있다. 이러한 변화는 폐쇄사회를 지양하고 개방사회를 촉진하고 있다. 폐쇄사회와 비교할 때 개방사회가 될수록 경쟁이 확대될 수밖에 없는데, 경쟁 속에서 국가와 지역사회가 생존 · 발전하기 위해 지역사회의 역할이 점차 중요시되고 있다. 또한 복지국가의 위기와 관련된 연구들이 등장하고 실제로 보편적 복지정책을 실시하던 몇 국가들이 위기를 맞이하면서 복지서비스를 지역사회가 중심이 되어 제공해야 한다는 의견에 많은 관심이 집중되었다. 이 장에서는 세계화를 필두로 이러한 변화들을 차례로 자세히 검토하고 이 변화 속에서 지역사회의 역할이 왜 강조되는지에 대해 살펴보고자 한다.

---

[1] 일반적으로는 정보화 혹은 지식화라고 하고, 일부는 지식정보화라고도 한다. 그러나 정보화가 발생하고 성숙하는 과정에서 지식화가 일어난다고 보는 것이 일반적인 인식이기 때문에 이 책에서는 발생한 순서에 따라 정보 · 지식화라고 부르기로 한다.

1) 세계화(Globalization)의 의미

세계화가 우리에게 구체적으로 다가온 시기는 1980년대에서 1990년대 사이지만, 이의 기원을 19세기 빈 체제(Vienna System, Vienna Settlement)[2])에 두는 학자들도 있다. 그러나, 현대적 의미의 세계화가 등장한 배경은 다음과 같다. 1971년 미국 달러($)를 축으로 한 조정가능한 고정환율제를 주장하던 '브레튼 우즈 시스템(Bretton Woods System)'이 막을 내리면서, 시장이 주도하는 변동환율제도가 이행되었다. 또한, '관세 및 무역에 관한 일반협정(GATT: General Agreement on Tariffs and Trade)'도 국제무역에서 관세 철폐를 지속적으로 주장하였다. 세계경기의 침체와 세계경제의 불균형 심화로 인해 보호무역주의가 고개를 들면서 GATT 체제를 위협하자, 이를 억제하기 위해 창설된 '우루과이 라운드(UR: Uruguay Round)'는 자유무역을 획기적으로 진전시켰다는 평가를 받고 있다. GATT에 이어 1995년 1월 1일 각국의 무역장벽을 낮추어 자유무역을 지원하는 것을 목적으로 '세계무역기구(WTO: World Trade Organization)'가 출범했다.

이러한 변화가 일어나자 1970년대에 '글로벌리제이션(Globalization)'이라는 단어가 등장하였으나, 실제로 이에 대한 연구가 활발하게 진행된 것은 1980년대 중반부터이다. 특히, 맥루한(Marshall McLuhan)이 자신의 책에서 세계화적 현상을 '지구촌'으로 표현하면서 세계화에 대한 인식이 많은 사람들에게 크게 확대되었다.

우리나라에서 '글로벌리제이션'에 대한 관심이 나타난 것은 '세계화'라는 단어가 등장하면서부터이고, 두 단어는 동일한 의미로 사용되고 있다. 세계화라는 단어는 김영삼 대통령이 1994년 APEC 정상회의 참석을 위해 오스트레일리아 시드니를 방문하던 중에 등장하였다. 당시, 기자간담회에서 21세기를 대비하는 종합적인 국가개혁의 전략, 즉 '선진화·일류화를 위한 전략'으로 세

---

2) 빈 체제는 빈 회의(1814-1815년) 이후에 생성된 유럽의 국제질서이다. 독일어로 메테르니히 체제(Metternichsches System)라고 부르기도 한다. 5대 강국인 영국, 프랑스, 프로이센, 오스트리아 제국, 러시아가 상호 세력 균형을 유지하기 위해 서로 견제하면서도 혁명 등과 같이 위험한 상황이 발생하면 공동 개입하여 이를 탄압하고자 하는 체제이다.

계화를 추진하겠다고 발표하였다. 이로 인해 '시드니 선언'으로 불리기도 하며, 'Segyehwa'라는 신조어가 만들어졌다.

📝 지구촌(Global Village) ·

인쇄미디어 문명 중심에서 전자미디어 문명 중심으로 정신과 물질이 거대하게 이동하는 세상은 외적으로는 빛의 속도로 정보를 주고받는 새로운 세상, 즉 네트워크로 연결된 하나의 지구를 만들고 있으면서, 내적으로는 시각적 가치관과 청각적 가치관이 폭발적인 속도로 부딪히고 있다. 선형적이고 수량적 특성(뇌의 좌반구적 특성)을 지닌 시각적 세계관은 서양적 사고방식을 의미하고, 청각적 세계관은 전체적이고 질적 특성(뇌의 우반구적 특성)을 지닌 동양적 사고방식을 뜻한다.

미래사회에서는 동양적 사고가 서양적 사고를 향해 돌진할 것이고, 광속과 같은 빠른 전달은 지구 도처에서 두 가치의 충돌과 문화적 자극이 빈번하게 발생할 것이며, 양자는 충돌로 인한 폭력을 피하기 위해 노력할 것이고, 서양적 사고는 동양적 사고를 받아들일 것이다. 즉, 동양적 사고방식, 우뇌 중심, 다원성이 중심이 되는 새로운 정신세계가 열릴 것이다. 이로 인해 인류가 전 지구적 신경망인 인터넷으로 연결되어 있는 지구촌에서는 삶에 커다란 변화가 일어날 수 있으며, 개인주의가 약화되고 개인의 전문성도 중요한 가치가 될 수 없을 것이다.

출처: 마샬 맥루한브루스 파워스(2005)의 『지구촌』에서 일부 발췌·재서술

세계화란 정치, 경제, 사회, 문화, 교육, 가치, 환경 등 사회 전반에 걸친 활동이 국가경계를 넘어 전 지구적으로 확대되면서 국제경쟁력과 국제협력이 강조되는 변화를 일컫는다. 즉, 세계 전체의 상호의존성이 증대되면서 다양한 측면의 활동 혹은 관계가 세계적 차원의 단일 체계로 통합되어가는 현상을 의미한다. 유사한 개념으로 1970년대와 1980년대 사회과학 분야에서 풍미하던 국제화(internationalization)가 있다. 국제화와 세계화는 개방 체제를 지향한다는 측면에서는 동일한 개념이라고 볼 수 있다. 그래서 일부 사람들은 두 단어를 지금도 동일시하고 있다. 그러나, 엄격한 의미에서 살펴보면 개방의 대상이 다름을 알 수 있다. 국제화는 경제적 측면의 개방 체제, 즉 국민국가 간

의 경제적 교류가 양적으로 증대되는 현상을 말한다. 그러나, 세계화는 경제적 측면을 포함한 모든 측면에서의 개방 체제, 즉 경제적·양적 교류의 확대를 넘어서서 현대 사회생활이 새롭게 재구성되는 현상을 의미한다.

세계화는 사회를 구성하는 전체적 측면이 개방되는 세계사회를 지향하기 때문에 이를 발생시킨 요인도 매우 다양할 것이다. 대표적인 원인을 살펴보면 다음과 같다.

첫째, 교통·과학·통신 기술의 발달에 따라 세계 각 지역들 간의 공간적·시간적 거리가 축소되면서 다양한 분야에 걸쳐 국경을 뛰어넘는 교류와 소통이 활발해졌다. 즉, 교통·과학·통신이 발달하면서 심리적·경제적·시간적 차원에서 외국으로 이동하는 것이 쉬워지고 또한 다양한 곳에 거주하는 사람들과의 네트워크가 활성화되는 등의 변화로 인해 전 세계가 하나의 세계사회로 변하였다.

둘째, 이윤을 추구하는 기업들이 생산한 상품들을 자국 시장은 물론이고 국경을 넘어 외국 시장에서도 판매하기 쉬워졌기 때문에 세계적 단일 시장이 형성되었다. 또한, 세계시장을 겨냥한 기업들이 국내를 넘어 활동 무대를 전 세계로 넓히면서 세계 곳곳에 많은 지사들 혹은 공장들을 건설하게 된 점 그리고 금융시장이 전 세계적으로 확대된 점도 세계화의 주요 원인이다.

셋째, 1990년 독일 통일을 기점으로 동구권에서 독립국가화가 진행되면서 소련의 공산주의가 붕괴되었다. 이로 인해 이념장벽이 무너지면서 정치적 측면에서 미국과 소련을 중심으로 대립하였던 냉전 시대가 종식이 되면서 국가 간 교류의 폭이 확대되었다. 즉, 무력대결 대신에 자유시장경제체제에서 경제대결로 바뀌면서 사람과 상품과 기업의 교류가 활성화되었다.

2) 세계화의 다양한 형태

개방사회를 추구하는 세계화는 경제적 측면, 문화적 측면, 사고적 측면, 정치적 측면, 조직적 측면, 환경적 측면 등을 포함하여 다양한 영역에서 다양한 형태로 진행되었다. 바본즈는 경제적 세계화, 문화적 세계화, 정치적 세계화를 세계화의 세 가지 주요 차원으로 보았다(Babones, 2008: 146).

(1) 경제적 세계화

경제적 측면에서의 세계화는 다양한 형태로 나타나고 있지만, 이들을 종합해보면 지금까지 세 단계로 진행되고 있다. 상품의 세계화에서 시작하여, 초국적 기업의 세계화를 거쳐서, 금융자본의 세계화로 전개되었다(임재현, 2017: 19-22).

① 상품의 세계화

상품의 세계화는 특정 국가의 특정 기업에서 생산된 상품이 해당 국가의 경계를 넘어서 전 세계에서 판매되는 현상을 말한다. 즉, 특정 국가에서 생산된 상품들이 해당 국가 내에서 판매 경쟁을 하는 것이 아니라 세계시장에서 다양한 기업들의 다양한 상품들과 판매 경쟁을 하는 것을 의미한다. 판매 경쟁에서 살아남기 위해 기업들은 상품에 대한 수요조사를 바탕으로 상품의 질적 수준을 높이는 한편, '규모의 경제'와 '범위의 경제'를 통해 가격경쟁력을 갖추면서, 창의적이고 다양한 형태의 마케팅전략을 활발하게 실시해야 한다.

📝 규모의 경제(economy of scale)와 범위의 경제(economy of scope) · · · ·

규모의 경제(economy of scale)는 생산량을 늘릴수록 단위당 생산비가 감소하는 현상을 말한다.

범위의 경제(economy of scope)는 생산의 범위가 늘어날 경우 비용이 절감되는 효과이다. 즉, 어떤 기업이 원리와 설계가 비슷한 제품들을 생산할 때 제품별로 다른 생산라인을 이용하는 것이 아니라 같은 생산라인을 활용하여 생산함으로써 비용을 절약시키는 것을 말한다.

② 초국적 기업(Transnational Corporation)의 세계화

상품의 세계화에 이어서 초국적 기업의 전 지구적 이동이 나타났다. 이것이 초국적 기업의 세계화이다. 초국적 기업이란 본국을 기반으로 세계적으

로 자본을 축적하기 위해 복수의 국가들에서 법인을 등록하고 거대한 조직과 전략을 보유하면서 경영활동을 벌이는 기업을 의미하며, 다국적 기업 (Multinational Corporation)이라고도 불린다. 초국적 기업의 세계화가 나타남으로써 상품의 세계화가 종지부를 찍는다는 의미는 아니다. 여전히 상품의 세계화는 진행되면서, 상품의 세계화에 대한 전략적 방안으로 초국적 기업의 세계화가 나타난다. 다시 말하면, 상품의 생산 경쟁과 판매 경쟁이 전 세계로 확대·심화되는 경향이 나타남에 따라 기업은 생존·발전을 위해 전 세계의 모든 시장을 대상으로 생산 경쟁과 판매 경쟁을 벌일 수밖에 없다. 따라서, 기업은 세계의 많은 다른 기업들과 경쟁과 협력의 관계를 맺으면서 생산전략과 판매전략을 수립해야 한다. 이러한 전략의 일환으로 등장한 것이 기업의 해외 직접투자인데, 해외 직접투자의 중요성에 대한 관심이 커지면서 초국적 기업이 등장하였고 빠른 속도로 확산되고 있다.

📝 초국적 기업(TNC: Transnational Corporation) · · · · · · · · · · · · · · · ·

초국적 기업이 생성되는 일반적인 과정을 보면, 특정 국가에서 독과점을 통해 얻은 거대한 자본을 기반으로 대기업으로 성장한 후 기업활동의 범위를 해외로 확장하면서 세계를 무대로 자본 축적에 나선다. 이는 필연적으로 다른 나라의 초국적 기업과 경쟁을 하게 된다.

이러한 과정을 거치면서 성장하는 초국적 기업도 초창기와는 다른 형태로 발전하고 있다. 초국적 기업이 발생하기 시작하는 초창기에는 미국에서 성장한 대기업들이 주로 유럽 시장에 공세적으로 진출하려 하였다. 미국의 뒤를 이어 세계시장에 등장한 유럽의 초국적 기업들은 세계시장을 대상으로 미국 초국적 기업들과 경쟁하게 되는데, 그 후 아시아와 제3세계 국가에서 성장한 초국적 기업들도 경쟁의 장에 뛰어들게 되었다. 경쟁이 격화되는 와중에 초국적 기업들이 점차 변하는 모습을 보이고 있다. 즉, 초기에는 지나치게 이윤 추구에 집중하여 현지 기업이나 국가와 갈등·대립하는 모습이 잦았으나, 점차 상호 상생을 추구하는 방향으로 나아가고 있는 형국이다.

③ 금융자본의 세계화: 글로벌 자본주의화

경제를 둘러싼 국가와 시장의 경쟁은 국가실패와 시장실패를 거듭하면서 엎치락 뒤치락하다가 1970년대 후반부터 시장이 주도하는 분위기가 되었다. 이 상황에서 금융자본이 전 지구적으로 빠르게 이동하는 현상이 나타났는데, 이것을 금융자본의 세계화 혹은 글로벌 자본주의화라고 부른다. 글로벌 자본주의는 글로벌 금융시장이 팽창한 것으로서, 금융자본의 역할을 크게 증대시켰다. 글로벌 자본주의는 상품의 세계화와 초국적 기업의 세계화보다 인류에 미치는 영향이 크리라 평가되고 있다.

글로벌 자본주의는 경영의 유연성 강조, 기업의 탈집중화와 네트워크화 촉진, 노동보다 자본의 중요성 강조, 노동운동의 영향력 축소, 국가의 시장에 대한 규제 완화, 복지국가 축소, 전 지구적 경쟁 확대 등을 특징으로 한다. 경제적 측면에서 특징을 한 마디로 정리하면, 국가의 힘은 약화되고 시장의 힘은 강화되는 것이다. 글로벌 자본주의는 미국의 주도 하에 운영되고 있다고 할 수 있다. 즉, 미국이 국제기구를 통해 미국식 자본주의를 따르도록 조정하고 있으며, 특히 IMF는 관리대상국에게 미국식 자본주의를 수용하도록 강요하고 있다. 미국식 자본주의는 금융시장 중심적이고, 장기적인 발전보다 단기 수익을 중시하는 경향이 있다(임재현, 2016: 18).

(2) 문화적 세계화

교통·통신의 발달로 인해 공간적·시간적 거리가 축소되어 외국과의 교류가 활발해짐으로써 사람들은 다양한 문화를 쉽게 경험할 수 있게 되었다. 외국에 가지 않고도 세계 각국의 음식을 맛볼 수 있게 되었으며, 다양한 형태의 생활양식, 축제, 이벤트 등을 체험할 수 있다. 또한, 정보를 빠르게 확산시키고 대규모로 공유할 수 있게 하는 전 지구적 네트워크는 세계인들이 공감하는 문화, 이벤트, 이미지, 스타일 등에 대한 세계적 호응을 이끌어낸다. 이처럼 세계의 다양한 문화가 상호작용하는 현상을 문화적 세계화라고 한다.

문화적 세계화는 선진국이 자본의 우위를 바탕으로 문학, 예술, 음식 등의 일방적 유통경로를 장악함으로써 발생하는 '문화 제국주의'라는 개념으로 출발하였으나, 후에 이에 대한 비판적 사고가 등장하였다. 문화적 세계화에 대한 논의를 종합하면 크게 두 가지로 분류될 수 있다.

첫째, 서구문물의 확산으로 인해 지역사회의 특수한 문화가 사라지는 '문화적 침식'이 발생하고 이는 '문화제국주의'로 이어진다. 이로 인해 전 세계를 아우르는 하나의 거대한 세계문화가 형성되어 지역문화들이 동질화·획일화된다. 문화적 세계화가 처음으로 거론될 당시의 주된 담론은 미국의 대중문화가 세계 각 지역으로 침투하여 각 지역의 고유한 문화적 전통과 가치체계를 붕괴시킬지도 모른다는 우려와 비판이 대부분이었다(김정수, 2017: 138-139). 실제로 미국의 헐리우드 영화나 팝송 등의 대중문화와 맥도널드나 코카콜라가 전 세계로 확산되면서 생활 전반에 걸쳐 큰 영향을 미쳐 지역사회의 고유한 문화가 침식될 수 있다는 우려의 목소리가 확대되었다. 이의 결과로 세계 어느 곳을 가더라도 비슷한 문화를 보게 되어 문화 소비의 측면에서 선택의 폭이 제약될 수 있다(김정수, 2017: 141-142).

둘째, 서구문물을 접하는 지역사회나 지역주민이 그것을 무비판적으로 받아들이는 것이 아니라 자신들의 필요에 의해 선택하거나 혹은 유입된 서구문물을 자기의 것으로 만들기도 한다(장 피에르 바르니에, 2008). 즉, 외부의 문화를 받아들이는 지역사회와 지역주민은 자신의 특수한 상황에 맞게 외부 문화를 수용·융합하는 과정에서 지역사회의 독자적 문화 활동이 중요하다는 주장에 자극을 받아서 끊임없이 새로운 문화를 창조하고 재생산하기도 한다(Roberston, 1992). 따라서, 문화적 세계화는 다양한 문화들 간의 차이를 없애고자 하는 것이 아니라 그 차이를 인정하면서 다양한 문화가 서로 교류하고 혼합하고자 하는 현상으로 이해되기도 한다.

이처럼 문화적 세계화는 양면의 얼굴을 지니고 있다. 한편으로는 지구를 하나의 공동체로 만드는 단일문화체제를 형성할 수도 있고, 다른 한편으로는 다양한 문화·가치관·경험·표현 등이 서로 대등한 관계 속에서 유지·발전되는 다문화공존체제를 구축할 수도 있다(Street, 1997). 문화적 세계화가 어느 쪽으로 흘러갈지는 누구도 장담할 수 없다. 많은 사람들은 다문화공존체제를 선호하지만, 단일문화체제로 흘러갈 수도 있으므로 이에 대한 경계심은 항상 유지해야 하리라 본다.

(3) 정치적 세계화

모델스키 외는 정치적 세계화를 세계정치체제를 확장하고 이를 위해 무역을 포함한 다양한 분야에서 일어나는 지역 간의 거래를 관리하는 것이라고 정의한다(Modelski et al., 2007: 59). 스티거는 전 세계에서 정치적 상호관계가 강화되고 확장되는 것을 정치적 세계화로 정의하였다(Steger, 2003: 56). 크라우치는 세계은행, 국제통화기금(IMF), 세계무역기구(WTO)와 같은 글로벌 정부 기구들의 세력이 증가하는 것을 의미하는 동시에 국제 비정부기구들과 사회운동단체들 그리고 초국가적 네트워크의 영향력이 확대되는 것이 정치적 세계화라고 정의하였다(Crouch, 2012: 487).

정치적 세계화와 관련된 주요 주제에는 세계의 민주화와 세계시민사회의 창조(Delanty & Rumford, 2008: 426), 민족주의의 범위를 넘어서는 정치적 이동(Mooney & Evans, 2007: 194), 민족국가의 미래와 세계적 정부의 출현(Steger, 2003: 57) 등이 포함된다. 이러한 주제들이 특히 관심을 가지는 대표적인 세부 분야들을 보면, 개별 국가적 차원에서는 해결하기 힘든 빈곤, 부패, 인권, 환경, 전쟁, 테러 등이다. 정치적 세계화는 국제적 협조체제를 구축하여 이러한 세부 분야들에서 야기되는 문제점들에 대한 해결방법을 모색하고자 하는 것이다.

3) 세계화의 특징

세계화가 전 세계적으로 거대한 변화를 일으킬 수 있다는 것은 그만큼 다양하고 독특한 특징을 지니고 있기 때문이다. 세계화의 특징에 대해서는 경제적 측면, 조직적 측면, 문화적 측면에서 살펴볼 수 있다(임재현, 2017: 22-25). 이 연구에 따르면, 경제적 측면에서는 국가의 산업보호자 역할이 감소되고 또한 개인의 정체성 중시에 따라 국가 역할이 축소된다. 또한, 소비자들의 상품 선택의 기회가 확대되어 기업 활동의 중요성이 증대됨으로써 국가의 활동 범위가 좁아진다. 조직적 측면에서는 세계 경제 구성원들의 협조체제가 확대되면서 초국적 기업의 중요성이 증대되고 있다. 문화적 측면에서는 문화와 경제가 시너지 효과를 내는 특징을 보인다. 본서에서는 이러한 특징들에 대해 좀 더 구체적으로 검토하고자 한다.

(1) 국가의 역할 축소

세계화가 진행되면서 다양한 원인에 의해 국가의 역할이 줄어드는 것은 사실이다. 그 중에서 가장 대표적인 원인은 국가의 산업보호자 역할이 축소한 것과 정체성 확보의 방식이 변한 것을 들 수 있다.

① 국가의 산업보호자 역할 축소

세계화는 경제활동의 전 지구적 분업체제를 촉진시켰다. 그리하여 기업활동이 국내·외적으로 크게 증대되고 그러한 과정에서 초국적 기업들이 많이 생성되었다. 기업 활동, 특히 초국적 기업들의 활동이 증가함에 따라 국가의 산업보호자 역할이 감소하는 경향이 나타났다. 대표적인 사례를 들면 아래와 같다.

첫째, 유치산업(infant industry)을 보호하기 위해 관세장벽을 치기가 점점 어려워졌다. 유치산업이란 성장 잠재력은 있지만 아직은 경쟁력을 갖추지 못한 미성숙한 산업이다. 유치산업은 경쟁력을 갖춘 타국의 동일한 산업과 경쟁을 벌일 수 없다. 따라서, 국가가 국내의 유치산업을 보호·육성하기 위해 수입상품에 대해 높은 관세율을 부과하는 관세정책을 펼치는 것이 일반적이었다. 그러나, 세계화시대에서 그러한 조치를 취하면 유동자본이나 초국적 기업의 유치가 힘들어진다. 따라서, 국가는 예전처럼 유치산업을 보호하기 위해 마음대로 관세장벽을 쌓기가 어려워졌다.

둘째, 자본의 전 지구적 이동이 활발해짐에 따라 초국적 기업과 유동자본을 유치함에 있어서 국가의 주도권이 크게 약화되고 있다. 즉, 개발도상국 정부 혹은 지방정부는 초국적 기업이나 유동자본을 유치하는 것을 우선시하기 때문에 초국적 기업과 유동자본이 원하는 것을 가능한 한 수용하려고 한다. 초국적 기업과 유동자본은 이를 이용하여 자신의 이익을 최대화하기 위해 국가보다 지방정부와 협상하기를 원하고, 국가는 이를 수용하는 현상이 자주 발생한다.

론스타(Lone Star)••••••••••••••••••••••••••••••••••

영화 '블랙머니'와 드라마 '머니게임'이 만들어질 정도로 화제를 뿌린 론스타는 '단군 이래 최대 먹튀'라는 수식어를 얻었다. 2003년 외환은행을 사들인 론스타는 8차례의 배당금과 지분 매각을 통하여 투자 원금의 2배가 넘는 약 4조 원의 순이익을 챙기고 2012년 한국을 떠났다. 론스타는 그 해 11월 한국 정부를 상대로 한국 정부로 인해 외환은행 지분 매각이 지연되어 손해가 발생하였다는 이유로 약 5조 원에 해당되는 소송을 국제투자분쟁조정기구(ICSID)에 제기했다. 이에 대해 한국 금융 당국의 비상식적인 대응에 대한 비난이 이어졌다. 즉, 론스타가 외환은행을 인수할 당시의 법으로는 산업자본, 즉 '비금융주력자'는 우리나라에서 은행주식을 4% 이상 가질 수 없음에도 불구하고 론스타는 외환은행 지분 약 51%를 인수하였다. 우리 법원은 외환은행 주주총회 의결권금지 가처분 결정을 통해 2005년부터 2010년까지 론스타는 산업자본이었다고 판시했다. 금융 당국이 이를 알고 있었다는 사실도 추가로 확인되었다. 이러한 사실은 소송에 있어서 한국 정부가 매우 유리함에도 불구하고 한국 정부는 이를 활용하지 않고 있다는 비난이 거세게 일고 있다.

왜 이런 일이 벌어졌을까? 한국 정부의 무능력 때문이라는 지적이 강하게 제기되는 것과 더불어 한국 정부가 론스타의 투자부적격 문제를 제시하면 다른 초국적 기업과 유동자본의 유치에 부정적인 영향을 미칠지 모른다는 우려 때문이라는 지적도 있다.

② 정체성 확보에 있어 국가의 역할 축소

예전에는 국적이 정체성 확보의 가장 중요한 수단이었다. 그러기 때문에 '국산품 애용 운동'도 가능하였다. 현재 아이폰을 사용하는 사람에게 갤럭시를 사용할 것을 권하면 예전처럼 대부분의 사람들이 갤럭시로 바꿀까 아니면 다른 행동을 할까? 이 질문에 대한 답은 국가가 정체성 확보를 위해 우리에게 미칠 수 있는 영향의 정도를 알 수 있게 한다. 지금은 국적이 아니라 국적을 초월하여 여가, 취향, 문화 등에 의해 정체성을 확인하려고 한다. 이는 정체성 확보의 측면에서 국가의 역할이 축소되었음을 의미한다.

(2) 소비자의 상품 선택의 기회 확대

세계화가 되면 상품의 교류가 활발하게 진행되기 때문에 소비자들이 세계의 수많은 기업들의 다양한 상품들을 직접 혹은 간접으로 접촉할 기회를 예전보다 훨씬 더 많이 갖게 된다. 이로 인해 소비자들은 상품을 선택할 수 있는 더 많은 기회를 가지게 된다. 기업들은 소비자들의 선택에 따라 성장하기도 하고 쇠퇴하기도 하며 소멸할 수도 있기 때문에 기업들 간의 경쟁이 크게 확대된다. 이 경쟁에서 살아남기 위해 기업들은 다양한 활동에 혼신의 노력을 기울일 수밖에 없다. 즉, 기업들은 질이 좋은 제품을 생산해야 하고, 경쟁력을 향상시키기 위한 전략을 시행해야 하며, 기업의 이미지를 제고시키는 방안을 현실화하는 등 생존과 발전을 위해 창의적이고 다양한 활동을 하고 있다.

(3) 초국적 기업의 중요성 증대

세계화가 진행되면서 경제활동의 범위가 전 지구적으로 확대되어 기업활동에 유리한 지역으로 자본이 쉽게 이동할 수 있게 되었고 또한 초국적 분업과 초국적 교류가 전 세계적으로 확대되었다. 이로 인해 초국적 기업들이 빠른 속도로 생성·성장하였으며, 1998년을 기준으로 53,000여 개의 초국적 기업이 세계 총생산의 20~30%, 세계무역의 66~70%를 차지하였다(마뉴엘 카스텔, 2014). 이러한 변화는 초국적 기업들 간의 경쟁을 확대시켰다. 초국적 기업들은 생존과 발전을 위해 생산품의 질적 수준을 높이는 것은 물론이고 경쟁력 향상과 이미지 관리에 총력을 기울일 수밖에 없다.

초국적 기업들은 경쟁력 확보를 위해 전 세계를 대상으로 기업활동의 최적 장소를 찾아 최적의 자원을 조달한다. 또한, 능력있는 인재를 확보하기 위해 국적·성·인종을 불문하고 전 세계에서 인재를 발굴하는 '글로벌 소싱(global sourcing)' 전략을 적극적으로 추구한다.

또한 초국적 기업들은 자사의 이미지를 관리하기 위해 많은 노력을 기울인다. 2008년 리먼브라더스 사태 때 삼성전자는 인지도가 높지 않던 런던을 포함한 유럽 시장에서 공격적인 마케팅을 펼쳐 이미지를 높이고자 노력하였다. 2011년 애플은 중국에 있는 부품회사에서 노동자 착취문제가 야기되자 자사의 이미지가 실추되는 것을 우려하여 매우 민감한 반응을 보였다. 2011년에 시작되었던 삼성전자와 애플 간의 특허 전쟁에서 양사가 치열하게 다툰 이유 중에는 소송에서 이기면 혁신기업이 되어 이미지가 좋아지고 패하면 모방기업이 되어 이미지가 추락한다는 점도 포함되어 있었다.

(4) 문화적 동질화·다양화 유도

세계화는 경제적 측면과 정치적 측면을 넘어서서 문화적 측면에서도 발생한다. 이것이 '문화적 세계화'이다. 문화적 세계화는 '문화적 동질화' 혹은 '문화적 다양화' 현상을 일으킨다.

특정 문화가 타국으로 전파되면 타국에서는 전파된 문화를 바탕으로 삶의 방식이 변화되기도 하고 변화가 거부되기도 한다. 변화되는 현상이 반복되면 전 세계적으로 같은 문화를 공유하게 된다. 이것이 문화적 동질화이다. 마치 전 세계가 거대한 하나의 문화권처럼 여겨지기도 한다. 문화적 동질화는 일반적으로 서구문물이 개발도상국으로 확대되는 방향으로 전개된다. 예를 들면, 서구적 사고방식, 서구적 건축양식, 청바지, 맥도널드, 콜라, 피자, 스타벅스 등이 전 세계로 퍼져나가는 것이 대표적인 사례이다. 개발도상국과 비교할 때 상대적으로 우월한 위치에 있는 서구의 문화, 매스미디어, 상품 등을 개발도상국에 전파하여 그 나라의 고유한 전통적 가치를 붕괴시키고 문화적으로 종속되게 만들 수 있기 때문에 문화적 동질화는 '문화적 침식'(바르니에, 2008) 혹은 '문화 제국주의'를 발생시킨다는 비판을 받기도 한다. 그러나, 서구문물만이 문화적 동질화 현상을 일으키는 것은 아니다. 방탄소년단(BTS)으로 대표되는 K-pop, 한류 드라마, 김치와 비빔밥과 불고기로 대표되는 한식 등이 전 세계적으로 사랑을 받는 것처럼 서구문물이 아니더라도 문화적 동질화를 발생시킬 수 있다.

세계의 다양한 문화가 동질화되는 과정에서 개별 국가 혹은 지역사회의 문화적 고유성이 약화되기도 하지만, 다른 한편으로는 문화적 동질화에 대한 반작용으로 문화적 정체성이 관심을 받기도 한다. 각 국가와 지역사회는 정체성을 확보하기 위해 문화유산을 보존·발전시키고, 새로운 문화를 창조하려 한다. 이러한 노력은 문화적 다양화를 확대시키는 데 기여하고 있다.

2. 세계화 속의 지역사회

1) 경쟁 대응전략으로서 지역사회 부상

세계화로 인해 공간의 압축 현상과 파급의 연쇄성이 발생하였다. 즉, 세계화로 인해 심리적인 측면에서 공간적·시간적 거리가 단축되면서 사람, 물류, 자본의 전 세계적 이동이 매우 활발해졌다. 따라서, 특정 국가 혹은 지역사회의 문제가 실시간으로 전 세계에 영향을 미치고 있다. 예를 들어, 특정 국가의 주식시장 상황은 바로 전 세계에 영향을 미친다. 2010년 그리스가 유럽연합(EU)과 국제통화기금(IMF)에 구제금융을 신청했다는 소식은 실시간으로 유럽 전역은 물론이고 전 세계에 큰 영향을 미쳤다. 이처럼 세계화로 인해 세계는 개방체제가 되면서 '동시 생활권'이 되었다. 이는 국가들 간, 국가들과 지역사회들 간 그리고 지역사회들 간의 경쟁을 가속화시켰다. 이에 대해 어떤 사람들은 '무한경쟁사회'가 되었다고도 한다.

폐쇄사회에서는 국가나 지역사회가 고립되더라도 생존·발전할 수 있었지만, 세계화로 인한 개방사회에서는 세계화라는 거대한 변화에 얼마나 신속하고 효율적이고 유연하게 대응·적응하느냐가 국가와 지역사회의 생존과 발전에 중요한 요인이 된다. 따라서, 국가가 중심이 되어 변화에 대응하는 것이 좋으냐 아니면 지역사회가 중심이 되어 대응하는 것이 바람직한가를 두고 논란이 발생될 수 있다.

두 대응 방식을 비교할 때 국가중심적인 대응은 다음과 같은 세 가지 문제들이 나타날 수 있다. 첫째, 국가는 지역사회에 비해 상대적으로 규모가 크기 때문에 국가중심적인 대처방식은 대응속도가 느릴 수 있다. 둘째, 국가는 많은 지역사회들로 구성되기 때문에 이들을 관리하기 위해 경직된 구조를 가지고 획일적으로 운영하기 쉬운데, 경직된 구조와 획일적 운영은 세계화라는 거대한 변화에 유연하게 적응하는 것을 어렵게 만든다. 셋째, 세계화라는 무한경쟁 속에서 국가와 지역사회가 생존·발전하기 위해서는 지역사회의 독특성이나 차별성이 확보되어야 한다. 그러나, 국가가 국가 내의 모든 지역사회들이 처해있는 상황을 구체적으로 파악하는 것은 매우 어렵기 때문에 국가중심적인 대응은 지역사회들 간의 차이를 무시하는 획일적 대응과 비효율적 대응이 되기 쉽다.

　반면에, 지역사회중심적인 대응방식은 다음과 같은 장점들을 확보할 수 있다. 첫째, 지역사회는 상대적으로 덩치가 작고 지역정책결정과정이 짧기 때문에 대응속도가 빠르다. 둘째, 지역사회는 스스로가 처해있는 상황을 잘 알기 때문에 지역사회의 특수성과 장·단점을 종합적으로 감안하여 대응할 수 있다. 따라서 효율적이고 유연한 대응이 가능해진다.

　이러한 이유들로 인해서, 세계화라는 거대한 변화에 대응하기 위해 지역사회의 중요성이 강조되어왔다. 그러나, 지역사회가 경쟁력을 가지고 있지 않으면 위에서 말한 지역사회중심적 대응방안의 장점들은 사라질 것이다. 지역사회의 경쟁력을 높이기 위해서는 지역경제, 지역정치, 지역행정, 지역문화, 지역교육 등 지역사회 전반적인 측면에서 지역주민 대표자는 물론이고 모든 지역사회 구성원들이 함께 노력하여야 한다. 즉, 지역사회가 '하나'가 될 때 지역사회의 경쟁력을 확보할 수 있다. 따라서 공동체와 응집력을 강조하는 지역사회가 부각될 수밖에 없었다.

2) 글로컬리제이션(Glocalization: 세방화)에 따른 지역사회 부상

　카스텔(Castells, 1994)은 세계화가 진행되면 '유통의 사회(Flow society)'가 도래한다고 제시하였다. 그에 의하면, 유통의 사회에서는 정보와 사물이 역동적으로 유통하기 때문에 그 전보다 국가들 간에 정보와 상품의 교류가 활발해지는 동시에 국가경계의 중요성이 감소한다. 따라서, 타국에 거주하는 사람들이 많아지고 관광객들도 증가하며 민족의식이 약해진다. 이로 인해서, 국가의 기능이 분리 혹은 해체될 수 있다.

　토플러(Toffler, 1980)는 세계화시대에서는 국민국가가 붕괴의 균열을 보인다고 했다. 그는 세계화시대의 국가를 '경계가 무른 후기국민국가(soft-edged post-nation state)'라고 하였다. 여기에서 '경계가 무른'은 국가경계와 국적의 중요성이 약화된다는 의미이고 '후기국민국가'는 단일민족국가가 아닌 다문화국가로 해석될 수 있다.

📝 **국민국가의 약화** ···

'제2의 물결' 문명의 대표적인 통합체인 국민국가는 붕괴의 규열을 보이고 있다. 이의 원인은 분리주의, 초국적 기업, 초국가적 비정부단체, 지구(우주)주의에서 찾아볼 수 있다.

첫째, 국민국가에서 내부적 긴장이 폭발할 가능성이 보였다. '제3의 물결'로 나아가는 과정, 지역이 성장하는 과정, 급속한 탈대중화에 대한 국민국가의 적절하지 못한 대응 등으로 분리주의 운동이 발생하였다. 그리고, '제3의 물결'이 발생시킨 다양한 새로운 문제들이 국민국가에게 부담으로 작용하면서 국민국가의 힘을 크게 위축시키고 있다. 또한, 국민국가는 타국과 경제적 관계가 강화됨으로 인해서 독자적으로 자국의 경제를 운영하거나, 인플레이션을 억제하거나, 환경적 피해를 방어하는 것이 사실상 불가능해진 상황이다.

둘째, 복수의 국가들에서 계열회사를 운영할 수 있는 초국적 기업들이 빠른 속도로 성장하고 있다. 초국적 기업들은 이미 그 규모가 매우 커져서 일부 측면에서는 국민국가적 특성을 지니게 되었으며, 경우에 따라서는 국민국가들을 앞질러 행동할 때가 많다. 이는 국민국가들의 통제력을 약화시킨다.

셋째, 초국적 기업의 성장과 병행하여 초국가적인 비정부단체도 급속히 확산되고 있다. 초국적 기업과 초국가적 비정부단체의 증가로 인해서 국가는 독립적 행동을 취하기 어려워지고 국가의 통치권이 크게 상실되고 있다. 서서히 그리고 지속적으로 권력의 이동 현상이 발생하고 있다.

넷째. '제3의 물결'은 국가 차원을 초월하는 이해관계를 지닌 집단들을 생성시키고 있는데, 이 집단들을 중심으로 '지구의식'이라고도 불리는 세계주의 이데올로기를 출현시키는 기초가 형성되고 있다.

출처: 앨빈 토플러(2006)의 『제3의 물결』에서 일부 발췌·재서술

세계화는 경제적으로 단일 시장을 지향하는 등 많은 측면에서 거대한 변화를 야기시켰다. 경제적 측면에서 보면, 세계화 이전에는 경쟁이 국내의 지역사회들 간에 주로 발생하였지만, 전 세계적인 단일 시장을 지향하는 세계화가 진행되면서 세계가 경쟁대상이 되고 있다는 것이다. 더구나, 현재 글로벌

자본주의(금융자본의 세계화) 시대가 진행되면서 미국식 자본주의를 IMF, World Bank 등이 강요하고 있는 형국이다. 이리하여, 선진국이 패권주의를 확대하고 있다는 비판이 강하게 일어나고 있다. 특히, 그린 라운드와 블루 라운드는 외형적으로 내세운 목적과는 달리 선진국이 자국의 경제적 실리를 챙기면서 패권주의를 추구한다는 비판에 휩싸였다. 문화적 측면에서 보면, 위에서 언급되었듯이 서구문물이 전 세계로 확대되어 동질화하면서 각국의 독특한 문화가 침식당하는 현상을 빈번히 보아 왔다. 이에 대해 '문화 제국주의'가 창궐하고 있다는 비판도 제기되어 왔다. 또한, 획일화된 자본주의 물질문화가 확산되면서 환경에 대한 인식이 약화되어 전 세계적으로 환경피해가 발생되고 있다는 우려의 목소리도 등장하였다. 이로 인해 세계화는 선진국 중심의 패권주의를 창출한다는 비판이 제기되었다.

📝 그린 라운드(Green Round)와 블루 라운드(Blue Round) · · · · · · · · · · · ·

그린 라운드는 지구 환경이 악화되는 상황에서 환경보호를 위해 세계무역기구(WTO: World Trade Organization) 안에 제품은 물론이고 생산 공정이나 생산 방식에 대해 하나의 환경기준을 만들고, 이에 미달하는 상품에 대해서는 관세부과, 수입금지 등 각종 제재를 부과하자는 다자간 협상이다. 지구를 구하자는 대의는 좋으나, 다른 측면에서 보면 선진국들이 환경보호를 이유로 개발도상국에게 높은 수준의 환경기술을 요구하는 새로운 무역장벽을 적용함으로써 자국의 시장을 보호하고 또한 자국 제품의 수출을 확대하려는 패권주의적 움직임이라는 비판을 받았다.

블루 라운드는 세계 각국의 근로조건을 표준화하기 위한 다자간 무역협상으로서, 노동 라운드라고도 불린다. 블루 라운드는 국제노동기구 협약을 위반하여 노동자를 착취하는 국가나 기업에 대해 무역 제재를 가함으로써 노동자의 기본권을 보장하고 인간다운 삶을 영위할 수 있도록 하는 것이 목적이다. 내세우는 명분은 좋으나, 이면에는 개발도상국 상품이 선진국 시장으로 대거 몰려오자 선진국이 자국의 산업을 보호하기 위해 개발도상국의 근로조건을 선진국 수준으로 올려 개발도상국이 생산·수출하는 제품의 가격경쟁력을 떨어뜨림으로써 개발도상국의 상품 수출을 규제하는 한편 자국의 실리를 추구하는 것이라는 지적을 피할 수 없었다.

이러한 현상은 자신들만의 전통과 정체성을 지키려고 노력하던 국가들과 지역사회들 그리고 지역사회 주민들에게 엄청난 충격을 가할 수 있다. 세계화로 인해 자신들의 전통과 정체성에 가해지는 압박에 시달리는 한편, 그 압박에 대해 저항하고 투쟁하는 움직임이 싹트고 확대되기 시작하였다. 그동안 이러한 움직임은 세계 도처에서 빈번하게 발견될 수 있었다(지그문트 바우만, 2013). 세계화에 대한 이러한 반작용은 시간이 흐를수록 더욱 확대되었다. 즉, 문화, 사고, 종교, 도덕 등의 측면에서 정체성을 확보해야 한다는 목소리가 커지는 것은 물론이고 이를 실행하는 움직임이 강하게 나타났다.

기술혁신에 의한 세계화와 세계화에 대한 이러한 반작용은 국민국가의 위기를 초래하였다. 국가가 세계화 현상과 정체성 강조 현상을 이어주는 다리 역할을 제대로 수행하지 못하기 때문에 국민국가가 위기에 직면하고 있다는 것이다. 이러한 상황에서 지역사회의 중요성이 강조되고 있다는 사실은 위에서도 지적한 바 있다. 즉, 지역사회가 공동체 의식과 응집력을 중심으로 세계화에 대응해야 한다는 목소리가 확대되었다. 세계화에 대응하기 위한 전략으로 지방화를 추진한다는 의미를 가진 '세계화와 동시에 지방화'가 중요한 이슈로 등장하였다. 이리하여, '글로컬리제이션'이라는 단어가 등장하였다. 1994년 세계지방자치단체연합(UCLG: United Cities & Local Governments)에서 글로컬리제이션을 설명하려고 '세계적으로 생각하고 지역적으로 행동하라(Think Globally, Act Locally)'는 표어를 제시하였다. 이후부터 글로컬리제이션은 빠르게 인구에 회자하였다.

📝 세계화 속에서 차별화

세계화는 경제적으로는 전 지구를 단일 시장으로 만들고 문화적으로는 동질화를 야기시키면서 다양한 현상을 일으키지만, 경계를 허무는 현상만은 발생시키지 않고 있다. 어떤 측면에서 보면, 우리가 사는 세계에서 삶의 터전이 허물어져 감에도 불구하고 경계를 허물고 협조하기보다 새로 생기는 거리의 모퉁이마다 경계가 생겨나고 있다.

출처: 지그문트 바우만(2013) 『방황하는 개인들의 사회』에서 일부 발췌·재서술

이러한 현상을 경쟁력과 연계하여 설명하기도 한다. 산업사회는 '국가의 경쟁력이 지역의 경쟁력을 결정하는 시대'이었다. 즉, 제품의 생산지역을 불문하고 미국제, 독일제, 일본제에 매료되는 현상을 심심치 않게 볼 수 있었다. 물론, 지금도 개발도상국에서는 한국제를 최고로 꼽기는 하지만, 상황이 크게 바뀐 것도 사실이다. '세계화와 동시에 지방화'라는 전략이 시행되면서 지역사회의 중요성이 급부상하자, 이제는 '지역의 경쟁력이 국가의 경쟁력을 결정하는 시대'라고 일컬어지고 있다. 이러한 현상은 21세기에 국가경쟁력을 결정하는 요인에서도 살펴볼 수 있다. 21세기에 국가경쟁력을 결정하는 요인은 매우 다양하다는 사실을 부인할 수 없지만, 가장 중요하다고 생각되는 세 요인을 꼽으라고 하면 인적 자원, SOC, 세계도시(World City)를 지적하는 사람들이 많다. 여기에서 보듯이, 국가를 구성하는 하나의 지역인 세계도시의 수가 많을수록 국가경쟁력이 높아진다는 것은 지역사회가 부상하고 있음을 의미한다.

3) 초국적 기업의 증가와 지역사회의 부상

교통·과학 기술의 획기적인 발전으로 인해 사람, 상품, 자본의 이동을 저해했던 공간적 제약이 크게 감소되면서 '시·공간의 압축 현상'이 발생되었다(Harvey, 1989: 94). 하비에 따르면, 시공간의 압축 현상이란 교통·통신 기술이 발전하면서 시간적 거리가 단축되는 것을 의미하는 것은 물론이고 나아가서 자본의 유통·순환 기간을 줄여 시간과 공간의 성격 자체를 변화시킴으로써 인류가 세상을 표현하는 방법을 바꾸고 즉흥성과 일회성을 일상의 주요 덕목으로 등장시키는 것을 말한다. 이로 인해 사람과 상품과 자본의 이동이 국가 경계를 넘어서 전 지구적으로 확대되었다. 이러한 상황에 더하여, 정보와 지식의 생산·가공·전달·공유가 시간적·공간적 제약을 받지 않고 전 지구적으로 빠르게 확산됨으로써 초국적 경쟁이 확대·심화되고 있다. 특히, 기업들 간의 경쟁이 격렬해짐에 따라 초국적 기업들의 탄생이 가속화되었다. 초국적 기업들의 증대는 여러 가지 변화를 수반하지만, 여기에서는 지역사회와 관련된 두 가지 주요 변화를 검토하도록 한다.

첫째, 초국적 기업들의 중심지로 부상한 세계도시는 다른 세계도시와의 경쟁에서 이기기 위해 자율적으로 자신을 개발하는 기회를 얻으려 한다. 세계도시는 전 세계 경제활동을 조절·통제할 수 있는 중심지이면서 동시에 범세계적으로 정치, 행정, 경제, 문화 등을 포함한 다양한 분야에서 막강한 영향력을 발휘하는 도시이다(임재현, 2016: 62). 세계도시의 등장으로 인해 국민국가의 역할은 약화되었고, 이를 기회로 도시를 포함한 지역사회들은 상대적으로 자율적인 네트워크를 구축할 기회를 가지게 됨으로써 활동의 범위를 확대시키고 있다(Harvey, 1989: 111).

둘째, 초국적 기업은 중앙정부보다는 지방정부와 협상하려 한다. 초국적 기업의 목표는 수익을 최대화하는 것인데, 국가를 협상파트너로 삼는 것은 목표를 달성하는 데 부담이 될 수 있다. 따라서 초국적 기업은 국가보다는 지방정부와 협상하려고 한다. 초국적 기업의 유치가 아쉬운 지방정부의 입장에서는 초국적 기업이 원하는 것을 상당한 정도로 수용할 가능성이 크다. 경우에 따라서 다수의 지방정부들이 서로 초국적 기업을 유치하려는 상황이 발생하면 출혈경쟁이 나타날 수도 있기 때문에 초국적 기업은 협상파트너로 지방정부를 선호한다. 이러한 일들은 지역사회가 중앙정부 의존적인 상황을 벗어나서 자율적으로 결정하고 스스로의 역할을 확대시키는 계기로 작용할 수 있다.

4) 다양한 욕구와 지역사회 부상

경제가 발달하여 소득수준이 향상됨에 따라 삶의 질에 대한 관심이 크게 증대되었다. 더 높은 수준의 경제적 욕구는 물론이고 문화, 환경 등 다양한 방면에서 욕구가 창출되고 확대되고 있다. 이는 다양한 분야에서 지역사회를 개발할 기회가 커진다는 것을 의미한다. 즉, 제조업이나 첨단산업이 아니더라도 문화, 관광 등 다양한 분야에서 개발을 시도할 수 있다. 예를 들면, 스코틀랜드의 에든버러는 '축제공화국'이라는 별명이 붙을 만큼 축제를 생활화하여 많은 관광객을 유치하고 있으며 이로 인한 경제적 효과도 매우 크다. 애팔래치아산맥에 있는 포코노는 미국의 대표적인 탄광지역이었으나 석탄산업이 사양산업이 되자 관광과 스키를 앞세워 많은 관광객을 유치하였으며 1980년대에 미국 제일의 신혼여행지가 되기도 하였다. 또한, 러시아 바이칼호수 주변 지역은 혹한, 세계에서 가장 깊은 호수, 다양한 생태종 보존 등을 내세워 관광지로 변신하였으며 혹한을 이용한 얼음행군은 매우 유명하다. 우리나라의 경우에도 함평은 도시에서 사라져가는 나비를 이용한 축제를 성공적으로 개최하고, 보령은 세계 최고의 품질로 알려진 진흙을 이용하여 머드축제를 성황리에 열고 있으며, 이외에도 진주의 남강유등축제, 화천의 산천어축제, 청송·영양의 자연송이축제, 영덕의 대게축제 등은 다양해진 욕구를 충족시키는 기능을 수행하고 있다.

제2절 정보·지식화와 지역사회

1. 정보·지식화

1) 정보·지식사회의 의미

정보화는 정보·통신 기술의 발달을 계기로 정보와 지식의 중요성이 높아지는 현상을 일컫는다. 즉, 정보·통신 기술로 인해 정보와 지식의 생산·유통·소비가 생활의 중심이 되는 현상을 말한다. 다시 말하면, 산업 분야에서는 정보의 생산·처리·축적·유통 등을 담당하는 산업, 즉 정보산업이 발달하는 것을 말하고, 직업 분야에서는 정보와 관련된 전문직이나 기술직이 늘어나고 이들의 사회적 권력이 확대되는 현상을 가리킨다. 본서에서는 정보화를 정보·지식화 그리고 정보사회를 정보·지식사회라고 부르기로 한다고 제1장 제1절에서 얘기한 바 있다.

정보·지식사회를 등장하게 만든 정보혁명이 일어난 시기는 나라에 따라 다르다. 가장 먼저 정보혁명이 일어난 나라는 미국이고, 그 시기는 1960년대 후반이다. 그 후 서유럽에서는 1970년대 초반, 일본은 1970년대 말, 우리나라는 1990년대 중반에 정보혁명이 발생한 것으로 알려져 있다.

정보·지식사회는 산업사회가 성숙하면서 정보화와 지식화가 발생하여 나타나는 사회이다. 따라서 정보·지식사회는 다양한 이름으로 불린다. 대표적인 명칭을 살펴보면, 후기산업사회(post-industrial society), 초산업사회(super-industrial society), 후기현대사회(post-modern society), 후기포드주의사회(post-fordism society), 후기문명사회(post-civilization society), 전자기술사회(technotronic society), 지구촌(global village), C&C 사회(Computer & Communication society) 등이 있다(임재현, 2016: 20-21). 한편 드러커(P. Drucker)는 지식사회(Knowledge Society)라고 했다.

📝 지식사회 ・・

지식사회는 지식이 기술혁신과 정책결정의 기반이 됨으로써 지식의 생산·응용에 종사하는 지식노동자가 권력을 갖게 되는 사회를 뜻한다. 기술과 정치 시스템이 거대해지고 복잡해짐으로 인해서 이를 운용하고 혁신을 일으키기 위해서는 이론적 지식이 반드시 필요해졌다. 다행스럽게, 고등교육의 보급으로 지식노동자의 공급이 증대되었다. 그 결과 지식산업이 발달하면서 나타난 사회가 지식사회이다.

출처: 피터 드러커(2009)의 『지식사회』에서 일부 발췌·재서술

정보·지식사회는 컴퓨터와 통신 기술이 결합하여 정보와 지식의 수집·생산·가공·저장·전달·공유 능력이 비약적으로 향상되면서, 정보와 지식의 가치가 산업사회보다 훨씬 중요해지는 사회를 의미한다. 산업사회에서도 정보와 지식이 매우 중요했음을 부인하지 못한다. 그러나, 산업사회에서 정보와 지식은 경제 발전이라는 목표를 달성하기 위한 수단적 가치로서 의미가 있었고, 정보·지식사회에서는 정보와 지식이 목적으로서의 가치를 가진다. 다시 말하면, 정보·지식사회는 경제 분야를 비롯한 사회 전반적인 분야에서 정보·지식 관련 활동이 핵심적 활동으로 등장하며, 그 효과가 사회 전반에 지대한 영향을 미치는 사회를 말한다. 따라서, 정보·지식사회에서는 인간이 사회에 적응하고 살아가는 데 필요한 정보·지식을 수집하는 활동에서부터 유통하는 활동에 이르기까지의 모든 활동이 사회 전반에 보편화되고 동시에 매우 큰 영향을 끼친다. 당연히, 정보·지식사회에서는 '정보의 홍수 현상', '정보의

그레샴의 법칙(Gresham's law)'3) 등과 같은 표현이 인구에 회자될 정도로 엄청난 양의 정보가 빠른 속도로 생산·유통·공유·소비된다.

📝 권력 이동 ·

산업사회의 대표적인 권력은 정치적, 군사적, 경제적 권력이었지만 미래에는 문화적인 힘이 새로운 권력이 될 것이다. 새로운 권력은 폭력과 부가 아니라 컴퓨터, 정보, 네트워크, 영화, 미디어 등을 기반으로 하여 창출된다. 이들은 지식의 연금술사이다.

이러한 권력 이동은 산업과 문명을 교체하는 것은 물론이고 엘리트까지 교체하게 된다. 새로운 지식을 누가 먼저 차지하느냐에 따라 엘리트가 달라질 것이다. 따라서, 권력투쟁의 핵심은 지식이 될 것이다. 미래에 이러한 권력투쟁은 계속 심화되겠지만 어떤한 사람이 일방적으로 승리하는 일은 없을 것이다.

출처: 앨빈 토플러(1990)의 『권력이동』에서 일부 발췌·재서술

다른 측면에서 보면, 정보·지식사회는 'know-how' 중심에서 'know-where' 중심으로 변화하는 사회이다(임재헌, 2016: 21). 즉, 핵심기술을 보유하는 것도 중요하지만, 그보다는 수요조사 전문가, 핵심기술 전문가, 핵심기술 소유 조직, 핵심기술 보유 장소 등과 관련된 정보가 중요하며, 이들과의 연계 네트워크를 구축하여 가치를 창조하는 사회가 정보·지식사회이다. 즉, '암묵적 지식 → 명시적 지식 → 암묵적 지식 → 명시적 지식…'으로 이어지는 반복적 과정을 통해서 더 창조적인 아이디어를 발굴하고 더 높은 부가가치를 창출하는 사회를 의미한다.

---

3) 그레샴의 법칙이란 악화가 양화를 구축한다는 것인데, 이 법칙이 정보에도 원용되어 나타난 것이 정보의 그레샴의 법칙으로서 좋은 정보보다 나쁜 정보가 더 빨리 더 멀리 확산된다는 의미를 가지고 있다.

📝 **암묵적 지식·명시적 지식과 창의적 아이디어** · · · · · · · · · · · · · · · · · ·

지식은 크게 암묵적 지식(tacit knowledge)과 명시적 지식(explicit knowledge: 형식 지식)으로 분류된다. 암묵적 지식은 경험에 의해 몸에 쌓이고, 언어 등의 형식을 통해 표현되기 어려우며, 개인이 공개하지 않아 겉으로 드러나지 않는 지식을 말한다. 일반적으로 노하우(know-how)라고 한다. 암묵적 지식을 가진 사람은 그 암묵적 지식이 다른 사람에게 얼마나 유용한 것인지를 깨닫지 못하는 경우가 많다. 암묵적 지식이 명시적으로 알 수 있는 형태로 형식을 갖추어 표현된 것을 명시적 지식이라고 한다. 명시적 지식은 객관화된 지식, 전달가능한 지식, 성문화된 지식이다. 폴라니는 명시적 지식보다 암묵적 지식이 인간에게 더 많다고 하였다.

암묵적 지식을 자신이 속한 집단, 조직, 사회에 공개하여 명시적 지식으로 변환시키면 많은 개인들이 그 암묵적 지식을 알게 되고 이에 대해 개인적으로 생각하면서 그만큼 많은 암묵적 지식을 태동시키게 된다. 새롭게 생긴 많은 암묵적 지식을 다시 명시적 지식으로 공개하면, 이 많은 명시적 지식을 새로이 접한 개인들은 더 많은 암묵적 지식을 만들어내고 이는 더 많은 명시적 지식을 형성하게 된다. 이러한 과정을 거치면 하나의 암묵적 지식이 수많은 명시적 지식으로 탈바꿈하게 된다. 이는 아이디어의 원천(source)을 매우 풍부하게 만들게 되고, 아이디어의 원천이 확대되면 될수록 다양하고 창의적인 아이디어가 발현될 가능성이 높아지게 된다.

출처: 마이클 폴라니(2001)의 『개인적 지식』과 『위키백과』에서 일부 발췌·재서술

2) 정보·지식사회의 특징

앞에서 언급한 것처럼, 정보·지식사회란 지식과 정보가 경제활동을 포함한 다양한 사회 활동에서 중심 역할을 하는 사회를 뜻한다. 정보·지식사회에서는 획기적으로 발전을 거듭한 반도체, 디지털, 네트워크, 뉴 미디어 등의 기술과 자본이 결합하여 다양한 분야에서 부가가치를 창출할 뿐만 아니라 사회 전반에서 거대한 변화를 일으킨다. 정보·지식사회의 주요 특징을 살펴보면 다음과 같다.

(1) 상품·서비스의 짧은 생명주기

　가치 창출의 원천으로서 지식과 정보가 중요하게 작용하는데, 이는 경제체제에도 적용되어 경제활동의 중심이 정보와 지식과 관련한 상품이나 서비스를 생산하는 방향으로 이동한다. 따라서, 이러한 상품이나 서비스의 생산과 관련된 새로운 정보와 지식을 누가 먼저 차지하느냐는 것은 기업의 이익을 창출하는 데 매우 중요한 원인이 된다.

　정보·지식을 축적하는 속도의 관점에서 산업사회와 정보·지식사회를 비교하면, 산업사회에서는 지식의 축적 속도가 상대적으로 느리다. 따라서, 산업사회에서 생산되는 상품과 서비스의 생명주기는 상대적으로 길다. 정보·지식사회에서는 컴퓨터와 통신 기술 등을 이용하기 때문에 정보·지식을 축적하는 속도가 상대적으로 매우 빠르다. 이는 정보·지식산업을 비롯한 첨단산업에도 적용되어 첨단산업과 관련된 전문적인 정보·지식이 매우 빠른 속도로 축적된다. 따라서, 특정 첨단 상품이나 서비스가 생산·소비되더라도 그것보다 더 좋은 상품이나 서비스를 생산할 수 있는 정보·지식이 빠르게 축적되기 때문에 상품과 서비스의 생명주기가 매우 짧아지는 것이 일반적이다.

　또한, 정보·지식이 빠른 속도로 확산되기 때문에 소비자의 상품과 서비스에 대한 기호가 단기적으로 변화한다. 특히, 뉴스, 방송 프로그램, 컴퓨터 프로그램, 각종 조사 등을 포함하여 실시간으로 접할 수 있는 다양한 매체들을 통해 얻게 되는 많은 정보와 지식이 상품과 서비스에 대한 욕구를 빠르고 다양한 형태로 변화시킨다. 이 또한 상품과 서비스의 생명주기를 짧게 한다.

　이처럼 상품과 서비스의 수요가 다양화·개성화되고 또한 생명주기가 짧아지기 때문에 '다품종소량생산체제'가 큰 관심을 받게 된다. 아울러, 상품과 서비스의 가치를 높일 수 있는 새로운 기술, 디자인, 창의적 아이디어가 중요시된다.

📝 미래쇼크(1970) •

산업사회에서 초산업사회(후기산업사회)로 변하는 과정에서 급격하게 변하는 기술과
지식에 사람들이 적절하게 적응하지 못함으로써 충격을 받게 된다. 초산업사회의 주요
특징은 일시성, 새로움, 다양성으로 요약된다. 첫 번째 특징은 '일시성'이다. 생활용품을
사면 아껴서 오래 사용하는 것은 지금까지 그리고 미래에도 그러리라고 생각했다. 그런
데, 갑자기 1회용품들이 나타나기 시작하였는데 1회용품들은 과거에는 상상도 할 수
없었던 것들이다. 이러한 일시적인 것, 즉 '일시성'은 사람들에게 엄청난 충격을 안겨줬
다. 두 번째 특징은 '새로움'이다. '새로움'은 과학 기술의 발달로 인해 나타나는 특징
이다. 해양 개발, 태양열이나 미생물의 활용, 인간 복제, 로봇이나 인조인간(cyborg)의
등장 등은 인류가 겪는 '새로움'이고, 이는 인류에게 충격을 준다. 세 번째 특징은 '다
양성'이다. 그동안 대량생산체제를 통해 생산된 표준화되고 획일적인 상품에 익숙했는
데, 다양한 상품이 생산되면서 소비자의 선택권이 확대된 것도 초산업사회로 인한 충격
이다.

미래쇼크를 예방하기 위해서는 충격을 분산시키고 쇼크에 적응하도록 해야 한다. 또
한, 이러한 쇼크의 예방과 치료에 대한 미래 교육이 필요하며 미래를 연구하는 사람들
의 모임도 절실하다. '내일의 문맹은 글을 읽지 못하는 사람이 아니라 배우는 방법을
배우지 못한 사람'이 될 것이다.

출처: 앨빈 토플러(1970)의 『미래쇼크』에서 일부 발췌·재서술

---

(2) 강한 입지자유성

입지(立地)란 경제활동을 하기 위하여 선택하는 장소, 즉 집적효과
(agglomeration effect)를 얻을 수 있는 장소를 의미한다. 집적효과는 동일하거
나 유사한 기능이 한 지역에 모이면 분업, 인력확보, 기술·정보 교환, 원료의
공동 구매, 사회기반시설의 공동 이용, 시장 접근성 등의 측면에서 효율성을
높임으로써 발생하는 이익을 말한다. 따라서, 비도시지역보다 도시지역이 될
수록 그리고 대도시가 될수록 집적효과는 높아진다. 반면에, 입지자유성은 경
제활동을 위해 특정 지역, 즉 도시에 모일 필요가 없음을 의미한다.

입지자유성은 정보와 지식 자체의 특성이다. 또한, 정보·지식의 비중이 큰 상품과 서비스일수록 운송비의 중요성이 낮아지기 때문에 입지자유성이 커진다. 그리고, 정보·지식사회에서는 정보 기기의 활용으로 사회적 관계를 맺는 범위가 확대되고, 대면 접촉이 줄어드는 대신 사이버 공간이나 통신 매체를 통해 새로운 관계를 맺는 양상이 증가한다. 따라서 필요한 정보를 시간과 공간에 구애받지 않고 제공받을 수 있다. 특징들은 입지자유적 성격이 강해질 수 있음을 의미한다. 입지자유성은 도시지역에 입지할 필요성을 감소시키기 때문에 지역사회들 간의 경쟁을 확대시킬 수 있다. 그렇다고 도시의 이점이 사라지는 것은 아니고, 제1장 제1절에서 언급하였듯이 도시에 입지하는 것이 절대적으로 유리한 상황에서 상대적으로 유리한 상황으로 변화된다고 보아야 한다.

(3) 높은 이직률

첨단산업에 종사하는 전문가들은 다른 업종에 비해 이직 의사와 성향이 높다는 설문조사가 가끔씩 나타난다. 산업사회에서는 '평생직장'을 선호하는 경향이 강하였고 이직하는 사람들은 능력이 떨어지거나 혹은 성격상 문제가 있는 것으로 많이 알려져 있다. 그러나, 최근에는 첨단산업에 종사하는 직장인들의 이직 의사와 성향이 높게 나타나고 있다. 한 설문조사에 따르면, 조사에 참여한 직장인 84.4%가 직무 전환을 생각한 적이 있다고 하였으며 전문·특수직 종사자가 88.6%로 가장 높은 것으로 나타났다(뉴스인데일리, 2018). 이직의 이유는 경력개발(career development), 개인 성향, 가치관, 자녀 교육, 자연환경, 문화·여가시설 등을 포함하여 매우 다양하다. 따라서, 이직의 이유를 정확하게 분석하면서 전문가 육성 및 이직 전략을 세워야 한다.

📝 **직무 전환에 대한 2030 직장인의 생각** ·

취업포털 잡코리아가 최근 2030 직장인 1,162명을 대상으로 '직무 전환'을 주제로 설문조사를 실시한 결과, 10명 중 7명 정도가 직무를 전환하기 위해 준비하거나 각오했던 것으로 답했다. 특히, 응답자의 84.4%는 '현재 종사 중인 직무가 아닌 다른 일을 하고 싶다고 생각한 적이 있다'고 밝혔다. 직무별로는 ▲전문·특수직이 88.6%로 가장 높았으며, ▲경영·사무 87.9%, ▲생산·건설 86.7%의 순으로 높게 나타났다.

출처: 뉴스인데일리(2018)에서 일부 발췌·재서술.

4) 탈권위·탈관료제·탈중앙화

과거와 달리 정보와 지식의 생산·유통·소비 주체가 명확하게 구분되지 않으며, 정보와 지식의 흐름도 일방향이 아니라 쌍방향으로 나아가고 있다. 따라서, 다양한 주체에 의해 지식과 정보가 창출되고 재구성되며 활용된다. 다양한 정보와 지식을 공유함에 따라 개인 생활은 물론이고 사회 조직도 큰 영향을 받으면서 변화하고 있다. 대표적인 경향이 탈권위, 탈관료제, 탈중앙화이다.

(1) 탈권위

우리나라의 대표적인 행정문화는 권위주의적 문화이었다. 자신의 의무를 충실히 수행하는 것보다 권력과 위세를 부리고, 상대방으로부터 인정받으려 하며, 상대방에게 힘을 행사하고 군림하고자 하는 의식과 행태가 강했다. 정보·지식의 다양화와 공유는 탈권위주의적 변화를 촉진시킨다. 대접받기보다 대접해 주고, 군림보다 배려하며, 독불장군보다는 협력과 대화를 강조하는 행정문화로 바뀌고 있다.

📝 **부의 미래** ·

부의 이동이 일어나는 원인은 시간, 공간, 지식으로 이루어지는 심층기반에 있다. 시간은 신속한 대응과 변화를 의미하고, 공간은 저임금과 기업활동이 유리한 지역이 부상한다는 것을 뜻하며, 지식은 미래의 동력이다.

시간적 측면에서 볼 때, 부는 속도의 충돌로 인해 위기에 직면한다. 즉, 기업이 변화하는 속도를 정부, 법, 정책 등이 따라가지 못해서 위기와 긴장이 발생한다. 기업이 시속 100마일의 속도로 혁신을 거듭하지만 노조, 정부, 학교, 정치, 법 등이 30마일 이하로 변하기 때문에 경제사회 발전을 저해하는 요인이 된다.

공간적 측면에서 볼 때, 부의 주도권은 산업혁명 전에는 아시아, 산업혁명 후에는 유럽, 제2차 세계대전 후에는 미국으로 이동했다가, 지식혁명인 '제3의 물결'과 더불어 그 흐름이 아시아로 움직이고 있다. 아시아를 보면, 미래에 중국이 중요한 위치를 차지할 것이고, 일본은 지식경제기반이 약하며, 한국은 시간, 공간, 지식으로 구성되는 심층기반이 구축되어 있고 또한 성격이 급한 것이 긍정적이지만 통일이 변수이다.

심층기반의 핵심인 지식은 상호작용하면서 더욱 거대하고 더욱 빠르게 변화·발전하고 있다. 따라서 쓸모없는 지식과 진실된 지식을 구별하는 방법을 배워야 한다.

급성장하는 부와 자본주의는 많은 문제를 일으키는데, 이에 대한 가장 필요한 해법은 발상과 사고의 전환이다. 유형자산에 대한 집착을 버리고 무형자산의 중요성을 인식해야 하며, 또한 지난 시절의 낡고 오래된 인식과 제도에서 탈피해야 한다. 자본주의의 미래는 결코 부정적이지 않다. 모든 사항을 고려할 때, 이것은 한번 살아볼 가치가 있는 환상적 순간이다. 미지의 21세기에 들어온 것을 뜨거운 가슴으로 환영한다.

출처: 앨빈 토플러(2006)의 『부의 미래』에서 일부 발췌·재서술

(2) 탈관료제

산업 사회에서 정보·지식사회로 이동하면서 관료제 조직의 역기능이 빠르게 나타나고 있다. 정보·지식사회가 도래하면서 개인의 창의력, 신속한 조직 의사결정이 중요하게 부각되고 있지만, 관료제는 이러한 변화를 따라가지 못하고 있다. 관료제의 역기능을 극복하여 조직의 효율성을 높이기 위해 탈관료제에 대한 요구가 강하게 등장하였다. 탈관료제는 조직의 구성과 해체를 자유롭게 하므로 변화에 빠르게 적응할 수 있고, 수평적 관계를 형성하므로 자유로운 의사소통을 가능하게 하며, 업무를 신속하고 효율적으로 처리하게 하고, 구성원의 권한과 재량을 확대시켜 개인과 조직의 경쟁력과 창의력을 증진시킬 수 있다.

(3) 탈중앙화

정보·지식화로 인해 사람들의 가치관이 크게 변하여 탈중앙화 현상이 발생하고 있다. 산업사회에서 사람들의 가치관이 획일화, 표준화, 집권화의 성향을 보였다면, 소득과 교육 수준의 향상과 더불어 정보·지식화로 인해 사람들의 가치관은 다양화, 개성화, 분권화의 경향을 보이고 있다(임재현, 2017: 77-78). 이처럼 변하고 있는 가치관을 충족시키기 위해서 특히 다음과 같은 측면에서 탈중앙화의 목소리가 확대되고 있다(임재현, 2017: 58-59). 첫째, 사람들의 정책적 참여 욕구를 충족시켜야 한다. 중앙집권체제에서는 대부분의 지역 문제들을 중앙정부에서 결정하기 때문에 지역사회 주민들이 자신의 지역과 관련된 문제를 해결하는 데 참여할 기회가 극히 제한적이었다. 그러나, 경제 발달로 인해서 사람들의 교육수준이 높아지고 또한 많은 정보·지식을 접함에 따라 중앙의존적이던 인식과 행태에 큰 변화가 발생하였다. 지역사회 주민들은 지역정책결정 과정에 참여할 기회를 원하는 경향이 강해지고 있다. 둘째, 경쟁이 심화되는 상황에서 지역사회의 고유한 장점을 살리면서 지역경쟁력을 확보해야 한다는 목소리가 지역사회에서 커지고 있다. 중앙집권화체제에서 지역정책 결정권을 가지고 있는 중앙정부는 개별 지역사회가 가지고 있는 매우 다양한 특성과 상황을 제대로 파악하기 어렵기 때문에 모든 지역사회를 동일하게 보면서 획일적 행정을 실시하기 쉽다. 이는 지역사회가 경쟁력을 갖도록 하는 올바른 방향이 아니다. 셋째, 모든 지역사회에서 공통적으로 해결해야 하는 지역사회문제들도 있지만 지역사회별로 특별하게 해결해야 하는 지역사회문제들도 상당히 많이 존재하는 것이 사실이다. 이러한 문제들을 해결하려면 탈중앙화를 해야 한다는 목소리가 확대되고 있다. 왜냐하면 이 문제들을 효율적으로 해결하려면 해당 지역사회에서만 적용되는 창의적인 아이디어가 필요할 경우가 많기 때문이다. 창의적인 아이디어를 창출하려면 자신의 문제에 대해 관심을 가지고 이를 해결하기 위해 지속적으로 노력해야 하는데, 중앙집권체제에서는 지역사회문제들의 해결방안을 중앙에서 결정하기 때문에 지역사회문제 해결에 대한 지역사회 주민들의 관심이 약화되어 창의적 아이디어가 발현될 가능성이 낮아질 수밖에 없다.

일본의 발전과정을 살펴보면, 산업사회에서는 일본 관료들이 민족주의를 강조하고 강력한 노사협조체제를 구축함으로써 발전하였다. 그러나, 다양성을 강조하는 정보사회를 맞이한 상황에서 일본은 거품경제가 꺼지고, 금융시스템의 한계에 직면하게 되었다. 이러한 위기 상황에 대한 일본 정부의 대응 능력이 의심을 받게 되고, 또한 일본 사회가 총체적으로 균열되는 상황을 맞이하고 있다.

반면에, 한국은 1990년대 금융위기를 거치면서 국가의 영향력이 약해지고, 재벌과 정치 간 거리두기가 확대되었으며, 시민사회가 성장하고, 지역정체성이 강화되었다. 이로 인해 강력한(좋은 의미) 국가가 될 가능성이 높아지고 있다.

출처: 마누엘 카스텔(2003)의 『밀레니엄의 종언』에서 일부 발췌 · 재서술

2. 정보 · 지식사회와 지역사회

정보 · 지식사회가 가지는 위와 같은 특징들로 인해 변화에 신속하게 대응하고 또한 지역 특성을 고려하면서 효율적이고 유연하게 대응할 필요성이 증대되었다. 따라서, 국가 차원의 대응보다는 지역사회 중심적인 대응 전략이 요구된다. 이리하여, 산업사회에서는 국가의 경쟁력이 지역경쟁력을 결정하는 주요 요인이었으나 정보 · 지식사회에서는 지역경쟁력이 국가경쟁력의 주요 요인이 되고 있다. 정보 · 지식사회의 등장으로 인해 나타나는 지역사회의 변화에 대해 구체적으로 살펴보면 다음과 같다.

1) 동태적 공간의 확대와 지역사회 부각

정보 · 지식사회가 되면서 공간의 개념이 크게 달라졌다. 즉, 부동적(정적) 공간의 개념에서 벗어나 동태적 공간의 개념으로 변화하였다. 산업사회에서는 토지를 중심으로 한 경제활동, 즉 부동적 경제활동이 중심이 되었으나, 정

보·지식사회에서는 시간적·공간적 한계를 초월한 동태적 활동이 크게 확대되었다. 카스텔(2014)도 미래사회에서는 '장소의 공간(space of place)'에서 '유통의 공간(space of flow)'으로 변화한다고 하였다. 유통의 공간이란 지식·정보와 같은 유동적 자원으로 구성되는 공간을 말한다.

📝 네트워크 사회의 도래 ··

미래의 사회에서는 '유통의 공간'이 강조되며, 지구적 경제는 정보, 자본, 문화적 소통이 즉각적으로 흐르고 교환되는 특징을 가진다. 이로 인해 다국적 기업이 빠른 속도로 성장하였다. 1998년에 53,000여 개의 다국적 기업이 세계 총생산의 20~30%, 세계 무역의 66~70%를 차지하였다.

다국적 기업은 준자율적 조직으로 세분화하면서 네트워크화를 강조하는 특징을 가지고 국가, 국가적 정체성, 국가이익 등을 초월하는 조직이다. 이러한 특징을 지닌 다국적 기업이 확대되는 변화로 인해서 지식에 기반하고 네트워크를 중심으로 움직이는 조직의 중요성이 강조된다. 이로 인해, 점차 네트워크 사회가 되며, 이러한 네트워크 사회는 혁신을 꾀할 수 있는 사회이다.

출처: 마누엘 카스텔(2014)의 『네트워크 사회의 도래』에서 일부 발췌·재서술

유통의 공간이 확산되면 정보와 지식의 중요성이 더욱 커지는데, 정보와 지식은 어떤 지역사회이냐에 상관없이 수많은 사람에 의해 수집·생산·가공·저장·전달·공유되는 특징을 지닌다. 따라서, 특정 지역, 즉 도시지역이 비도시지역보다 경제활동에 반드시 유리하다고 볼 수 없다. 비도시지역도 스스로 노력하기에 따라 부각될 가능성이 매우 커졌다.

2) 정보·지식기능 강화와 지역사회의 부각

정보·지식화는 생산과정에서 많은 중요한 변화를 초래하였다. 그 중에서 대표적인 변화가 생산과 관련된 정보와 지식의 중요성이 강조되면서 지역사

회가 빠르게 부상하고 있다.

　물적 자원보다 정보와 지식의 중요성이 더욱 강조되면서 지역사회는 정보기능과 지식기능을 강화시키고 있다. 그렇다고 물적 자원의 중요성이 사라진 것은 결코 아니다. 세계화가 경제적인 측면에서 상품의 세계화, 초국적 기업의 세계화, 금융자본의 세계화로 진행되면서 상대적으로 물적 자원에 비해서 정보와 지식의 중요성이 크게 증대되었다는 의미이다. 예를 들면, 기업들은 물론이고 지역사회들도 수요의 변화, 수요 소재지, PR, 신속한 물류 이동, 신기술 개발, 경쟁 지역과 경쟁 기업의 동향 등과 관련된 정보와 지식을 수집하려는 경향이 나타나고 있다. 많은 지역사회들이 관광객을 유치하기 위해 관광객의 수요변화를 조사하거나 PR에 집중한다든지 혹은 지역사회와 지역기업이 협력하여 다른 지역의 상황을 점검하면서 지역사회의 특화된 제품을 개발·생산·판매하는 등의 활동을 강화하고 있다.

3) 정보·지식의 입지자유성과 지역사회 부각

　정보와 지식의 입지자유적(foot-loose) 특성으로 인해 도시지역뿐만 아니라 비도시지역도 노력 여하에 따라 부상할 가능성이 높아지고 있다. 정보와 지식의 입지자유성이란 정보와 지식이 어느 지역에도 존재할 수 있다는 의미이다. 이로 인해 종래에 도시지역이 가지고 있던 집적효과(agglomeration effect)의 중요성이 감소될 수 있다. 산업, 특히 정보·지식 관련 산업이 도시에 모여 있을 때 더 큰 효과가 난다는 주장의 의미가 약화되고, 도시가 아닌 지역사회도 노력 여하에 따라 산업, 특히 정보·지식 관련 산업이 발전할 수 있다는 주장이 제기되었다. 이에 따라, 도시가 아닌 지역사회에서도 이러한 방향으로 노력하는 경우가 발생되고 있다. 대표적인 사례가 전라남도 고흥군이다. 고흥군은 다도해 해상국립공원 내에 있는 섬인 나로도와 해수욕장, 해산물, 유자, 편백숲 등으로 유명하지만, 군 내의 봉래면에 정보통신의 종합세트인 '나로우주센터'가 건설되었다. '나로우주센터'는 우리나라 자체 기술로 인공위성을 쏘아 올리기 위해 건설된 우리나라 최초의 우주발사체 발사기지이다. 고흥군에 '나로우주센터'가 건설된 것은 국가적 차원에서 결정한 것이지만, 고흥군도 이를 수용할 의사가 있었기 때문에 가능한 일이었다. 고흥군의 사례에서 보듯이, 어떤 지역사회도 노력 여하에 따라 특정 산업 혹은 기업을 유치할 기회를 가질 수 있다. 이는 지역사회들 간의 경쟁이 확대될 수 있음을 의미한다.

이처럼 도시가 가지고 있던 집적효과라는 장점이 줄어들 수 있다는 염려가 나타남에 따라 도시지역은 서비스 활동의 중심지로 변화되리라는 주장이 제기되었다. 특히, 종래에는 서비스라고 하면 소비자서비스가 연상되었지만, 최근에 들어 소비자서비스뿐만 아니라 생산자서비스도 크게 발달하고 있어서 도시지역의 기능 변화의 가능성이 많은 관심을 받았다. 생산자서비스는 생산 활동을 지원하기 위한 금융·법률·경영·회계 등을 지원하는 서비스이다.

이에 대해 다음과 같은 이유들로 인해서 도시지역의 역할이 감소되지 않는다는 주장도 있다. 먼저, 입지자유성과 관련된 증거가 불충분하기 때문에 입지자유성이 불확실하다. 또한, 입지자유성이 모든 산업분야에 적용되는 것이 아니라 특정 분야에만 적용된다. 그리고, 입지자유성이 모든 국가에서 발생되는 것이 아니라 특정 국가에서만 발생한다.

이러한 상반된 주장들을 종합해보면 다음과 같다. 정보와 지식의 입지자유성은 인정되지만 정보와 지식이 필요한 이유는 이를 활용하여 부가가치를 창출하는 데 있다. 부가가치를 창출하는 것은 정보와 지식 외에 관련 전문가, 관련 인프라 등과의 연계도 매우 중요하다. 인적 자원과 인프라의 측면에서 평가하면 대도시일수록 유리하다. 따라서, 정보와 지식의 입지자유성은 도시지역을 절대적으로 유리한 위치에서 상대적으로 유리한 위치로 변화시켰다고 보아야 한다. 도시지역이 절대적으로 유리한 상황에서 비도시지역은 도시지역과 경쟁을 하기 어렵겠지만, 상대적으로 유리한 위치가 되었다는 것은 비도시지역에 경쟁의 기회가 열렸다는 것을 의미한다.

제3절 지방화와 지역사회

1. 지방화

1) 지방화의 의미

지방화는 중앙정부에 집중되어 있던 사무와 권한을 지방으로 이양하는 것으로서, 지방분권과 지방자치가 이에 속한다. 지방화의 의미를 좀 더 명확하게 이해하려면 중앙집권화와 비교해서 살펴보는 것이 좋다(임재현, 2017: 37-65). 중앙과 지방 간 권력의 집중과 분산이라는 측면에서 보면, 중앙집권화와 지방화는 연속선상의 양 끝에 위치하고 있다. 중앙집권화는 중앙정부가 지방의 정책을 결정한 후 집행지침을 마련하여 지방으로 하달하면 지방정부는 중앙의 지침에 따라 지방정책을 집행하는 시스템이다. 중앙집권체제 하에서 지방정부는 중앙정부의 통제와 관리를 받는 하급기관에 불과하기 때문에 독립된 법인격을 소유한 지방자치단체가 될 수 없다. 반면에, 지방화는 지방정부가 중앙정부로부터 독립된 법인격을 가지면서 중앙정부의 하급기관이 아니라 주민이 직접 선출한 지방 대표자들, 즉 지방자치단체장과 지방의회의원들을 중심으로 지방 문제를 상당한 정도로 자율적으로 해결하는 시스템을 시향하는 것이다. 이때의 지방정부는 지방자치단체이다.

지방화란 일정한 지역 내에서 법률이 정하는 바에 따라 지역주민이 선출하여 구성한 지방자치단체를 통해 지역과 관련된 사무를 지역주민들의 의사와 책임 하에서 자율적으로 처리하는 활동 과정이다. 자율적으로 사무를 수행하기 위해서는 법률로 자치사무(고유사무)를 규정하고, 그 사무를 수행하는 데 필요한 행정적 권한, 재정적 권한, 법률적 권한 등을 실질적으로 지방에 이양하여 지방정책과정에 자율성을 부여하고 그 과정에 주민이 참여할 수 있는 기회를 확대하여야 한다(임재현, 2017: 38).

2) 지방화의 원인

앞에서 지방화가 무엇인지에 대해 살펴보았다. 이 과정에서 지방화가 필요하리라고 추상적으로 이해할 수 있다. 그러나, 모든 국가에서 지방화가 시행되어야 한다는 것은 결코 아니지만, 적어도 경제 수준이 높은 국가에서는 지방화가 거의 필수품에 해당된다. 지방화가 필요한 대표적인 원인은 다음과 같다.

첫째, 세계변화에 대한 전략으로 지방화가 진행되었다. 세계화와 정보·지식화로 인해 국가들 간, 국가와 지역사회 간, 지역사회들 간의 경쟁이 확대되면서, 경쟁에서 생존·발전하기 위한 전략이 필요한 상황이 발생하였다. 이러한 전략 중에서 가장 관심을 받는 것이 지방화이다. 즉, 지방화를 통해서 지역경쟁력을 확보함으로써 경쟁상황을 타개하겠다는 것이다. 이에 대한 구체적인 내용은 제1장 제1절에서 서술하였다.

둘째, 증가하는 행정수요를 충족시킴에 있어서 지역사회의 도움이 필요하게 되었다. 중앙정부의 재정적 어려움이 확대되는 상황에서 지역주민의 일상생활과 관련된 문제, 즉 주택, 의료, 복지, 교육, 문화, 환경 등과 관련된 행정서비스에 대한 요구가 폭증하였다. 종래에는 이러한 문제들을 중앙정부가 주도적인 입장, 특히 재정적 입장에서는 주도적인 입장에서 해결하였지만, 중앙정부의 계속된 재정 압박으로 인해 이를 수행하기 어려운 상황에 직면하게 되었다. 지방정부가 재정 확보에 일정 역할을 하는 것은 물론이고 서비스전달체계의 효율성을 향상시키기 위한 지방정부의 노력이 매우 필요한 상황이 되었다. 이를 제대로 수행하기 위해서는 지방정부의 자율성이 당연히 필요하다. 서비스전달체계의 효율성 부분은 제1장 제4절에서 구체적으로 검토하기로 한다.

셋째, 시민사회가 급속하게 확대되고 또한 지역사회 주민들이 자신의 지역사회에 대한 주인의식과 비판의식을 가지는 경향이 나타났다. 이로 인해 지방행정과 지방정책의 개별 과정에 주민들이 참여하고자 하는 분위기가 무르익게 되었다. 이러한 변화는 지역사회의 문제를 지역사회가 자율적으로 처리하는 시스템을 요구하게 되었다.

2. 지방화와 지역사회

위에서 살펴본 지방화가 진행될 수밖에 없는 원인으로 인하여 지역사회가 현재 차지하고 있는 위치와 역할은 산업사회에서의 위치와 역할과는 매우 다르다. 무엇보다도 세계화와 정보·지식화라는 거스를 수 없는 변화에 직면한 국가와 지역사회는 종래와 다른 전략적 대응 방안을 선택할 수밖에 없다는 인식이 확대되었다. 이에 따라 세계화에 대한 전략적 차원, 정체성 확보 수단, 지역사회 중심의 복지사회 구현 등이 매우 시급한 이슈로 등장하면서 이를 위한 해결하기 위한 방안으로 지방화가 강조되고 또한 지역사회의 중요성이 부각되었다(임재현, 2017: 40-46).

1) 경쟁력 강화수단으로서의 지역사회

세계화와 정보·지식화라는 경쟁지향적인 변화에서 국가와 지역사회가 생존·발전하려면 경쟁력 확보가 중요하다. 이러한 거대한 변화에 국가중심적인 대응 전략은 상대적으로 대응속도가 느리고 획일적이며 비효율적이고 유연성이 부족한 문제를 발생시키기 때문에 경쟁력을 확보하는데 차질이 발생할 수 있다. 반면에, 지역사회가 중심이 되어 대응하면 상대적으로 대응속도가 빠르고 지역사회의 특수성이 고려되며 효율적이고 유연한 대응이 가능해지므로 경쟁력을 확보하는 데 유리하다. 이로 인해서 지역사회는 그동안 국가에 전적으로 의존하던 인식과 자세를 버리고, 지역사회 스스로가 경쟁에서 이겨나가기 위한 전략적 방안을 모색하여 왔다. 그러나, 지역사회 중심적인 대응이 바람직하다고 해서 지역사회 안 혹은 국가의 울타리 안에서 대응방안을 모색해서는 안 된다. 세계가 변화해가는 방향을 심사숙고하여 반영하지 않으면 변화의 주류(메인스트림: mainstream)가 아니라 국외자(아웃사이더: outsider)가 될 수 있다는 사실을 반드시 유념해야 한다.

2) 정체성 확보 수단으로서의 지역사회

세계가 점점 경쟁을 확대하는 상황으로 나아가면서 선진국 중심의 패권주의를 창출하고 있다는 우려의 목소리가 높아져 왔다. 특히, 세계를 하나의 시장으로 만드는 것을 추진해 온 WTO는 회원국 전체의 이익보다는 선진국의 이익을 더 중시함으로써 패권주의 창출에 중요한 역할을 담당하고 있다는 비난을 받고 있다. 이러한 패권주의에 대한 반작용으로 정체성, 즉 문화적 정체성, 사고적 정체성, 종교적 정체성, 도덕적 정체성 등을 강조하는 움직임이 나타나고 있다. 이러한 반작용은 헌팅턴(S. Huntington)이 말한 '문명의 충돌'에 해당된다. 그런데, 이러한 반작용이 지역사회를 중심으로 나타나고 있다. 즉, 국가적 차원의 공동체 구축보다 지역사회 차원의 공동체 구축이 용이하기 때문에 지역사회의 문화유산, 언어 등을 중심으로 지역공동체를 형성하면서 정체성을 확보하고자 하는 경향이 확대되고 있다. 즉, '가장 지방적인 것이 가장 세계적인 것이다'라는 말의 의미를 생생하게 느끼는 현상이 벌어지고 있다. 이는 세계화와 정보·지식화라는 변화에 대응하여 지역사회 중심적으로 정체성을 확보하는 것이 얼마나 중요한 것인지를 반증하는 현상이다.

3) 복지사회 구현을 위한 지역사회

복지국가의 우려에 대한 목소리는 어제, 오늘의 일이 아니다. 1980년대 초반부터 많은 사회정책학자들은 복지국가의 위기가 도래하였다고 주장하였다. 이를 해결하기 위한 다양한 방안들이 제시되었다. 그러나, 제시된 방안들은 모두 나름대로 중대한 문제점들을 안고 있다는 비판에 휩싸였다. 이리하여, 전혀 새로운 대응 방안이 필요하다는 주장이 점차 확대되었다. 즉, 지역사회가 복지서비스를 제공하여야 한다는 주장이 조심스럽게 설득력을 확보하고 있다. 지역사회가 중심이 되면 사회적 자본을 구축하는 것이 용이해지기 때문에 효율적으로 복지서비스를 제공할 수 있다는 것이다. 이에 대해서는 제4절에서 구체적으로 검토하도록 한다.

제4절 복지국가의 위기와 지역사회

1. 복지국가의 위기

보는 관점에 따라 차이가 있을 수 있지만, 1980년대 초반부터 많은 사회정책학자들은 복지국가의 위기가 도래되었다고 주장하였다(Bryson, 1992; Goodin et al., 1999; Rodger, 2000; Ife, 2002). 복지국가의 위기를 주장하게 된 배경은 매우 다양하지만, 영국 복지정책의 위기도 하나의 원인이 된다. 영국에서 1942년에 발간된 '베버리지 보고서'에 나오는 '요람에서 무덤까지(from cradle to grave)'라는 유명한 문구를 처칠 수상이 발표를 하고, 다음 선거에서 승리한 노동당이 이에 입각하여 '보편적 복지정책'을 적극적으로 추진하였다. 그 후 재정적 문제가 발생하면서, '해가 지지 않는 나라'로 불렸던 영국은 1976년에 IMF 구제금융을 요청하기에 이르렀다.

📝 요람에서 무덤까지(from cradle to grave) · · · · · · · · · · · · · · · · ·

19세기 이래로 20세기 초까지 서구국가에서는 자유방임주의, 즉 국가는 치안과 국방만을 담당하는 야경국가의 역할만 하면 된다는 원칙이 주도하였다. 자유방임주의는 불황에 능동적으로 대처하지 못하고 빈부격차를 야기한다는 비판을 받았다.

제2차 세계대전이 발발하자, 영국에서는 승전을 위해 보수당과 노동당이 거국 내각을 구성하였다. 노동당 출신 장관들은 수상인 윈스턴 처칠에게 복지국가 수립을 강력하게 요구했고, 처칠과 보수당은 전쟁에 지친 국민들을 위로할 필요를 느껴 이를 수용하였다. 1942년에 자유주의 경제학자 윌리엄 베버리지가 정부의 위촉을 받아 작성한 '베버리지 보고서'에 '요람에서 무덤까지'라는 매우 유명한 표현이 나온다. 이 보고서가 완결되자 보수당 출신 장관들은 재정적으로 실천이 어려우므로 공표를 반대하였으나, 노동당 출신 장관들의 강한 주장에 의해 공표되었다. 그 후, '요람에서 무덤까지'는 보편적 복지정책을 상징하는 문구가 되었다.

또한, 70년대 후반부터 복지국가 전성기가 식어가는 와중에 세계화, 특히 금융자본의 세계화가 복지국가를 실질적으로 위협하고 있다. 금융자본의 세계화는 국민국가로 하여금 지구적 경쟁에서 살아남기 위해서 노동시장의 유연성을 강화시키고 투자친화적인 환경을 조성하게 함으로써 임금과 노동조건의 하향 악화를 초래하였고 또한 사회보호체계와 복지국가의 이데올로기적 기반을 약화시켰다(Mishara, 1999).

그리고, 보편적 복지정책의 모델이라고 불리는 스웨덴도 1980년대 중반부터 재정적 어려움에 직면하게 되었다. 1950년대와 1960년에는 스웨덴의 경제가 견조한 성장 흐름을 지속하였지만 1970년대에 들어와서 경제성장률이 하락하더니 1980년대에 들어 마이너스 성장을 기록하였다. 1980년대 중반부터 '스웨덴 병' 또는 '복지병'이라 불리는 현상이 나타났다. 지나친 보편적 복지정책, 예를 들면 월급의 80% 수준인 실업수당과 특별한 절차 없이 사용할 수 있는 병가 등이 노동자들의 노동 유인을 감소시킨다는 지적이 있었다. 이러한 와중에, 스웨덴 복지모델에 결정적인 위기를 제공한 부동산 투기가 발생하였다. 신자유주의와 함께 금리소득에 대해 세금을 면제해줌으로써 국내에 자본은 늘어나고 규제와 세금은 줄어들면서 부동산 투기가 일어났다. 1990년대에 들어 부동산 거품이 붕괴되고 해외자본이 빠져나가면서 외환위기에 빠지게 되었다.

이러한 상황들이 전개되는 와중에서 복지정책전문가들이 조심스럽게 복지국가의 위기, 특히 보편적 복지정책을 실시하는 국가가 위기를 맞을 수 있다는 점을 지적하면서, 학계 차원에서 복지국가의 위기라는 인식이 확대되었다.

복지국가, 특히 보편적 복지정책을 실시하는 국가의 정당성이 위협을 받는 주요 이유는 매우 다양하고 국가마다 다를 수 있다. 그러나, 많은 학자들이 지적하는 원인은 두 가지로 요약될 수 있다(George & Wilding, 1984; Offe, 1984; Saunders, 1994; Jones, 1996; Mishara, 1999; Roger, 2000; Ife, 2002).

첫째, 복지국가의 위기는 재정적 문제로 인해 발생한다. 경제성장이 지속될 경우에는 재정 지출을 확대할 수 있으므로 높은 수준의 다양한 복지서비스를 제공하는 것이 가능하다. 또한, 경제가 침체될 경우와 비교하면, 개인들은 일자리를 찾기가 쉽고 소득수준이 점차 높아지기 때문에 상대적으로 복지서비스에 대한 의존도가 줄어들 수 있다. 반면에 경제가 불황일 경우에는 실업률과 빈곤율이 높아지면서 복지서비스에 대한 욕구가 증대되지만 정부의 재정

악화로 인해 국민들이 원하는 수준의 복지서비스를 제공하기 어려운 것은 물론이고 경우에 따라서는 이전 수준의 복지서비스조차 제공하지 못할 수도 있다. 즉, 국가는 국민들의 요구를 충족시켜야 하는 의무가 있음에도 불구하고, 국민들이 가장 많은 복지서비스를 요구할 때 국가가 복지서비스를 제공할 능력이 가장 약하다는 것은 국가가 존재해야 하는 이유를 의심하게 만든다.

둘째, 복지국가가 사회적·정치적 질서를 유지하는 도구로 악용되는 경우가 있다. 정부가 복지국가를 유지할 능력이 없으면서도, 사회적 주도권을 행사하거나 정치적 안정을 유지하기 위한 수단으로서 복지국가를 악용할 수 있다. 즉, 복지국가를 유지할 능력이 매우 약하거나 혹은 없음에도 불구하고, 국가경영을 위해 반드시 필요한 사회적·정치적 안정을 확보하기 위해 재정적 무리를 감수하면서 복지서비스를 제공하거나 아니면 복지서비스를 제공하겠다는 약속을 할 수 있다. 이러한 나라들에서 많이 사용되는 복지서비스의 전달 방법을 살펴보면, 다음과 같이 복지정책의 실질적인 내용보다는 홍보에 치중하는 경향이 있다(Ife, 2003: 39-42). 복지서비스 제공을 통한 실질적인 혜택보다 '미래', '분배', '평등', '공정' 등을 내세우면서 공정한 사회를 위해 많은 것들이 이루어지는 중임을 강조한다. 그리고, 다양한 통계자료들을 이용하여 성공하고 있다는 인상을 국민에게 심어주기 위해서 범정부 단체들을 통해 지속적으로 홍보한다. 또한, 그동안에 시행되었던 정책이나 프로그램의 이미지를 완전히 탈바꿈시킬 정도로 새롭고 강력한 이미지로 확대 포장함으로써 마치 국민을 위해 새롭고 혁신적인 정책이나 프로그램을 시행한다는 착각을 일으키게 한다.

📝 아르헨티나와 베네수엘라의 교훈

아르헨티나의 경우 포퓰리즘(Populism)의 대명사로 불리는 페론이 대통령이 되면서 국가사회주의를 표방하고, 노동자계급의 이익을 확대하는 정책을 실시하였다. 대표적인 정책이 노동자계급과 저소득층의 임금을 지속적으로 상승시키는 것이었다. 의도는 좋다고 볼 수도 있지만, 임금은 노동생산성 등을 포함하여 종합적으로 결정하는 것이 상식이다. 이처럼 상식에 어긋난 정책을 지속하니 기업의 어려움은 가중될 수밖에 없었다. 결국, 임금 상승을 위해 국가가 지원에 나섰으며 이는 국가재정을 압박하게 되었다. 이러자 페론 정권은 돈을 찍어내면서까지 임금 상승을 지원하였으며, 이는 강한 인플레이션 상황을 야기하였다. 이로 인해 세계 경제 10위권 내에 들었던 시절을 꿈으로 생각할 수밖에 없을 정도로 추락을 거듭하였다.

베네수엘라는 세계 최대 석유매장량을 자랑하는 국가이다. 다만, 아쉬운 점은 정제가 필요 없는 경질유가 아니라 정제가 필요한 중질유라는 점이다. 1999년에 포퓰리즘과 좌파민족주의를 내세운 차베스가 집권하면서 석유 수출로 받은 수입금으로 정제시설을 확대하는 대신에 무상교육, 무상의료, 저소득층 식료품 무료배급 등과 같은 과도한 복지정책을 수행하였다. 2014년부터 저유가시대로 접어들자, 노후화된 정제시설로 인해 정제비가 상승함으로써 석유를 팔수록 적자 폭이 확대되었다. 이는 정책이 얼마나 중요한지를 깨닫게 한다. 이로 인해 차베스 정권은 심각한 재정위기를 맞게 되었다. 차베스를 이어 대통령이 된 마두로는 차베스 정권에서 실시된 잘못된 정책을 수정·보완하는 것보다 재정위기를 타파하고자 자국 내의 거대한 금광에서 금을 채굴하기로 결정하였다. 그런데 금 광산 지대 내에 유네스코가 지정한 국립공원이 있어서, 유네스코를 포함한 많은 국가가 금 채굴에 반대하는 입장을 표명하였다. 이러함에도 마두로 대통령의 방조 하에 금 채굴이 이루어지자 미국이 베네수엘라와의 금 거래를 중지하였고 영국은 자국 은행에서 베네수엘라가 금을 인출하는 것을 중지시켰다. 이러한 과정을 거치면서 경제가 파탄이 났고 베네수엘라 국민들은 내일이 없는 세상을 살고 있다. 차베스의 잘못된 정책이 결국 베네수엘라와 그 국민들을 나락으로 끌고 간 셈이 되었다.

2. 복지국가 위기에 대한 대응 방안

복지국가의 정당성이 위기를 맞고 있다는 주장이 확대되면서 이에 대한 대응 방안을 모색하는 연구들도 다양하게 나타났다. 효율적인 정책 설계, 합리적이고 건전한 정책 집행, 안정적인 복지재원 조달 등과 관련된 연구들이 등장하였다. 다른 한편으로는 복지국가를 자유주의, 조합주의, 사회민주주의로 유형화하면서 해결책을 모색하기도 하고(Esping−Andersen, 1990), 복지국가의 위기에 대해 복지국가 재구축, 신우익, 조합주의, 사회주의, 지역사회 중심 등의 대응 방안을 제시하기도 한다(Ife, 2002). 이외에도 여러 학자들이 자신들의 견해를 피력했으며, 그 견해들은 나름대로의 논리적 근거를 갖추고 있다.

그러나 본서에서는 복지국가 위기의 대응 방안에 대해 다른 연구들보다 더 세분하여 검토한 아이프의 분류를 기반으로 살펴보고자 한다(Ife, 2002).

1) 복지국가의 수호와 재구축

복지국가의 정당성을 위협하는 원인은 해결될 수 있을 것이라는 굳건한 믿음을 바탕으로 주장하는 대응 방안이다(Wilding, 1986; Donnison, 1991). 이 주장에 따르면, 복지국가는 사회적 약자를 보호하고 사회정의를 실현하고자 하는 목적을 가지기 때문에 현재의 문제점을 보완하면서 존속시키는 것은 당연한 일이다. 현재보다 더욱 효율적이고 공정한 시스템을 구축하면 복지국가를 위협하는 요인을 상당한 수준까지 제거할 수 있다고 주장한다(Ife, 2002).

이러한 주장에 대해 다음과 같은 비판들이 제기될 수 있다. 첫째, 복지국가의 옹호자들은 복지국가의 존속을 주장하기 때문에 중앙집권체제를 선호하는데 중앙집권체제는 복지서비스를 효율적으로 전달하기 어려운 문제를 안고 있다. 이 문제를 검토하기 위해서는 복지서비스 제공과 관련하여 오랫동안 논쟁이 있었던 이슈를 생각해볼 필요가 있다. 오랜 기간 그리고 지금도 복지정책의 가장 중요한 이슈에는 복지재정의 확보와 복지서비스전달체계의 효율성 구축이 포함되어 있다. 복지재정을 확보하기 위해서는 국가가 복지 문제의 주도권을 갖는 것이 유리하다. 그러나, 복지서비스를 수혜대상자에게 효율적으로 전달하기 위해서는 지방정부가 담당해야 한다는 것이 일반적인 견해이다. 국가가 전국에 분산되어 있는 수많은 복지서비스 수혜대상자의 적합성을 판단할 능력과 시간이 없을 뿐만 아니라 수혜대상자의 상황이 변하는 것을 제때에 파악하는 것은 거의 불가능에 가깝기 때문이다. 둘째, 복지국가 옹호자들이 선호하는 중앙집권체제는 복지서비스 수혜자들이 소외감과 무력감을 느끼게 만들 수 있다. 바람직한 복지국가가 되려면 가능한 한 수혜자들이 원하는 복지 수요를 바탕으로 복지서비스를 제공하도록 하여야 한다. 중앙집권체제 하에서는 복지서비스 수혜자들이 복지 업무를 담당하는 관련 중앙관청이나 중앙공무원들에게 접근하는 것이 어렵기 때문에 복지서비스와 관련된 자신의 욕구를 그들에게 표출할 기회는 거의 없다. 지방공무원들은 결정권이 없을 뿐만 아니라 지방공무원들에게 복지서비스 수혜자들이 원하는 바를 개진하여도 결정권을 가진 중앙정부에 제대로 전달한다는 보장도 없다. 이로 인해 복지서비스 수혜자들은 국민으로서의 주체 의식을 가지기보다 복지 혜택을 받는 객체로서 소외감과 무력감을 느끼기 쉬울 것이다. 셋째, 복지국가의 존속은 복지정책과 관련된 공공부문에 근무하는 종사자들의 생계와 연결되기 때문에 이들의 이기적인 이유가 작용할 수도 있다(Ife, 2002: 42). 복지국가가 해체될 경우 관련 공무원들은 다른 부처로 옮길 수도 있다. 그러나, 복지국가 하에서 복지 관련 종사자들이 모두 공무원은 아니다. 공무원이 아닌 종사자들은 생계가 어려울 수 있다.

2) 신우익(New Right)적 주장

신우익이란 자유주의, 자유시장, 반복지주의를 내세우는 이데올로기 집단을 말한다. 복지국가 위기에 대응하는 신우익적 주장은 경제적 합리주의와 민영화를 강조한다. 이들은 개인의 자유는 창의력을 촉진시키고, 보상과 유인에 기반을 둔 시장시스템은 정부 주도의 경제시스템보다 효율적이라고 주장한다. 따라서, 시장의 효율성을 극대화하고, 경쟁을 촉진하며, 개인의 선택에 대한 책임성을 강화하고, 정부의 역할을 최소화해야 한다고 주장한다(Tapper, 1990). 이들이 주장하는 주요 내용을 살펴보면 다음과 같다. 사회복지는 노동윤리를 손상시킬 수 있기 때문에 가능한 한 사회복지에 대한 개인의 책임을 중시하고 시장에의 의존을 강조해야 한다(Esping-Andersen, 1990). 어떠한 복지정책도 보상체계를 손상시켜서는 안 된다. 공공재원을 마련하기 위해 높은 수준의 세금을 부과하는 것은 노동 의욕을 약화시킴으로써 상품과 서비스의 생산을 감소시키고 경제성장을 방해하는 요인으로 작용할 것이다(Ife, 2002: 42). 시장이 주도할 때 경제가 발전하며, 경제발전은 한편으로는 국가재정을 확대시켜 국가가 높은 수준의 다양한 복지서비스를 제공할 수 있게 한다. 그렇다고 하더라도 국가가 복지서비스를 제공하는 것보다 시장이 중심이 되어 복지서비스를 제공하는 것이 이상적이다. 복지정책을 시행하더라도 선별적 복지를 지향해야 하고, 국가는 노동시장에서 배제된 사람들을 대상으로 최저

수준의 복지급여를 제공할 필요가 있다(Esping-Andersen, 1990).

신우익적 주장은 다음과 같은 비판을 받고 있다. 시장이 주도하게 되면 효율성을 추구하는 측면에서는 강점이 있으나, 사회적 불평등은 감소하지 않는다. 오히려 '빈익빈 부익부'를 확대하며 사회적 통합을 저해시킬 수 있다.

3) 조합주의적 대응

조합주의(Corporatism: 코포라티즘) 유형은 사회적 안정성을 중시하여 시민적 권리로서 사회복지를 받아들여야 한다고 주장한다. 특히, 국가는 복지수혜자가 직무경력을 쌓도록 교육과 직업 훈련을 적극적으로 지원해야 한다고 주장한다. 조합주의는 정부, 노동자, 사용자의 합의를 강조한다(Esping-Andersen, 1990; Ife, 2002).

미쉬라(R. Mishra)는 복지국가를 분화된 복지국가(pluralistic welfare state)와 통합된 복지국가(corporate welfare state)[4]로 구분한다. 아래 각주에서 서술한 이유로 인해서, 본서에서는 통합된 복지국가를 조합주의적 복지국가로 명명하기로 한다. 분화된 복지국가에서는 사회복지와 경제가 구분되고 대립된다. 경제에 악영향을 주는 사회복지는 제한된다. 따라서, 경제와 연계를 갖지 않는, 즉 경제 공간 밖에서 사회복지정책이 추진되는 유형이다. 반면, 미쉬라가 강조하는 모형인 조합주의적 복지국가(corporate welfare state)에서는 사회복지와 경제가 구분되지 않고 상호의존적 관계로 인식되기 때문에 정부, 사용자, 노동자 사이의 협력과 합의를 토대로 한다. 경제 공간 안에서 복지정책이 수행된다고 보므로 보편적 복지정책이 시장에서도 가능하다.

이들의 주장에서도 알 수 있듯이, 조합주의적 대응은 이해관계가 대립되는 세력들 혹은 단체들 간의 합의를 강조한다. 복지와 관련되어 이해관계가

---

4) 우리나라의 대부분의 사회복지 관련 책에서 미쉬라의 corporate welfare state를 통합된 복지국가로 번역하면서, 에스핑-앤더슨의 Corporatism을 조합주의로 번역하고 있다. 통합과 조합은 대상 간의 협조를 강조한다는 의미에서는 일맥상통하기는 하지만, 엄밀한 의미에서 보면 통합은 하나로 합치는 것이고 조합은 공동 목적을 수행하기 위해 조직된 단체를 의미하기 때문에 동의어로 볼 수는 없다. 또한 정책학에서도 Corporatism을 조합주의로 부르고 있으므로, 미쉬라의 corporate welfare state를 조합주의적 복지국가로 부르는 것이 바람직하다고 본다.

상충되는 대표적인 세력은 사용자와 노동자이며, 이 두 세력의 주장을 조합하고 통합하는 역할을 정부가 수행해야 한다고 주장한다. 따라서, 조합주의적 대응은 정부, 사용자, 노동자 간의 협력과 합의를 중시한다. 즉, 공공부문과 민간부문이 경쟁을 통해 협력과 합의를 하도록 장려한다. 경쟁이 확대되면 민간이 수익을 창출할 수 있는 기회가 높아질 것이므로 민간부문은 사회적 책임을 져야 하고 또한 공공부문도 효율성이 향상될 것이므로 복지재정지출 수준을 높일 수 있다고 주장한다. 이처럼 서로 경쟁을 하면서도 협력과 합의를 중시한 결과, 사용자 단체와 노동자 단체는 단순한 이익단체에서 벗어나 정부와 함께 국가를 운영하는 기관, 즉 범정부기관의 하나로 바뀐다(Middlemas, 1979; Hill, 1997). 이리하여, 민간부문도 범정부기관의 일원으로서 복지재정의 일부를 충당해야 한다고 주장한다. 이러한 주장들을 종합하면, 조합주의는 민간부문과 공공부문이 협력하여 복지정책을 해야 한다고 강조한다.

그러나, 이 대응을 비판하는 사람들이 가장 우려하는 바는 이들 간의 타협이 지속적이지 못한 점이다. 대처(M. Thatcher) 수상 이후의 노동조합이 '삼각 유대체제'에서 탈퇴한 영국의 사례에서도 보듯이, 노·사·정 간에 타협이 이루어지더라도 일시적이기 쉽다는 것이다(Gamble, 1994).

4) 사회주의적 대응

신마르크스주의(Neo-Marxism)의 입장에서 볼 때 복지정책은 저소득층에게 베풂으로써 그들을 현재의 위치에 영속시키는 것이다. 이 주장에 따르면 자본주의와 더불어 성장한 복지국가는 자본가계급의 장기적 이익에 기여함으로써 자본주의 질서를 유지하기 위한 수단에 불과하였다(O'Connor, 1973; Gough, 1979; Kennedy, 1989; Hill, 1997). 즉, 자본주의체제 하에서 복지국가는 계급 간 소득재분배 정도는 미약하고 오히려 계급 내 소득 이전의 성격이 강하며 또한 불평등을 전제로 하는 자본주의의 기본적인 가치와 제도를 거스르지 않는 범위 내에서만 존재할 수 있다. 이러한 관계로 인해, 복지국가의 위기는 자본주의의 위기로 볼 수 있다(Offe, 1984).

그럼에도 불구하고, 위에서 살펴본 세 가지 대응 방안들은 여전히 서구사회의 기본구조 내에서 복지국가의 위기를 해결해야 한다는 입장이기 때문에 이 대안들이 소기의 목적을 달성하는 것은 매우 힘든 일이라는 것이 사회주의적 대응을 선호하는 사람들의 주장이다. 이들은 사회주의 질서를 구축하는 길만이 유일한 대안이라고 주장한다(Ife, 2002).

그러나, 사회주의적 대응은 이론과 달리 여러 현실적인 문제들을 내포하고 있으며, 여기에서는 대표적인 두 가지 문제를 살펴보기로 한다. 첫째, 사회주의국가와 거기에서 더 나아간 공산주의국가를 살펴보면 이론과 달리 현실에서의 억압이 매우 지나치다. 사회주의는 노동자계급의 권리 보장을 강조하면서 국가가 주도하여 실적에 따라 분배해야 함을 주장하는 반면에 공산주의는 자본주의 국가를 전복하여 노동자국가를 건설하고 국가가 주도하여 필요에 따라 분배해야 한다고 강조하는 점에서 차이가 있지만, 사회주의와 공산주의는 생산수단을 공유하고 계획경제를 강조하는 점에서는 유사하다. 사유재산제 폐지, 계획경제, 국가 주도의 분배 등은 억압을 전제로 한다. 둘째, 사회주의국가와 공산주의국가는 이러한 억압을 위해 국가관료주의와 중앙집권체제를 구축하고 있다. 국가관료주의는 가격, 생산, 분배, 이주, 미디어 등 모든 부문에서 관료의 통제를 중시하고, 중앙집권체제는 모든 결정 권한이 중앙정부에 집중된 체제이다. 따라서, 복지서비스와 관련하여 국가관료주의와 중앙집권체제는 복지 수요의 신속한 파악, 필요한 사람에게 적절한 서비스 제공, 창의적 아이디어 발현 등을 포함하여 여러 측면에서 장애요인을 일으키고 비효율성을 발생시킨다. 또한, 국가관료주의와 중앙집권체제는 복지수혜자들이 복지정책과정에 접근하여 자신들의 요구사항을 표출·정책화할 수 있는 가능성을 떨어뜨려 그들을 주체가 아닌 객체로 만듦으로써 수혜자들의 소외현상을 심화시킨다.

5) 지역사회 중심적 대응

앞에서 살펴본 복지국가 위기에 대응하는 방안들이 주장하는 내용들과 이들에 대한 비판적 사고들을 종합하여 판단하면, 어떠한 방안도 만족스러운 결과를 도출하기 어렵다는 결론에 도달한다. 따라서, 복지국가 위기의 원인을 다시 살펴보고 이 원인을 해결하는 데 집중할 필요가 있다. 복지국가의 정통성이 위협을 받게 된 가장 대표적인 원인은 복지서비스가 가장 필요한 시기인 불황일 때 복지서비스의 수혜를 받을 가능성이 줄어든다는 점과 복지국가를 악용하는 점이라는 것을 위에서 살펴보았다. 이 문제점들을 해결하는 방안을 모색하는 것이 복지국가의 위기에서 탈출하는 길이 될 수 있다. 결국, 대응 방안은 복지재정을 충분히 확보하고, 복지서비스를 효율적으로 제공하며, 복지국가를 악용하지 않는 내용을 실현할 수 있어야 한다. 이러한 관점에서 보면, 위에서 제안된 네 가지 대안들은 각각 많은 비판을 받지 않을 수 없다. 이러한 여러 가지 사항들을 종합하면 복지국가의 위기에서 벗어나기 위한 큰 방향은 두 가지로 요약할 수 있다. 첫째, 복지재정을 확충하고 복지국가를 악용할 가능성을 줄이기 위해 자본주의 체제를 유지하여야 한다(George & Wilding, 1984). 둘째, 복지국가는 전달체계가 비효율적이고 수혜자의 접근성과 소외감을 높일 수 있기 때문에 이를 수정·보완하기 위해 지역사회가 중심이 되어 복지서비스를 제공해야 한다(Shragge, 1990). 이 두 가지 방향에 대한 논의가 확대되면서 지역사회가 복지서비스를 제공하는 중심 역할을 해야 한다는 주장이 점차 설득력을 얻어 왔다. 이에 대해서는 아래에서 구체적으로 검토하기로 한다.

3. 지역사회 중심의 복지사회 부각

위에서 검토한 대응 방안들 중에서 복지국가 수호, 신우익, 조합주의는 국가 중심의 지속적인 성장을 전제로 하고 있다. 국가가 주도하는 지속적인 성장정책은 성장의 대가로서 여러 가지 비용을 담당해야 한다. 치러야 할 가장 대표적인 비용은 막대한 인간적 비용, 지나치게 큰 환경적 비용, 복지재정 확보의 어려움 등이다. 첫째, 경제성장에 몰두하면서 인간으로서의 가치, 삶의 질, 인간관계 등이 무시되는 인간적 비용이 커졌다. 즉, 성장에 집중한 나머지 인간소외 현상이 확대되었다. 인간소외 현상이 확대될수록 사회에서는 저소득층에 대한 관심이 줄어들 것이다. 둘째, 지속적 성장정책은 환경적 측면에서 치러야 할 비용을 크게 증대시켰다. 즉, 경제성장을 이루기 위해서는 개발이 필연적으로 요구되는데, 이로 인한 환경적 피해가 매우 커졌다. 홍수, 가뭄 등의 환경적 피해는 상류층보다 저소득층에게 더 많이 발생한다. 셋째, 성장을 추구함에도 불구하고 복지재정의 문제가 지속되었다. 막대한 인간적 비용과 환경적 비용으로 인해 저소득층이 복지서비스에 의존하는 현상은 더욱 커짐에도 불구하고 경제발전이 예전과 달라서 복지재정 확보에 비상이 걸리고 따라서 복지지출에 문제가 발생하였다. 지속적인 성장정책을 실시하는 국가의 경제성장률이 지속적으로 상승하는 것이 아니라, 선진국으로 갈수록 경제성장률은 감소한다. 그러한 상황에서 국민의 복지에 대한 관심이 높아져서 더욱 다양하고 질적 수준이 높은 복지서비스를 요구하는데, 경제성장률의 감소로 인해 복지재정 확보에 문제가 발생한다. 이러한 문제점들은 복지국가의 유지를 전제로 하는 대안에서 탈피해야 한다는 교훈을 우리에게 제공하였다. 또한, 비효율성, 인간소외, 하향평준화 등의 문제를 일으키는 사회주의적 대응도 적절한 대응이 아님을 알게 되었다.

이로 인해 지역사회가 중심이 되어 다양한 프로그램들을 실시해야 할 필요성이 제기되었다. 국가보다는 지역사회, 즉 지역사회의 구성원인 지방정부, 지방기업, 주민 등이 중심이 되어 복지, 건강, 교육, 주택 등 지역사회 주민들이 필요로 하는 서비스를 제공하여야 한다는 주장이 설득력을 확보하는 중이다.

상식적으로 생각할 때, 지역사회가 중심이 되어 복지서비스를 제공해야 한다는 주장에는 다음과 같은 비판들이 제기될 수 있다. 첫째, 값싼 복지서비스가 제공될 수 있다. 국가와 비교할 때 지역사회는 복지재정을 확보하는 데 더 큰 어려움을 겪기 때문에 지역사회가 국가보다 더 좋은 복지서비스를 제공하는 것은 불가능하다는 것이다. 둘째, 복지서비스의 지역사회 간 불평등이 확대될 수 있다. 지역사회의 재정력 정도에 따라 복지서비스 수준의 격차가 크게 벌어질 수 있다. 잘 사는 지역사회에서는 질적 수준이 높으면서 다양한 복지서비스가 제공되고, 재정 상황이 어려운 지역사회는 복지서비스를 제공할 여력이 현격하게 떨어질 수 있다. 셋째, 복지에 대한 국가의 책임을 민간부문과 지역사회에 전가하는 것에 불과하다. 즉, 복지재정의 부족분, 복지 활동 등을 민간부문과 지역사회가 책임지도록 하는 것이다. 넷째, 가족의 부담을 높일 수 있다. 가사 형편도 어려워지고 가족 간의 유대감도 약화되는 상황에서 가족이 복지서비스를 적절하게 제공할 수 있는지에 대한 의구심이 든다. 다섯째, 여성의 부담이 확대될 수 있다. 여성의 사회진출이 확대되면서 여성은 직장 일과 가사 일까지 책임지고 있는데 여기에 복지부담까지 지우면 여성이 감당하기 어려워질 수 있다.

그런데, 이러한 비판들을 면밀하게 검토해보면, 지역사회 중심의 복지사회에 나타날 수 있는 문제들은 그동안 경험한 지역공동체 파괴로 인한 것이다. 즉, 현재 서구사회는 인간관계, 타인 배려, 상호부조, 사회적 연대 등으로 대표되는 사회적 자본을 침식하면서까지 경제 자본을 강조하였기 때문에 위에서 설명한 다섯 가지 문제들이 발생한다. 시장원리가 인간관계에 작용함으로써 개인적 성취가 공동체나 사회적 연대보다 더욱 중요시되어 왔기 때문이다(Cox, 1995). 이로 인해 지역사회에서 타인과 공동체에 대한 이해가 부족하게 되었고, 이는 복지사회에 대한 관심을 떨어뜨렸다.

이러한 문제들을 해결하려면 사회자본(social capital)을 구축함으로써 공동체를 강화하는 노력이 필요하다. 사회자본이란 사회구성원들이 공동의 이익을 추구하기 위한 조정과 협력을 촉진시키는 네트워크, 규범, 신뢰 등을 말한다(이종식, 2009: 94; Bourdieu, 1986: 245; Putnam, 1995: 23－29). 지역사회에 사회자본이 구축되면 구성원들 간의 신뢰를 바탕으로 지역사회 문제를 해결하고 공동이익을 증진시키기 위한 협력적 네트워크가 활발하게 작용할 수 있다. 이는 지역공동체를 강화하는 데 기여한다. 지역공동체가 활성화되면 주민들의 자발적 봉사가 확대될 수 있고 또한 주민들의 협조를 통해 지역 맞춤형 복지서비스를 제공할 수 있기 때문에 위에서 제기된 문제들을 상당한 정도로 해결할 수 있다. 이는 복지사회가 구축·활성화됨을 의미한다. 이 과정에서의 핵심은 사회자본을 구축하는 것인데, 사회자본은 국가적 차원에서 구축하는 것이 용이한지 아니면 지역사회가 중심이 되어 구축하는 것이 효율적인지에 대한 의문이 들 수 있다. 누구나 쉽게 답할 수 있듯이, 사회자본은 지역사회가 중심이 될 때 구축하기가 상대적으로 용이하다. 따라서, 복지국가의 정당성이 위협을 받음에 따라 사회자본 구축이 용이한 지역사회의 중요성이 재조명되고 있다.

02 지역사회개발에 대한 정의

제1절 지역사회

1. 지역사회의 정의

지역사회라는 단어는 서구국가에서 사용되기 시작하였지만, 지금은 이 단어에 대한 정확한 의미는 모르더라도 누구나 쉽게 말할 수 있을 정도로 전 세계의 수많은 사람들이 사용하고 있다. 지역사회를 영어로 표현하면 '커뮤니티(community)'인데, '커뮤니티'를 우리말로 번역하면 '지역사회'가 된다. 경우에 따라서는, 공동체의 의미를 강조하여 '지역공동체'라고도 부르기도 한다(Olsen, 1961).

그런데, 사람들에게 지역사회가 무엇인지를 구체적으로 설명하라고 하면 그들은 난감한 표정을 짓게 될 것이다. 인식의 차이에 따라 지역사회라는 단어를 사용하는 경우가 다르기 때문에 모든 사람이 동의하는 정의를 내리는 것은 매우 어려운 일이다. 폐쇄사회에서는 지역사회를 일정한 지역에서 같이 거주하는 집단으로 정의를 내릴 수 있겠지만, 이러한 정의에 대해서도 동의하지 않는 사람이 있을 수 있다. 더구나, 사회가 급변하고 다른 지역과의 상호작용이 매우 활발하게 진행되고 있어서 지역사회에 대해 정의를 내리는 것을 더욱 어렵게 하고 있다(강영숙 외, 2019). 그럼에도 불구하고, 지금까지 많은 학자들이 정의한 지역사회의 개념을 종합해보면 두 가지 속성이 있음을 알 수 있다(김윤재 외, 2016: 13-14; 박원진 외, 2018: 13). 첫 번째 속성은 다른 지역과 구별되는 지리적 경계이다. 두 번째 속성은 공동체의식을 가지고 공동의 관심사와 이익을 추구하는 집단행위를 한다는 점이다. 이 두 속성은 지역사회에 대해 정의를 내리는 데 매우 중요한 것은 분명하지만, 지역성에 기초하기보다는 점차 이익성에 기초하여 정의하는 경향이 나타나고 있다. 이는 지역사회가 공동의 이익을 추구하기 위해서는 지역사회의 통합적이고 협동적인 노력이 필요하므로 이익성을 중심으로 지역사회조직들을 재조직화할 필요성이 커졌기 때문이다.

　　지역사회에 대한 관심은 경제적, 사회적 측면 뿐만 아니라 앞에서 지적한 것처럼 최근에는 복지적 측면에서도 크게 부상하였다. 따라서, 매우 다양한 분야에서 많은 학자들이 지역사회에 대해 정의를 내려왔는데, 대표적인 정의를 살펴보면 다음과 같다.

　　문병집(1994: 11-12)은 지역사회를 공통적인 이해관계를 기반으로 하여 형성된 공동생활권, 즉 공동체사회라고 정의하였다. 이종식(2009: 288)에 의하면, 지역사회는 일정한 지역을 중심으로 지역사회의 다양한 주체들이 지속적인 상호작용과 네트워크를 통해 공통의 문제에 대해 추구하는 목표와 가치를 달성하기 위해 교류·협력하는 사회이다. 이영철(2014: 43-44)은 지역사회를 지리적 영역과 공동생활요인을 동시에 구비한 인간 집단, 즉 공동의 이해관계를 추구하기 위해 형성된 공동생활권이라고 규정하였다. 김윤재 외(2016: 13-14)는 지역사회를 일정한 지리적 영역 안에서 거주하면서 상호 사회적 관계를 맺으며 공동의 이익을 위해 집단적 행동을 하는 인간 집단으로 보았다. 박원진 외(2018: 13)는 지리적 영역 내에서 구성원들이 집합적 동질성을 가지고 공동의 욕구와 목적을 성취하고자 하는 기능적인 사회적 단위를 지역사회라고 하였다. 강영숙 외(2019: 14)는 지역사회를 일정 지역 내에 거주하면서 공동의 이익을 추구하고 이해관계를 같이 하는 집단으로 정의하고 있다.

　　넬슨은 지역사회를 일정 지역 내에 거주하면서 공동체 의식을 가지고 구성원들의 공동이익을 추구하기 위하여 조직적 관계를 맺고 있는 인간 집단이라고 하였다(Nelson, 1948: 71). 맥키버와 페이지는 지역성(locality)과 지역사회 정서(community sentiment)를 기초로 하는 공동생활권을 지역사회라고 하였는데, 지역성은 다양한 형태의 공동생활로 표시되고 지역사회정서는 공동생활의 결과로 인해 태도, 전통, 언어 등에서 나타나는 뚜렷한 특성이다(MacIver & Page, 1950). 힐러리는 지역사회의 공통적 요소로 세 가지 요소, 즉 지리적 공간단위, 상호작용, 유대감을 지적하면서, 다른 지역과 구분되는 지리적 영역 내에서 사회적으로 상호작용하면서 심리적·문화적으로 공통의 유대감을 형성하고 있는 하나의 사회를 지역사회라고 정의하였다(Hillery, 1955). 고이스트는 지역을 구성하는 주민과 조직이 일정한 지리적 영역 내에서 함께 생활하고 활동하는 장소를 지역사회라고 정의하였다(Goist, 1971). 괴핑거와 그의 동료들은 지역사회를 지역구성원들이 상호의존하면서 공동이익을 추구하고 동질성을 가지면서 다른 지역사회와 구별되는 고유의 특성을 지니는 집단으로 보았다(Goeppinger, Lassiter & Wilcox, 1982).

위에서 소개한 지역성을 강조한 정의, 기능성에 초점을 맞춘 정의, 두 속성을 종합한 정의들은 지역사회를 바르게 파악하는 데 도움을 주는 것이 분명하다. 하지만, 이 정의들은 교통·과학·정보·통신 기술의 발달로 인해 세계화와 정보·지식화가 급속하게 진행됨에 따라 전 세계가 거대하고 다양한 변화의 소용돌이 속에 빠져 있는 상황을 반영하지 못하고 있다. 즉, 지역사회를 둘러싸고 있는 현 상황을 보면, 지리적 경계가 변하기도 하고, 사이버공동체·지구공동체 등과 같이 지리적 경계를 넘는 공동체 개념이 강조되기도 하며, 다른 지역사회나 국가 그리고 다른 국가와의 연계성이 증대되기도 하고, 환경과의 상호작용이 확대·심화되고 있음을 부인할 수 없다. 이러한 변화는 지역사회를 고정적이고 독립적인 단위로 이해하는 것보다는 역동적 시스템(dynamic system)의 측면에서 파악하도록 강요하고 있다. 따라서, 지역사회는 일정한 지역에서 개별적 주체성을 가지고 환경 그리고 타 지역과 긴밀하게 상호작용하면서 지역구성원들의 상호작용을 통해 공동의 이익을 추구하는 공동체라고 정의할 수 있다.

2. 지역사회의 구성요소

위에서 지역사회에 대한 정의를 검토하였다. 지역사회의에 대한 정의를 바탕으로 지역사회를 구성하고 있는 요소들을 생각하면 매우 다양한 요소들이 떠오를 것이다. 이 요소들은 지역사회의 다양한 활동에서 나름대로 중요한 역할을 한다. 지역사회의 주요 구성요소들을 살펴보면 다음과 같다.

첫째, 지역사회가 존재하려면 주민들이 있어야 한다. 주민들이 없는 지역사회란 존재할 수가 없기 때문에 지역사회를 구성하는 가장 중요한 요소가 주민이다. 주민은 개인적인 욕구와 문제를 해결하는 데에도 관심을 가지지만 지역사회 공동의 욕구와 문제를 해결하는 데에도 중요한 역할을 한다. 지역사회 공동의 욕구와 문제를 해결하기 위해서는 지역사회 공동의 욕구와 문제가 무엇인지를 진단하고 이를 해결하는 방안을 모색하며 그 방안을 실시해야 한다. 이 과정에서 지역사회 주민들의 입장과 역할이 매우 중요하다.

둘째, 지역사회가 구성되려면 지리적 공간이 있어야 한다. 지역사회가 형성되기 위해서는 함께 거주하며 일상적인 욕구를 충족시킬 수 있는 지리적 공간이 필요하다. 국가가 구성되기 위해서는 국토가 있어야 하는 것과 같은 이치이다. 특정 지리적 공간이 주어지지 않으면 지역사회가 구성될 수 없다. 최근 들어 사이버공간의 중요성이 강조되고 있기 때문에 지리적 공간의 중요성이 약화된다고 볼 지도 모른다. 그러나, 사이버공간을 공유하는 개인들은 특정 생활공간을 필요로 하기 때문에 지리적 공간은 여전히 지역사회의 주요 구성요소에 속한다.

셋째, 공동체 의식이 필요하다. 공동체 의식이란 자신이 공동 사회의 한 구성원이라는 소속감이다. 구성원들 간에 느끼는 귀속 의식 또는 유대감을 말한다. 구성원들이 공동체 의식을 가지면 공동체의 유지·발전을 위해 노력하려고 할 것이기 때문에 지역사회를 구성하는 데 핵심적인 역할을 한다.

넷째, 지역사회 네트워크가 구축되어야 한다. 공동체 의식을 함양하려면 지역사회 주민들 간 상호 교류하고 신뢰해야 하며, 지역사회 공통의 문제들을 해결하려면 공동의 관심사를 표출하고 공동의 욕구를 충족시키기 위한 노력이 있어야 한다. 이를 위해서는 지역사회에 네트워크가 형성되어야 한다. 특히, 지역사회개발은 주민 주도를 강조하는 특성을 가지고 있기 때문에 지역사회를 구성하는 모든 구성원들의 노력이 총체적으로 결집되어야 한다. 이 때문에 지역사회에서 네트워크는 매우 중요한 역할을 수행한다.

다섯째, 지역적 집합행동 과정이 있어야 한다. 이는 지역사회 공동의 관심사를 실제로 충족시키기 위한 과정이다. 지역사회에 대한 관심과 공동 욕구만 있다고 해서 지역사회가 형성되는 것은 아니다. 그것을 충족시키기 위한 노력이 필요하다. 즉, 지역사회가 해결해야 할 문제가 무엇인지를 정확하게 분석하고, 그 문제를 해결할 수 있는 좋은 대안을 결정하며, 그 대안을 실제로 집행하고, 집행의 결과를 평가한 후에 그 결과를 부족한 부분으로 이어지게 하는 환류의 과정이 있어야 한다. 문제의 분석에서 환류에 이르는 집합행동 과정이 없으면, 지역사회 구성원들의 공동 욕구가 충족될 수 없으므로 공동체 의식이 형성되지 못하고 지역사회 네트워크도 구축할 필요가 없으며 나아가서 지역사회가 존재할 이유도 없다.

3. 지역사회의 기능

지역사회는 환경이나 다른 지역들과 긴밀하게 상호작용하는 가운데 지역사회 주민들이 서로에게 영향을 주고 공동이익을 추구하면서 살아가는 곳이다. 따라서, 지역사회 주민들은 태어나서 성장하는 과정 동안 많은 사람들을 만나는 가운데 지역사회의 규범, 구조, 생활양식 등을 배우고 익히면서 자신의 정체성을 형성하고 공동의 이익을 추구하는 활동에 참여한다. 이를 위해 모든 지역사회는 공통적으로 수행해야 하는 기능을 가지고 있다. 워렌(Warren, 1987)은 지역사회의 주요 기능으로 생산·분배·소비 기능, 사회화 기능, 사회통제 기능, 사회참여(사회통합) 기능, 상부상조 기능 등 다섯 가지 기능을 제시하였다. 이에 더하여, 길버트(Gilbert, 2012)는 방어 기능과 의사소통 기능을 추가하였다. 이에 대해 간략하게 살펴보면 다음과 같다.

1) 생산·분배·소비 기능

생산·분배·소비 기능이란 경제적 측면에서 지역사회가 수행해야 하는 기능으로서, 지역사회 주민들의 일상생활과 관련된 재화와 서비스를 생산, 분배, 소비하는 활동과 함께 다른 지역사회들에게 수출하는 재화와 서비스를 생산하는 활동이 포함된다. 이 기능은 개인적 차원에서는 주민들의 재화와 서비스에 대한 욕구를 충족시키는 기능을 수행하고, 지역사회 차원에서는 지역사회의 자립 정도와 지역경쟁력을 결정하는 역할을 한다. 이 기능을 수행하는 대표적인 지역사회 구성원은 지역기업이지만, 지역사회의 다양한 공공단체, 민간단체는 물론이고 지역사회 주민들도 부분적으로 이 기능을 담당한다.

2) 사회화 기능

사회화 기능은 지역사회 주민들이 성장하면서 지역사회가 공유하는 지식, 가치, 규범 등을 배우고 자신의 정체감을 형성하고 지역사회의 행동방식, 생활양식, 사고방식을 학습하는 기능이다. 이 기능은 개인적 차원에서는 개인이 지역사회에서 생활하는 데 필요한 기본 규칙과 규범을 습득하게 하고, 욕구를 충족 혹은 통제하는 방법을 알게 하며, 정체성과 소속감을 형성하게 하고, 사회적 존재로서 생존하는 데 필요한 기술과 지식을 학습하게 한다. 개인은 사회화 기능을 어린 시절부터 시작하여 일생을 통해 배우고 익히게 되는데, 이러한 과정에서 개인은 자아와 인성을 형성해 간다. 사회적 차원에서 보면, 이 기능은 지역사회의 기존 가치, 관습, 도덕, 규범, 문화적 전통 등을 학습하게 함으로써 지역문화를 공유하게 하고 지역사회의 지속성을 유지하게 한다. 이 기능을 수행하는 대표적인 제도는 가족제도이다.

3) 사회통제 기능

사회통제 기능이란 지역사회 질서가 파괴되어 비행과 범죄가 만연되는 사회해체 현상을 방지하기 위해 지역사회 주민들이 법, 도덕, 규칙 등의 사회

규범에 따르도록 지배하고 강제하는 기능이다. 이 기능을 수행하는 대표적인 것은 지방정부와 경찰 등이다. 지방정부와 경찰은 보편적으로 적용되어야 하는 법령, 조례, 규칙 등을 강제적으로 집행하여 지역사회를 통제한다. 가정, 학교, 교회, 사회기관들도 부분적으로 이 기능을 수행한다.

4) 사회통합 기능

사회통합 기능은 지역사회 주민들 간에 공동체 의식을 형성하고 지역사회가 공통의 목적을 달성하기 위해 정상적으로 작동하도록 하는 기능이다. 즉, 지역사회 주민들의 신뢰, 결속력, 사명감, 사기 등을 진작시키고 또한 지역사회의 다양한 조직이나 활동에 지역사회 주민들이 자발적으로 참여하게 하는 기능이다. 종교단체, 가정, 학교, 사회단체 등이 이 기능을 대표적으로 수행한다.

5) 상부상조 기능

상부상조 기능은 지역사회 주민들이 기존의 지역사회제도 혹은 외부의 도움이 없으면 자신의 욕구를 충족시킬 수 없을 경우에 필요한 기능이다. 이 기능을 수행하는 대표적인 제도로 가족, 친척, 이웃, 정부, 사회복지단체, 종교단체 등을 들 수 있다. 전통적인 사회 혹은 개발도상국의 사회에서는 상부상조 기능이 가족, 친척, 동네사람, 친목단체, 자선단체 등에 의해 수행되는 것이 일반적이었으나, 점차 정부, 종교단체, 사회복지단체 등의 역할이 확대되는 경향을 보이고 있다.

6) 방어 기능

방어 기능은 지역사회 구성원들, 즉 주민들, 지역기업들, 지역대학들, 지역사회의 다양한 조직들과 집단들 등을 보호하고 지키는 기능이다. 지역사회는 공간적으로 혹은 비공간적으로 내부적 그리고 외부적 위험에 항상 노출되어 있다. 내부적으로는 지역사회 주민들 간에 다양한 이유에서 발생되는 갈등이 존재할 수 있다. 이를 방치하면 지역사회의 주요 구성요소인 공동체 의식이 크게 약화될 수 있다. 외부적으로는 정치적, 경제적, 사회적, 문화적, 환경적 측면에서 다른 지역사회 혹은 다른 국가 등의 위협을 받을 수 있다. 이는 지역사회의 존립 자체에 큰 영향을 미칠 수 있다. 특히, 어떠한 측면이든 간에 불안정한 상황에 직면하고 있는 지역사회에서 이 기능은 매우 중요한 역할을 한다.

7) 의사소통 기능

의사소통 기능은 생각을 표현하는 공통의 언어 혹은 상징을 활용하여 교류하는 기능을 말한다. 의사소통 기능의 활성화 여부에 따라 지역사회 구성원들 간의 정보의 흐름이 영향을 받는다. 정보의 흐름은 정보의 흐름에서 그치는 것이 아니라 지역사회에 심대한 영향을 미친다. 상호 정보 교환이 원활할 경우 지역사회 구성원들의 결속력이 강화될 수 있다. 또한, 지역사회 구성원들이 지역사회와 관련된 더 많은 정보를 알게 되고, 이에 따라 지역사회 문제해결을 위한 다양한 아이디어를 제시하고, 지역사회개발 과정에 참여하려는 동기가 부여되며, 지역사회에 대한 주인의식과 비판의식을 가지게 된다.

제2절   지역사회개발

1. 지역사회개발의 정의

지역사회개발이 무엇인지에 대해 명확하게 이해하기 위해서 먼저 지역사회에 대해 위에서 살펴보았다. 지역사회에 대한 정의를 바탕으로 지역사회개발이 무엇인지에 대해 살펴보기로 한다. 그런데, 언뜻 생각하면 지역사회개발과 유사하다고 볼 수 있는 지역개발이라는 단어가 떠오른다. 이 둘을 비교해 보는 것도 지역사회개발을 명확하게 이해하는 데 도움이 될 것이다. 그러기 전에 개발이 무엇인지를 검토하는 것도 지역사회개발을 이해하는 데 도움이 될 수 있다.

1) 개발의 정의

많은 사람들이 개발과 구별하지 않으면서 자주 사용하는 단어가 발전이다. 개발과 발전을 비교하면 다음과 같다. 발전이란 사물이 보다 낫고 더 좋은 상태로 나아가는 것이다(국어사전). 즉, 인간의 삶의 수준과 존재의 가치를 향상시키기 위해 바람직한 방향으로 변화하는 과정 혹은 변화된 상태를 의미한다. 개발은 무엇인가를 보다 쓸모있거나 향상된 상태로 변화시키는 행위이다(위키백과). 즉, 인간의 삶의 수준과 존재의 가치를 향상시키기 위해 바람직한 변화를 추구하는 역동적인 노력 또는 활동으로 정의된다. 사전적 의미로는 두 단어가 거의 비슷하지만, 상대적인 관점에서 두 단어를 비교하면 차이가 난다. 발전은 상대적으로 포괄적이고, 간접적이며, 정적인 변화인 반면에, 개발은 상대적으로 구체적이고, 직접적이며, 역동적인 변화를 의미한다.

개발과 비슷한 단어인 성장은 개발과 어떠한 차이가 있을까? 성장은 사람이나 동식물이 자라서 몸무게가 늘거나 키가 점점 커지는 것 또는 사물의 규모가 커지거나 그 세력이 이전보다 늘어나는 것이다(국어사전). 이해를 위해 두 단어를 비교하면, 성장은 양적인 변화를 의미하는 데 반해, 개발은 양적 변화와 질적 변화 모두를 포함한다고 볼 수 있다.

이상에서 개발의 뜻을 보다 분명하게 하기 위해 발전과 성장의 의미와 비교하였다. 개발이란 매우 다의적이고 포괄적이기 때문에 한마디로 정의를 내릴 수 없다. 예전에는 경제개발과 같은 의미로 사용되었다. 최근에는 경제적 측면에서만 개발의 뜻을 이해하려는 행태에 대해 비판이 제기되었고, 따라서 개발을 다양한 측면에서 사용하게 되었다(21세기 정치학대사전, 2002).

그러므로, 개발은 경제적 측면과 비경제적 측면 모두를 포함하는 개념이라고 인식하는 것이 바람직하다. 경제적 측면에서 보면 개발은 고용, 소득, 생산력, 구매력 등이 향상되는 것을 강조한다. 비경제적 측면에서 보면, 개발은 정치적으로 민주주의를 발전시키는 것, 사회적으로 사회보장을 확대하는 것,

심리적으로 성취동기를 증대시키는 것 등을 포함한 다양한 의미로 해석된다.

개발의 경제적 측면을 강조한 슐츠와 슘페터도 비경제적 측면을 동시에 중시하였다. 슐츠는 인간자본의 중요성을 주장하면서, 교육을 인간자본에 대한 투자로 인식하였다(Shultz, 1961). 그에 의하면, 인간자본이란 경제적 가치를 창출하기 위한 노동능력에 포함되어 있는 지식, 습관, 사회적·개인적 특성 등의 집합이기 때문에 인간이 교육을 통해 인간자본을 향상시킬 때 생산성이 높아지고 인간의 경제적 가치가 증가하게 되며, 이로 인해 사회가 개발된다. 슘페터는 기업가정신을 강조하였다(Shumpeter, 1949). 그에 따르면, 기업가가 위험을 무릅쓰고 새로운 경영 조직을 만들고 새로운 시장을 개척하고 새로운 제품을 개발하는 창조의 과정이 창조적 파괴이고 창조적 파괴가 경제적 측면의 개발의 본질이다.

2) 지역개발의 정의

지역개발은 사람에 따라서는 지역사회개발과 동일한 의미로 쓰이기도 하고, 그렇지 않은 경우에도 차이점을 정확하게 말하기 어려운 용어이다. 그러나, 두 단어가 분명히 다르다는 것은 학문적 차원에서 지역개발학과 지역사회개발학이 분리되어 있는 점에서 알 수 있다. 지역개발에 대한 대표적인 개념 정의를 살펴보면 다음과 같다.

사전적 의미를 살펴보면, 지역개발이란 지역사회의 기반이 되는 경제적 자원, 사회적 자원을 종합적으로 배치해서 지역사회를 개발하는 것으로서 일반적으로 국가나 지방자치단체의 계획을 통해 이루어지는데, 특히 국가의 개입을 통해 지역 간 불균형을 해소하고 생태적·사회적·경제적 균형을 회복하려는 노력이다(다음백과).

문병집(1994)은 지역개발을 일정 지역 내에서 천연자원을 최대한 개발·이용하고 생활환경을 정화함으로써 주민의 소득과 복지를 향상하고자 하는 종합적·기획적 노력이라고 보았다.

모서는 지역개발을 정부의 계획 하에 개발과 관련된 여러 활동들을 적절히 활용함으로써 궁극적으로 사회복지를 실현하고자 하는 것으로 정의하였다

(Mosher, 1958).

이러한 정의들을 종합하여 보면, 지역개발이란 지역문제를 해결하고 지역을 합리적으로 발전시키기 위하여 중앙정부 또는 지방자치단체가 중심이 되어 추진하는 종합적 개발이며, 나아가서 지역 간 균형개발을 도모하고 궁극적으로 국가 전체의 발전을 기하는 것이다. 지역개발의 가장 중요한 초점이 지역경제개발에 맞추어져 있지만, 그렇다고 하더라도 지역개발이 지역경제개발이라는 등식이 성립한다는 의미는 아니다. 주체의 관점에서 보면, 민간부문의 노력도 중요하지만, 근본적으로 중앙정부와 지방자치단체가 주도하는 것이다. 지역개발의 가장 큰 문제는 지역주민의 복리후생이나 배분적 정의가 반드시 실현되는 것은 아니라는 점이다. 그것은 지역이 개발된다고 하더라도 지역 내의 저소득층에게 반드시 도움이 되는 것은 아니기 때문이다. 지역개발이 무엇을 강조하느냐에 따라 '빈익빈부익부' 현상이 확대될 수도 있기 때문에 21세기에서 강조되는 '더불어 사는 사회'를 구현하는 것과는 거리가 있다고 볼 수 있다.

3) 지역사회개발의 정의

지역사회개발은 학문적 관점에서 분류되기보다는 특정 지역사회를 개발하기 위한 실천 행동의 관점에서 비롯되었다. 즉, 1950년대 UN이 저개발 지역을 발전시키기 위해 지역사회개발이라는 단어를 사용하면서 세계적인 관심을 끌게 되었다. 이는 지역사회와 개발의 합성어이지만 실천 지향적이고 종합적인 특성으로 인해서, 보는 관점에 따라 다양한 의미로 해석되고 있다. 따라서, 모든 사람들이 동의하는 정의를 내리는 것은 사실상 매우 어렵다. 먼저, 국제기구에서 내린 정의를 검토하고, 이어서 자주 인용되는 대표적인 정의들을 살펴보기로 한다.

지역사회개발을 인구에 회자하게 만든 UN이 1956년에 UN특별분과위원회와 공동으로 채택한 정의에 따르면, 지역사회개발이란 정부와 주민의 노력으로 특정 지역사회의 경제적·사회적·문화적 측면의 여러 조건들을 개선시키고 이를 통해 지역사회가 국가계획에 공헌하도록 하고 나아가서 국가발전에 이바지하는 것이다. 1956년 세계 최대 규모의 비정부기구인 국제협동조합연맹(ICA: International Cooperative Alliance)이 지역사회개발지침(The Community Development Guidelines of International Cooperation Administration)에서 내린 정의에 의하면, 지역사회개발은 지역주민들이 공통의 욕구 혹은 개인적 욕구를 인식하고 이를 충족시키기 위해 스스로 조직화하고 계획을 수립하며 계획을 실천하는 과정에서 지역사회가 가진 자원을 최대한 활용하고 외부 자원이 필요할 때는 이를 보충해주는 사회적 활동 과정이다(ICA, 1958).

김남선(1991: 15-16)은 지역사회개발을 지역사회의 공통적인 욕구를 해결하기 위하여 노력하는 일련의 체계적인 공동활동으로 정의하였다. 문병집(1994: 19-24)은 지역사회개발을 지역주민들의 적극적인 참여와 자발적·공동적 노력을 통해 주민 공통의 욕구를 해결하고, 이를 통해 지역사회 전체의 경제적·사회적 발전을 꾀하며 나아가 국가발전에 이바지하는 활동으로 정의하였다. 최상호(2004: 41)는 일정 지역 내에서 기본적으로는 주민들 스스로의 노력을 통해 혹은 필요시에는 정부 등 외부의 지원을 받으면서 지역의 인적·물적 자원을 활용하여 주민 개인 혹은 전체의 삶의 질을 높이고 지역사회가 경제적·사회적·문화적 공동체가 되도록 만들어가는 과정을 지역사회개발이라고 하였다. 이영철(2014: 54-55)에 의하면, 지역사회개발은 일정 지역사회 주민들의 적극적·자발적·공동적인 노력을 통해 공통의 욕구를 해결함으로써 지역사회의 경제적·사회적 발전을 도모하고 나아가서 국가발전과 세계발전에 이바지하는 활동이다.

바텐은 지역사회개발을 지역사회 주민들이 당면한 문제를 발견하고 이를 해결하기 위해 협동적으로 계획을 수립하고 시행하는 것으로 향토 개선과 동일한 의미로 보았다(Batten, 1957: 13). 던햄은 지역사회 생활을 개선하고 지역사회 통합과 자기주도 능력을 증진시키기 위해 체계적인 계획, 자조정신의 계발, 인적·물적·기술적 지원, 지원조직의 통합 등을 통한 조직적인 노력을 지역사회개발이라고 하였다(Dunham, 1967: 35-37). 다비와 모리스에 따르면, 지역사회개발은 지역사회 문제를 규명·해결할 수 있도록 지역의 인식 수준을 향상시키고 지역사회 집단들의 자신감과 능력을 증진시키는 교육적 과정이다(Darby & Morris, 1975: 115-117). 샌더스는 지역사회개발을 사회발전의 과정이고 운동으로서 물적 성장과 사회관계의 발전을 위해 지역사회 주민들의 적극적인 참여와 주도적인 노력을 통해 지역사회의 생활을 향상시키는 것이라고 정의하였다(Sanders, 1976: 165 – 175). 크리스텐슨과 로빈슨은 지역사회개발을 지역주민들이 자신들의 경제적, 사회적, 문화적, 환경적 상황을 변화시키기 위하여 사회행동을 주도하는 과정이라고 하였다(Christenson & Robinson, 1989: 38 – 54). 아이프의 정의에 따르면, 지역사회개발은 지역사회 주민들의 소중한 사회적 경험의 장 그리고 조직화를 통한 욕구 충족의 장으로 재건설 또는 재구조화하는 과정이다(Ife, 2002: 169 – 187).

이상에서 살펴본 정의들을 종합하면, 지역사회개발은 사회변화를 고려하면서 지역사회 주민들의 적극적인 참여와 자발적이고 협동적인 노력을 통해 공동이익을 추구함으로써 지역사회 전체의 경제적·사회적·정치적·교육적·문화적·환경적 발전을 이룩하여 지역사회를 보다 살기 좋은 곳으로 만드는 것이다.

지역사회개발과 지역개발을 비교해보면, 지역개발의 가장 중요한 초점은 지역경제개발인 반면에 지역사회개발의 가장 중요한 초점은 지역경제개발뿐만 아니라 사회, 정치, 문화, 환경, 교육 등 지역사회의 모든 측면에서의 개발이다. 지역개발의 주체는 중앙정부와 지방정부인 반면에, 지역사회개발의 주체는 주민들이다. 지역사회개발은 주민들 간의 협조와 공동 노력을 통해 지역사회의 문제를 해결하는 것이다. 지역사회 문제를 해결함에 있어서 중앙정부 혹은 지방정부의 지원이 배제되는 것은 아니지만, 무엇보다 중요한 것은 주민들의 자조와 협동이다. 즉, 지역사회개발에 있어서 주민들의 적극적이고 협동적인 참여가 매우 중요하다고 볼 수 있다.

2. 지역사회개발의 특징

지역사회개발에 대한 정의를 통해서 지역사회개발의 특징을 어느 정도 파악할 수 있다. 여기에서는 대표적인 특징들을 중심으로 구체적으로 살펴보기로 한다.

1) 주민참여

지역사회개발의 정의에서 주체는 주민들이라고 했다. 즉, 지역사회개발이란 지역사회개발의 모든 과정에서 지역사회 주민들의 참여가 전제되어야 한다. 그러면, 지역사회의 모든 주민들이 참여해야 하는가라는 의문이 발생될 수 있다. 모든 지역사회 주민들이 참여하면 바람직하겠지만 그것은 현실적으로 거의 불가능하다. 따라서, 관심이 있는 일부 주민들만 자발적으로 참여해도 무방하다.

2) 주민들의 자조적·협동적 노력

지역사회개발은 지역사회 주민들의 자조적이고 협동적인 노력을 강조한다. 첫째, 지역사회개발은 주민들의 자조적인 노력을 필요로 한다. 지역사회개발은 지역사회 내에 존재하는 자원들을 합리적으로 동원하는 것을 바탕으로 한다. 즉, 지역사회 내의 역량을 충분히 감안하는 가운데 개발계획을 수립하고 실행해야 한다. 필요한 경우 외부의 지원을 받을 수도 있지만, 이는 보조적이어야 한다.

둘째, 주민들의 협동적인 노력을 바탕으로 하여야 한다. 지역사회개발은 주민들 공동의 이익을 충족시키고 지역사회를 발전시키고자 하는 활동이기 때문에 주민들의 협동적인 노력이 반드시 있어야 한다. 주민들의 협동적인 노력은 개인 능력의 제한성을 극복하여 추구하고자 하는 목적을 실현할 수 있는 가능성을 높이기 때문에 더욱 필요하다.

3) 공동체 의식에 기반

지역사회개발은 주민들의 공동체 의식을 바탕으로 지역사회를 전반적으로 개발하는 것이다. 지역사회에 존재하는 많은 문제들을 해결하기 위해서는 문제들에 대한 진단, 해결방안 탐색과 결정, 효율적인 집행, 정확한 평가, 환류 등의 활동들이 필요하다. 그런데 이러한 활동들이 소기의 목적을 달성하려면 주민들의 자조적이고 협동적인 참여가 있어야 한다. 공동체 의식이 굳건할 경우에 주민들의 자조적·협동적 참여가 활성화되리라는 것은 이론의 여지가 없다.

4) 다목적 활동을 통한 주민 생활 향상

지역사회개발은 주민들의 공동 욕구를 충족시킴으로써 주민들의 생활을 향상시키고 지역사회를 살기 좋은 곳으로 만들고자 하는 노력이다. 정치적, 경제적, 사회적, 교육적, 문화적, 환경적 영역 등을 포함하여 지역사회를 구성하고 있는 모든 영역들을 개발하는 다목적적인 활동을 특징으로 한다.

3. 지역사회개발의 목표

지역사회개발의 목표는 시기에 따라, 지역사회의 특성에 따라, 개발내용에 따라 다르다. 초창기에 지역사회개발은 개발도상국의 지역사회를 지원하는 목적을 가졌고, 점차 국가 내의 침체지역을 개발하고자 하는 목적으로 전환되었으며, 최근에는 모든 지역사회의 공통적인 욕구와 문제를 해결하는 것을 목적으로 하고 있다. 또한, 지역사회가 처해있는 상황과 지역사회의 독특한 장점은 지역사회별로 매우 다양하므로 이를 고려하여 지역사회개발의 목표가 정해지고 있다. 그리고, 지역사회가 무엇을 강조하느냐에 따라 목적이 다를 수밖에 없다. 이처럼 지역사회개발의 목적은 상황에 따라 다르지만, 거의 모든 지역사회개발이 공통적으로 강조하는 목적도 존재한다.

1) 자조적 주민조직 형성·발전

지역사회개발은 기본적으로 해당 지역사회의 주민들이 주도하는 활동이다. 그러나, 주민들이 개별적으로 노력하는 것은 효율적이지 못할 경우가 많다. 주민들의 통합된 힘을 바탕으로 해야 한다. 따라서, 지역사회개발을 주도할 자조적인 주민조직을 형성·발전시키도록 해야 한다. 지역사회가 가지고 있는 자체적인 능력이나 재원만으로 지역사회개발을 추진하기 어려운 경우에는 중앙정부를 포함한 외부의 지원을 받아야 한다. 외부의 지원이 있더라도 주민들의 자조적인 조직이 가장 중요함을 명심하고 이 조직의 활동을 활성화시키도록 노력해야 한다. 자조적인 주민조직에는 모든 주민들이 참여할 수도 있고, 일부 주민들만이 참여할 수도 있다. 가능한 한 많은 지역사회 주민들이 개발과정에 참여하도록 유도하고, 참여가 어려운 주민들의 욕구와 입장 등도 충분히 반영하도록 노력하여야 한다.

2) 독립적·협조적·민주적 정신과 태도 형성

바람직한 지역사회개발이 되려면 지역사회의 합의를 바탕으로 다목적 계획을 수립하고 실행하면서 전체적으로 균형있는 개발을 추진하여야 한다. 따라서, 지역사회 주민들이 수동적이고 의존적인 마음가짐과 태도에서 벗어나서 독립정신, 협조정신, 민주시민으로서의 소양 등을 갖추도록 하여야 한다.

지역사회개발을 위한 자율적이고 협조적인 분위기를 조성하려면, 지역사회 주민들의 마음가짐과 태도만 변해서는 안 된다. 지역사회개발을 위한 모든 기관들 혹은 조직들은 주민들과 우호적이고 신뢰적인 관계를 구축하도록 노력해야 한다. 따라서, 지역사회개발 과정에서 추진하는 모든 사업들이 지역사회 주민들에게 위태로운 것이 아니라는 것을 주민들에게 명백히 인식시켜야 하고, 변화가 필요하다면 주민들의 충분한 이해 혹은 동의를 바탕으로 추진해야 한다. 그리고, 지역사회개발 과정은 민주적 절차에 따라 진행되어야 한다.

3) 지역사회개발을 위한 인프라 구축

지역사회개발은 주민참여를 촉진시키는 것은 물론이고 지역사회개발을 위한 새로운 계획과 이를 수행하기 위한 제도와 기능의 변화를 수반해야 한다. 이는 정치·경제·사회·문화·교육·환경 등의 측면에서 지역사회의 인프라를 구축 혹은 보강할 것을 요구한다.

정치적 안정, 민주적 의사결정, 민주적 절차 등을 통해 정치적 요건을 성숙시켜서 건전한 정치적 인프라를 구축하여야 한다. 도로·항만·항공·철도·전기통신 등의 산업 인프라 중에서 필요한 것과 상하수도시설·병원·학교 등의 생활 인프라도 필요하다. 지역사회 구성원들이 공동운명체임을 인식하도록 하여 사회통합을 이루도록 해야 하고, 전통적인 문화유산을 보존하면서 역동적으로 변화시키고 새로운 문화적 기반을 창출할 수 있는 문화적 인프라와 지역사회개발을 이끌 선도자를 발굴·육성하는 교육적 인프라를 구축해야 한다. 주민들이 보다 쾌적한 삶을 영위할 수 있도록 환경적 인프라에도 신경을 써야 한다.

4) 주민 생활의 질 향상

지역사회개발은 지역사회 주민들의 생활의 질을 향상시킴으로써 보다 행복하고 살기좋은 곳으로 만드는 것이다. 주민들의 생활의 질을 높이려면 지역사회 주민들이 기본적으로 원하는 것이 무엇인지를 파악하고 주민들의 공통적인 욕구를 충족시켜야 한다.

그러나, 지역사회 주민들의 공통적인 욕구가 지역사회 전체의 이익에 반드시 부합되는 것은 아님을 유의해야 한다. 다양한 원인들에 의해서 주민들의 공통적인 욕구가 지역사회 전체의 이익과 충돌하는 경우가 발생할 수 있다. 이러한 경우에는 어느 것이 중장기적으로 지역사회를 위하는 것인지에 대해 객관적이고 합리적인 판단을 해야 한다.

5) 지역사회의 생산성과 주민 소득 증대

지역사회의 생산성 향상과 주민들의 소득 증대는 주민들의 생활의 질과 동일한 것은 아니지만 생활의 질에 매우 큰 영향을 미친다. 생산성이 향상되지 않으면 지역사회의 경쟁력이 약화되는 것은 물론이고 지역사회의 경제적·사회적·문화적·교육적 측면을 비롯한 거의 모든 측면에서 주민들이 기대하는 수준의 서비스가 제공되기 어렵다. 또한 생산성이 향상되지 않으면 주민들의 소득도 부정적인 영향을 받을 수밖에 없다. 소득수준이 낮으면 자신들이 원하는 생활을 영위할 수 없는 것은 당연한 일이다. 따라서, 지역사회개발은 지역사회의 생산성을 향상시키고 지역사회 주민들의 소득을 증대시키는 것을 주요 목표로 삼아야 한다.

6) 지역 인적·물적 자원의 효율적 개발

다음 장에서 자세히 검토하는 바와 같이, 지역사회개발은 주민들이 주도적으로 지역사회를 살기 좋은 곳으로 만드는 활동이기 때문에 그 과정에서 필요한 인적 자원이나 물적 자원은 지역사회 내에 존재하는 자원들을 우선적으로 활용하여야 한다. 그 이유는 다음과 같다. 무엇보다도 지역사회 내의 인적·물적 자원을 활용하면 지역사회개발의 주도권이 외부로 넘어가는 것을 방지할 수 있다. 외부 자원에 대한 의존도가 높을수록 외부의 통제를 더 많이 받고, 경우에 따라서는 주도권이 외부로 넘어갈 수 있다. 그리고, 외부의 인적 자원을 활용하면 지역상황과 거리가 있는 방향으로 개발이 추진될 가능성이 있지만, 지역사회 내의 인적 자원을 활용하면 지역사회의 상황에 맞게 개발을 효율적으로 추진할 수 있는 것은 물론이고 인적 인프라가 강화되면서 지역사회개발이 시너지 효과를 내고 중장기적으로 진행될 수 있다. 지역사회 내의 물적 자원을 활용하면 그 자체가 지역경제에 도움이 될 뿐만 아니라 지역사회 고유의 특화된 산업을 발전시키고 이는 지역사회 경쟁력을 강화하는 데 긍정적인 방향으로 작용한다.

03 지역사회개발의 원칙

제1절 전체성의 원칙

세계화와 정보·지식화 시대에 잘 적응하는 지역은 새로운 중심지로 떠오르는 반면에, 그렇지 못한 지역은 어려움을 겪고 있다. 사회변화에 잘 적응하기 위해서는 전체성의 원칙을 지키도록 노력해야 한다. 이를 위해서는 지역과 관련된 주요 이슈를 장기적이고 포괄적인 관점에서 검토하고, 사회변화와 지역적 특수성을 고려하면서 유기적으로 접근하며, 가능한 한 지역사회의 모든 부문을 균형 있게 개발하며, 지역사회개발의 파급효과를 철저하게 분석하여야 한다.

1. 장기적·포괄적 인식

지역사회개발과 관련된 이슈들을 단기적이고 지역적으로 보아서는 안 된다. 자신의 지역사회에서 발생한 이슈라고 하더라도 그 이슈를 분석하고 해결방안을 모색할 때 자신의 지역사회에만 국한된 것으로 인식해서는 안 되고 현재 상황에만 집착해서도 안된다. 지역사회의 특정 이슈는 지역사회 내의 다른 이슈와 관련이 있을 수 있고 다른 지역사회의 이슈와도 연관될 수 있다. 또한 지역사회 이슈는 사회변화로부터 큰 영향을 받고 국가적·지역적 상황에 따라 이슈의 방향과 범위와 깊이가 달라질 수 있다. 따라서 지역사회의 이슈를 장기적이고 포괄적인 입장에서 분석하고 계획해야 한다. 즉, 길고 넓은 안목으로 그 이슈를 인식한 후 종합적인 관점에서 그 해결책을 모색해야 한다.

세계적으로 유명한 혁신도시들은 자신의 지역적 문제를 장기적·포괄적인 관점에서 인식하고 분석하면서 해결책을 마련하였다. 대표적인 사례가 실리콘밸리(Silicon Valley)와 루트 128(Route 128)이다.

스탠포드대학 공과대학 학장이 졸업생들의 취업을 진작시키고자 학교 재단에 협조를 요청했고 이에 재단은 재단소유의 포도밭을 제공하자 학장이 휴렛팩커드(HP)를 포함한 다양한 IT 기업들을 유치하면서 실리콘밸리의 역사가 시작하였다. 이 시점의 세계적 상황은 냉전이 극한점으로 치닫고 있었기 때문에 미국과 소련의 국방 경쟁이 치열하였다. 이로 인해 많은 국방프로젝트가 실리콘밸리로 유입되었다. 그러나, 1960년대 미국과 소련 간의 냉전이 약화되면서 국방프로젝트가 줄어들자 실리콘밸리는 향후 세계의 변화 방향이 정보화·지식화임을 인식하고 이러한 변화 속에서 실리콘밸리가 나아가야 할 전략에 대해 장기적·포괄적으로 분석하였다. 그러한 과정을 거치면서 1950년대에서 1960년대에 걸쳐 개발·보급되고 있던 트랜지스터 보급을 확대하여 발전을 지속시켰으며, 1980년대 들어서 개인 PC를 만들어 상용화함으로써 도약하였고, 1980년대 말 인터넷을 발명·보급하여 재도약하였다.

보스턴(Boston) 도시권에 속해있는 루트 128은 실리콘밸리와 더불어 국방프로젝트의 주요 수주처였으나 1960년대에 들어 국방프로젝트가 줄어드는 상황에 직면하여 위기를 맞았다. 미국의 동부지역에 속해있는 루트 128은 서부지역보다 보수적인 색채가 강하여 실리콘밸리와 달리 신속하게 대응하지 못해 힘든 상황에 처하게 되었다. 이에 보스턴시는 세계의 변화 방향을 종합적으로 고려하면서 장기적·포괄적으로 고심한 끝에 금융도시, 교육도시로 탈바꿈하는 전략을 수립·시도하였다. 그 전략의 일환으로 MIT대학을 중심으로 IT와 BT를 접목시키는 시도를 루트 128에서 진행함으로써 세계적인 혁신지역이 되었다.

실리콘밸리와 루트 128의 성공 원인 ●

1. 우수한 연구대학

스탠포드(Stanford) 대학과 MIT 대학은 첨단 허브(high-tech hub)의 발전에 결정적 역할을 하였다(Castells & Hall, 1994; Gibson & Rogers, 1994). 즉, 새로운 지식을 창출하고, 첨단산업에 종사할 인적 자원을 제공하는 인큐베이트를 운영하며, 지역 내의 회사의 인력 등에게 재교육을 실시하고, 지역사회의 거주환경을 향상시키며, 첨단기업들을 유치하였다. 데일러는 연구대학의 중요성을 설명하면서, 'T-bond(Technology, Talent, Tolerance)'를 제시하였다(Daylor, 2002: 68). 기술(Technology)과 재능(Talent)은 누구나 아는 것이므로 설명을 생략하기로 한다. 관용(Tolerance)은 자립, 자유로운 사고의 수용, 혁신을 포용하는 지역사회의 의식이다. 이는 협력적 네트워크의 기반이 되고, '다름'을 수용하는 것이기 때문에 지역사회의 다양성을 구축하는 데 이바지하며, 벤처기업의 활력에도 영향을 미친다(Castells & Hall, 1994).

2. 벤처 자본과 적극적인 기업가 정신

첨단산업은 거대한 R&D투자를 필요로 하는데, 경우에 따라서는 그 투자가 실패할 수도 있다. 그래서 합리적인 투자자는 'high risk but high return'을 꺼리고 오히려 혁신을 이끄는 과정에 무임승차하는 것을 선호한다(Storper & Scott, 1995). 그러나, 모든 투자자본이 그런 행태를 보이는 것은 아니고 공격적인 투자를 감행하기도 한다. 두 지역을 성장시키는 데 이러한 벤처 투자가 매우 중요한 역할을 하였다(Daylor, 2002).

3. 자유로운 기업문화

두 지역의 기업친화적인 분위기는 테크노폴(technopole)의 생성과 지속적인 발전에 중요한 역할을 하였다(Castells, 1996). 많은 종류의 규제, 정부 관여, 세금은 이러한 자유로운 기업문화에 장애요인으로 작용한다.

4. 지역 네트워크 구축

기업의 경쟁력은 기업가정신이 지역 차원의 혁신문화와 만날 때 발생한다(Cox, 1995: 217). 경쟁시스템 속에서 자본가들은 생산에 혁명을 일으키고 이익 창출에 불리한 기존의 여러 제도들을 끊임없이 파괴하려 한다. 이러한 기업가정신이 경제를 발전시킨다. 경쟁은 이동성에서 나오는 것이 아니고 지역적으로 구축된다. 혁신은 개인적인 기업가정신에 의해 탄생되는 것이 아니라 도전적인 기업가정신과 긴밀한 지역 네트워크가 결합하여 나타나는 산물이다(Saxenian, 1991: 280). 네트워크는 모든 구성원들의 신뢰를 전제로 한다.

5. 쾌적한 주거환경

첨단산업의 성공은 능력 있는 지식노동자의 확보에 달려있기 때문에 지역은 이들을 유인할 수 있는 주거환경을 갖추어야 한다(Drucker, 1993). 따라서, 이들을 필요로 하는 첨단기업은 이들이 많이 거주하는 쾌적한 주거환경을 갖춘 지역이나 그 주변에 입지하려 한다(Knight, 1995). 따라서, 쾌적한 주거환경은 첨단 허브의 유지와 깊은 관련이 있다.

출처: 김흥순(2003)의 '선발 첨단산업지역으로부터의 교훈'에서 일부 발췌·재서술

반면에, 피츠버그(Pittsburgh)와 디트로이트(Detroit)는 장기적·포괄적 인식의 중요성을 도외시하여 낭패를 경험하였다. 철강도시인 피츠버그와 자동차 도시인 디트로이트는 산업사회에서 발전을 거듭하여 철강의 메카, 자동차 메카가 되었다. 그러나, 두 지역에서는 사회변화에는 아랑곳하지 않고 철강 수요와 자동차 수요는 계속 증가할 것이므로 지속적으로 발전하리라는 낙관론이 확산되었고, 노동조합이 임금 상승을 위해 끊임없이 압박하였으며, 신기술 개발이나 효율성 향상 등을 무시하여 후발주자들과의 경쟁에서 밀리는 상황이 발생하였다. 이로 인해 주력산업들이 쇠퇴하고 그 여파로 지역서비스산업조차 도태되면서 도시의 경쟁력이 크게 퇴보하였다. 결국, 이 두 도시를 잇는 지역을 '선벨트(sun-belt)'에 대비되는 '대설지대(snow-belt)' 혹은 '한랭지대(frost-belt)'라고 부르게 되었다. 심지어 '유령도시(ghost town)'라는 악명도 얻었다.

우리나라의 경우에도 경상북도 김천시가 이러한 인식을 중시하지 않았다. 주된 에너지원이 석탄이었던 1970년대까지 대표적 석탄 집하장·보급처 역할을 하면서 김천의 지역경제는 발전하여 경상북도의 주요 도시에 속하였다. 계속된 노력으로 우리나라의 경제가 경이로울 정도 발전하면서 소득수준이 눈에 띄게 상승하자, 1980년대에 들어 석탄보다는 석유를 선호하는 분위

기로 바뀌었다. 그러나 김천은 그러한 변화에 대한 대책을 세우지 못했다. 정부는 1988년 '석탄산업합리화정책'을 실시하여 400여개의 탄광을 5개 탄광만 남기고 폐광시키자 지역경제발전을 위한 다른 대안을 전혀 가지지 못한 김천의 경쟁력은 크게 후퇴하였다.

2. 유기적인 접근

지역사회는 지역사회를 구성하고 있는 모든 구성원들이 서로 밀접하게 연결되어 있어 따로 떼어 낼 수 없는 관계를 형성하고 있다. 지역사회의 대표적인 구성원에 속하는 지역주민, 지방자치단체장, 지방의회의원, 지방공무원, 지역기업, 지역연구기관, 종교단체 등은 서로의 존재 없이는 홀로 설 수 없을 정도로 긴밀하게 연결되어 있으면서 서로 밀접한 관계를 형성하고 있다. 이처럼 지역사회는 유기적 집합체이기 때문에, 지역사회개발은 기계적인 방법보다 지역사회를 둘러싼 환경을 고려하면서 지역사회 구성원들 간의 복잡하고 역동적인 과정을 중시하는 방법으로 접근해야 한다. 따라서, 지역사회개발은 유연성과 적응성을 강조하고 명령보다 협의적인 네트워크를 형성하는 유기적인 접근방법을 취해야 한다. 사회변화와 주변을 전체적으로 고려하면서 지역사회 구성원들이 능동적이고 적극적으로 참여하면서 동시에 지역사회구조를 유연하게 변화시켜야 한다.

1) 전체적이고 역동적인 접근

지역사회는 폐쇄된 상황에서는 발전을 기약하기 어렵다. 더구나 세계화와 정보·지식화로 인해 무한경쟁사회로 진행되고 있는 상황에서는 폐쇄된 지역사회는 발전을 기대하기 힘들다. 따라서 지역사회개발을 위한 전략적 방안을 마련하기 위해서는 사회가 어떤 방향으로 변하는지를 파악하면서, 이러한 변화에 다른 지역사회들은 어떠한 대응방안을 준비하는지를 살펴보며, 지역사회를 둘러싼 환경을 고려하고, 그리고 지역사회 구성원들의 협력적 상호작용을 활성화하면서 유연하고 역동적으로 대처하는 접근방법을 추진해야 한다.

전체적·역동적 접근으로 성공한 대표적인 지역이 '산타마을'로 유명한 핀란드의 로바니에미이다. 로바니에미는 혹한의 땅으로 인해 오랫동안 경제적으로 침체 상황에 빠져 있던 어려운 상황이었지만, 우연히 찾아온 기회를 무시하지 않고 주민들이 협조하여 '산타마을'이라는 아이디어를 실현하고자 전체적이고 역동적으로 노력하였다. 그 결과, 조그만 산골 마을이 산타클로스의 고향으로 알려지면서 세계적인 관광명소가 되었으며 또한 1939년에 라피주의 행정중심지가 되었다.

📝 '산타마을' 로바니에미 ·

핀란드 로바니에미는 헬싱키에서 북으로 약 800km 떨어져 있어서 교통수단이 발전하지 않았던 예전에는 열차를 타고 밤새도록 가야 하는 위치에 있다. 로바니에미는 눈이 많이 내리고 매우 추운 척박한 환경 속에 있었다. 이로 인해 지역경제가 지속적으로 침체되었다.

그런 와중에 1927년 핀란드의 한 라디오방송에서 로바니에미가 워낙 눈이 많이 내리고 추운 날씨로 유명하다는 것을 안 출연자들이 장난삼아 '로바니에미에 있는 어느 산에 산타할아버지가 산다'라고 방송하자, 그 말이 순식간에 핀란드의 어린이들은 물론이고 다른 나라의 어린이들에게까지 퍼져 나갔다. 세계의 어린이들은 '핀란드의 산타할아버지에게' 매년 많은 편지를 보내기 시작하였다. 그때까지만 해도 아주 조그만 시골마을이었던 로바니에미의 주민들은 모여서 이 편지에 대한 대응방안을 논의하였다. 결국 어린이들의 편지에 적극적으로 대응하기로 하고 답장을 보내면서 도심에서 약 8km 떨어진 곳에 '산타마을'을 만들었다. 재정적으로 어려운 상황 속에서 주민들의 단결로 어린이들의 편지에 유연하고 역동적으로 대응하는 한편 많은 눈과 혹한의 날씨까지 이용하면서 라디오방송에서의 말장난을 실체화하여 세계 최초의 '산타마을'을 탄생시켰다.

'산타마을'이 생기자 로바니에미는 혹한의 추위로 유명하던 지역에서 세계적인 관광지로 점차 변하기 시작하였다. 관광객들이 점차 증가하자 로바니에미에서는 눈을 이용한 레포츠(크로스컨트리, 얼음골프, 얼음낚시 등), 오로라 투어, 핀란드식 사우나, 핀란드식 음식 등을 중심으로 한 지역서비스업이 크게 발전되었다.

2) 유연한 지역사회구조

유기적인 지역사회개발이 되기 위해서는 환경변화에 능동적, 적극적으로 대응할 수 있는 지역내부 시스템을 조성하여야 한다. 이를 위해서는 정치·행정 시스템을 유연하게 하고, 지역의 공공부문과 민간부문의 협조체제를 구축하며, 유연한 관리방식과 생산방식을 도입하여야 한다.

(1) 유연한 정치·행정 시스템 구축

환경의 변화에 효과적으로 대응하기 위해서는 지역사회 구성원들 모두의 적극적인 협조와 참여가 반드시 필요하다. 그런데 주민들의 협조와 참여는 주민들 스스로 알아서 할 수도 있지만, 이를 위한 전제조건이 충족될 때 더욱 활성화될 수 있다. 대표적인 전제조건은 지역사회가 정치적으로 안정되고 행정적으로 효율성이 구축되는 것이다. 즉, 주민참여를 활성화시키고 건설적 비판을 허용하는 정치·행정시스템이 구축되어야 한다.

(2) 공공부문과 민간부문의 동반자관계 형성

세계화와 정보·지식화로 인해 지역 간의 경쟁이 확대·심화되어 지역경제의 불확실성이 고조되었다. 지역경제의 불확실성이 높아질수록 경쟁의 범위는 더욱 확대되고 경쟁의 정도는 더욱 심해진다. 이로 인해 지역경제에 영향을 미치는 요인들이 크게 증대된 지역사회를 구성하는 특정 집단의 독자적 노력만으로는 이 위기를 해결하는데 역부족이 될 수 있다. 물론, 주도적인 역할을 수행하는 집단이 있을 수 있지만, 다른 집단의 협조가 없으면 일회성 혹은 단기적 효과에 거칠 가능성이 높아진다. 지역주민들의 대표인 단체장이나 지방의원, 지방공무원, 지역기업이 개별적으로 노력해서는 성공을 기약 받을 수 없게 된다. 지역사회의 모든 구성원들이 총체적으로 결집하지 않으면 생존·발전이 어려운 상황을 맞이하게 되었다는 의미이다. 어느 때보다도 지역사회의 공공부문과 민간부문 간의 협력을 강화할 필요성이 강하게 대두되었다. 따라서, 지역주민, 지방정부, 지역기업, 지방대학, 지방연구소 등을 포함한 모든 지역사회 구성원들이 협력 네트워크를 강화하면서 혁신을 통해 지역경쟁력을 강화하여야 한다. 세계적인 혁신도시들인 미국의 실리콘밸리와 루트 128, 영국의 캠브리지 테크노폴과 쉐필드 클러스트, 캐나다의 몬트리올 멀티미디어시티 등에도 공공부문과 민간부문의 협력 네트워크가 구축되어 있다.

(3) 유연한 관리방식

지역사회가 개방되면서 지역사회들 간의 경쟁이 확대됨에 따라 지역시스템과 환경이 유기적으로 상호작용할 수 있도록 하는 유연한 관리방식이 요구되고 있다. 특히, 제반 활동을 위해 요구되는 비용이 낮은 지역, 규제를 유연하게 하는 지역, 변화에 신속하게 대응하는 지역으로 전환할 수 있는 관리방식에 관심이 확대되고 있다.

첫째, 지역사회를 구성하고 있는 제반 측면에서 활동에 필요한 비용을 가능한 한 낮추는 관리방식을 구축해야 한다. 예를 들면, 경제적 측면에서 지역경쟁력을 높이기 위해서는 지역기업의 생산비용을 낮추어야 한다는 점은 누구나 인지하고 있다. 그런데 지역사회들 간의 경쟁이 확대됨에 따라 지역기업들만으로는 지역경쟁력을 높이는 데 한계가 있다. 이로 인해 많은 지역사회들은 초국적 기업과 유동자본을 유치하기 위해 혼신의 노력을 하고 있다. 세계도시 중의 세계도시인 뉴욕조차도 초국적 기업과 유동자본을 필요로 하고 있다. 따라서 초국적 기업과 유동자본을 필요로 하지 않는 지역사회는 없다고 보아도 무방하다. 초국적 기업과 유동자본은 투자의 효율성을 매우 중시하므로 임금과 투자비용이 낮은 지역을 선호하는 것은 당연한 일이다. 따라서, 이들을 유치하고자 하는 모든 지역사회들은 가능한 한 생산비용을 낮추도록 지역의 제반 조건들을 관리해야 한다. 그것이 힘들 경우 최소한 노동생산성이 임금보다 높도록 관리하여야 한다. 그리고, 초국적 기업과 유동자본은 노동조합의 활동이 강한 지역을 피하려고 한다는 사실을 항상 유념하면서 지역사회를 관리할 필요가 있다. 경제적 측면뿐만 아니라, 사회적 측면에서도 지역공동체와 지역 네트워크를 구축하는 데 필요한 비용을 낮출 필요가 있다. 지역공동체 활동을 할 수 있는 공간 확보, 공동체 활동가 육성, 정보의 생산·유통·공유 등에 필요한 비용을 낮추는 관리방식이 필요하다. 또한, 문화적 측면에서도 고급 두뇌를 지역사회로 유입시키기 위한 하나의 방편으로 문화·여가시설을 최신화하면서 그 시설을 이용하는 비용을 낮출 필요가 있다.

둘째, 유연한 규제 지역을 선호하는 분위기가 빠르게 확대되고 있다. 지역사회 주민들의 생활의 질을 높이기 위해서는 규제를 해야 할 분야도 있고 규제를 유연하게 할 분야도 있다. 환경, 안전, 식품, 소비자보호 등의 분야에서는 규제를 강화해야 하지만, 이들을 제외한 대부분의 다른 분야에서는 규제의 역효과가 더 클 수도 있다. 다행스럽게 그동안 이룩된 정보·통신·과학 기술의 획기적인 발달로 인해 분산시스템을 활용하여 지역사회를 관리할 수 있게 되었다. 물론, 분산시스템만 이용해서는 안되고 분산시스템과 더불어 정보통신망으로 이들을 통합할 수 있어야 한다는 점은 상식이다. 예를 들어, 외부조달(outsourcing),[1] 팀체제,[2] 직무공유(job-sharing),[3] 시간제(part-time)[4] 등은 지역사회를 관리하는 데 활용될 수 있는 대표적인 분산시스템이다. 이러한 분산시스템은 환경변화에 대한 적응력을 높이는 장점이 있다. 따라서 지역사회를 유연하게 관리하기를 원하면 이러한 시스템들을 이용하는 것이 도움이 될 것이다.

셋째, 거대하고 급속한 변화에 신속하게 대응할 수 있는 조직구조를 구축해야 한다. 1980년대를 '품질(quality)'의 시대, 1990년대를 '구조혁신(re-engineering)'의 시대, 21세기를 '속도(velocity)'의 시대로 특징지을 수 있다. 앞으로 지역사회들 간의 경쟁이 더욱 치열해질수록 변화에 대한 신속한 대응이 매우 필요해질 것이다. 따라서, 관리구조를 계층제에서 평면적 구조, 중앙집중적 관리구조에서 분권적 관리구조, 부서 중심에서 팀 중심, 정보·지

---

1) 업무의 일부분을 외부 전문기관에 위탁해 처리하는 것이다.
2) 수평적 관계를 강화할 수 있어 다양한 아이디어를 창출하고 협조관계를 구축하는데 이바지할 수 있다.
3) 단일 직무를 복수의 사람들이 나누어 수행하는 것이다. 예를 들어, 잉여노동력이 존재할 경우 1인당 작업량을 감소시키면 인원을 감축할 필요가 없다. 이는 경제가 어려울 때 대규모 감원을 하면 노동자의 소비가 위축되고 경기 위축으로 이어질 수 있으므로 이러한 위험을 최소화하기 위한 수단으로 활용된다.
4) 정해진 시간 동안 근무를 하고 그에 따라 급료를 받는 근무 방식으로서, 정식 근무 시간보다 짧은 시간 동안 일하거나 혹은 정식 근무일보다 근무일이 적다. 특히, 유연근무제(flexible working time)는 매우 긍정적으로 검토해볼 필요가 있는데, 이는 선택적 근로시간제라고도 불리며 개인의 선택에 따라 근무 시간과 근무 환경을 조절할 수 있는 제도를 말한다.

식 중심의 관리체제, 연공서열제에서 성과중심적 체제, 내부조직 중심에서 외부조달 활용 등으로 변화시킬 필요가 있다.

(4) 유연한 생산방식

지역사회개발이 지역경제개발을 의미하는 것은 아니지만 지역사회개발에서 지역경제개발이 차지하는 비중이 결코 작지 않다. 따라서, 모든 지역사회는 다양한 지역경제개발정책을 수립·시행하고 있다. 지역경제개발정책이 성공하기 위해서는 무엇보다 지역기업이 경쟁력을 확보해야 한다. 지역기업이 생존·발전하기 위해서는 고객의 선호와 요구에 신속하게 대처하여야 한다. 세계화와 정보·지식화로 인해 상품과 서비스에 대한 정보가 전 세계로 빠르게 공유되면서 상품과 서비스에 대한 수요도 표준화·획일화에서 다양화·개성화로 변하고 있다. 이를 가능하게 하는 생산방식이 유연생산방식이다. 제8장 제1절에서 살펴보는 바와 같이, 유연생산방식이란 생산방식의 분업화, 다양화, 고급화를 지향하는 방식이다. 산업사회에서는 생산비용을 최소화하는 '규모의 경제(economy of sacle)'가 강조되었지만, 정보·지식사회에서는 고객의 만족을 최대화하기 위한 '범위의 경제(economy of scope)'를 중시하고 있다. 유연생산방식으로 인해 '범위의 경제'를 추구할 수 있게 되었는데, 이는 생산방식을 대량생산체제에서 다품종소량생산체제로 전환할 것을 강조하는 방식이다. 즉, 전문업체들 간 '전방적·후방적 연계체제(forward and backward linkage)'를 구축해야 한다는 것이다. 이러한 사회적 변화를 인식하고 지역사회는 지역기업들이 다품종소량생산체제를 중시하도록 유도하여야 한다.

3. 균형적 접근

앞에서 살펴본 바와 같이, 지역사회개발의 목적은 지역사회 전체의 경제적·사회적·정치적·교육적·문화적·환경적 발전을 이룩하여 지역사회를 보다 살기 좋은 곳으로 만드는 것이다. 따라서, 지역사회를 구성하고 있는 모든 영역이 균형 있게 개발되어야 바람직하다.

그러나, 현실을 살펴보면 지역사회의 특정 영역에 지역사회의 모든 역량을 쏟아 붓는 경우가 자주 발생한다. 예를 들면, 다른 측면을 희생하면서 경제적 측면만을 강조하는 경우가 빈번하다. 교육, 문화, 환경 등을 무시하면서 경제개발에만 집착하여 첨단산업의 유치 혹은 발전에만 매달리면 첨단산업에 종사할 전문가들을 유치하기 어려울 수 있다. 전문가들일수록 교육, 자연환경, 문화, 여가 등을 중시하기 때문이다(Knight, 1995). 실제로 경제적으로 성공한 많은 중국 부호들과 전문가들은 북경 등 중국에 거주하는 것을 꺼린다는 사실은 언론을 통해 많이 알려져 있다.

지역 인재를 키우는 것이 바로 지역사회의 성장과 발전을 도모하는 밑거름으로 생각하여 '교육 백년대계'만을 고집하는 지역사회는 경쟁력을 확보하기 어려울 수 있다. 다른 여러 이유들이 있지만, 우리나라의 대표적인 교육도시인 대구광역시, 공주시 등이 그동안 주민들이 원하는 정도의 경제적 수준을 확보하지 못했음은 익히 알려진 사실이다. 대구시의 경우 우리나라의 대표적인 대도시이면서 교육도시이지만, 사양산업에 속하는 섬유산업을 제외한 다른 산업은 그동안 발전하지 못했었다. 그러한 상황이 지속되자 우리나라 3대 도시에 속했던 대구시는 경제적 측면과 인구적 측면에서 3위 자리를 인천시에 내주고 말았다. 이러한 상황을 극복하기 위해 대구시는 세계적인 패션 도시인 밀라노를 벤치마킹하여 경제적으로 거듭나고자 구상하였다. 1999년부터 경제적 측면에서 반전을 꾀하기 위해 대구의 전통산업인 섬유산업을 바탕으로 '밀라노 프로젝트'를 추진한다고 대내외적으로 발표한 후 10년간 약 8,700억 원을 투자했지만 성과는 알려지지 않고 있다.

환경도시 코발리스(Corvallis)

미국에서 가장 친환경적으로 주로 알려진 곳이 오리건(Origon)주이다. 오리건주는 삼림이 울창하고 동식물을 보호하는 대표적인 주이다. 오리건주 내에 코발리스라는 도시가 있다. 이 도시는 환경정책으로 유명한 오리건주립대학이 있는 것으로 많이 알려져 있다. 코발리스는 한쪽은 오리건주립대학이 있어 교육도시로의 면모를 보이고 있고, 다른 한쪽은 은퇴한 중상층이 밀집한 주거지역이다. 은퇴한 부유층이 밀집하여 거주하기 때문에 많은 주택들이 아름드리나무에 둘러싸여있다. 쾌적안 자연환경을 보유하고 있어서인지는 몰라도 사슴들이 주택가를 배회한다. 은퇴한 부유층들은 자연환경이 훼손되는 것을 싫어해서 자연환경보호를 시장에 지속적으로 요구하고 있다. 예를 들어, 2000년대 초에 은퇴한 부유층의 높은 구매력을 겨냥하여 코발리스에 대형 쇼핑몰을 건설하려는 계획이 알려지자, 이들은 단합하여 쇼핑몰 건설을 저지한 적이 있다. 결국, 대형 쇼핑몰은 코발리스와 인접한 지역에 건설되었다. 코랄리스의 자연을 파괴할 가능성이 있는 모든 개발사업들은 인근 지역에서 시행되었고, 이로 인해 인근 지역들의 재정상황은 빠르게 좋아졌다. 그러나, 코발리스의 재정상황은 항상 그 자리에 있다.

이처럼 특정 부문에 집중하여 추진하는 지역사회개발은 실패할 확률이 높다. 이는 지역사회를 구성하는 경제적·사회적·정치적·교육적·문화적·환경적 요인 등은 지역사회를 구성하는 필수불가결한 요소들이면서 동시에 이들은 긴밀하게 연계되어 있기 때문이다. 또한, 지역사회는 주민의 풍요로운 삶, 지역사회만의 귀중하고 아름다운 문화, 사회적 자본 등을 포함하여 많은 측면이 복잡하게 연관되어 있는 공간이기 때문이다. 그러므로 지역사회개발을 단선적이고 불균형적인 관점에서 추진하면 소기의 목적을 거두기 어렵다. 물론, 지역사회에 따라서는 다른 측면보다 더욱 중시되어야 할 부문이 있을 수 있다. 설령, 특정 부문을 중심으로 지역사회개발을 시행한다고 하더라도 지역사회를 구성하는 모든 부문들은 서로 긴밀하게 연관되어 있음을 항상 유의하면서 시차를 두고서라도 가능한 한 모든 부문들이 균형 있게 개발되도록 해야 한다.

4. 파급효과 분석

지역사회가 가지고 있는 문제의 원인과 지역사회개발의 효과를 가능한 한 충분히 고려해야 한다. 이를 위해서는 다음과 같은 과정을 밟는 것이 좋다. 첫째, 지역의 실정과 장·단점을 고려하면서 지역사회개발에 있어서 문제가 무엇인지를 진단한다. 둘째, 지역사회구성원이나 관련 이론 혹은 다른 사례 등 여러 아이디어 원천(source)들을 통해 다양한 지역사회개발 전략들을 탐색한다. 셋째, 탐색된 개별 전략에 대해 철저하게 비용·효과 분석을 실시한다. 넷째, 비용·효과분석을 통해 나타난 결과를 비교하면서 가장 최선의 개발 전략을 선택해야 한다.

📝 **파급효과 분석의 중요성** ·

1989년 노태우 정권은 서울의 주택가격 안정과 주택난 문제를 해결하기 위해 분당, 일산, 산본, 중동, 평촌 등 5곳에 '1기 신도시'를 건설하는 정책을 발표하고 1992년 입주를 완료하였다. '1기 신도시'를 계획할 당시 자족도시라기에는 서울 도심에 가깝고 또한 침상도시(bed town)라기에는 서울 도심에서 멀리 떨어져 있는 '어중간한' 위치에 있다는 비판에도 불구하고 정책을 강행하였다. '1기 신도시'에 입주가 완료된 후, 수도권에 인구집중을 심화시키고 교통체증을 유발하며 주변지역에 난개발을 조장한다는 비판을 받았다. 그 후 정부 차원에서는 '신도시'라는 단어조차 회피할 정도로 신도시 건설에 부정적이었다. 문제는 정부 차원의 신도시건설이 없게 되자 준농림지가 많았던 용인시를 필두로 수도권 지역에 소규모로 난개발이 성행하였다. 그러던 중 태풍이 수도권 지역을 강타하면서 엄청난 폭우가 쏟아지자 용인시를 비롯하여 난개발지역들이 물에 잠기는 비상사태가 발생하였다. '1기 신도시' 건설을 계획할 때부터 더욱 치밀하게 파급효과를 분석하지 않은 결과가 난개발을 발생시켰고 이로 인해 해당 지역주민들은 도시가 물에 잠기는 엄청난 비극을 경험하였다. 난개발로 인한 참극에 국민적 분노가 표출되자, 2003년 노무현 정권은 동탄, 판교, 파주, 광교, 김포, 위례 등에 '2기 신도시'를 건설하기로 하였다.

파급효과 분석의 중요성을 일깨워주는 또 다른 사례를 소개하면 경전철 건설이다. 2009년 서울시는 문화의 시대를 맞아 그동안 도시경관을 해치고 지역발전을 저해한다는 이유로 철거 민원이 끊이지 않았던 고가도로를 단계적으로 철거하는 계획을 발표하였다. 그런데, 당시에 몇몇 도시는 경전철 건설을 발표하였다. 특히, 의정부시와 용인시가 경전철로 인해 매년 수백억 원의 적자를 본다고 알려졌음에도 불구하고 경전철 건설을 추진하는 지역도 있었다. 국민의 혈세를 낭비하는 대표적인 사례라고 할 수 있다.

이 과정에서 중요한 점은 다른 지역사회의 성공을 모방만 해서는 안 된다는 것이다. 지역사회가 가진 장·단점과 지역이 처한 상황은 동일할 수 없기 때문에 같은 지역사회개발 전략을 실시하더라도 그 결과는 다를 가능성이 매우 높기 때문이다. 다른 성공 사례를 전적으로 모방하는 것은 안 되지만, 성공 사례를 참조하는 것은 다양한 아이디어를 창출하는데 도움을 줄 수 있다. 가장 좋은 것은 해당 지역사회의 특수성을 고려한 창의적인 아이디어에 기반한 개발전략을 모색하는 것이다.

📝 창조와 모방 ·

일본은 1964년 동경올림픽에 즈음하여 서구국가들로부터 '모방의 동물'이라는 비난을 받았다. 서구국가들은 전에는 일본이 자국의 선진기술을 모방하여 생산단가를 낮춤으로써 가격경쟁력을 확보하여 자국의 시장에 진입하는 것을 크게 비난하지 않았으나 일본의 경제력이 신장함에 따라 서국국가들이 일본을 견제하고자 하는 것이었다. 그런데, 일본은 우리나라의 모방력이 일본을 능가한다고 자주 말하였다. 실제로 세운상가에 있는 조그만 자동차부품가게는 일본의 신형 자동차의 부품을 모방하는 데 그리 오래 걸리지 않았다. 그럼에도 우리나라를 '모방의 동물'이라고 비난하는 나라는 없었다. 그 이유는 일본은 단순 복제를 한 반면에 우리나라는 디자인이든 아니면 어느 곳이라도 변화를 주었기 때문이다.

미술계의 대표적인 창조자인 피카소도 천재라고 불리기 전에는 모방의 대가이었다. 그러나, 그는 모방에 만족하지 않고 모방을 하는 동안에 축적한 지식과 기술을 이용하여 자기 것을 창안함으로써 천재라고 불리었다는 사실은 지역사회로 하여금 많은 것을 생각하게 한다.

제2절   지속가능성의 원칙

지역사회개발에서 지속가능성(Sustainability)의 원칙이란 지역사회 주민들의 삶의 터전이 되는 환경, 생태계, 공동자원 등을 계속해서 사용할 수 있는 환경적 · 경제적 · 사회적 특성을 유지해야 한다는 원칙이다. 지역사회개발을 위한 다양한 활동으로 인해 배출되는 오염물질이 지역사회의 환경을 파괴하면 그 피해가 지역주민들에게 되돌아가므로 지역사회가 가지고 있는 환경과 자원을 재생산할 수 있는 범위 안에서 지속적으로 사용할 수 있도록 서로 협조하여야 한다는 원칙이다. 어떠한 지역사회개발 활동도 지속가능성의 범주 내에서 이루어져야 하며, 그렇지 않을 경우 현재의 지속불가능한 질서를 강화하기 때문에 장기적으로 지역사회와 주민들은 물론이고 전 세계에 치명적인 영향을 줄 수 있다. 지속가능성의 원칙을 지키려면 일시적이 아닌 지속적인 변화를 추구해야 하고, 친환경적으로 개발해야 하며, 재활용시스템을 구축해야 한다.

1. 지속적인 변화

보다 나은 지역사회를 위해서는 일시적인 변화가 아니라 지속적으로 그리고 점진적으로 변화를 추진하여야 한다. 급속한 변화를 추구하면 지역사회 내의 기득권 세력들이 뭉쳐서 변화에 저항할 수 있다. 기득권의 저항은 지역사회의 변화에 커다란 장애요인이 될 수 있다. 따라서, 지역사회가 감내할 수 있는 범위 내에서 안정적이고 지속적으로 변화를 추진해야 한다. 특히, 우리나라의 '빨리빨리' 문화는 짧은 기간에 기적과 같은 경제발전을 이룩한 주요 원인으로 평가되지만, 다른 측면에서 보면 경제개발을 빨리 달성하기 위해 문제들을 단순히 덮어버린 부작용을 일으켰다. 이 문제들이 쌓이고 쌓여 폭발하면 그 동안의 노력의 결과가 '사상누각'이 될 수도 있다. 이는 국가적 차원은 물론이고 지역사회 차원에서도 유의해야 할 점이다. 지역사회개발을 '빨리 빨리' 진행하고자 일시적이고 충격적인 방법으로 추진하면 역효과가 나타날 수 있다. 여러 측면에서 지역사회가 감내할 수 있는 수준으로 지속적인 변화를 추구하여야 한다.

📝 **지나치게 급속한 성장의 교훈** • • • • • • • • • • • • • • • • • •

세무공무원 출신인 정태수씨는 1974년에 한보상사를 설립했고 2년 뒤인 1976년에 한보주택을 창립한 후 서울시 강남구 대치동에 당시 우리나라에서 최대 규모이었던 약 4,400가구의 은마아파트를 지어 큰 부를 쌓았고 그 후 한보그룹을 창설하여 발전을 거듭하였다. 소위 '수서 신화'를 일으킨 것이다. 한보그룹의 정태수회장이 한 말 중에 '한보그룹 이사가 되려면 10만원으로 1,000만원을 빌려올 수 있는 능력이 있어야 한다'는 말이 있다. 이는 정계·관계에 대한 로비를 포함하여 수단과 방법을 가리지 말고 한보그룹의 급속한 성장을 위한 자금을 마련하는 능력을 보여야 한보그룹의 이사가 될 수 있다는 말이다. 무리를 하면서 빚을 끌어들여 사업을 급하게 확장한 결과 한보그룹은 한때 재계 순위 14위에 올랐다. 그러나, 그 부작용으로 한보그룹은 1997년에 해체되었고 정태수회장은 구속되었다.

---

2. 친환경적 개발

지역사회개발을 시행할 경우 자연환경이 훼손될 수 있다. 자연환경을 훼손하면서까지 경제적 측면, 사회적 측면, 문화적 측면 등을 포함한 여러 측면에서 개발이 이루어지는 것이 바람직한지에 대해 점차 많은 사람들이 의문을 가지게 되었다. 특히 지구 환경이 급격하게 악화되고 있다는 여러 연구결과들은 사람들에게 경각심을 심어주었다. 이에 대해서는 제10장에서 자세하게 검토하기로 한다. 최근에는 지역사회가 환경적으로 받아들일 수 있는 정도의 성장을 지속적으로 추구해야 한다는 주장에 관심을 두기 시작하였다. 실리콘밸리, 루트 128, 덴버 등 세계적인 혁신도시들은 친환경적 개발을 추구하였다. 친환경적 개발을 하게 되면, 쾌적한 자연환경, 질적 수준이 높은 교육환경, 우수하고 편리한 문화·여가시설 등을 거주요건으로 중시하는 능력있는 경영인이나 전문가들이 많이 거주하려 한다. 이들이 많이 거주하는 지역에 이들을 필요로 하는 첨단기업들이 입주하는 것은 당연한 일이다.

📝 독일의 루르지방의 친환경적 개발 ·······················

독일의 루르지방은 독일의 대표적인 탄광지역이면서 세계에서 가장 큰 단일 공업지역의 하나로서 철강업을 중심으로 금속·기계·전기·화학 등의 공업이 성하였다. 그러나 1980년대에 들어 석탄에 대한 수요가 급격하게 줄어들었고 또한 전통적인 제조업이 어려움을 겪게 되자 루르지방은 획기적인 변화를 추구할 수밖에 없었다. 루르지방은 지역경제의 활성화를 위해 첨단산업을 유치하는 등의 변화를 모색하였는데, 그 핵심전략은 전략문화와 지속가능성이었다.

먼저, 문화의 도시로 거듭나기 위해 폴크방(Volkwang) 이념, 즉 '문화를 변화로, 변화를 문화로'라는 표어를 내걸고 과거의 공장지대에 혁신적인 생태적·미적 건축물을 짓고 예술적 공간을 확대하였다. 이리하여 2010년에 유럽 문화수도가 되었다.

또한, 급격하고 조절되지 못한 공업화의 결과로 나타난 환경파괴는 루르지역의 발전을 방해하는 대표적인 원인이었다. 첨단산업을 유치하기 위해서는 노후화된 공업지역에 지속가능한 개발을 시도하여 새로운 도시로 거듭날 필요가 있었다. 그리하여 1987년부터 추진된 '이바 엠셔 파크(IBA Emscher-Park) 프로젝트'는 생태학적 관점에서 미래 도시개발 방향에 많은 시사점을 주면서 세계적으로 큰 관심을 모았다. 대표적인 사례는 루르지방을 흐르는 엠셔강을 정비하는 것이었다. 엠셔강 양변에 설치했던 콘크리트 제방을 해체하여 자연상태로 복귀시켰고, 빗물과 오·폐수를 분리하여 오·폐수는 별도의 처리장에서 처리한 후 강으로 방류하도록 하였으며, 강물의 유수량을 조절하기 위하여 빗물을 일시 저장하였다가 강으로 흘러보내는 지하모래 유수시설까지 설치하였다.

3. 재활용시스템 구축

지역사회를 개발할 때, 지속가능한 원칙을 지키기 위해서 오염물질의 배출을 최소화하고 또한 재활용 가능한 자원을 재사용하는 것을 장려하는 것은 당연한 일이다. 지속가능성의 차원에서 볼 때 재활용시스템을 구축하는 것은 매우 중요하지만, 그것보다 더 중요한 것은 오염물질을 덜 배출하는 것이다. 따라서 이 책에서는 오염물질 배출을 최소화하는 것부터 살펴보기로 한다.

첫째, 오염물질 배출을 최소화하려면 타율적 규제(명령지시적 규제)로는 어렵다. 타율적 규제는 법률을 위반할 경우에 제재를 가하는 것이다. 그런데 법률은 모든 상황을 자세하게 규정할 수 없는 단점을 가지기 때문에 이를 악용하는 경우가 있을 수밖에 없다. 오염물질 배출과 관련된 가장 바람직한 방법은 지역주민들이 자발적으로 오염물질을 최소한으로 배출하려고 노력하는 자율적 규제이다. 그러나, 오염물질 배출을 자율적으로 규제하도록 하면, 어느 정도 배출해야 하는지에 대해 지역주민들에게 혼란과 불편을 주고, 일부 주민들은 참여하지 않을 수 있으며, 비참여에 대해 제재하기도 어려운 등의 문제가 발생할 수 있다. 현실적으로 자율적 규제제도를 도입하는 것이 매우 어렵다. 따라서, 타율적 규제에서 시장유인적 규제를 통해 자율적 규제로 전환해야 한다는 주장이 힘을 받아 왔다. 시장유인적 규제는 정책의 주요 수단이나 내용을 민간이 결정하게 유도하는 규제방식이다. 즉, 민간에게 선택의 자유를 부여하는 방식이다. 이 방식은 어떤 정책에 대하여 의무를 부과하지만 강제하지는 않고 순응할지에 대한 판단을 민간의 재량에 맡기는 것으로서, 순응하면 유인을 제공하고 불응하면 부담을 지우는 간접적 규제방식이다. 오염물질 배출과 관련하여 시장유인적 규제방식을 사용하면 지역주민들이 오염물질 배출을 적게 할수록 이에 대한 보상을 받을 수 있어서 주민들이 경제적 이익을 누릴 수 있고, 이는 더 많은 주민들이 참여하도록 동기부여가 되며, 또한 주민들은 더 좋은 환경 속에서 살 수 있게 된다.

📝 낙동강 페놀 오염 사건 ·····························

이 사건은 구미 공업단지 내에 있던 두산전자에서 1991년 3월 14일과 4월 22일 두 차례에 걸쳐 각각 페놀 약 30톤과 약 1.3톤이 낙동강으로 유출된 사건이다. 히틀러로 대표되는 나치(Nazi)가 안락사와 대량학살을 위해 악용한 맹독 물질로 알려진 페놀은 대구 지역의 취수장으로 유입되어 악취를 유발하자 대구시민들이 수돗물에서 냄새가 난다고 신고했으나, 취수장에서는 원인 규명을 제대로 하지 않은 채 다량의 염소 소독제를 투입해 사태를 더욱 악화시켰다. 페놀은 낙동강을 타고 밀양과 함양, 부산까지 피해를 주었다. 이로 인해 낙동강 수계에 있는 1천만 영남지역 주민들이 페놀에 오염된 수돗물로 극심한 고통을 겪어야 했다.

검찰수사 결과, 두산전자는 페놀 폐수를 전량 소각 처리해야 함에도 불구하고 1990년 10월부터 폐드럼통에 넣어 보관하다가 하루에 2.5톤가량을 무단 방류하여, 1991년 3월까지 무단 방류한 총량은 약 370톤에 이르는 것으로 밝혀졌다. 이 사건 전에도 정화비용 500여만 원을 아끼기 위해서 페놀을 정화하지 않고 버린 일이 여러 차례 있었다는 것도 밝혀졌다. 1999년 녹색연합은 1950년대 이후 발생한 대한민국 환경 10대 사건 중에서 낙동강 페놀 오염 사건을 1위로 선정하였다. 발각되지 않으면 된다는 생각과 발각되더라도 당시 법령에 규정된 제재가 상대적으로 약하다는 점을 악용한 것으로서, 타율적 규제의 문제점을 보여주는 대표적인 사건이었다.

출처: KBS(1991), 중앙일보(2019), 위키백과(2021)에서 일부 발췌·재서술

둘째, 지역사회개발 계획을 세울 때 자원 재활용 시스템 구축을 고려해야 한다. 모든 지역사회의 구성원들이 점차 편한 생활을 선호하고 일회용품 사용을 확대하면서 엄청난 양의 쓰레기가 버려짐에 따라 자원의 낭비, 지역 환경의 오염, 지구의 오염이 심각한 상황이다. 따라서 쓰레기를 줄일 수 있고 재활용할 수 있는 방법을 실행하여 환경오염 문제를 해결하는 것이 시급한 과제로 등장하였다. 서구국가에서는 우리나라보다 훨씬 전부터 쓰레기 재활용을 포함한 자원 재활용에 관심을 가지고 시행하였다. 우리나라의 경우에도 이면지 사용을 공공기관에서 장려하였으나 실패하였는데, 이후에 민간부문에서 이면지 사용이 정착되면서 자원 재활용에 대한 관심이 크게 확대되었다.

자원 재활용시스템이 정착되면 버리는 쓰레기를 줄이고, 자원을 절약하며, 자원 부족 문제를 해결하게 하고, 나아가서 환경오염을 줄이는 등의 효과를 누릴 수 있다. 따라서, 일상 생활을 하면서 자원을 재활용하는 것을 습관화해야 한다. 예를 들면, 쓰레기를 버릴 때는 음식물 찌꺼기와 기타의 것으로 나누면서, 음식물 찌꺼기를 새어 나오지 않도록 비닐봉지에 싸서 버리면 가축의 사료나 비료로 활용할 수 있다. 또한, 태울 수 있는 것과 태울 수 없는 것으로 나누어 버리면, 태울 수 있는 쓰레기는 연료로 사용할 수 있다. 이외에도, 종이류는 잉크를 제거한 후 녹여서 펄프로 만들 수 있고, 유리병은 녹여서 새로운 유리병을 만들거나 깨끗한 병은 씻어서 다시 활용할 수도 있으며, 식용유는 비누로 만들어 재활용할 수 있다. 이러한 노력들은 위에서 지적한 효과 외에도 네덜란드의 사례에서 보듯이 쓰레기를 '돈을 만드는 새로운 자원'으로 탈바꿈시킬 수 있다.

📝 **네덜란드의 재활용 시스템** •

　네덜란드는 1950년대부터 재활용 시스템을 개발하였고, 현재 세계 재활용시장을 주도하고 있다. 일반 쓰레기뿐만 아니라 태양광, 풍력, 수소 등 신재생에너지 활용에도 적극적이어서 현재 신재생에너지 분야에서 세계 100대 기업 중 약 1/5이 네덜란드 기업이다.

　네덜란드는 1980년대부터 폐기물 자동처리시스템을 구축하여 폐기물을 분류·처리하는 것을 넘어서서 적극적인 처리 과정을 통해 재활용된 자원을 중국과 캐나다 등으로 수출하고 있다. 더구나, 1994년 란싱크 의원은 '란싱크의 사다리(Lansink's Ladder)' 정책을 발표했다. 주요 내용은 쓰레기는 가능한 한 줄이고, 재활용을 통해 자원을 보존하며, 소각은 에너지 발전의 동력으로 활용하고, 최후에 남은 것만 매립한다는 것이다. 이후 '란싱크의 사다리' 정책은 네덜란드 폐기물 처리의 기본이 되었고, 또한 유럽 전역으로 확산되어 대부분 국가들이 이 아이디어를 기반으로 정책을 수립하고 있다.

　이러한 과정을 거치면서 네덜란드에서 쓰레기는 '더럽고 냄새나서 없애야 할 것'이 아니라 '돈을 만드는 다른 자원'의 대접을 받고 있다. 우리나라는 국민들의 도움으로 분리수거는 잘 되고 있으나, 재활용 시스템은 점검되어야 할 필요가 있다.

출처: 월간조선(2010)에서 일부 발췌·재서술

　셋째, 자원 재활용 시스템을 활성화하는 또 다른 방법으로 태양력, 풍력, 조력, 수소 등 신재생에너지의 사용을 확대하는 것이다. 지역사회개발은 신재생에너지 사용을 장려하는 방향을 지향할 필요가 있다. 신재생에너지는 신에너지와 재생 에너지의 합성어로서, 신에너지에는 연료 전지, 석탄 액화가스, 수소 등이 있고, 재생 에너지에는 태양력, 풍력, 수력, 폐기물, 지열 등이 있다. 예를 들어, 태양에서 배출되는 에너지의 약 1~2%만 사용해도 인류의 에너지 문제를 해결할 수 있다는 것은 이미 알려진 상식이다. 문재인 정권에 들어와서 원자력발전을 줄이고 태양광발전을 장려하였는데, 이 태양광발전은 나무를 베고 산을 깎아 태양광 패널을 설치하는 것이기 때문에 매우 반환경적이다. 이에 대해서는 제10장 제3절에서 소개하기로 한다. 신재생에너지 사용을 장려하는 것은 석탄과 석유 등 화석연료를 이용한 발전이 지역사회의

환경과 지구 환경을 크게 훼손시키는 것을 방지하기 위해서인데, 태양광발전이 오히려 나무와 산을 훼손시킴으로써 원래의 목적에 반하는 결과를 초래하였다. 신재생에너지는 자연적 제약이 크고 현재의 기술로는 화석 에너지에 비해 경제적 효율성이 떨어지지만, 환경오염 문제를 해결할 수 있으므로 효율성을 높일 수 있는 기술개발이 이루어져야 한다.

제3절 다양성의 원칙

다양성을 강조하는 이유는 매우 다양하다. 즉, 규칙과 절차에 대해 지나치게 집착하는 동조과잉(overconformity)이 지역사회에 유일 질서를 강제할 수 있다는 점에서부터 문화적 세계화로 인해 지역사회나 국가의 사고적·정치적·경제적·사회적·문화적·환경적 다양성이 훼손될 수 있다는 점에 이르기까지 매우 많은 원인들이 존재한다. 이리하여, 다양성을 훼손하게 되면 지역사회는 물론이고 국가와 인류의 생존에 부정적 영향을 끼칠 수 있다는 지적들이 지속적으로 제기되었다. 특히, 지역사회개발을 위한 계획·실행 과정에서 경제적 효율성에 집착하여 지역사회의 특수성과 지역사회 내의 다양성을 무시하여 실패를 경험하는 사례들을 자주 발견할 수 있다. 그러므로 여기에서는 지역사회들 간의 다양성과 지역사회 내의 다양성을 중심으로 다양성의 원칙에 대해 살펴보기로 한다.

1. 지역사회 간의 다양성

지역사회들 간의 다양성이란 모든 측면에서 다른 지역사회와 동일한 지역사회는 존재하지 않는다는 의미이다. 심지어 어떤 지역사회가 다른 지역사회의 성공을 따라 한다고 해서 두 지역사회가 동일하게 되는 것은 아니다. 이는 모든 지역사회를 획일적으로 인식하는 것은 매우 비현실적임을 의미한다. 지역사회를 둘러싸고 있는 내·외적 상황, 지역사회의 전통·문화·관습, 공동체 형성 정도, 지역사회 구성원들의 능력·의욕·노력, 지역사회 내에 갖추어진 기반시설 등을 포함하여 모든 상황이 지역사회별로 다르다.

따라서, 특정 지역사회에서 성공한 지역사회개발 활동이 다른 지역사회에서도 성공하리라는 보장은 없다. 모든 지역사회는 나름의 독특성과 특수성을 가지고 있으므로 지역사회가 처한 상황을 고려하면서 지역사회의 장점을 최대한 살릴 수 있는 지역사회개발을 추진해야 한다. 서울시, 부산시, 포항시, 경주시, 보령시, 태백시는 가진 장점과 처한 여건이 다르므로 이를 인정하고 지역사회의 특수성과 실정을 고려하면서 비교우위에 있는 분야를 먼저 살리는 지역사회개발을 추진해야 한다.

2. 지역사회 내의 다양성

지역사회에는 성, 연령, 국적, 인종 등을 포함하여 여러 측면에서 동일하지 않은 많은 사람들이 거주하고 또한 수없이 다양한 조직들이 존재한다. 이들이 지역사회 내의 다양한 목소리와 활동을 생성하고 유지하게 한다. 지역사회 내에 존재하는 다양성으로 인해 지역사회 주민들은 이질감을 느낄 수도 있지만, 다른 한편으로는 새로운 사고와 문화를 경험하고 또한 이질성을 해소하는 과정을 통해 역동성과 공동체의 중요성을 깨닫기도 한다.

더구나 세계화와 정보·지식화로 인해 지역사회들 간 그리고 국가들 간의 경쟁이 확대되면서 경쟁에서 생존·발전하기 위하여 지역사회는 고유의 특수성과 장점을 최대한 살릴 수 있는 지역사회개발 방안을 결정·집행하여 지역사회의 경쟁력을 높여야 한다. 이를 위해서는 창의적인 아이디어가 그 어느 때보다 절실하다. 창의력은 사회현상에 대해 지속적으로 관심을 가지고 탐구를 할 때 나타날 가능성이 높다(Mills, 1959). 다양한 경제적·사회적·교육적·문화적 배경을 가진 사람들과 조직들이 많을수록 그리고 이들이 지역사회개발에 대해 고심할수록 창의적인 아이디어가 발현되기 쉽다.

또한, 지역사회 구성원들이 지역사회 내의 다양성을 인정하게 되면 지역사회개발 과정에서 주민참여가 활성화될 수 있다. 지역사회개발의 과정에 대해서는 제4장 제1절에서 다루므로 여기에서는 간략하게 언급하기로 한다. 지역사회개발 과정은 지역사회 진단과 의제 설정, 대안 결정, 실행, 평가로 구분할 수 있다. 지역사회 내의 다양성을 인정한다는 것은 주민들의 다양한 가치관, 의식, 요구, 활동 등을 지역사회개발 과정에서 수용한다는 것이다. 따라서, 특정 주민들의 수요와 요구가 아니라 다양한 주민들의 수요와 요구를 파악할 수 있기 때문에 대부분의 주민들이 원하는 정책의제(agenda)를 형성할 수 있고, 주민들의 참신하고 창의적인 아이디어가 도출되도록 유도하면서 주민들이 원하는 대안을 결정할 수 있으며, 집행과정에서 주민들의 순응(compliance)을 확보하기 용이하고, 평가과정에서 주민만족도조사를 정확하게 실시할 수 있다. 따라서, 지역사회 내에 존재하는 다양성을 인정하고, 지역사회개발 과정에서 다양한 의견의 가치와 중요성을 인식해야 한다. 특히, 비판의 목소리에 귀를 기울여야 한다.

제4절 사회정의 실현의 원칙

사회정의에 대한 논의는 롤스의 『정의론』에서 시작되었다고 해도 무리는 아니다(Rawls, 1972). 그가 제시한 정의의 원칙을 보면, 기본적 자유의 원칙, 차등의 원칙, 기회균등의 원칙으로 구분할 수 있다. 기본적 자유의 원칙은 모든 사람은 다른 사람의 자유와 상충되지 않는 한도 내에서 최대한의 기본적 자유를 누릴 수 있다는 것이다. 차등의 원칙이란 정치적·사회적·경제적 불평등은 최소 수혜자에게 최대 이득이 제공되는 경우에만 존재할 수 있다는 것이다. 즉, 사회적 약자에게 우선적으로 처우해야 한다는 것이다. 기회균등의 원칙은 직위와 직책을 가질 수 있는 기회를 보장해야 하며, 단순히 기회만을 보장하는 것만이 아니라 삶의 기회마저도 평등하게 보장되어야 한다는 것이다. 롤스의 정의의 원칙에 대해 세부적으로 비판하는 학자들은 있지만, 정의의 원칙의 정당성을 근본적으로 부정하는 사람은 거의 없을 것이다. 정의 혹은 평등을 중시하는 지역사회에서는 이 원칙이 바람직한 것으로 받아들여질 것이다. 그런데, 롤스의 정의의 원칙은 개인에게 적용되는 것으로 이해되는 것이 일반적이다. 개인적 차원은 사회적 차원의 한 측면이기는 하지만, 여기에서는 지역사회 차원에서 사회정의를 실현하는 원칙을 살펴보고자 하므로 구조적 불합리를 시정하는 것과 민주적 절차를 확립하는 것에 초점을 두고 검토하기로 한다.

1. 구조적 불합리 시정

어느 지역사회이든 구조적으로 불합리한 면이 조금도 없는 곳은 존재하지 않는다고 할 수 있다. 계급, 인종, 성, 연령, 장애 등에서 나타나는 구조적 불합리성 혹은 억압을 시정하지 않으면서 사회정의 실현을 외치는 것은 형식적 구호에 불과하다. 지역사회에서는 이러한 구조적 불합리성이 공개적으로 나타날 수도 있고 비밀스럽게 나타날 수도 있다. 어떠한 형태로 나타나든 간에 이러한 억압과 불합리를 시정하지 않으면 다음과 같은 부정적인 영향이 발생할 수 있다. 첫째, 구조적인 억압은 관련된 주민들을 고립시키고, 심지어 고통 혹은 좌절 속에 빠뜨린다. 이는 억압으로 인한 피해 주민들의 삶의 질을 크게 저하시킨다. 둘째, 피해 주민들이 지니고 있는 소중한 장점이 발휘될 가능성이 낮아져서, 지역사회가 가지고 있는 잠재력을 완전히 발휘하는 것을 어렵게 만든다. 이는 지역사회개발을 위한 창의적인 아이디어가 발현될 수 있는 원천을 약화시킨다. 셋째, 이러한 억압은 피해 주민들이 자신들이 받는 억압에 대한 반대 의사나 개선방안을 피력할 기회를 방해할 수 있다. 이는 지역사회의 기존 지배구조를 강화하고 또한 피해 주민들을 더욱 격리 혹은 소외시킬 수 있다. 넷째, 이러한 구조적 억압은 지역주민들 간의 신뢰, 유대감, 응집력 등을 형성하는데 방해요인으로 작용한다. 이로 인해 지역공동체를 구축하는 것이 어렵게 된다.

📝 구조적 불합리 사례 ·······································

우리나라의 경우 국민성이 온정적이고 평등의식이 강함에도 불구하고 여러 측면에서 불합리한 부분이 나타나고 있다.

☆ 계급

평등의식이 강한 우리나라에도 상류층의 갑질은 존재한다. 예를 들면, 2015년에 약 1,300만 명의 관객을 동원한 배우 유아인이 주연한 '베테랑'의 경우가 대표적이다. 이 영화는 2010년 최OO SK △&△ 대표가 해고당한 것에 항의하여 회사 앞에서 1인 시위를 하던 화물차 기사를 불러 알루미늄 야구 배트와 주먹으로 때린 후 2,000만 원 상당의 수표를 던져준 일을 풍자한 영화이다. 1대당 약 100만 원이라는 설이 있었다.

☆ 인종

우리나라 사람들은 인종차별을 하지 않는 편이다. 이것이 자원봉사가 필요한 개발도상국에서 다른 나라보다 우리나라의 자원봉사를 원하는 이유 중의 하나이다. 우리나라 내에서도 외국인들에게 호의적인 자세를 보이는 사람이 많다. 이처럼 인종차별이 약한 우리나라에서도 아랍인을 싫어하는 어떤 사람이 버스에서 인도인을 아랍인으로 오인하여 구타한 사건이 있었다.

☆ 성

1970년대부터 사용되고 있는 '유리천장(Glass Ceiling)'은 충분한 능력을 갖춘 여성의 고위직 진입을 가로막는 조직 내의 보이지 않는 불합리를 비유하는 용어로 사용되고 있다. 영국의 경제전문지인 『이코노미스트』는 매년 국제 여성의 날(3월 8일)을 맞아 OECD에 가입한 국가를 대상으로 여성이 일터에서 동등한 대우를 받는가를 측정하는 '유리천장지수(Glass Ceiling Index)'를 집계·보도한다. 2013년 조사에 의하면 26개국 중에서 우리나라(100점 만점에 지수 14)는 최하위인 26위, 일본(지수 35)은 25위를 각각 기록했다. 2015년 조사에서는 조사대상 28개국 중에서 우리나라(지수 25.6)는 최하위인 28위를 기록했다(이코노미스트, 2013.03과 2015.03).

☆ 연령

2007년 제17대 대선에 출마한 정OO후보가 '노인들께서는 선거에 참여하지 마시고 댁에 계시라'는 말을 하여 온 나라가 뒤집힌 적이 있었다.

☆ 장애

2005년 3월 10일 인천에 있는 정신지체 및 발달장애를 가진 공동생활가정 다섯 곳의 장애우 18명과 담당선생님 5명이 복지넷의 문화나눔 초대권을 들고 OOO씨의 <△

△△   △△△>를 보려고 갔는데, 다른 관람객들은 들여보내는데 이들은 입장이 제지
당했다. 이에 항의하자 기획팀장이라는 사람이 나와서 이들은 공연을 관람할 수 없다
고 하였다. 그 이유는 장애우들로 인해서 연극의 맥이 끊어질 수도 있고 배우인 OOO
씨도 입장을 반대 했고 기획팀장 자신도 이 연극은 장애우들이 볼 수준이 아니라는 것
이었다(장애인교육권연대, 2005).

지역사회 내에 존재하는 구조적 불합리성과 억압은 이러한 문제들을 발
생시키기 때문에 보다 풍요롭고 행복한 지역사회를 건설하는 데 장애요소로
작용할 수 있다. 따라서, 지역사회개발을 이끄는 사람들은 적어도 아래의 두
가지 제안에 대해서는 항상 유념해야 한다.

첫째, 지역사회개발을 계획 혹은 실행할 때 구조적 불합리성이나 억압이
발생하는지를 항상 점검하고, 그러한 점이 확인하면 시정하도록 해야 한다.
이렇게 될 때 지역사회 구성원들이 자신의 지식과 경험을 바탕으로 지역사회
개발을 위한 자신의 의견을 자유롭게 표출하고 지역사회개발 과정에 적극적
으로 참여하는 분위기가 형성될 수 있다.

둘째, 지역사회에 존재하는 구조적 억압을 개선하려면 지역사회 주민들
이 지역사회와 관련된 활동에 능동적으로 참여할 수 있는 능력을 고취시켜야
한다. 특히, 억압을 받고 불합리한 대우를 받는 지역사회 주민들은 상대적으
로 이러한 능력이 부족한 경우가 많기 때문에 피해 주민들의 참여 능력을 향
상시키는 노력은 반드시 필요하다. 많은 지역사회 주민들이 지역사회개발 활
동에 참여하면 할수록 힘 있는 사람들끼리 밀실에서 결정하는 일이 줄어들면
서 구조적 억압이나 불합리도 시정될 것이다. 따라서, 지역사회개발과 관련된
정보를 제공하고, 정보를 분석·활용하는 능력을 향상시킬 수 있는 교육을 실
시하며, 다양한 지역사회 활동에 참여할 기회를 확대하고, 참여에 대한 동기
를 부여해야 한다.

2. 민주적 절차 확립

우리가 익히 듣고 있는 말 중에 '모로 가도 서울만 가면 된다' 혹은 '검은

고양이든 흰 고양이든 쥐만 잡으면 된다'는 중국 등소평의 '흑묘백묘론'이 있다. 이는 목표 지상주의를 매우 잘 표현하는 말로서, 목표만 달성할 수 있다면 불법, 위법, 편법, 부도덕, 비상식적 수단·방법을 활용하더라도 과정이 정당화된다는 것을 의미한다. 아무리 목표가 좋아도 수단과 방법이 잘못되어서는 안 된다. 결과 혹은 속도보다 올바른 방향이 더욱 중요하다. 그런 의미에서 기독교 신자이든 아니든 간에 '성경을 읽기 위해 양초를 훔치지 말라'는 서양 격언의 의미를 되새겨볼 필요가 있다. 기독교의 입장에서 볼 때, 성경을 읽겠다는 것은 매우 아름답고 선하고 거룩한 목적이지만 이를 위해 양초를 훔친다면 선한 목적이 변질이 되는 것이므로 정당하지 않다는 교훈을 주고 있다. 즉, 선한 목표든 좋은 결과든 간에 절차가 무시되면 모든 것이 정당하지 않게 된다는 의미이다.

이러한 의미에서 볼 때, 지역사회개발 과정에서도 올바른 과정과 민주적 절차를 통해 결과를 획득하는 것이 매우 중요하다. 지역사회개발 과정에서 민주적 절차가 중시되는 이유들은 여러 가지가 있지만, 여기에서는 세 가지 이유들을 살펴보도록 한다.

첫째, 민주주의의 가장 중요한 특징 중 하나가 절차와 과정의 정당성과 공정성이다. 절차적 정당성과 공정성이 확보되어야만, 이해관계가 충돌하는 집단들이 협상·타협 과정을 통해 자신들의 주장을 상대방에게 설득하고 양보를 구하고 또한 국민에게 널리 알려서 여론이 형성되게 할 수 있다. 이것이 민주주의의 핵심이다. 민주주의를 지향하는 지역사회라면 민주주의의 핵심인 절차와 과정의 정당성과 공정성을 중시해야 한다. 이를 통해 지역사회에 내재되어 있을 수 있는 구조적 불합리와 억압을 시정할 수 있고 나아가서 사회정의를 실현할 수 있다.

둘째, 절차는 일종의 규제인데, 그 절차가 민주적·합리적이지 않으면 많은 주민들에게 불편을 줄 수 있다. 규제는 어떠한 형태 혹은 정도든 간에 불편을 야기하지만, 그 불편은 바람직한 사회를 유지하기 위한 하나의 감수비용으로 인식하기 때문에 주민들이 감내한다. 그런데 그 불편이 비민주적·비합리적 절차와 과정으로 인해 비롯되었다면 지역사회주민들이 참으려 하지 않을 것이다.

셋째, 어떤 측면에서 보면 과정을 통해서 더 많은 것을 배울 수 있다. 예를 들면, 지역사회개발이 진행되는 과정에서 지역사회 주민들은 민주주의가 어떠한 가치를 포함하고 있는지 그리고 민주주의의 유용성은 무엇인지를 느끼고 배울 수 있다. 그리고 지역사회 주민들은 민주시민으로서의 소양이 무엇인지 그리고 그것을 어떻게 터득하는지를 학습할 수 있다. 또한, 민주주의는 물론이고 지역사회의 건전성을 위해 타협이 얼마나 중요한지를 직접 체험할 수 있다. 민주적 과정을 통해 배운 장점은 지역사회 주체들 간 신뢰를 깊게 하고 유대감과 결속력을 강화하여 지역공동체를 뿌리내리게 할 수 있다.

이러한 이유들로 인해 지역사회개발에서 민주적 절차를 확립해야 한다는 주장이 확대되고 있다. '숙의 민주주의'에 대한 관심이 뜨거운 것도 이와 상통한다고 볼 수 있다. 그러나, 민주적 절차를 확립하는 것은 결코 쉬운 일이 아니다. 민주적 절차를 구축하기 위해서는 가능한 한 많은 전략적 대안들을 추구해야 하지만, 적어도 아래의 방안들은 실천되어야 한다.

숙의 민주주의(deliberative democracy)

민주주의의 한 유형으로서 '심의민주주의(discursive democracy)'라고도 한다. 이는 시민들이 자유롭고 평등한 상황에서 공개적으로 토론하고 토론의 결과를 정책 결정에 반영하도록 함으로써 정책 결정의 정당성을 확보하려는 민주적 방식을 의미한다. 따라서, 숙의 민주주의는 사회적 합의를 이끌어내는 절차와 과정을 중요시하고 그러한 절차와 과정에 참여하는 주체들이 깊이 있게 사고·대화하는 과정을 통해 쟁점을 해결하는 것을 강조한다. 이는 시민의 의견을 제대로 반영하지 못하는 간접 민주주의의 단점을 보완하는 동시에, 이미지나 이념 등을 중심으로 조작·선동·여론화하여 권력 행위를 합리화하는 병폐를 방지하고, 시민의 정치 참여를 확대하며, 민주정치발전을 위한 정치학습의 장으로 기능할 수 있다는 장점을 지닌다.

출처: 『다음백과』에서 일부 발췌·재서술

첫째, 절차의 투명성이 확보되어야 한다. 지역사회개발과 관련된 전반적인 상황, 참여자 모집과정, 토론과정, 결정과정, 집행과정 등을 지역사회 주민들에게 투명하게 공개하여야 한다. 그동안 국가이든 지역사회이든 간에 기득권층에 속하는 일부가 밀실정치 혹은 밀실행정을 통해 정책을 결정한 경우가 적지 않았기 때문에, 지역사회 주민들은 절차적 투명성이 확보되지 않으면 민주적 절차를 밟았는지를 의심하게 된다. 지역사회 주민들은 지역사회개발의 결과로 자신이 얼마나 이익을 받는지와는 무관하게, 절차적 투명성이 보장되지 않으면 자신이 배제되고 멸시당하며 고립당하는 느낌을 받을 수 있다.

둘째, 참여 기회를 확대해야 한다. 지역사회 주민들 중에서 지역사회개발 과정에 정상적이고 자발적으로 참여하고 싶은 주민들에게는 참여의 기회를 제공해야 한다. 참여 기회가 확대될수록, 개발과정이 공정하게 진행되었음을 주민들에게 확인시키고, 일부 주민들이 느낄 수 있는 소외감을 감소시키며, 참여하지 못한 주민들의 반대 목소리를 약화시키고, 창의적 아이디어를 획득할 수 있는 원천을 확대하며, 개발과정에 대한 모니터링 기회를 증가시켜서 예상과 다른 행위를 통제할 가능성이 높아진다.

셋째, 협동과 합의의 문화를 구축해야 한다. 협동과 합의 문화는 개인 혹은 집단이 공동이익을 달성하기 위한 목표와 수단에 대해 동의를 구하는 과정을 중시하는 문화이다. 그런데, 제1장 제4절에서 지적하였듯이 서구사회가 주도한 산업사회에서는 개인이든 조직이든 간에 '경쟁의 미덕'을 강조하였다. 선의의 경쟁은 능력 개발, 동기부여 등에서 긍정적인 역할을 할 수도 있지만, 과도한 경쟁은 시간과 노력을 낭비하고 갈등을 부추기고 이기주의를 확대시킬 가능성을 부인하기 어렵다. 제2장에서 정의했듯이, 지역사회개발은 구성원들의 협동적·자발적인 노력으로 지역사회를 보다 살기 좋은 곳으로 만드는 과정이다. 즉, 지역사회개발은 갈등이나 경쟁이 아니라 협동과 합의를 전제로 해야 한다. 따라서, '경쟁의 미덕'이 지배하는 것에 도전하고 경쟁을 강조하는 것이 잘못된 것임을 입증해야 한다(Kohn, 1986). 협동과 합의의 문화는 공동이익을 강조하고 갈등을 조정하는 역할을 하기 때문에 지역사회개발이 소기의 목적을 달성하는 데 이바지한다.

넷째, 비폭력적 접근방법을 중시해야 한다. 폭력은 물리적 폭력뿐만 아니라 구조적 폭력도 포함하는 개념임을 명심해야 한다. 위에서 지적한 것처럼 구조적 불합리와 억압이 있는 곳에서는 비록 물리적인 폭력이 없더라도 비공식적·비공개적으로 폭력이 존재한다고 보아야 한다. 그런데, 지역사회개발은 그 특징으로 인해 비난·공격보다는지지·협동, 대치보다는 중재·합의, 배제보다는 포용을 중시한다. 따라서, 지역사회개발 과정에서 일부 주민들의 의사에 반하는 결정이 이루어지더라도 그들이 폭력적인 방법을 동원해서는 안 된다. 그럴 경우 그들은 자신들의 목적을 달성하기는커녕 더욱 고립되고 소외될 수 있다.

제5절 세계 네트워크 구축의 원칙

세계는 세계화와 정보·지식화로 인해 경쟁이 확대·심화되면서 점차 무한경쟁의 시대로 가고 있다. 즉, 세계의 모든 지역이 '하나의 분업체계'를 구성하면서 그 속에서 경쟁을 강화하고 있다. 따라서, 어떤 국가 혹은 지역사회도 세계적 분업체계에서 고립되면 생존·발전을 꾀하기 어렵다. 따라서 모든 지역사회는 세계 네트워크에 연결되고자 노력하여야 하며 동시에 지역사회 구성원들의 협동과 합의를 바탕으로 지역 특수성을 확보하는 노력을 병행해야 한다. 이렇게 될 때 세계와의 네트워크 구축이 성공적이라 할 수 있다. 여기에서는 이에 대해 구체적으로 검토한다.

1. 세계 네트워크와 연계성 확보

세계화와 정보·지식화로 인해 공간에 대한 개념이 심리적으로 압축되는 현상이 발생하여 경제활동이 전 지구적으로 확대되면서 세계시장을 지향하고 있다. 이는 국가들 간, 지역사회들 간 그리고 국가와 지역사회 간의 경쟁을 확대시켰다. 이러한 상황 속에서 국가든 혹은 지역사회든 간에 경쟁력을 확보하고 발전하려면 이러한 변화에 대한 적응력을 높이면서 혁신을 추구해야 한다. 특히, 세계화시대의 문화에 대해 이그나티에프(M. Ignatieff)는 '3분 문화'라고 했다. 즉, 유동적, 순간적, 단절적인 문화가 주류를 이루는 경향이 있다고 했다. 이러한 상황에서 안정적으로 지역사회개발을 추진하기 위해서는 변화에 신속하고 능동적으로 대응하면서 혁신(innovation)을 추구해야 한다. 슘페터(J. Schumpeter)가 말한 '창조적 파괴(creative destruction)'가 필요하다(조지프 슘페터, 2016). 이와 동시에 지역사회는 혁신을 바탕으로 세계 네트워크, 즉 전 지구적 차원의 협력과 분업체제를 구축해야 한다. 다시 말하면, 지역사회는 세계의 한 구성요소로서 다른 지역사회와의 관계에 의하여 그 기능과 존재가 의미가 있기 때문에 다른 지역사회와 효과적인 분업체계를 구축함으로써 생존과 경쟁력을 확보할 수 있음을 유념해야 한다. 세계 네트워크와의 연계성이 지역사회개발에서 매우 중요하다는 관점에서 볼 때, 세계 네트워크에서 배제된 지역은 주류(메인스트림: mainstream)가 아닌 국외자(아웃사이더: outsider)로 밀릴 수 있다. 즉, 세계와의 교류가 단절된 지역사회는 발전을 기대하기 어려울 뿐만 아니라, 경우에 따라서는 생존조차 어려울 수 있다.

📝 아미쉬(Amish) 마을의 개방 ·····················

1985년 개봉되어 당시에 가장 큰 흥행을 기록했던 'Witness'라는 영화를 촬영한 지역이 미국 동부 펜실베니아주의 서쪽에 있는 아미쉬 마을이다. 이 마을은 현대 문명의 혜택을 거부하는 퀘이크교도들의 밀집 거주지역이다. 이들은 TV 등도 거절하고, 소달구지가 주요 운송수단이며, 오른뺨을 맞으면 왼뺨을 내민다. 미국에서 가장 폐쇄적인 마을이기 때문에 거의 아는 사람이 없었다. 이 마을이 사람들의 입에 오르내리기 시작한 것은 'Witness' 때문이었다. 그 영화 이후, 그 주변을 지나는 사람들 중에서 그 마을을 구경하려는 사람이 생기기 시작했다. 그렇지만 여전히 그 마을은 현대 문명의 이기를 거부하고 폐쇄적인 상황을 고집하였다. 이처럼 폐쇄된 지역이기 때문에 마을의 발전을 기대하기 어려웠다. 그런데, 놀랍게도 이 마을에 변화가 발생하였다. 'Witness' 20주년을 맞이한 2005년에 드디어 아미쉬 마을이 폐쇄의 족쇄를 풀고 개방의 바람 속으로 한 발자국 나가기 시작하였다. 'Witness' 촬영지를 이용하여 관광사업을 시작하기로 결정한 것이었다. 그동안 폐쇄적인 여건 속에서 생활하였기 때문에 전면적인 관광사업을 시행하지는 못하고 주말에 주문방식의 관광사업을 조심스럽게 진행하기 시작한 것이다. 아미쉬 마을처럼 폐쇄된 지역에서도 개방 바람이 불기 시작한 것은 다른 지역과의 네트워크가 매우 중요함을 일깨워주는 사례이다.

세계 네트워크와의 연계가 매우 중요하더라도, 조급한 변화를 추진해서는 안 된다. 변화에 대한 적응 노력은 내부의 안정성을 위협할 수 있고 불확실성과 위험요소를 증대시킬 수 있기 때문에 가능한 한 빨리 변화를 마무리하려고 시도하기 쉽다. 그러나, 단기적이고 땜질식인 변화를 추구하면 성공보다는 실패할 가능성이 더 높다. 따라서, 사회적 합리성, 즉 민주적 과정을 통해 지역사회의 변화를 시도하는 가운데 미래를 위한 장기 전략을 마련하면서 세계 네트워크와 연계해야 한다.

2. 세계 네트워크에서 지역 차별성 확보

몇 차례에 걸쳐 지적하였듯이, 세계화와 정보·지식화로 인해 세계는 무한경쟁의 굴레 속으로 빠져들기 때문에 이러한 상황에서 생존·발전하기 위해서는 지역의 독창성을 살리고 상대적으로 비교우위에 있는 분야를 우선 육성해야 한다. 정보·지식화라는 변화에 맞추기 위해서는 가능하다면 외부의 첨단산업을 유치하면서 동시에 지역산업을 첨단산업으로 육성하면 좋을 것이다.

📝 내생적 지역개발 ·

지역개발은 추진 주체, 자원, 성과 귀속 등을 기준으로 외생적(외래형) 개발과 내생적(내발적) 개발로 분류될 수 있다. 외생적 지역개발은 지역 외부에 의해, 지역 외부 자원을 이용하여 지역개발을 추진하는 전략으로서, 외부 기반산업을 유치하는 것이 매우 중요한 전략이다. 역사적으로 보면, 제2차 세계대전 이후 유럽에서 선호하던 방식이었고, 우리나라도 최근까지 많이 활용하였다. 외생적 지역개발은 크게 두 가지 양상으로 나타난다. 첫째, 외부 자본이 다른 지역으로 유입되는 것을 막고 자신의 지역으로 유치하여 지역개발을 추진하는 것이다. 지역개발의 원동력이 지역 외부로부터 제공되는 형태이다. 둘째, 중앙정부에 의존하여 지역개발을 꾀하는 방식이다. 이는 지역의 특성을 무시한 획일적 개발이 되고 지역의 자생능력을 약화시킨다. 외생적 지역개발은 지역 환경 보전에 소홀하고, 지역에서 이익이 발생해도 지역에 재투자하지 않는 경우가 발생한다. 외생적 지역개발은 지역의 자립기반을 파괴할 수 있다.

20세기 중반에 들어 세계 경제가 급변하는 상황이 도래하자 외부 혹은 국가가 주도하는 외생적 지역개발은 중앙정부의 부담을 가중시키는 것은 물론이고 사회변화에 대응하여 유연하고 효율적인 방법으로 지역경쟁력을 강화시키기 어렵다는 의문이 제기되었다. 이러한 상황에서 나타난 것이 내생적 지역개발이다.

지역개발은 '장소(place)'가 아니라 '사람(people)'에 의해 이루어진다. '사람'에 의해 '장소'가 선택되는 것이므로, 지역에 거주자, 기업, 관광객이 모이도록 하는 것이 중요하다. 특정 지역에 거주인, 기업, 관광객이 모이는 이유는 다른 지역에서는 찾기 어려운 특성이나 자원이 그 지역에 있기 때문이다. 그 지역이 다른 지역과 똑같다면 구태여 사람들이 그 지역을 찾을 까닭이 없다. 따라서 지역개발 전략은 바로 이와 같은 지역 고유의 특성과 자원이 무엇인지를 스스로 고민하는 것에서부터 시작해야 한다. 이것이 눈을 안으로 돌려 개발 동인을 지역 내부에서 찾으려는 내생적인 지역개발 전략이다.

내생적 개발이란 지역사회 주민들이 능동적 주체가 되어 지역사회에 있는 자원·기술·인재·문화·시장 등 여러 자원들을 활용하고 이들의 네트워크를 이룩함으로써 환경 보전과 함께 생활의 질을 향상시키는 종합적인 개발을 의미한다. 이는 경제, 사회, 환경 등을 포함하여 지역사회를 구성하는 모든 부분을 통합적으로 개발하면서 지속가능한 개발을 추구하는 것이고, 필요할 경우 외부 자본이나 정부의 지원책 등을 적극 활용하지만 그들에게 지역사회의 운명을 맡기는 것이 아니라 지역사회가 주체적인 역할을 하는 것이다. 따라서, 이는 지역사회개발과 맥을 같이 하는 단어이다.

출처: 박인권(2003)의 '내생적 지역발전'과
http://blog.daum.net/lsak21/6094931에서 부분 발췌·재서술

지역사회가 건전하게 발전하기 위해서는 지역사회 스스로 지역의 장점과 특색을 살리는 지역사회개발을 실시해야 한다. 특히, 세계 네트워크에서 중심적 역할을 수행하기 위해서는 다른 지역사회와 구별되는 지역 차별성을 갖추면서 세계 네트워크와 연계하여야 한다. 즉, 지역사회 고유의 환경과 비교경쟁력을 이용하여 내재적(고유한) 특성을 개발하면서, 이를 중심으로 세계 네트

워크와 연계하여야 한다. 그렇지 않고 중앙정부에 의존하거나 유동자본에 기대거나 모방에 의존하면 지역사회의 특성은 점차 상실되어 경쟁력이 없어질 것이다. 따라서, 중앙정부 혹은 유동자본의 주도가 아니라 지역사회 내의 민관파트너십을 통해 지역사회 구성원들의 창의적인 아이디어와 실천의지를 바탕으로 매력적인 지역이미지로 바꾸는 '내생적 지역개발'이 되도록 해야 한다(이무용, 2006: 41). '내생적 지역개발'은 지역사회구성원들이 주인의식을 가지고 협력하고 노력하여 지역을 개발하는 것이기 때문에 지역사회개발과 동일한 것으로 볼 수 있다. 지역사회개발은 개발도상국의 지역사회를 개발하거나 자국에서 침체된 지역을 개발하기 위한 목적을 가지고 나타난 것이다. 그러한 배경을 알고 있는 사람들은 지역사회개발 대신에 '내생적 지역개발'이라는 표현을 사용한다. 그러나, 최근의 지역사회개발은 주민이 주도하여 지역사회를 살기 좋은 곳으로 만드는 과정으로 정의되기 때문에 '내생적 지역개발'과 동일한 의미로 해석될 수 있다.

📝 창조적 모방 ·

창조라고 하면 무조건 어려운 것 혹은 힘든 것으로 생각해 왔다. 그러나, 창조는 거창하지도 어렵지도 않다. 하늘 아래 새로운 것은 아무 것도 없기 때문에 현재 있는 것을 조금만 변화시켜도 창조가 될 수 있다. 원래 있던 것에 자신만의 색깔을 입히고 자신만의 독특함을 표현해 내면 창조가 될 수 있다. 화가 피카소도 모방의 천재였던 사실에서 알 수 있듯이, 모방과 창조는 서로 연결되어 있다. 모방을 할 수 있는 사람은 창조도 할 수 있다. 위대한 창조는 모방에서 시작될 수 있다. 하지만 단순 복제는 안 된다. 짜깁기 위주의 모방은 창조가 아닌 도용에 그치지만, 모방을 하면서 자신만의 색깔로 재탄생시킨 것은 아마도 창조일 것이다. 차별적이고 창조적인 모방이어야 한다.

출처: 김종춘(2011)의 『베끼고, 훔치고, 창조하라』에서 부분 발췌·재서술

위 책에서 제시한 것처럼, 한 지역에서 성공했다고 그대로 따라 하면 실패의 가능성이 높다. 우리는 그러한 사례들을 자주 접한다. 대표적인 사례가

일본의 스키장이다. 다른 나라와 마찬가지로 일본의 탄광 지역들도 석탄 수요가 감소하자 재정난을 겪게 되었다. 소득 증대에 따라 편안함을 추구하는 경향으로 인해 석탄 수요가 감소하고 석유 수요가 증가할 즈음에 스키 인구들이 늘어나는 서구국가들의 사례를 보고 스키장을 포함한 관광위락시설을 발빠르게 유치한 탄광 지역은 재정적 위기를 벗어나는 경우가 많았다. 그러나, 어려운 재정 상황에서 스키장 투자를 망설인 탄광 지역은 더욱 어려운 상황을 맞이하였다. 이 상황을 타개하고자 후발주자로 나선 대부분의 탄광 지역들은 실패를 경험할 수밖에 없었다. 그 이유는 선발주자들이 이미 스키장으로서의 명성을 획득했기 때문에 선발주자들과의 경쟁에서 이기기 위해서는 더 많은 투자로 더 좋은 시설을 갖추어야 하는데 이는 재정적으로 더 어려운 상황을 겪고 있는 후발 지역의 입장에서는 거의 불가능하기 때문이었다.

이는 일본의 스키장에만 국한된 것은 아니고, 여러 부문들에서 발견되고 있다. 예를 들어, 유등축제를 두고 진주시와 서울시의 갈등도 있었다. 진주남강유등축제는 최근에 매년 200만 명이 넘는 관광객을 맞이하고, 2006년에서 2010년 최우수축제로 지정되었으며, 2011년부터 3년 동안 '대한민국 민속축제'로 선정되었고, 2012년 세계축제협회(IFEA)에서 금상 3개와 동상 1개를 수상하였다. 이러한 성공을 보고 서울시가 청계천에서 서울 등축제를 개최하였다. 이에 진주시가 반발하자 2013년 국회 국정감사장에서 큰 논란이 있었고 이에 당시 서울시장은 축제 명칭을 변경하고 차별성을 꾀하겠다는 약속을 하였다. 유등축제는 서울과 진주의 문제이지만, 국제영화제는 더 많은 지역이 관련되었다. 부산국제영화제가 성공하자 여러 지역에서 유사 영화제를 개최하였으며, 그중에는 결국 영화제를 중단함으로써 예산을 낭비한 사례도 있다.

📝 우리나라 국제영화제 •

1996년 제1회를 시작으로 2020년 제25회를 맞이한 부산국제영화제는 홍콩국제영화제(HKIFF)와 함께 아시아권의 대규모 영화제로 자리 잡았다. 이 영화제를 기획했던 당시에는 수많은 우려의 시선이 있었으나, 제1회 대회의 대흥행으로 우려의 시선은 사라지고, 이후 셀 수도 없이 유사 영화제가 우후죽순으로 생겼다. 대표적인 유사영화제로는 광주국제영화제, 여수국제해양영화제, 춘천국제영화제(2020년 춘천국제SF영화제로 변경), 충무로국제영화제 등이다. 제1회 서울충무로국제영화제는 '빛나는 발견, 넘치는 즐거움 충무로에서 영화는 축제다!'라는 슬로건 아래 2007년에 '서울광장'에서 성대하게 개최되었다. 당시 서울충무로국제영화제는 커다란 논란의 대상이 되었다. 서울은 우리나라 최고의 도시이기 때문에 세계적인 영화제로 발돋움할 가능성이 크고 우리나라 영화의 메카가 충무로이며 서울시민들의 영화에 대한 욕구를 충족시킨다는 주장과 함께 많은 면에서 부산을 능가하고 있는 서울이 영화제를 두고 부산과 경쟁해서는 안 되고 또한 부산영화제를 모방하는 것은 공멸의 가능성이 높다는 비난도 있었다. 논란 속에서 성대하게 개최되었으나 결국 다른 유사영화제와 마찬가지로 사라졌다. 춘천국제영화제는 2020년부터 춘천국제SF영화제로 탈바꿈하려고 하였다. 그나마, 부천국제판타스틱영화제, 전주국제영화제, 제천국제음악영화제가 나름의 명성을 유지하면서 남은 편이다. 이 영화제들은 부산국제영화제를 그대로 모방한 것이 아니라 차별성을 두었기 때문이다. 부천국제판타스틱영화제는 판타스틱 영화를 대상으로 하고, 전주국제영화제는 독립영화와 디지털영화에 초점을 맞추고 있으며, 제천국제음악영화제는 음악이 중심이 되는 영화를 상영하는 등의 차별성을 갖추고 있다.

위의 사례들에서 보듯이, 다른 지역사회를 모방할 수는 있다. 그러나, 모방하더라도 차별적이고 창조적인 모방을 해야 한다. 차별성을 모색·유지하기 위해서는 끊임없는 연구개발이 필요하다. 이를 위해서는 아래와 같은 세 가지 요건을 갖추어야 한다. 첫째, 자치권이 보장되어야 한다. 모든 지역사회들은 처한 상황과 가진 장점이 다르다. 따라서, 이들을 고려하면서 지역사회만의 다양하고 차별적인 지역사회개발을 지역 스스로가 실시할 수 있도록 해야 한다. 둘째, 외부 첨단산업을 유치하는 것도 중요하지만 그보다 지역 고유의 산업을 개발하는 것에 중점을 두어야 한다. 외부 첨단산업을 유지하기 위한 인센티브는 다른 지역에서 더 많은 인센티브를 제공하면 그 효력이 상실될 수 있고 또한 국가의 총고용 창출이라는 측면에서도 고유산업개발은 플러스섬(plus-sum)인데 외부 첨단산업유치는 제로섬(zero-sum)이기 때문이다. 셋째, 자연조건보다는 인적자원을 활용하는 데 더욱 무게를 두어야 한다. 지역 차별성을 확보하기 위해서는 창의적 아이디어를 창출할 수 있는 전문인력들과 아이디어를 실천하는 정책·조직·운용 능력을 갖춘 인재들이 필요하다. 따라서, 인적자원은 지역 차별성을 확보하는 데 직접적 역할을 하는 매우 중요한 요인이다. 이에 대해서는 아래 제6절과 제7장에서 구체적으로 검토하기로 한다. 그렇다고 자연조건이 쓸모가 없다는 의미는 아니다. 자연조건이 좋아야 더 좋은 인재를 유치하기 용이하므로 자연조건은 지원 역할을 하도록 해야 한다. 직접적 역할을 하든 간접적 역할을 하든 간에 지역사회에 모인 전문인력들의 연계와 협력을 기반으로 하여 지역 고유의 변화와 혁신을 통해 지역 차별성을 확보하면서 세계 네트워크와 연계되도록 하여야 한다.

제6절 지역성 중시의 원칙

지역사회개발은 지역사회 주체들이 협심하여 지역사회를 더 풍요롭고 행복하게 만드는 것이다. 그런데 지역사회개발이 외부 세력이나 중앙정부에 의해 좌지우지될 경우, 지역사회 주체들과 그들의 의견이 다르면 지역사회개발의 성공이 위협받을 수밖에 없다. 따라서, 지역사회개발의 주도권은 지역사회 구성원들이 쥐고 있어야 한다. 또한, 지역사회 구성원들은 외부인보다 지역사회의 상황과 장점을 훨씬 구체적이고 명확하게 파악하고 있으므로 보다 효과적이고 효율적인 지역사회개발 전략을 모색하는 데도 유리하다. 따라서, 지역사회개발은 지역 지식, 지역 문화, 지역 자원 등으로 대표되는 지역성을 중시해야 한다.

1. 지역 지식 중시

전문 지식의 사전적 의미는 '특정 분야에 대한 풍부하고 깊이 있는 지식'이다. 따라서 전문가가 되려면 특정 분야와 관련된 지식을 축적해야 한다. 예를 들어, 경제, 문화 혹은 환경과 관련된 전문가는 해당 분야에서 석사 혹은 박사 학위를 받든지 아니면 풍부한 실무경험을 쌓아야 한다. 그러므로, 전문 지식은 지역사회 구성원들이 가지고 있을 수도 있고 지역 외부 인사가 가질 수도 있다. 지역사회에 거주하지 않는 외지인도 특정 분야의 전문 지식을 쌓을 수 있고 특정 지역사회는 이들의 도움을 받을 수 있다. 그러나, 특정 분야에서 전문적인 지식을 축적한 외지인을 지역사회에 활용하기 위해서는 해당 지역사회의 특수한 상황을 파악하도록 해야 한다. 그런데, 지역사회의 특수한 상황을 파악하자면 적지 않은 시간과 노력이 필요하다. 지역에 전문가가 없다면 외부 전문가를 활용해야 하는 것은 당연한 일이다. 그러나, 지역사회 주체들 중에서 특정 분야의 전문 지식을 소유한 사람이 있으면 이들을 이용하는 것이 바람직하다. 그리고 지역사회가 지속적으로 발전하기 위해서는 장기적인 차원에서 다양한 분야의 지역전문가들을 육성할 필요가 있기 때문에 지역지식을 중시하는 문화를 구축해야 한다.

1) 지역적 지식을 확인·이용

지역적 지식이란 지역사회 내에 존재하는 다양한 현상, 문제, 욕구와 지역사회의 특수성과 관련된 지식으로서 객관화될 수 있는 것도 있지만 객관화할 수 없는 것도 존재한다. 따라서 지역적 지식을 확인·이용하는 것은 결코 쉬운 일이 아니다. 따라서, 특정 분야의 전문가가 지역사회에 존재하지 않으면 외부 전문가에게 의존할 수밖에 없다.

그러나, 외부 지식을 활용하기 전에 지역사회 구성원 중에서 해당 전문가가 존재하는지를 먼저 확인하고, 존재한다면 이들을 우선 이용하여야 한다. 지역사회개발이 소기의 목적을 달성하려면 지역사회의 문제, 지역사회 구성원들의 욕구, 지역사회의 상황과 장점, 지역사회의 특성 등을 포함하여 지역사회의 상황을 구체적으로 파악해야 하기 때문이다. '개인의 문제는 개인 자신이 가장 잘 알고, 지역사회의 문제는 지역사회 스스로가 가장 잘 알고 있다'는 상식에서 알 수 있듯이, 위에서 지적한 사항들을 가장 잘 아는 지역사회 내의 전문인력이 지역사회개발을 이끄는 선도자가 되어야 한다. 왜냐하면 그는 자신이 거주하는 지역사회이기 때문에 지역의 특수한 상황을 이미 잘 알고 있을 뿐만 아니라 자주 그 문제를 생각하기 때문에 지역사회개발 전략을 모색·시행하는 과정에서 창의적인 아이디어를 창출할 가능성이 높기 때문이다.

예를 들어, 세계적인 환경도시인 독일의 슈투트가르트에서 교량을 건설할 계획이 있다고 가정하자. 슈투트가르트가 세계적인 환경도시로 일컬어지는 이유는 여러 가지가 있겠지만 예전부터 교량을 건설할 때 '바람길'까지 고려했기 때문이다. 최근에 와서 우리나라에서도 '열섬효과'에 대한 관심이 높아지면서 바람길의 중요성을 인식하고 있다. 그런데 만약 슈투트가르트에 교량 건설 전문가가 없다면 외지에서 초빙해야 한다. 외지 전문가가 슈투트가르트를 지나가는 바람의 길을 자세하게 알 수 있을까? 십중팔구는 모를 것이다. 그런데도 외지 전문가들의 지휘 아래 교량을 건설한다면 '바람길'을 무시하게 될 것이다. 그러나, 지역사회에 거주하는 해당 분야 전문가는 바람길을 잘 알고 있을 것이다.

📝 지역 지식의 중요성 ･･･････････････････････････

이명박 정권 때 경제적 효과가 약 3.3조 이상이 되리라 예상되었던 '노들섬 예술센터'를 건립하기 위해 설계 공모를 발표했다. 이때, 많은 전문가들은 세종시 설계를 포함하여 우리나라에서 발주한 대형설계를 거의 독차지한 프랑스 전문가인 앙드레 페레아가 수주하리라 예상했었다. 앙드레 페레아의 수주를 못마땅하게 보는 이유는 그가 우리나라에 단지 몇 차례 왔었기 때문에 '한강의 바람길'을 모르므로 상계동 아파트단지를 건설할 때 바람길을 무시하여 '열섬효과'가 나타난 것처럼 '노들섬 예술센터' 주변에서도 바람길을 왜곡시켜 '열섬효과' 혹은 대기오염 등 예상치 못한 부작용이 나타날 가능성이 있기 때문이다.

또 다른 문제는 특정 분야의 전문 지식을 소유하고 있으면서 동시에 지역사회에 거주하는 주민이라고 하더라도 모든 지역적 지식을 파악할 수 있느냐는 것이다. 일반적으로 전문가란 공식 교육과정을 거치고 졸업장이나 자격증을 보유한 사람으로서(Chambers, 1993), 높은 수준의 전문적 지식과 경험을 기초로 특정 분야에서 연구, 개발, 지도, 창작활동, 의사결정 업무를 수행한다. 전문가라고 하더라도 자신의 전문 영역을 벗어난 부분에서는 모르는 부분이 많은 것이 현실이다. 또한, 지역적 지식은 지역사회의 다양한 문제와 복잡한 상황과 비교우위를 가진 장점, 지역사회만의 독특한 특성, 지역사회 주민들의 다양한 욕구 등을 포함하는 것이기 때문에 특정 분야의 전문가로서는 모르는 것이 있을 수밖에 없다. 다만, 지역사회의 특정 문제에 대한 전문가는 자신의 전문성으로 인해서 다른 지역사회 구성원보다 해당 문제를 파악하고 진단하는 데에서만 유리할 따름이다. 따라서, 특정 분야의 전문가가 지역사회 주민들보다 전문성을 가졌다고 해서 지역사회 주민들의 생각을 경시하거나 주민들 위에 군림하려는 자세를 취하는 것은 결코 정당성을 확보할 수 없다. 그럼에도 불구하고, 지역사회 주민들의 지식이 무시되는 경향을 보이는 것도 사실이다. 이는 지역사회 주민들의 지식보다 전문가로서 가져야 하는 보편적 지식을 선호, 객관성과 과학성을 강조하는 실증주의의 영향, 조직 상층부에 집중된 결정권과 영향력 때문이다(Ife, 2002: 114−121).

여기에서 한 가지 명심해야 할 점은 지역사회 주민들은 비록 전문성은 떨어지더라도 지역사회의 수많은 문제와 욕구에 대해서는 가장 적절한 지역적 지식과 식견을 가지고 있다는 사실이다. 지역 지식을 존중하는 것은 지역사회개발의 본질적 요소가 되어야 한다. 따라서, 지역 전문가는 지역사회와 관련된 여러 문제, 얽히고설킨 상황, 독특한 장점과 특성, 다양한 욕구 등을 지역사회 구성원들에게 알려주는 것이 아니라 지역사회로부터 그러한 것들을 경청하고 배우는 자세를 견지해야 한다(Holland & Blackburn, 1998).

2) 지역 인적자원 육성

사회가 무한경쟁 속으로 점차 나아가기 때문에 이에 대응할 수 있는 전문인력을 확보하는 것은 매우 중요하다. 특히, 정보·지식사회에서는 자연조건보다 인문조건이 지역사회개발에 더욱 필요하다. 자연조건은 지원 역할을 하는 점에서 의미가 있고, 지역 인적자원의 축적·활용을 통하여 확보되는 인문조건이 지역경쟁력 확보에 더 중요하다는 의미이다. 지역 인적자원을 육성하기 위해서는 다음과 같은 전략이 필요하다.

첫째, 과학기술인력을 육성하기 위한 투자가 요망된다. 세계화와 정보·

지식화가 거스를 수 없는 상황이라면 첨단산업을 육성하는 것이 가능한 지역사회는 첨단산업을 구축·발전시켜야 한다. 따라서 이 분야의 전문가가 절대적으로 필요하므로 우수한 과학기술대학이 입지하도록 하여 이 대학이 과학기술 엘리트를 배출하도록 해야 한다. 또한, 이 대학은 엘리트를 육성하는 것 이외에도 지역사회 구성원들에게 첨단교육과 고급교육을 제공하도록 해야 한다. 지역기업과 주민들의 과학기술에 대한 의식의 정도는 지역경쟁력과 혁신을 확보하는 데 매우 중요하다. 이들의 의식이 높을 때 시너지 효과가 발생할 가능성이 높기 때문이다.

둘째, 지역사회 고유의 산업을 육성하고 해당 산업의 전문가를 배출하기 위해 지방정부의 지원이 필요하다. 지역사회 고유의 산업은 지역사회의 경쟁력을 향상시키는 것은 물론이고, 이 분야의 기술주도권을 확보함으로써 정보와 지식의 중심지 역할을 하도록 한다. 따라서, 지역사회 고유의 산업을 육성하기 위한 기반을 구축하는 것은 매우 중요한 일이지만, 지역 기업, 지역연구소, 지역주민 등은 이러한 역할을 맡을 능력이 없다. 특히, 초창기에는 유동자본을 유치하고, 기반시설을 구축하며, 지역기업에게 동기를 부여하는 등 지방정부의 노력과 지원이 매우 중요하다. 이러한 노력을 통해 지역사회의 고유한 산업이 형성·발전하게 되면 이 분야의 전문가가 자연스럽게 육성될 수 있다. 예를 들어, 울산광역시의 발전에서 시 정부의 노력과 지원을 뺄 수 없다. 물론, 예전 현대그룹의 헌신적 노력도 중요하지만, 이를 측면에서 지원한 울산시가 없었으면 오늘날의 현대자동차와 현대중공업은 존재하기 어려웠을 것이다. 그들의 협업으로 인해서 현대자동차는 수소자동차 분야에서는 세계 최고의 회사가 되었고 현대중공업은 세계 최고의 선박회사가 되었으며, 해당 분야의 전문가들이 울산광역시에서 해당 산업과 울산광역시의 발전을 위한 견인차 역할을 하고 있다.

셋째, 연구 활동에 대한 지방정부의 투자를 통해 연구개발 전문가를 육성해야 한다. 연구 활동은 첨단산업의 발전을 위해 반드시 필요하지만, 곧바로 수익으로 연결되지 못한다. 따라서, 민간부문이 연구부문에 투자하기는 힘들므로 지방정부의 투자가 요망된다. 이를 통해 연구 전문인력을 양성하면 이들을 중심으로 첨단 연구결과물을 지속적으로 발표함으로써 해당 분야의 세계적인 중심지가 될 수 있다. 서구국가의 경우에도 지방정부의 지원으로 연구부문은 대학과 공공연구소에서 수행하고 연구결과를 상용화하는 것은 민간부문에서 담당하는 분업체제를 구축하고 있다. 예를 들어, 실리콘밸리의 경우에도 지방정부(샌프란시스코, 산타클라라, 서니베일, 마운틴뷰 등)의 지원 하에 스탠포드대학을 비롯한 여러 대학과 연구소에서 연구를 수행하면서 지속적으로 전문연구인력을 배출하고 있다..

넷째, 첨단산업단지를 조성하여 우수인력의 외부 유출을 방지해야 한다. 우수한 과학기술대학을 유치하여 능력 있는 인재를 배출한다고 해도 그들이 졸업 후에 다른 지역으로 이주해서 자신들의 능력을 발휘하면 해당 지역사회에는 아무런 이득이 없다. 따라서, 이들이 해당 지역사회에서 연구·개발 혹은 창업 활동을 할 수 있도록 지원해야 한다.

예를 들어, 실리콘 밸리와 루트 128의 경우에도 스탠퍼드대학과 MIT 등 우수한 과학기술대학을 통해 유능한 과학기술 인력을 배출하고 있다. 그런데, 여기에서 끝나지 않고 이들의 연구 활동과 혁신적 활동을 지원하는 한편, 첨단산업단지를 조성하여 이들이 자신들의 창의력을 실현하도록 지원하고 있다. 베를린의 경우에도 마찬가지이다. 베를린의 산업구조는 중소기업 위주인데, 중소기업은 연구능력이 부족한 것이 사실이다. 이에 따라 베를린은 1983년에 베를린 비즈니스 인큐베이터를 설립하여 창업활동을 지원하고 있다. 베를린 비즈니스 인큐베이터에 대해서는 제8장 제2절에서 구체적으로 살펴보도록 한다.

다섯째, 지역 인적자원을 육성하기 위한 투자는 장기적·계획적으로 이루어져야 한다. 인적자원을 배출하는 것은 시간이 많이 들고 투자액도 크므로 전략적으로 접근해야 한다. 따라서, 지방정부는 물론이고 지역사회의 혁신 주체들인 대학, 연구소, 기업 등도 인적자원 육성에 동참해야 한다.

3) 전문인력 유치

세계화와 정보·지식화를 발전의 기회로 이용하여 신속하게 경쟁력을 확보한 지역사회는 생산성의 증가와 더불어 소득의 증가를 가져와서 생활양식과 생산활동에서 큰 변화를 겪었다. 이러한 지역사회에서는 문화와 휴식 활동이 중시되고 고부가가치를 창출하는 서비스업이 부상하였다. 즉, 기술과 감각과 문화가 어우러지는 생활과 산업을 중시하는 변화가 발생한다. 기술과 감각과 문화를 어우르기 위해서는 창의적인 아이디어가 절대적으로 필요하다.

지역사회에 그러한 능력을 구비한 전문인력이 없거나 부족하면 외부에서 전문인력을 유치하여 해당 지역사회에 거주하면서 활동하도록 해야 한다. 이들이 해당 지역사회개발의 핵심적 인프라가 되기 때문이다. 그런데, 전문인력은 유능한 능력이 있는 만큼 고소득층에 속하기 때문에 월급만으로 유치하려해서는 안 된다. 그들은 쾌적한 자연환경, 생활의 질을 높일 수 있는 주거환경, 우수한 교육환경, 높은 수준의 문화·여가환경, 청결한 산업환경을 원하기때문이다(Knight, 1995). 예를 들어, 세계적인 혁신지역들은 이러한 여건을 갖추고 있어서 많은 전문가들이 밀집하였고, 이로 인해 더 많은 첨단기업들이입주하였으며, 이는 더 많은 전문가들을 유치하는 선순환을 발생시켰음은 주지의 사실이다.

2. 지역 문화 중시

지역 문화는 지역사회개발에서 지역사회 구성원들의 연대감을 고취시키거나 지역사회 경제개발에 긍정적인 영향을 미치는 등 다양한 역할을 할 수있다. 그런데, 지역 문화는 외부 문화로부터 침식을 당할 위험에 항상 노출되어 있고, 지역 문화 스스로 사회변화를 수용하지 않을 수도 있으며, 지역사회구성원들이 지역 문화를 낮게 평가하여 지역사회개발 과정에서 경시당할 수도 있다. 따라서, 지역사회개발에 부정적 영향을 미칠 수 있는 이러한 문제들을 개선하면서 지역 문화가 순기능을 발휘할 수 있도록 해야 한다. 그러한 관점에서 여기에서는 지역 문화의 역동성을 확보하면서 지역사회개발에 활용해야 한다는 점과 지역사회과정에서 지역 문화를 과소평가하지 말고 중요성을인정해야 한다는 점을 중심으로 살펴보고자 한다.

1) 지역 문화의 역동성 확보와 활용

지역 문화가 외부 문화로 인해 경시되거나 훼손되는 경우를 자주 접한다. 특히, 문화적 세계화가 진행되면서 이러한 현상을 경험하는 지역사회들이 확대되었다. 물론, 문화적 세계화의 진행 양상에 대해서는 엇갈린 주장들이 상존하는 것이 사실이다. 그러나, 문화적 세계화가 진행되면서 외부 문화가 쉽게 지역사회로 유입되어 지역 문화를 억압하거나 부식시키는 현상이 확대되었음을 부인하기도 어렵다.

세계화와 정보·지식화 시대에서 지역사회를 성공적으로 개발하기 위해서는 지역적 정체성을 확보하여 지역사회의 모든 구성원들이 함께 노력하는 것이 중요하다. 지역적 정체성 확보를 위한 가장 중요한 전략이 지역사회의 문화적 전통과 과정을 유지·발전시키는 것이다. 더구나, 21세기를 '문화의 시대'라고 일컫는 점에서 알 수 있듯이 지역 문화는 지역경제개발과 불가분의 관계를 맺고 있다. 즉, 제9장에서 구체적으로 검토하겠지만, 현재는 '경제적 문화'와 '문화적 경제'가 중요한 화두로 등장할 정도로 문화와 경제는 긴밀하게 연관되어 있다. 또한, 지역사회 구성원들의 문화에 대한 욕구가 점차 증대하고 있고, 이를 충족시키는 것이 지역사회의 중요한 이슈로 등장하였다. 그리고, 문화적 환경이 좋은 지역사회에서는 인구, 기업, 자본의 유입은 증대하고 유출은 감소하는 경향을 보이고 있다. 이러한 여러 측면들을 종합적으로 고려할 때, 지역사회개발 전략에 지역 문화를 활용하는 내용이 반드시 포함되어야 한다.

그러나, 지역 문화가 배타적이어서는 안 되고, 역동성을 갖추어야 지역사회개발의 유효한 전략이 될 수 있다. 지역 문화가 지역사회개발을 위해 효용가치를 증대시키려면 포용성, 지속가능성, 참여성 등의 특징을 갖추어야 한다. 먼저, 지역 문화는 포용적이어야 한다. 현재 사회가 다문화사회이고 앞으로도 다문화사회가 더욱 진척될 것이라는 점에 이의를 표하는 사람은 없을 것이다. 따라서, 외국문화를 수용하고 외국인을 인정할 때 지역사회가 유대감과 결속력을 굳건히 할 수 있다. 또한 지역 문화가 고정적인 것이 되어서는 안 되고 지속가능해야 한다. 사회변화에 따라 지역 문화는 수용할 것은 수용하고 버릴 것은 버리면서 지속적인 변화를 꾀해야 한다. 그리고 지역 문화는 참여성을 확대할 수 있어야 한다. 지역 문화를 활용할 때 보여주기식 방법으로는 소기의 목적을 얻을 수 없으므로 참여를 확대하는 방식을 활용해야 한다. 보여주기식 문화 활동은 관광객의 이목을 끌지 못한다. 예를 들어, 뮌헨의 옥토버페스트는 9월 말에서 10월 초에 거행되는데, 대표적인 프로그램들인 댄스파티와 맥주마시기 축제는 참여하는 행사이다. 이외에 세계 3대 축제에 속하는 리우 카니발, 삿뽀로 눈꽃축제도 모두 참여하는 축제이다. 이에 대해서는 제9장 제4절에서 구체적으로 소개하기로 하겠다.

2) 지역 문화의 우수성 중시

세계화와 정보·지식화로 인해 문화적 교류가 활발해지면서 대중성이 강한 서구문물이 거대한 선진자본의 힘을 등에 업고 전 세계의 지역사회로 침투하였다. 이로 인해 정도의 차이는 있지만 많은 지역사회들의 고유한 문화들이 침식당하였다. 지역 문화가 침식당하는 것은 문화적 가치를 약화시키는 것에서 그치지 않는다. 이는 지역사회 주민들의 정신, 가치관, 관습, 규범, 결속력 등에도 부정적 영향을 미칠 뿐만 아니라 지역사회를 구성하는 모든 부분에도 부작용을 일으킨다.

지금은 조금 달라지는 것 같지만, 우리도 우리 것을 과소평가하고 서구문물을 과대평가하는 경향이 있었다. 예를 들어, 빌딩(building)을 우리말로 번역하면 건물인데, 빌딩이라고 하면 좀 크게 보이고 건물이라 하면 좀 작게 느껴진다고 말하는 사람들이 많다. 서구식 건물은 좋아하면서 우리 전통의 건물은 싫어하는 사람도 있었다. 또한, 세계적인 언어라고 자부해도 되는 한글을 소중하게 여기지 않는 사람도 있었고, 자기 고향의 사투리를 부끄러워하는 등의 행태를 보이는 사람을 만나는 것도 어렵지 않았다. 이 모든 것이 우리 문화 혹은 지역 문화가 무시되는 사례이다. 이는 우리에게만 국한된 것이 아니라 전 세계적인 현상일 뿐만 아니라, 문화적 세계화로 인해 더욱 확대되기도 했다.

그러나, 지역 문화는 침식당하기도 하지만, 정체성 확보를 통해 유지되기도 하고 사회변화에 맞추어 다양하게 변하기도 하면서 지역사회와 그 구성원들에게 큰 영향을 끼친다. 많은 학자들이 인용하는 테일러의 정의에 따르면, 문화는 인간이 사회의 구성원으로서 획득한 능력 또는 습관의 총체, 즉 인간집단의 생활양식이다(Tylor, 1958). 이 정의를 지역 문화에 적용하면, 지역 문화는 지역사회 구성원에 의해 공유되는 생활양식의 총체로서, 지역사회의 선대로부터 전해 내려오는 지식·도덕·종교·관습·풍속·법·제도·정치·경제·법·문학·예술 등 지역사회의 모든 산물을 포함한다. 따라서, 지역사회 구성원들은 자신이 속한 지역사회의 고유한 문화에 따라 다르게 인식하고 행동하게 된다. 그럼에도 불구하고, 지역사회개발 과정에서 지역사회의 소중한 가치, 지식, 관습, 문화자원 등이 경시되는 사례가 자주 발견된다. 특히, 지역사회개발을 이끄는 선도자가 개인적으로 외부에서 습득한 문화가 더 우월하다고 생각하여 지역 문화를 훼손시키는 경우가 있다. 선도자가 이러한 태도를 취할 경우, 지역사회개발을 위한 모든 노력은 수포로 돌아갈 가능성이 매우 높다. 그러므로, 위에서 지적한 것처럼 낡고 구태의연한 지역 문화가 아니라 역동성을 갖춘 지역 문화를 중시하고 이를 바탕으로 지역사회개발을 추진해야 한다.

한글의 우수성

최근에 세계적인 언어학자들이 한글의 우수성에 대해 언급하면서 우리 국민들 중에도 한글을 자랑스럽게 생각하는 사람들이 증가하지만, 지금도 영어 이름을 사용하면 한글보다 무엇인가 있는 듯이 느끼는 사람들도 있다. 아래에 소개하는 세계적인 언어학자들의 평가를 보아도 한글은 세계에서 최고의 문자임에는 틀림이 없다.

메릴랜드대학의 램지(R. Ramsey) 교수는 한글은 소리와 글이 서로 체계적인 연계성을 지닌 독창적이고 과학적인 언어이기 때문에 세계의 어느 문자에서도 찾을 수 없는 위대한 성취이자 기념비적 사건이므로 세계문화유산으로 등재해야 한다고 하면서, '한글은 알파벳의 꿈'이라 칭송하였다.

시카고대학의 맥콜리(J. McCawley) 교수는 세계 언어학자와 세계 문화애호가는 한글날을 기념하고 축하해야 하며 세계언어학계는 한글날을 공휴일로 지정해야 한다고 주장하면서, 한글의 우수성을 인지한 뒤로 가까운 동료, 친구, 학생과 함께 한글날 기념행사를 개인적으로 하고 있다.

영국 서식스대학의 샘슨(G. Sampson) 교수는 한글은 일정한 원리에 따라 만들어졌고 발성기관의 소리 내는 모습을 따라 체계적으로 창제되었으며 문자 자체가 소리의 특질을 반영하는 세계에서 가장 과학적이고 체계적인 유일의 문자이기 때문에 한글은 인류의 가장 위대한 지적 성취 중 하나라고 했다.

3. 지역 자원 중시

지역사회개발은 지역사회 구성원들이 주도적인 역할을 담당하는 '상향식(bottom-up)' 변화를 추구하는 것이다. 따라서, 지역이 보유하고 있는 재정, 기술, 자연자원 등을 우선적으로 이용해야 한다. 그렇다고 해서, 중앙정부 지원이나 외부 자원을 배척하고자 하는 것은 아니다. 꼭 필요할 시에는 중앙정부나 외부의 도움을 받을 수 있다. 그러나, 이 경우에도 최소의 도움에 그쳐야 한다. 그 이유는 중앙정부 혹은 외부가 아무런 조건 없이 지역사회에 도움을 주는 경우는 거의 없고 대부분의 경우에 상응하는 대가를 요구하기 때문이다. 이는 지역사회개발의 주체성을 위협할 수 있음을 유의해야 한다. 따라서, 지역사회 구성원들은 서로 협의하고 협조하면서 지역자원을 우선적으로 활용해야 한다. 이런 의미에서 볼 때, 지역사회 구성원들이 주도하면서 지역자원을 최우선적으로 활용하는 지역 고유의 산업을 육성하는 것도 좋은 전략이라고 할 수 있다.

📝 화천 산천어축제 •

여전히 동물학대라는 주장과 지역경제 활성화라는 주장이 강하게 대립하고 있는 우리나라의 대표적인 지역축제인 '산천어축제'가 열리는 화천군은 인구가 2020년 기준 약 2만 5천 명에 불과한 조그만 산골 마을이어서 지역경제 기반이 매우 취약하다. 그래서 지역축제의 바람을 타고 지역의 명물로 알려진 산천어를 이용하면서 '얼지 않은 인정, 녹지 않는 추억'을 슬로건으로 내걸고 산천어축제를 추진하게 되었다.

산천어축제는 해가 갈수록 방문객이 증가하였다. 2003년에 1회 축제에 참여한 방문

객이 약 100만 명이었으나, 2018년 173만 명, 2019년 184만 명이 참여하였다. CNN에 의해 겨울철 세계 7대 불가사의로 선정된 이후 2012년부터 외국인 관광객이 눈에 띄게 늘어나서, 2019년에는 14만 명이 넘는 외국인이 방문하였다.

2016년 화천군은 '2016 산천어축제 종합평가보고회'에서 직접경제효과 992억원, 생산유발효과 1,248억원, 소득유발효과 259억원 등 2,499억원의 경제효과와 2,345명의 고용유발효과를 냈다고 발표했다. 연간 2천억 원이 넘는 경제효과를 가져온 산천어축제가 2년 동안 위기를 맞았다. 2020년에는 이상 기후로 얼음이 제대로 얼지 않아 '반쪽' 행사에 그쳤고, 2021년에는 코로나19로 인해 취소되었다.

이 같은 연이은 축제 실패는 새로운 도전의 자극제가 됐다. 외부 환경에 좌우되는 '한철 관광'에서 벗어나 사계절 상품화를 모색하는 계기가 된 것이다. '얼음 위의 손맛' 대신 '식탁 위의 입맛'으로 변화를 꾀하기 위해 산천어 식품을 제조하기로 하였다. 이러한 도전은 판매에 들어간 지 며칠 만에 완판되어 성공 가능성을 보여주고 있다.

출처: 투어코리아(2015), 머니투데이(2016), 연합뉴스(2021), 나무위키(2021)에서
일부 발췌·재서술

04

지역사회개발의 과정과 주요 영역

제1절 지역사회개발의 과정

지역사회개발은 지역사회를 재창조하는 것이다. 따라서, 지역사회개발을 이끄는 선도자나 일부 주민들이 임의적으로 추진하면, 그 결과가 실패 혹은 부분적 실패로 이어지는 것은 자명할 것이다. 지역사회개발은 선도자와 주민들의 주도 하에 일정한 절차에 따라 진행하는 것이 합리적이다. 지역사회가 처한 상황은 매우 다양하기 때문에 모든 사람들이 동의하는 지역사회개발 과정은 없다. 지역사회개발에 대해 연구하는 학자들도 자신의 관점에 따라 다양한 과정을 제시하고 있다.

문병집(1994)은 지역사회조사, 지역사회목표, 지역사회개발계획, 개발계획의 실시, 지역사회개발의 평가 등 다섯 단계로 구분하고 있다. 평가의 결과는 지역사회조사 혹은 지역사회목표로 환류된다고 하였다.

최상호(2004)는 시동, 확산, 정착으로 나누고 있다. 시동단계에서는 지역주민의 욕구를 파악하고 지역사회개발계획을 수립한다. 확산단계에서는 주민들의 동의와 참여를 바탕으로 지역사회개발사업이 본격적으로 추진되고 대다수의 주민들에게 채택된 변화가 확산된다. 정착단계에서는 지역사회개발사업 자체에 대한 평가를 통해 지역사회개발사업의 목표가 어느 정도 달성되었는지를 분석하고 다음 사업에 반영하도록 한다.

빌과 홉스는 열다섯 단계로 분류하고 있다(Beal & Hobbs, 1966). 구체적으로 살펴보면 기존 사회체제 분석, 관심 집중, 주요 사회여건 분석, 관련 사회체제의 윤곽 설정, 시동, 승인, 확산, 관련 집단·조직의 욕구 명시, 관련 사회체제의 행동화 결정, 목표 설정, 활용수단의 결정, 활동 계획, 자원 동원, 행동, 평가로 지역사회개발과정이 구성된다고 하였다.

이들은 나름의 합리적 근거를 제시하고 있다. 그러나, 일반적인 정책이론에서 제시하고 있는 정책과정을 지역사회개발에 활용하는 것도 하나의 방법이라고 볼 수 있다. 물론, 정책과정도 연구자에 따라 매우 다양하게 제시되고 있는 것도 사실이다. 가장 많은 연구자들이 동의하고 있는 네 단계는 의제 설정, 의사결정, 집행, 평가이다. 이를 지역사회개발 과정에 적용하면 지역사회 진단과 의제 설정, 대안 결정, 실행, 평가로 구분할 수 있다.

1. 지역사회 진단과 의제 설정

정책과정에서 의제 설정이란 정부가 사회문제를 공식적으로 해결하기 위해 정책문제로 전환하는 행위이다. 즉, 정부가 수많은 문제들 중에서 공식적으로 무엇을 해결할 것인가를 결정하는 행위를 말한다. 지역사회개발 과정에서도 가장 먼저 할 일은 지역사회의 수많은 문제들과 요구들 중에서 무엇을 해결할 것인가를 결정하는 것이다. 지역사회 내의 모든 문제들을 해결할 수 있으면 매우 바람직하지만, 현실적으로 그러한 지역사회는 존재하지 않는다. 모든 지역사회들은 인적자원, 재정력, 능력, 정보, 시간 등의 측면에서 부족한 부분을 많이 가지고 있기 때문에 모든 문제들을 다룰 수 없다. 따라서, 지역사회를 진단한 후, 이를 토대로 어떤 지역사회 문제들을 우선적으로 해결할 것인가를 결정해야 한다.

1) 지역사회 진단

먼저, 지역사회 전반에 대해 진단할 필요가 있다. 특히, 지역사회개발을 위한 인적자원, 물적 자원, 제도, 조직 등에 관한 실태를 면밀하게 조사하여야 한다. 인적자원의 경우 지역사회개발을 선도할 수 있는 전문가가 지역사회 내에 존재하는지를 파악해야 한다. 물적 자원의 경우 지역사회개발을 위해 이용 가능한 물적 자원이 어떤 것이며 또한 어느 정도인지를 조사해야 한다. 제도와 조직은 지역사회 주민의 태도, 생활양식 등에 영향을 미치므로 현재 상태뿐만 아니라 앞으로 지역사회개발에 미칠 영향 등도 검토되어야 한다. 아울러 지역사회개발이 지역사회의 자연환경을 훼손하는지에 대한 진단도 반드시 있어야 한다.

지역사회의 인적, 물적, 제도적, 조직적 측면의 실태 조사를 실시할 때는 지역사회의 주요 영역에 대한 전면 조사가 같이 이루어지면 실태 조사의 정확성이 높아질 수 있다. 전면 조사기 필요한 대표적인 영역은 여덟 영역으로 종합할 수 있다(최상호, 2004: 195-197). 즉, 역사적 특성, 자연환경적 특성, 사회적 특성, 정치·행정적 특성, 문화적 특성, 교육적 특성, 경제적 특성, 심리적 특성 등이 여기에 해당된다. 역사적 특성은 지명의 유래, 역사적 인물, 역사적 사건 등이다. 자연환경적 특성에는 위치, 지형, 기후, 공해(대기오염, 수자원오염, 소음) 등이 포함된다. 주요 사회적 특성은 인구, 가구 등이고, 정치·행정적 특성에는 정치문화, 정치구조, 행정문화, 행정구조, 주요 행정시설, 선도자 여부 등이 있다. 문화적 특성에는 여가, 보건, 체육, 후생, 생활양식, 종교, 문화재 등이 포함된다. 교육적 특성에는 교육시설, 교육수준 등이 있다. 경제적 특성에는 산업별 분포, 산업별 수준, 산업별 가구, 소득수준, 노동력, 금융 등이 포함된다. 심리적 특성에는 사고방식, 의식구조, 가치관, 태도 등이 있다.

지역사회에 대한 전반적인 진단은 지역사회의 전체적인 문제를 파악하는 데 도움을 주기 때문에 지역사회개발 선도자와 지역사회 주민들이 중요하고 시급한 지역사회 문제가 무엇인지를 파악하는 데 긍정적인 영향을 미칠 수 있다. 지역사회에 전반에 대한 진단을 기초로 지역사회개발의 의제를 결정하기 위한 활동은 다양한 방면에서 진행될 수 있지만, 지역주민들이 원하는 요구사항에 대한 진단과 지역사회가 당면하고 있는 현실 문제에 대한 진단에 집중하여야 한다.

첫째, 지역사회 주민들이 원하는 요구사항을 정확하게 진단해야 한다. 지역사회개발은 지역주민들이 더욱 풍요롭고 행복한 삶을 영위하도록 만드는 것이다. 따라서, 지역주민들이 원하는 것을 파악하는 것은 지역사회가 존재하는 이유이기 때문에 매우 중요하다. 물론, 지역주민들이 원하는 모든 요구사항을 진단할 필요는 없다. 지역주민들이 원하는 요구사항을 개인적 요구인지 혹은 공적 요구인지를 구분하여, 공적 요구를 우선 진단하도록 하여야 한다. 공적 요구사항들 중에서도 소수의 주민이 원하는 요구사항보다 다수의 주민들이 원하는 요구사항에 진단의 우선순위를 두는 것은 당연한 일이다.

둘째, 지역사회가 당면하고 있는 현실 문제에 대한 진단이 필요하다. 특히, 피해가 심한 문제, 많은 주민들이 해결되기를 바라는 문제, 근본적으로 중대한 문제에 대한 진단은 반드시 실시해야 한다.

2) 지역사회개발 의제 설정

지역사회에 대한 전반적인 진단이 끝나면 이를 기반으로 지역사회개발의 의제를 결정해야 한다. 의제 설정이란 지역사회의 수많은 문제들 중에서 무엇 (what)을 해결할 것인가를 결정하는 것이다. 다수의 주민들이 원하는 공적인 요구사항, 피해자 숫자가 많은 지역사회 문제, 피해 강도가 큰 지역사회 문제, 피해의 사회적 의미가 중대한 지역사회 문제, 지역사회 여론을 등에 업은 지역사회 문제, 근본적이고 장기간 지속되리라 예상되는 지역사회 문제 등을 중심으로 지역사회개발 의제로 설정할지 여부를 검토하여야 한다. 지역사회개발 의제를 결정할 때 반드시 명심해야 할 점은 다음과 같다.

(1) 주민 의사에 기반한 의사 설정

지역사회개발 선도자 혹은 선도자의 편에 있는 주민들이 독단적으로 밀실에서 의제를 설정하는 것은 매우 위험하다. 지역사회개발은 자율적 개발을 강조하기 때문에 주민들의 주도적인 참여가 확보되지 않으면 지역사회개발의 목적을 달성하기 어렵다는 점을 유의하여야 한다. 물론, 모든 주민들이 지역사회개발의 의제 결정 과정에 참여해야 하는 것은 아니다. 그렇지만, 지역사회 전체 주민의 의사를 바탕으로 지역사회개발 의제를 설정하는 것이 향후의 의사결정과정과 실행과정에서 적극적인 참여를 유도하고 불응(non-copmpliance)을 줄이는 데 도움을 줄 것이다.

(2) 지역사회개발 원칙을 고려한 의제 설정

지역사회개발의 의제를 설정할 때 앞에서 검토한 지역사회개발 원칙들을 고려하는 것은 당연한 일이다. 그 원칙들은 지역사회개발의 목적을 달성하는 데 기여하는 원칙들이고, 지역사회개발 의제는 지역사회개발의 목적을 달성하기 위해 구체적으로 해결되어야 할 문제이다. 결국, 원칙과 의제는 지역사회개발의 목적 달성을 위한 것이기 때문에, 의제를 설정할 경우에 반드시 원칙을 적용하여야 한다. 다만, 지역사회의 모든 영역을 균형적으로 개발하는 것은 현실적으로 무리가 있을 수 있다. 이것이 균형적 접근을 포기하라는 의미는 아니다. 우선 순위에 입각해서 의제를 설정하여 추진하되, 추후에 다른 영역에 대한 개발을 진행해야 한다.

(3) 실현가능한 의제 설정

지역사회개발 의제를 실현시키기 위한 대안에 대해 개괄적인 검토가 필요하다. 물론, 대안에 대한 공식적이고 구체적인 검토는 대안 결정 과정에서 이루어져야 한다. 그럼에도 불구하고, 대안에 대한 개괄적 검토를 주장하는 이유는 해결 가능한 대안이 없는 문제가 지역사회개발 의제로 채택되면 안되기 때문이다. 해결 가능한 대안이 없는 문제를 지역사회개발 의제로 결정하여 대안 결정 과정에서 구체적인 대안을 모색하는 것은 시간, 예산, 노력 등의 낭비에 불과하다.

2. 대안 결정

지역사회개발 의사결정은 앞에서 결정된 지역사회개발의 의제(what)를 실행할 방안, 즉 어떻게(how) 실행할 것인가를 결정하는 것이다. 정책학적 관점에서 볼 때, 의사결정은 다섯 단계로 구성된다. 즉, 의사결정은 정책문제의 분석과 목표 설정, 정책대안 탐색, 개별 정책대안의 결과 예측, 정책대안들의 예측 결과들 비교·평가, 최적 대안 결정 등의 단계를 거치면서 이루어진다. 이러한 다섯 단계는 지역사회개발의 의사결정에도 적용될 수 있다.

1) 문제 정의와 목표 설정

이 단계에서는 두 가지 중요한 일을 수행해야 한다. 하나는 앞 단계에서 결정된 지역사회개발의 의제로 채택된 문제에 대해 규모, 범위, 심각성, 원인 등을 구체적으로 분석하는 것이다. 다른 하나는 문제 분석을 통해서 나타난 원인을 해결하는 과정에서 달성할 목표를 정하는 것이다.

(1) 문제에 대한 분석과 정의

문제 분석이란 문제의 구성요소, 원인, 문제를 방치할 경우의 결과(피해자 수, 피해 범위, 강도, 피해 영역, 피해 집단 등), 인과관계 등을 체계적으로 검토하는 것이다. 이는 달성 목표를 설정하거나, 대안을 개발하거나, 대안의 결과를 예측하는 데 필수적이다. 문제를 제대로 분석하려면 문제들을 분류하여 여과해야 한다. 그 이유는 문제에 대한 분석은 많은 시간, 경비, 노력이 필요하기 때문에 모든 문제들을 분석할 수는 없고 새롭고 중요한 문제를 골라서 분석해야 하기 때문이다. 이러한 분석을 토대로 문제에 대해 정의를 해야 한다. 문제의 정의는 문제의 내용, 즉 구성요소, 원인, 결과 등을 규정하여 무엇이 문제인지를 밝히는 것이다. 즉, 문제의 정의는 문제의 상태(객관성)와 개인이 바라는 것(주관성) 간의 차이를 기초로 하여 무엇이 문제인지를 밝히는 것이다. 개인의 바람에 영향을 미치는 요인은 크게 달성가능성, 개인적 이해관계, 개인적 가치관으로 분류되는데, 달성가능성을 제외한 나머지 둘은 개인에 따라 매우 다르다. 따라서, 문제에 대한 정의는 주관적(인공적)이라고 할 수 있다. 따라서, 해당 문제를 정확히 파악한 후 가장 중요한 요소들을 확인하고 이들의 원인을 명확하게 규정하면서 문제를 정의하는 자세가 바람직하다. 지역사회개발 선도자나 전문가의 편견이나 가치관이 개입되어서는 안 되고, 지역사회와 주민들의 입장에서 문제가 정의되어야 한다.

(2) 목표의 설정

목표는 대안을 통해서 달성하고자 하는 바람직한 상태를 의미한다. 목표는 대안 탐색, 대안 결과 예측, 예측 결과 비교·평가, 대안 결정, 집행, 평가 등에서 길잡이 역할을 하기 때문에 매우 중요하다. 그런데, 목표 설정은 매우 어려운 과정이다. 왜냐하면, 그 목표가 달성가능한지를 판단한 후에 목표를 설정하기 때문에 대안에 대해서도 검토를 해야 하기 때문이다. 바람직한 목표 설정은 문제를 해결하려는 목표들 중에서 최선의 목표를 선택하는 것이다. 최선의 목표를 설정하려면 다음과 같은 네 가지 요건을 충족시켜야 한다.

첫째, 소망성 기준을 충족하여야 한다. 소망성 기준에는 적합성 (appropriateness)과 적절성(adequacy)이 있다. 적합성은 여러 목표들 중에서 최선의 목표를 선택했는지를 판단하는 기준이다. 적절성은 목표의 달성 수준이 적당한 수준인지를 평가하는 기준이다. 둘째, 효과와 비용이 적절한지, 효과와 비용의 배분이 적절한지 등을 판단해야 한다. 셋째, 실현가능한 목표들 중에서 효율성과 형평성 등을 포함한 다양한 기준들 중 목표 판단에 가장 부합되는 기준을 적용하여 최적의 목표를 결정해야 한다. 넷째, 결정·집행·평가의 기준이 되기 때문에 가능하면 명확하고 구체적이어야 한다.

2) 대안 탐색

대안 탐색이란 목표를 달성하기 위한 구체적인 방법들을 찾는 것이다. 그런데, 대안을 탐색하는 폭은 제한적인 것이 일반적인 경향이다. 왜냐하면, 시간적 여유가 없고 관습적으로 해결하는 방법이 있고, 중요한 문제일수록 지역사회 구성원들이 합의한 기존의 해결방법을 선호하며, 결정자들 혹은 선도자들은 익숙한 대안 외의 다른 대안들을 무시하기 쉽기 때문이다. 그러나, 대안 탐색에 있어서 가장 중요한 점은 문제해결을 위한 창의력이다.

대안 탐색의 원천은 매우 다양하지만, 일반적으로 다음과 같은 네 가지

원천이 주로 활용된다. 첫째, 경험과 학습을 활용하여 대안을 탐색한다. 과거 혹은 현재의 대안, 다른 지방의 대안, 다른 국가의 대안들 중에서 만족할 만한 대안들을 이용하는 방법이다. 둘째, 과학적 지식이나 이론에 의존한다. 특정 문제와 관련된 전문가들이 동의하는 과학적 지식이나 이론은 그 분야의 문제를 해결하는 방향이나 대안을 제공해줄 수 있다. 셋째, 주관적·직관적 방법을 활용한다. 이 방법에서 가장 많이 활용되는 것은 집단토의와 델파이이다. 집단토의(brainstorming)는 전문가, 독창적인 사람, 이해관계당사자 등을 포함한 다양한 사람들을 참여시켜 즉흥적이고 자유분방하게 여러 기발한 아이디어들을 창안하는 방법이다. 델파이(delphi) 방법은 전문가들의 주관적 의견을 종합하여 합리적인 아이디어를 도출하려는 방법이다. 전문가들이 집단토의를 하게 되면 특정인이 발언을 독점하거나, 공개적으로 반대하기 어렵거나, 제안한 대안을 변경하기 어려운 문제들이 발생하므로 델파이 방법을 이용한다. 이 방법은 서면을 이용하면서 누가 어떤 의견을 제시했는지 모르도록 하고 제시된 의견들을 종합·분석한 결과를 모든 참여자들에게 제공하는 과정을 몇 차례 반복하며, 이러한 과정을 통해 전문가들의 의견이 수렴되도록 한다. 넷째, 이해관계당사자들을 참여시킨다. 지역사회 내에서 특정 문제에 이해관계를 가진 개인, 집단의 대표, 공익집단, 언론기관, 전문가 등을 참석시켜 의견을 구하는 것이다.

3) 대안 결과 예측

지역사회개발의 의제를 실행시킬 수 있는 다양한 대안들을 탐색하고 나면, 이 대안들을 실행한 결과에 대해 예측을 해야 한다. 대안의 결과를 예측하는 것은 대안 결정 과정에서 가장 어렵지만 실질적으로 가장 큰 도움을 주는 매우 중요한 일이다. 대안 결과가 어떻게 예측되느냐에 따라 지역사회개발의 전략적 대응 방안이 다르게 결정될 수 있기 때문이다. 대안 결과를 예측하는 방법은 매우 다양하다. 대표적인 예측 방법에는 과거의 정책이나 외국의 정책에 기초한 예측, 추세 연장에 의한 예측, 이론적 가정에 의한 예견, 직관적·주관적 방법을 통한 결과 추정 등이 있다.

📝 **탐색된 대안에 대한 결과 예측 주요 방법** •

1. 과거의 정책이나 외국의 정책에 기초한 예측

   * 상황에 따라 다른 결과가 나타날 수 있기 때문에 주의해야 한다.

2. 추세 연장에 의한 예측

   * 외삽법(extrapolation)에 의한 투사(projection)라고도 하는데, 과거에서 현재까지의 추세에 의거하여 미래를 예측하는 방법이다. 구체적인 방법은 다음과 같다.

   1) 시계열분석(time-series analysis)

   * 시간의 흐름에 따라 측정대상의 변화를 관찰하여 변화의 원인과 미래를 예측하는 방법이다.

   2) 최소자승법(least-squares method)

   * 시계열분석에 의해 수집된 분포를 가장 잘 설명하는 선(경향선)과 실제 측정치의 차이의 제곱의 합을 최소화하는 회귀선을 구해 미래를 예측하는 방법이다.

   3) 선형경향 추정

   * 추세 연장의 가장 대표적인 방법으로서, 선형회귀분석을 이용하면서 시간을 독립변수로 하여 미래를 예측하는 방법이다.

   4) 지수가중치법

   * 최근 자료일수록 가중치를 높이고 옛 자료일수록 가중치를 줄여 미래를 예측하는 방법이다.

3. 이론적 가정에 의한 예견(prediction)

   1) 회귀분석(regression analysis)

   * 독립변수의 일정한 값에 대한 종속변수의 값을 예측하는 방법이다.

   2) 상관관계분석(correlation analysis)

   * 독립변수와 종속변수 간의 관계성(관계의 강도, 방향)을 추정하는 방법이다.

   3) 경로분석(path analysis)

   * 2개 이상의 독립변수들과 종속변수들 간의 인과관계를 분석·해석하는 방법이다.

4. 직관적·주관적 방법을 통한 결과 추정(conjecture)

   1) 집단토의(brainstorming)

   * 다양한 사람들을 참여시켜 즉흥적이고 자유분방하게 여러 아이디어를 창안하는 방법이다.

2) 델파이(delphi)

* 전문가들의 주관적 의견을 종합하여 합리적인 아이디어를 도출하려는 방법으로서, 서면을 이용하되 누가 어떤 의견을 제시했는지 모르도록 하면서 제시된 의견들을 모든 사람에게 제공하는 절차를 몇 차례 반복하여 의견을 수렴하는 방법이다.

3) 교차영향분석

* 관련된 사건의 발생 여부에 기초하여 미래에 어떤 사건이 일어날 확률을 분석하는 방법이다.

4) 시나리오 작성

* 정책대안이 채택·집행되는 미래세계를 상정하고 발생가능한 문제를 예측하며 이를 피하는 방법에 대해 실무적인 권고를 하는 방법이다.

4) 대안의 예상 결과 비교·평가

일정한 기준을 바탕으로 대안들의 우열을 판단하는 단계이다. 주로 활용되는 기준은 소망성 기준과 실현가능성 기준이다. 소망성 기준에는 적합성, 적절성, 효과성, 능률성, 공평성 등이 포함된다. 실현가능성 기준은 정치적 실현가능성, 경제적(재정적) 실현가능성, 행정적 실현가능성, 법적 실현가능성, 기술적 실현가능성 등이다.

소망성 기준들 간에는 모순되거나 충돌되는 경우가 발생될 수 있다. 모든 소망성 기준들을 통합하여 단일기준으로 만드는 것은 현실적으로 불가능하다. 따라서, 사회적 상황이나 문제의 내용에 따라 가장 바람직한 기준을 먼저 적용하여야 한다. 실현가능성 기준은 채택가능성과 집행가능성으로 구분되지만, 집행가능성에 더욱 중점을 두어야 한다. 아무리 바람직한 대안이라도 집행이 불가능하면 최선의 대안이라고 볼 수 없기 때문이다.

5) 최적 대안 결정

대안 결정이란 다양하게 제시된 대안들 중에서 특정 대안이 지역사회의 공식기관이나 결정자에 의해 최종적으로 승인·가감·거부되는 것과 관련된 일련의 행위이다. 즉, 의제로 설정된 문제를 해결하는 방안을 합법화하는 과정이다. 최적 대안을 결정하려면 여러 대안들의 예상 결과를 비교·평가하는 과정을 거쳐야 한다. 대안 결정은 최종적으로는 지역사회의 소수의 정치엘리트에 의해 이루어지지만, 지역사회의 다양한 집단들과 일반 주민들의 의견을 수렴하여 결정하는 것이 바람직하다.

3. 실행

지역사회개발을 위한 전략적 대응 방안이 결정되면 이를 실제로 집행하여 원하는 목표를 달성하고 그 효과가 지역사회와 지역사회 주민들에게 나타나도록 해야 한다. 실행과정에서 중요한 활동을 보면 다음과 같다.

1) 조직화

지역사회개발을 위한 전략적 방안을 효율적으로 실행하기 위해서는 집행을 체계적으로 수행할 수 있는 조직과 절차를 만들고 일을 하고자 하는 분위기를 조성해야 한다(정정길 외, 2015: 545-548).

(1) 전담 조직 구축

관련된 다양한 구성원들과 업무들을 통합·조정하고 유기적으로 상호작용하게 하는 전담 조직을 만들어야 한다. 전담 조직은 지역사회개발의 목표를 달성하기 위해 전체 실행과정을 명확하게 하고, 실행을 위한 행동 지침을 마련하며, 의사소통 경로를 원활하게 하고, 실행과정에서 나타날 수 있는 갈등을 관리하며, 집행과정에서 필요한 인적·물적 자원을 확보하는 등 매우 중요한 역할을 담당한다.

(2) 집행 절차

지역사회개발의 전략적 대응 방안을 실행할 때 표준화된 절차, 즉 표준운영절차(SOP: Standard Operating Procedure)가 마련되어 있는 경우에는 그 절차만 따르더라도 성공적인 집행이 될 가능성이 높다. 이는 동일하거나 비슷한 대안들을 지속적으로 반복하여 수행하는 가운데 수행 방식과 절차 중에서 여러 상황에 공통적으로 적용될 수 있는 것을 골라서 표준화시켰기 때문이다. 그러나, 이 표준운영절차는 특수한 상황을 고려하지 못하고 새로운 대안에 적용하기 어려운 문제점을 가지고 있으므로 이에 맹목적으로 의지해서는 안 된다.

(3) 조직 분위기

성공적인 집행을 위해서는 집행과정에서 일하고자 하는 의욕과 분위기가 생겨나야 한다. 이를 위해서는 서로 논의하고 협력하면서 정당하게 업무를 추진하려는 노력을 존중하는 것이 자리매김하여야 한다. 또한, 엄격하게 권위주의적인 분위기, 지나칠 정도로 우파적 혹은 좌파적인 분위기 등은 일하고자 하는 분위기보다 갈등을 유발할 가능성이 높다는 점을 유의해야 한다. 다만, 혁신적이고 창의적인 아이디어를 수용하려는 분위기를 정착시키는 것은 바람직하다.

2) 인적·물적 자원 확보

지역사회개발을 위한 전략적 방안들을 실제로 실행하기 위해서는 필요한 인적자원과 물적자원이 확보되어야 한다. 성공적인 집행을 위한 필수적인 수단이 필요한 인적·물적 자원을 충분히 확보하는 것이다.

(1) 인적자원 확보

지역사회개발을 총체적으로 이끄는 역할을 할 선도자와 분야별로 구체적인 업무를 담당할 전문인력를 확보해야 한다. 집행에 참여하는 인적자원의 능력과 의지와 열정은 집행과정에서 발생하는 여러 제약점이나 어려운 점들을 어느 정도 극복할 수 있게 하기 때문이다. 그런데, 선도자와 전문인력은 가능한 한 지역사회 주민들 중에서 선정하는 것이 좋다. 또한, 선도자와 전문인력은 집행과정에서 행해져야 할 주요 업무, 예를 들면 조직화, 집행 절차, 주민

참여, 홍보, 연락·조정 등에서 중요한 역할을 해야 하므로 다음과 같은 능력이 요구된다(정정길 외, 2015: 544-545).

첫째, 지역사회개발의 전략적 대응 방안을 성공적으로 실행할 수 있는 지적 혹은 전문적인 능력을 갖추어야 한다. 지역사회개발을 통해서 해결하고자 하는 문제를 정확하게 파악하고 전략적 대응 방안을 숙지할 수 있어야 한다. 또한, 상황의 변화에 신축적으로 대응할 수 있는 능력도 필요하다.

둘째, 관리자로서의 능력을 갖출 필요가 있다. 자신이 맡은 조직이 수행해야 할 업무를 명확하게 이해하면서 목표 달성을 위해 조직구성원들을 효율적으로 이끌어야 하며, 조직구성원들의 사기를 진작시키면서 일에 대한 능력과 의욕을 고취시키고, 구성원들에 대한 애정을 바탕으로 결속을 강화하며, 잘못된 일에 대해서는 엄격하게 통제할 수 있어야 한다. 또한, 지역사회개발은 다양한 세부 프로그램들로 구성되는데 이 세부 프로그램들을 조율하면서 성공적인 집행으로 이어지도록 관리하는 능력도 요구된다.

셋째, 정치적 능력을 갖출 경우 집행의 성공에 도움이 될 수 있다. 지역사회개발로 인해서 이해관계가 발생하는 주민들이나 집단들과 타협하거나 흥정하거나 지지를 획득할 수 있는 능력, 집행과정에서 나타날 수 있는 반대 목소리를 설득할 수 있는 능력, 필요한 물적 자원을 확보할 수 있는 능력 등은 성공적인 집행에서 매우 필요한 능력이다.

(2) 물적 자원 확보

지역사회개발이 성공하려면 필요한 물적 자원을 확보하는 것도 매우 중요하다. 특히, 재정이 부족하여 지역사회개발이 소기의 목적을 달성하지 못하는 경우가 많으므로 필요한 재정을 확보하기 위해 최선을 다하여야 한다. 재정을 비롯한 물적 자원의 경우에도 지역사회 내의 물적 자원을 우선적으로 활용하도록 해야 한다.

3) 주민참여 촉진

지역사회개발은 주민들이 주도하면서 이루어지는 것이 바람직하므로 지역사회개발의 모든 과정에 주민들의 참여를 촉진시키는 것은 성공을 위한 기본적인 과정이다. 집행과정에서도 주민참여는 매우 중요하다. 예전에는 지역사회개발이 '하향식(top-down)'으로 이루어졌기 때문에 주민참여에 대한 관심이 적었다. 그러나, 최근 들어 지역사회의 모든 활동에서 '상향식(bottom-up)' 접근방법을 중시하고 있을 뿐만 아니라 지역사회개발은 주민들이 주도하는 활동이므로 주민들의 자율적이고 적극적인 참여는 필수적이라고 볼 수 있다.

4) 홍보 강화

지역사회개발에 대해 지역사회 주민들에게 홍보를 하여 이에 대한 주민들의 이해와 인식을 넓혀야 한다. 지역사회개발이 아무리 중요하다고 하더라도 지역사회의 모든 주민들이 이를 잘 이해하고 있다고 볼 수 없다. 지역사회 주민들의 이해가 없으면 지역사회개발 과정에서 주민들의 협조와 참여를 구하기 어려울 뿐만 아니라 성공적인 집행을 기대하기 어렵다. 이러한 이유에서 최근에 홍보에 대한 관심이 확대되고 있다. 홍보 활동은 지역사회개발의 의제뿐만 아니라 실행방안에 대해서도 주민들이 알 수 있도록 해야 한다. 실행과정에서의 주민들의 순응(compliance)은 성공과 직결되기 때문이다.

5) 연락·조정 활성화

지역사회개발을 효율적으로 추진하기 위해서는 지역사회 내의 지방정부, 주민, 지역 기업, 지역 교육기관, 지역연구소, 지역 종교단체 등을 포함하여 모든 구성원들의 협조가 필요하다. 특히, 지역사회의 주민들이나 단체들이 많이 참여할수록 강력한 유대관계를 유지하는 것 자체가 중요한 현안이 될 수 있다. 참여자가 많을수록 다양한 목소리가 표출되고 또한 갈등이 발생하여 유대관계에 금이 갈 가능성이 높아질 수 있기 때문이다. 또한, 이 관계가 허물어지면 지역사회의 존립 자체가 위협을 받을 수 있기 때문이다. 이러한 문제들을 방지하기 위해서는 지역사회 구성원들 간의 연락·조정 활동이 활성화되어야 한다. 그리고, 지역사회개발을 실행하는 과정에서 지역사회 내·외의 변수로 인해 계획이 시급하게 변경되어야 하거나 또는 백지화되어야 하는 경우가 발생될 수도 있다. 이처럼 긴급한 상황에 신속하게 대처하기 위해서도 연락·조정 활동이 중요하다.

4. 평가

지역사회개발을 실행한 후에는 그 결과에 대해 평가를 해야 한다. 평가란 지역사회개발을 위한 대안의 실행 결과가 좋은지 나쁜지를 검토하는 활동이다. 평가는 평가 자체로 끝나서는 안 된다는 것은 누구나 아는 사실이다. 평가의 목표는 지역사회개발 대안의 결정 과정과 집행 과정에 필요한 정보를 제공하고 또한 지역사회개발과정에서 부적절하거나 비효율적이고 비효과적인 활동이 있었는지를 발견하여 이를 시정하고자 하는 것이다. 따라서, 평가 결과를 잘못된 부분으로 환류시켜 이를 수정 혹은 개선하는 작업이 있어야 한다. 일반적으로 평가는 두 가지 유형으로 대별된다. 하나는 결과에 대해 평가하는 것이고, 다른 하나는 과정에 대해 평가하는 것이다. 이에 대해서는 아래에서 살펴보기로 한다.

1) 결과 평가

결과 평가는 총괄 평가라고도 한다. 결과 평가는 지역사회개발이 이룩한 결과 혹은 최종산물을 평가하는 것이다. 즉, 지역사회개발을 통해서 이룩하고자 했던 목표가 달성되었는지 그리고 달성되었다면 어느 정도 달성되었는지를 평가하는 것이다.

2) 과정 평가

과정 평가는 지역사회개발의 전략적 대안의 운영이나 활동을 분석하는 활동이다. 즉, 보다 효율적인 실행 전략을 분석하고, 대안의 구체적인 내용을 수정하거나 변경하기 위한 정보를 제공하며, 대안의 중단·축소·유지·확대

여부를 결정하는 것을 지원하고, 경로를 밝혀서 총괄 평가를 보완하는 등의 기능을 수행한다.

제2절 지역사회개발의 영역

1. 전체적·균형적 지역사회개발

앞에서 지역사회개발의 원칙과 과정에 대해 구체적으로 살펴보았다. 이 절에서는 지역사회개발을 추진하는 영역에 대해 살펴보기로 한다. 그동안 지역사회개발은 전체적이고 균형적인 접근방법을 취하기보다는 단선적 사고방식에 의해 한가지 측면에만 집중하는 경향이 있었음을 부인하기 어렵다. 예를 들어, 지역사회개발을 위한 프로그램은 보건, 복지, 주택 등 서비스를 공급하는 데에만 치중하고 있어서 교육, 환경 등을 포함한 다른 측면은 경시되어 왔다. 또한, 지역사회의 경제를 개발하는 프로그램은 경제개발에만 초점을 맞추고 사회적·교육적·문화적·환경적 욕구 등을 무시하였다. 지역사회복지에 초점을 맞춘 프로그램은 경제적 측면, 교육적 측면, 문화적 측면, 환경적 측면 등을 무시하는 경향이 있었다. 이처럼 특정 측면만을 강조하는 지역사회개발은 실패할 확률이 매우 높다. 그 이유는 다음과 같다.

1) 다양한 영역으로 구성된 지역사회

지역사회는 특정 측면만으로 구성되는 것이 아니다. 지역사회는 경제는 물론이고 정치, 인적자원, 복지, 주거, 문화, 환경, 교육 등을 포함하여 매우 다양한 부분으로 구성되어 있다. 이들 중에서 지역사회 구성원들에게 영향을 미치지 않는 것이 없다. 지역경제가 중시되어 지역환경이 무시되거나, 지역복지가 강조되어 지역경제가 경시되거나, 지역정치에 치중하여 지역교육이 뒷전으로 밀리는 등의 행태는 지역사회개발의 원칙에 벗어난 것이다.

2) 지역사회의 삶의 양식과 경험 존중

한 가지 측면에만 집중하는 것은 오랜 세월 동안 전승되어 온 지역사회의 삶의 양식과 경험을 무시하는 것이다. 지역사회는 선조의 삶과 경험이 사회변화에 적응하면서 전승되어 온 것인데, 이는 한 가지 측면으로 구성되는 것이 아니라 다양한 영역이 복잡하게 상호작용하면서 나타난 결과이다.

2. 지역사회개발의 주요 영역

1) 지역사회별 다양한 상황

이론과 달리 현실적 측면에서 보면 지역사회의 여건, 상황, 장·단점 등으로 인해 모든 부분들을 균형 있게 개발하는 것이 어려울 경우가 많다. 지역사회의 상황에 따라 특정 영역에서는 장점이 부각될 수 있고, 다른 영역에서는 문제점이 더욱 두드러지게 나타날 수도 있다. 그리고 모든 지역사회들이 동일한 장점 혹은 문제점을 보이지도 않는다. 예를 들어, 서울시는 우리나라의 여타 지역사회와 비교할 때 상대적으로 강력한 경제적 여력, 좋은 교육시설, 질적 수준이 높으면서 풍부한 문화·여가시설 등을 비롯하여 많은 부분에서 높은 수준의 기반을 갖추고 있다. 그러나, 무엇보다 환경과 교통의 상황은 상대적으로 더 좋지 않다. 따라서, 서울시의 지역사회개발에서는 장점을 살리면서도 환경과 교통 문제를 해결하는 전략이 강조될 수 있다. 우리나라 최고의 문화유산을 보유하고 있는 경상북도 경주시는 문화, 환경 등의 측면에서는 큰 문제가 발견되지 않지만, 오랜 기간 경제적 문제로 어려움을 겪고 있다. 또한, 한때 우리나라 최대의 탄광 지역으로서 '불야성의 도시'로 불렸던 태백시의 경우 관광위락지역이 갖추어야 할 많은 장점들을 보유하고 있다. 그럼에도 불구하고, 석탄 수요가 감소한 이래로 재정적으로 매우 힘든 상황을 겪고 있어서 다른 어떠한 분야보다 지역경제를 개발하는 것이 가장 시급한 문제이다. 경상북도 청송군은 태백산맥의 영향으로 어느 지역보다 맑고 청정한 공기가 흐르고 있고, 주왕산국립공원에 속해 있어서 자연경관이 뛰어나고 우리나라 최고의 단풍을 자랑하며, 얼음골 사과와 자연산 송이버섯이 특산물로 유명하다. 그러나, 청송군도 오랜 기간 동안 우리나라의 대표적인 침체지역으로 남아 있었다.

2) 지역사회개발의 주요 영역

위에서 살펴본 바와 같이 지역사회는 다양한 영역으로 구성되어 있고, 전승을 통해 형성된 지역사회의 삶의 양식과 경험은 소중한 자산이며, 개별 지역사회가 처해있는 상황이 다르다. 따라서, 지역사회개발은 원칙적으로는 종합적이고 균형적으로 접근해야 하지만, 현실적인 측면에서 보면 지역사회 별로 지역사회개발 과정에서 집중해야 할 영역이 다를 수밖에 없다. 그렇다고 하더라도 지역사회의 모든 영역들은 복잡한 방법으로 상호작용한다는 점을 항상 유념해야 한다. 다시 말하면, 지역사회의 모든 영역들은 서로 배타적인 것이 아니라 상호 영향을 주고받는다는 것이다. 따라서, 보다 살기 좋고 건전한 지역사회를 만들기 위해서는 중장기 전략을 통해 모든 영역들을 통합적이고 균형 있는 접근방법으로 개발하는 것이 바람직하다. 현실적으로 인적자원이나 재정 등 여러 문제들로 인해 모든 영역들을 균형 있게 개발하지 못하더라도 최소한 정치, 복지, 인적자원, 경제, 문화, 환경 등의 영역들은 높은 수준으로 유지되어야 건전하고 기능적인 지역사회가 될 수 있다.

이러한 관점에서 이 책에서 다룰 지역사회개발의 주요 영역에 위의 여섯 영역들을 포함시키기로 하면서, 아울러 이 여섯 영역들과 역동적인 변화 혹은 활동의 의미를 가진 '개발'을 합쳐서 정치개발, 복지개발, 인적자원개발, 경제개발, 문화개발, 친환경개발이라는 약간은 생소한 개념을 다루고자 한다. 이처럼 여섯 영역에서 개발을 다루는 이유는 다음과 같다. 첫째, 지역사회개발에 대해 공부하고 있으므로 지역사회개발의 주요 세부 영역에서도 당연히 개발이 이루어져야 한다고 본다. 둘째, 모든 세부 영역에서 우리가 바라는 수준만큼 달성된 영역은 존재하기 어렵다. 세부 영역에서 양적인 측면과 질적인 측면의 개선 사항들이 존재하는데, 양적 측면과 질적 측면을 동시에 고려한 개념이 개발이다. 따라서, 각 세부 영역에서 질적 그리고 양적으로 바람직한 변화를 발생시키기 위해서는 양적 변화에 초점을 두는 성장보다 개발이 이루어져야 한다. 셋째, 지역사회개발 자체가 적극적이고 유기적인 과정이므로 이의 세부 영역에서 정적인 접근을 취하는 것은 올바른 방법이 아니다. 수시로 바뀌는 환경변화에 역동적으로 대응해야 한다. 따라서, 상대적으로 정적인 변화를 의미하는 발전보다 상대적으로 직접적이고 역동적인 활동을 강조하는 개발이 필요하다. 예를 들어, 지역사회 정치와 지역사회 정치개발이라는 두 개념을 비교해 보자. 어느 것이 정적인 변화에 가깝고 어느 개념이 역동적인 변화에 가까운지를 생각하면 이해되리라 본다. 이러한 세 가지 이유들로 인해서, 다음 장부터는 지역사회에서 바람직한 변화를 역동적으로 추구한다는 의미에서 비록 생소하지만 지역사회 정치개발, 지역사회 복지개발, 지역사회 인적자원개발, 지역사회 경제개발, 지역사회 문화개발, 지역사회 친환경개발을 주제로 구체적인 내용을 검토하기로 한다.

05

지역사회 정치개발

지역사회 정치개발은 지역사회 내의 권력 문제를 다루는 것이다. 즉, 지역사회 내에서 권력적 불평등이나 억압이 존재하는지 그리고 존재한다면 어떻게 개선해야 하는지에 대해 관심을 가진다. 지역사회 내에서의 권력 배분은 지역사회를 구성하고 있는 모든 영역에 심대한 영향을 미칠 수 있다. 경제활동, 교육 활동, 문화 활동 등에서 기득권층의 의사가 반영될 가능성이 높다. 더 큰 문제는 기득권층의 영향력은 더욱 확대되고 핍박받는 주민은 더욱 소외됨으로써 권력적 괴리가 오랜 기간 유지되거나 혹은 확대될 수 있다는 점이다.

이러한 권력적 불평등을 개선하기 위해서는 먼저 지역사회 내에서 권력이 어떤 상태로 배분되어 있는지를 분석해야 한다. 권력의 분포에 대한 연구는 인식의 관점에 따라 다양하게 나타나고 있다. 대표적인 관점으로는 개인주의적 관점, 제도 개혁주의적 관점, 구조주의적 관점, 후기구조주의적 관점을 들 수 있다.

이를 바탕으로 지역사회 정치개발은 두 가지 목표, 즉 대내적 목표와 대외적 목표를 달성하고자 한다(Ife, 2002: 182–191). 첫 번째 목표는 대내적 목표로서, 지역사회 내에서 권력이 공정하게 배분·유지·행사되도록 하는 것이다. 지역사회 내에 권력적 공정성이 확보되어 있지 않다는 것은 불평등과 억압이 있을 수 있음을 의미한다. 이는 주민의 화합과 협조를 전제로 하는 지역사회개발에 부정적인 영향을 미칠 수 있다. 두 번째 목표는 대외적 목표로서, 지역사회가 사회변화와 다른 지역사회와의 관계 등 지역사회의 외부 요인에 보다 효율적으로 적응하도록 지역사회의 능력을 향상시키는 데 초점을 맞추는 것이다. 지역사회가 사회변화에 적절하게 대응하지 못하거나 혹은 다른 지역사회와 관계에서 정치적 능력을 제대로 발휘하지 못하면 지역사회의 입지는 점차 약화될 것이다. 이러한 상황은 지역사회의 대외적 상황을 악화시키는 데 그치지 않고, 대내적 역기능을 확대시킬 수도 있다.

이러한 측면에서 지역사회 정치개발의 주요 분야에는 지역사회 내의 권력 배분 상태, 대내적 정치개발, 대외적 정치개발 등이 포함된다. 따라서, 이 장에서는 지역사회의 권력 배분을 인식하는 관점을 먼저 검토한 후에 대내적 정치개발과 대외적 정치개발에 대해 구체적으로 살펴보고자 한다.

제1절   지역사회 문제에 대한 인식의 관점

지역사회개발은 지역사회 문제를 해결하고자 하는 것이므로, 올바른 해결방법을 찾기 위해서는 정치적 측면을 포함한 다양한 측면에서 지역사회의 문제를 제대로 인식해야 한다. 지역사회의 정치적 측면의 문제를 인식하는 관점은 개인주의, 제도개혁주의, 구조주의, 후기구조주의로 분류할 수 있다.

1. 개인주의

개인주의는 개인의 결함으로 인해 지역사회의 문제가 발생한다고 주장한다. 따라서, 이 주장은 지역사회의 문제를 해결하는 방법으로 치료, 상담, 도덕적 훈계, 통제, 처벌 등과 같은 개인적 방법을 제안한다. 이에 대해 개인적 해결방법은 실효성에 문제가 있을 뿐만 아니라, 사회적 요소를 고려하지 않는다는 비판이 제기되고 있다. 즉, 개인의 힘으로는 어쩔 수 없는 사회적 요인이 존재하는데, 이에 대한 고려가 없다는 것이다. 예를 들어, 인종차별이 현실적으로 존재하는데, 개인의 힘으로 인종차별 문제를 해결할 수 있느냐고 반문하고 있다.

2. 제도 개혁주의

제도 개혁주의는 지역사회의 문제를 해결하기 위해 설립된 제도가 지역사회 문제의 원인이라는 입장이다. 예를 들어, 사회복지관은 저소득층 프로그램을 활성화시키고 주민을 단합시키는 등의 목적을 가지고 설립되었는데, 사회복지관이 문제를 발생시킨다는 것이다. 사회복지관의 현실을 보면, 전문인력과 재원이 부족하다. 따라서, 사회복지관은 상업용 프로그램 운영을 확대시키고 있다. 이에 대해 사회복지관에서는 나름의 이유를 제시할 수 있다. 전문인력과 재원이 부족한 상황에서 저소득층을 위한 프로그램 운영을 지속할 수 없기 때문에 중상층을 위한 상업용 프로그램을 운영하여 재원을 확충한 후 그 재원으로 저소득층 프로그램을 확대할 수 있다고 주장할 수 있다. 이러한 주장에도 불구하고 원래의 취지에 벗어난 방향으로 복지관을 운영한 것에 대한 비난을 피할 수 없을 것이다. 제도 개혁주의는 제도의 재조직화, 많은 자원 확보, 서비스 향상, 교육·훈련 강화 등을 해결책으로 제안하고 있다. 그러나, 여기에 대한 비판이 있다. 사회문제의 원인을 찾아 근본적으로 해결하기보다는 사회문제를 부분적으로 개량하는 데 초점을 맞춘다는 것이다. 즉, 땜질식 해결방법이라는 비판을 받고 있다.

3. 구조주의

구조주의는 지역사회 문제는 억압적이고 불평등한 사회구조에 기인한다고 주장한다. 계급, 인종, 성, 소득, 권력 등에서 억압적이고 불평등한 구조가 존재하는 것이 현실이라고 지적한다. 이러한 문제는 공동체가 형성되지 않았기 때문에 야기되는 문제라고 덧붙인다. 따라서, 구조주의자들은 이 구조적인 문제를 해결하는 방법으로 사회의 재조직화, 즉 사회구조 변화, 억압 원인 시정, 해방운동 등을 제시하고 있다. 이 해결방안들은 대부분의 정부들과 영향력 있는 사람들이 선호하지 않는 해법이기 때문에 실효성에 의문이 간다는 비판을 받고 있다.

4. 후기구조주의

후기구조주의에 따르면, 지역사회 권력은 언어를 통해 구축되는데, 이와 같은 '담론적 권력'이 구축되면 억압이 지속된다. 다시 말해, 언어의 사용, 의미의 전달, 지식의 축적, 동조 획득 능력 등을 통해 지역사회 권력이 구축되는데, 지역사회 권력이 구축되면 이러한 측면에서 장점을 보유한 사람들이 지역사회를 통제하고 지배한다는 것이다. 즉, 많이 배웠거나 말을 잘하는 사람들이 지역사회에서 더 많은 영향력을 행사하고, 덜 배웠거나 언어능력이 부족한 사람들은 그들의 통제를 받는다고 주장한다. 후기구조주의자들은 담론적 권력으로 인해 구축된 억압을 해체하기 위해서는, 담론과정을 끊임없이 재구축하고 사람들 간 지식과 언어를 공유해야 한다고 주장한다. 이에 대해 무엇을 하여야 하는가에 대한 구체적인 대안을 제시하지 못한다는 비판이 제기되고 있다. 예를 들어, 담론적 능력이 없는 사람, 아는 것은 많은데 표현력이 부족한 사람은 어떻게 하라는 것인지에 대한 명확한 해답이 없다는 것이다.

5. 지역사회 문제에 대한 종합적 인식

위에서 소개한 네 가지 관점들은 나름대로의 가치가 있지만 특정 측면을 강조하고 있음을 부인하기 어렵다. 전통적으로는 개인주의와 제도 개혁주의를 선호하였다. 이는 이 두 관점들이 현 질서 내에서 변화를 시도하기 용이하고 또한 기득권층의 이해관계에 도전하지 않기 때문이다.

그러나, 지역사회의 문제는 이 모든 관점들에서 접근하여야 함과 동시에 간과되기 쉬운 구조주의와 후기구조주의의 측면이 강조되어야 한다. 지역사회의 문제들을 면밀하게 분석하면 개인과 조직으로 인해 발생하는 문제들이 존재하는 것이 사실이다. 따라서, 개인적 측면과 조직적 측면에서 변화를 꾀하는 것도 중요한 방법임에는 틀림이 없다. 그러나, 개인적 문제와 조직적 문제가 아닌 문제들이 상존하는 것도 사실이다. 특히, 지역사회의 기본 구조가 변화되지 않으면 어떠한 변화를 추구하더라도 불공평한 상황을 개선시키지 못함을 인식해야 한다.

아울러, 지역사회에서 지배적인 담론적 권력이 영속되는 것을 방지함과 동시에 대안적 목소리를 낼 수 있는 공간과 기회를 제공해야 한다는 측면에서 후기구조주의의 입장이 무시되어서는 안 된다. 적어도, 지방행정정보를 공개하거나 지역사회개발 과정에 참여할 수 있는 기회를 확대하는 등의 노력은 반드시 있어야 한다.

제2절 대내적 정치개발

대내적 정치개발은 지역사회의 주요 정치적 이슈에 대해 객관적·비판적으로 분석하고, 지역사회의 부조리한 제도와 관행을 해소하며, 지역사회에 내재해 있는 불평등한 구조를 비판·개선하는 등 지역사회 내의 정치적 권력의 변화를 시도하는 데 역점을 두고 있다. 즉, 이는 사회정의적 관점에서 지역사회를 변화시키기 위해 정치적 힘의 상호작용을 객관적으로 분석하고 실천하는 것을 강조한다.

정치적으로 건전한 지역사회를 만들기 위해서는 합법성을 정당화하면서 법, 제도 등을 교묘하게 활용하는 사람들의 설 자리를 없애는 것이 중요하다. 이를 위해 대내적 정치개발은 지역사회 내의 다양한 활동과 의사결정과정에 지역사회 구성원들의 참여를 극대화하는 것을 강조한다. 지역사회 구성원들의 참여가 활성화될수록, 투명하지 않은 절차를 통해 몇 사람들 간의 은밀한 거래로 이루어지는 '밀실정치'와 '밀실행정'이 자리 잡기 어려워진다. 또한, 이러한 과정이 본격적으로 발생하기 시작하면 지역사회 구성원들의 참여 욕구와 참여 기회가 더욱 증대되는 '선순환'이 발생한다. 이는 '풀뿌리 민주주의'와 '책임 정치', '책임 행정'의 달성에 이바지할 것이다.

따라서, 지역사회의 정치문화를 굳건하게 구축하여 법과 제도의 악용을 막고, 지역사회 내의 정치적 불평등 혹은 억압을 분석·비판할 수 있는 지역사회 구성원들의 정치의식을 높이며, 지역사회의 의사결정과정과 지역사회개발 활동 등에서 민주적 절차를 확립하는 등의 노력이 있어야 한다. 에릭 리우와 닉 하나우어(2017)가 『민주주의의 정원』에서 강조하였듯이, 지역사회 구성원들은 훌륭한 정원사가 되어 나쁜 것을 솎아내고 좋은 것을 심어서 스스로 원하는 지역사회를 만들어야 한다.

📋 바람직한 지역사회를 위한 정원사 역할 ·

지금까지의 사회는 합리적인 인간과 보이지 않는 손에 의해 완벽한 균형을 이루는 사회, 즉 '기계형 지성'이 지배하는 사회이다. 완벽한 모델이어서 변화를 기대하기 어려우며 현재의 전 세계적인 정치적·경제적·사회적 위기에 대한 해결방안을 찾지 못한다. 그러나 '정원형 지성'은 인간을 비합리적 존재로 보면서도 사회를 위한 선의를 추구하기도 하는 변화하는 존재로 본다. 새로운 시각과 사고방식을 제공하는 '정원형 지성'은 수많은 실험 중에서 이로운 결과들을 수확하여 다시 키워나가는 것을 강조하기 때문에 새로운 사회 질서를 구축하고 작동하는 방식이다.

사회 공동체 속에서 사익을 우선시하는 개인주의와 이기주의는 어쩌면 당연한 것이지만, 사익만을 추구하는 사회는 지속불가능하며 그에 대한 대가를 받게 된다는 것을 지각해야 한다. 생각의 방향과 우리에게 무엇이 유리한지에 대한 개념은 변하며, 지금이 바로 그 변화의 한가운데이다. 진정한 사익은 공동의 이익임을 인식해야 한다.

시민의식을 가진 사회구성원들의 노력은 진정한 사익, 즉 공동의 이익을 추구하는 바람직한 사회를 만들 수 있다. 따라서, 구성원들은 위대한 정원사처럼 자신의 행동대로 사회를 만들고 발전시켜야 한다. 정원사들이 원하는 씨앗을 뿌리고 원하는 꽃을 심고 잡초를 제거하여 정원을 가꾸듯이, 사회구성원은 사회의 불합리, 부조리, 불평등을 솎아내어 모두가 잘살 때 개인도 잘살며 진정한 번영을 이룰 수 있음을 느껴야 한다. 따라서, 구성원들은 목표는 야심차게, 방식은 창의적으로, 평가에는 가차 없어야 하며, 성공의 축적과 실패의 축출에는 적극적이어야 한다. '정원형 지성'을 기반으로 앞으로 추진해야 할 정부의 형태는 'Big What, Small How'이다. 즉, 무엇(What)을 할 것인가에 대해서는 큰(Big) 정부, 어떻게(How) 할 것인가에 대해서는 작은(Small) 정부를 구축해야 한다. 정부의 역할은 개인적인 기회를 극대화하는 데 있으며 이는 신뢰, 협력, 공정, 정의, 기회균등을 최대화하는 데 있다. 이러한 역할을 할 정부는 '그들'이 아닌 '우리'이며 우리가 정부이다. 그래서 우리는 정부를 소유하고 있고, 그렇기 때문에 정부를 유지할 수도 있는 것이다.

결국, 뿌리는 대로 거둔다. 진정한 사익을 추구하는 시민의식을 가진 사회구성원들의 정원사와 같은 노력으로 공동체와 공동체 구성원 모두의 번영을 이룰 수 있다.

출처: 에릭 리우·닉 하나우어(2017)의 『민주주의의 정원』에서 일부 발췌·재서술

그러나, 대내적 정치개발이 쉬운 것만은 아니다. 지역사회마다 상황은 다르겠지만, 정치적 불평등이 고착화된 지역에서는 대내적 정치개발이 큰 장벽에 부딪혀 그 목적을 이루기가 쉽지 않을 것이다. 그럼에도 불구하고, 지역사회개발의 궁극적인 목적을 달성하기 위해서는 이러한 병폐를 개선하여야 한다. 따라서, 지역사회 주민들의 의식을 향상시키는 한편, 내부 의사결정 구조에 자율성과 민주성을 강화해야 한다. 이에 대해 살펴보면 다음과 같다.

1. 주민들의 정치의식 향상

지역사회 주민들의 정치의식을 향상시키는 것은 대내적 정치개발의 중요한 부분을 차지하고 있다. 의식 전환이 없으면 기존의 권력적 상태가 그대로 지속될 가능성이 높다. 주민들의 정치의식을 향상시키려면 심리적, 교육적, 정치적인 측면에서 주민들의 개인적인 노력이 무엇보다 중요하다. 특히, 개인적 요소와 정치적 요소를 결합하는 능력, 대등한 의사소통 관계, 경험의 공유 등의 측면에서 지역사회 주민들의 자각과 실천 의지가 있어야 한다.

1) 개인적 요소와 정치적 요소의 결합 능력

바람직하고 건전하게 운영되는 지역사회를 만들려면 불공정한 법과 제도 등을 개선시켜야 하는 것은 물론이고 일상생활 과정에서 나타나는 다양한 부

조리들도 시정하여야 한다. 예를 들어, 많은 나라에서 「남녀평등법」이 제정되어 시행되고 있지만 여전히 많은 나라들과 지역사회들에서 여성은 많은 불합리한 일을 겪고 있다. 오랜 기간 사회는 기본적으로 남성 중심으로 움직여서 여성이 겪는 일은 사소하고 개인적인 것으로 치부하는 경향이 있었음을 부인할 수 없다. 남성 중심의 사회에서 여성은 사회적 약자이기 때문에 여성이 겪는 일들은 사회와 법의 개입이 필요한 경우가 많다. 그럼에도 불구하고, 이러한 문제들을 여성 개인의 사적인 문제로 간주하여 국가와 사회가 개입하지 않으려 하고, 설령 개입하더라도 형식적으로 시늉만 하는 경우도 자주 발견되었다. 즉, 여성의 문제가 정치적으로 공론화되는 것을 반기지 않았다. 사회에서는 물론이고 가정 내에서도 여성은 공정한 대우를 받지 않는 경우가 많다. 정보·지식화가 진행되면서 여성의 권익이 많이 향상되고 있는 것도 사실이다. 정보·지식 사회에서는 감성이 중요하기 때문에 감성이 풍부한 여성의 역할이 증대된다고 하여, 혹자는 '3F(Female, Feeling, Fiction) 사회'라고 하고, 그런 의미에서 혹자는 '여성 상위사회'라고도 한다. 그럼에도 불구하고, 여전히 남성은 사회에서 일하고 여성은 가정을 돌보아야 한다고 생각하는 사람들이 적지 않다. 맞벌이 부부라고 하더라도 여성이 가사 생활에 더 많은 시간을 투자하고, 또한 가정 문제는 밖에서 알게 되면 수치스러운 것으로 보는 경향이 있다. 이러한 사고가 개선되지 않으면 여성이 겪는 많은 불평등한 일들은 개선되지 않는다.

여성도 지역사회 구성원이고 남성도 지역사회 구성원이다. 지역사회 구성원이라면 누구나 자신이 겪는 불평등이나 억압에 반대하고 이를 시정하도록 요구할 수 있다. 지역 정치는 지역사회의 주민들이 하는 것이다. 따라서 '개인적인 것이 정치적인 것'이 되어야 한다. 이를 위해 지역주민, 특히 여성은 개인적인 경험, 즐거움, 문제 등을 정치적 문제, 즉 지역사회의 구조와 연계할 수 있는 능력을 키워야 한다. 이는 '개인적인 것이 정치적인 것이다'라고 주장하는 페미니즘의 영향을 크게 받았다. 즉, '여성이 참는 것이 미덕'이라고 인식하여 지속적으로 참다보니 여성 인권이 위축되었음을 자각하고, 참는 것만이 미덕이 아니라 잘못된 것을 고쳐야 한다는 의식을 갖고 이를 실천할 수 있는 능력을 키워야 한다.

2) 대등한 의사소통 관계 형성

산업사회는 물질 중심의 사회라는 사실에 이의를 제기하는 사람은 없을 것이다. 물질 중심의 산업사회에서는 경제발전을 위해 사회적 역량이 총동원 되어 인간도 물질이나 기계처럼 관리·통제되었다. 그 결과 생산성이 높아졌고, 물질적으로 풍요하게 되었다. 그러나, 인간소외 현상이 나타나고, 인간관계가 기계적으로 무미건조하게 되며, 개인의 창의력과 개성이 존중받지 못하였다.

21세기는 인간중심의 사회가 되어야 한다는 주장이 힘을 얻고 있다. 특히, 지역사회는 공동체 형성을 중시하기 때문에 주민들 간에 인간적인 관계가 형성되어야 한다. 인간중심의 지역사회에서는 암기 위주의 단순한 지식보다 높은 수준의 종합력과 판단력이 요구되는 정보와 지식이 필요하다. 이에 따라 어느 때보다도 지역사회 주민들 간의 솔직하고 담백하며 공정한 대화가 필요하게 되었다. 이를 위해서 지역사회의 주민들은 누구나 다른 주민들을 배려하고 이해하여야 한다. 다른 주민들의 말에 귀를 기울여야 하고, 자신의 의견을 부드럽고 정확하게 전달해야 한다. 즉, 지역사회의 누구와도 동등하고 대등한 관계에서 의사소통할 수 있는 마음가짐과 태도를 갖추는 것이 중요하다. 강제적인 의사소통 관계는 안 된다. 대화하자고 하면서 정보를 주지 않거나 혹은 윽박지르는 행동을 해서는 안 된다. 대등한 의사소통이 이루어질 때, 주민참여가 확대되며 주민의 의식이 향상될 수 있다.

3) 경험 공유

지역주민 개개인의 소중한 경험을 지역사회가 공유하여야 한다. 개인적 경험을 공유하는 것은 집단의식을 형성하는 데 매우 중요하다. 특히, 앞에서도 지적했듯이 정보·지식 사회에서는 지역주민 개인이 자신의 암묵적 지식을 공개하여 지역사회의 명시적(형식적) 지식으로 전환하고, 이 명시적 지식에 대해 많은 지역주민들이 개인적으로 생각하고 고민하는 암묵적 지식으로 바꾼 후, 이를 다시 공개하여 명시적 지식으로 만드는 과정을 반복하는 것이 매우 중요하다. 이러한 과정을 거치면 한 주민의 암묵적 지식이 엄청나게 많은 명시적 지식으로 나타난다. 이는 지역주민 개인이 직접 겪어보지 못한 정치적 경험을 간접적으로 겪게 하고, 다른 지역사회의 정치적 경험을 들을 수 있게 하며, 이를 통해 다양한 정치적 상상을 가능하게 할 수 있다. 지역주민들 간에 개인적인 정치 경험을 공유하면 다음과 같은 점에서 지역사회의 정치개발에 긍정적인 역할을 한다.

첫째, 지역주민 개개인의 정치의식을 향상시킨다. 개인이 전혀 고려하지 않던 정치적 이슈를 생각하게 하고, 다른 주민들의 이견을 공유하게 하며, 그 이슈를 해결하는 방안에 대해 고민하게 한다. 이를 통해 정치의식이 향상될 수 있다.

둘째, 지역사회의 공동체 의식을 강화한다. 공동체 의식은 일반적으로 공통의 생활공간에 거주하면서 상호작용을 통해 형성된다. 정보·지식 사회가 도래하면서 사이버 공간의 중요성이 강조되고 지리적 공간의 중요성이 약화되고 있지만, 여전히 지리적 공간은 공동체 형성에 중요한 역할을 한다. 반면에, 공동체 의식을 형성함에 있어서 사회적 상호작용은 더욱 강조되고 있다. 동일한 지리적 공간 내에서 지역사회 주민들이 자신의 경험을 공유하는 것은 사회적 상호작용을 활성화시켜 공동체 의식을 형성하는데 이바지할 수 있다. 한편, 퍼트넘(Robert Putnam)은 공동체의 중요한 요소로 사회적 자본을 강조하는데, 사회적 자본이란 공유된 가치로서 상호성의 규범이 강조되는 것이다(로버트 퍼트넘, 2016). 공동체는 개인들 사이의 연계, 이로부터 발생하는 사회적 네트워크, 호혜성, 신뢰 등의 사회적 자본에 의해 형성된다. 따라서, 동일한 지리적 공간 내에서 지역사회 주민들이 자신의 경험을 공유하게 되면 사회적 자본이 증대되어 공동체 의식이 강화된다.

셋째, 지역사회가 가지고 있는 정치적 문제를 해결하는 창의적 아이디어의 원천을 풍부하게 한다. 창의적 아이디어는 다양한 경험과 폭넓은 삶의 지혜를 바탕으로 논리적 사고를 활용하여 현실에 대하여 깊이 고민하는 과정에서 나타날 확률이 높다는 것은 앞에서 지적하였다. 지역주민의 개인적인 직접 경험은 한정적일 뿐만 아니라 자신의 직접 경험에 지나치게 집착하면 고정관념에 사로잡히기 쉽다. 그러나, 지역주민이 다른 지역주민과 교류하면서 그들의 생각과 경험을 공유·이해하고 함께 지역사회의 정치적 현실에 대해 논리적으로 고민한다면, 이러한 개인적 한계를 타파하면서 지역사회의 정치적 문제를 해결할 수 있는 창의적 아이디어가 많이 창출될 수 있다.

📝 창의적 아이디어 창출을 위한 지적 능력 ·······················

창의적 아이디어는 현실 문제를 개선할 뿐만 아니라 세계, 국가, 지역사회, 개인을 발전시키는 원동력이 된다. 미국의 심리학자인 길퍼드(Guilford)는 창의적 아이디어를 창출하는 일곱 가지 지적 능력을 제시했다.

첫째, 문제를 이해하고 파악하는 능력이 있어야 한다. 즉, 문제를 민감하게 볼 수 있는 능력으로서, 문제에 대해 기존의 방식이 아닌 새로운 방식으로 탐색하는 것을 말한다. 둘째, 제한된 시간 내에 문제를 다양하게 생각하는 능력이 필요하다. 가능한 한 많은 방법으로 아이디어를 생각해내는 사고 능력으로서, 아이디어가 많을수록 창의적인 아이디어가 생성될 가능성이 높다. 셋째, 폭넓고 융통성이 있는 사고를 키우는 능력을 가져야 한다. 고정관념에 사로잡혀 기존의 틀에 얽매이지 말고, 융통성 있게 새로운 시각에서 해결책을 찾아내는 능력이다. 넷째, 정보를 분석하고 종합하는 능력이 있어야 한다. 문제와 관련된 다양한 정보를 수집하여 핵심 원인을 분석하고 원인과 대안을 종합하는 능력이 필요하다. 다섯째, 독창적인 사고 능력이 필요하다. 기존의 아이디어를 고집하지 않고 남들과 다른 독특하고 기발한 아이디어를 생각해내는 능력으로서, 창의적 아이디어의 궁극적인 목표는 독창성이다. 여섯째, 기존의 정의를 상황에 맞게 다시 정의하는 능력이 있어야 한다. 문제에 대한 기존의 개념을 다시 체계적·종합적으로 분석하고 개념들을 새로운 방식으로 결합하는 능력이다. 서로 연관성이 없어 보이는 것들을 연결하여 새로운 것을 만들어 내는 능력도 여기에 해당된다. 일곱째, 기존의 아이디어를 정교하고 새롭게 만들어 내는 능력이 필요하다. 즉, 특정 아이디어를 구체화시키면서 정교하게 다듬는 능력이다.

출처: Guilford(1967)의 『The Nature of Intelligence』에서 일부 발췌·재서술

2. 내부 조직화

내부 조직화는 지역사회가 자신의 지역 내의 문제를 해결하고 지역주민들의 삶의 질을 향상시키기 위해 주민들이 일정한 질서 내에서 유기적으로 활동하도록 결합하는 것이다. 즉, 이는 지역사회 공통의 문제와 주민들의 요구를 실현하기 위하여 주민들의 힘과 능력을 모으고 육성하고, 일시적이 아니라 지속적으로 공유하고 함께 행동하도록 하며, 지역사회 내의 다양한 집단들과 연대하고 협력하는 구조를 만들어 영향력을 강화하는 것이다. 이를 위해서는 지역사회 주민들의 자율적인 의사를 통해 '아래로부터'의 의사결정과 활동을 중시하는 구조를 구축하여야 한다. 다만, 지역사회가 지향하는 목표와 주민 개개인의 이해와 욕구가 충돌할 경우 내부 조직화가 어려울 수 있음을 유의해야 한다. 내부 조직화를 위해서는 무엇보다 민주적인 절차를 구축하고, 또한 참여를 원하는 모든 지역주민들에게 참여의 기회를 보장해야 한다.

1) 민주적 절차 확보

지역사회에서 이질성이 존재하는 것은 당연하다. 지역사회 주민들의 예를 들더라도 성, 나이, 가치관, 생각, 행동 등에서 이질성이 존재한다. 특히, 다문화사회를 맞이하여 인종적 다양성은 이질성을 더욱 확대시킨다. 따라서, 지역사회에서는 항상 경쟁과 갈등이 발생한다. 경쟁과 갈등의 상황 속에서 지역사회 공동의 문제를 해결하려면 주민들의 지속적인 관심과 적극적인 참여가 필요하며 다양한 의견을 존중하고 공정한 절차를 구축하며 자율적 합의 과정을 준수해야 한다. 이것이 민주적 절차의 가치이다. 따라서, 합의 결과도 중요하지만 합의에 이르는 과정도 중요하다. 폭력적인 방법으로 비폭력사회를 건설할 수 없는 것처럼, 과정은 결과를 결정하는 중요한 수단이다(Gandhi, 1982). 어떤 측면에서는 합의의 과정을 통해 다음과 같은 더 많은 것들을 얻을 수 있다. 첫째, 민주적 절차를 따름으로써 자신의 이익만을 고려하는 것이 아닌 다른 주민이나 지역사회의 이익을 중시해야 한다는 공익 추구적인 마음가짐과 자세를 배울 수 있다. 둘째, 민주시민으로서의 소양의식을 배울 수 있다. 합의의 과정은 민주주의가 무엇인지, 민주시민으로서 갖추어야 할 자질이 무엇인지, 타협이 얼마나 중요한지 등에 대해 지역사회 주민들이 느끼고 배우는 기회를 제공하기도 한다.

📝 과정의 중요성 ·

과정은 결과를 결정하는 매우 중요한 요소이다. 솔선수범하지 않고 다른 사람에게 명령하는 것은 좋은 일이 아니다. 모두가 지도자가 되어 다른 사람에게 명령한다면 아무 일도 할 수 없다. 그러나 지도자가 스스로 하인이 되면 그 누구도 자신을 지도자라고 주장할 수 없다. 폭력은 짐승의 법칙이고 비폭력은 인간의 법칙이므로, 비폭력사회를 건설하기 위한 정당한 방법은 비폭력이다. 비폭력은 약한 것이 아니라 인류가 활용할 수 있는 가장 강력한 힘이다. 폭력으로 얻은 것은 일시적일 뿐만 아니라 오직 폭력으로 지켜지기 때문에 폭력으로 얻은 승리는 패배한 것과 같다.

출처: Gandhi(1982)의 『An Autobiography or the Story of My Experiments with Truth』에서
일부 발췌·재서술

그래서 많은 지역사회들에서는 지역사회 정치개발의 목표가 무엇이며 그것을 달성하기 위해 어떤 방법을 선택할 것인가에 대해 주민들이 직접 참여하는 절차와 합의를 통해 결정하고자 노력한다. 그러나, 이질적인 주민들로 구성된 지역사회에서 민주적 절차를 구축하는 것이 쉬운 일은 아니다. 민주적이고 공정한 절차를 구축하려면 적어도 다음과 같은 노력이 있어야 한다.

(1) 주민에 대한 관용

다른 주민들을 존중하고 인정하는 관용의 자세가 필요하다. 상호 불신이 강한 지역사회에서는 경쟁과 갈등이 강하여 자신의 이익만 내세우는 경향이 강하다. 이는 지역사회와 지역사회개발이 진정으로 추구하는 것이 아니다. 지역사회는 주민공동체를 구축하는 것이 핵심 사항이고 지역사회개발은 주

민들이 참여하고 주도하여 지역사회를 살기 좋은 곳으로 만드는 과정임을 인지해야 한다. 따라서, 지역사회개발은 주민들 간 경쟁을 통한 '제로섬 게임(zero-sum game)'이 아니라 협동을 통한 '플러스섬 게임(plus-sum game)'을 전제로 하는 과정과 절차를 형성해야 한다. 즉, 주민들이 상호 인정하고 존중하며 함께 만든 질서를 준수하는 자세를 가지는 것이 중요하다. 이러한 경우에 민주적이고 공정한 절차가 확보될 수 있다.

(2) 대화와 타협 중시

다양한 지식과 정보를 가지고 사실을 확인하면서 자신의 입장을 충분히 밝히고 상대방의 입장을 충분히 이해하고 반영하는 대화와 타협의 자세가 중요하다. 상황이 좋을 경우에는 지역주민들이 지역사회 공통의 이익을 추구하는 데 동참하고 지역사회의 질서를 준수하려 한다. 그러나, 자신이 처한 상황이 어려울 경우에는 지역사회보다 자신을 먼저 생각하거나 갈등을 일으키는 경우가 빈번하게 발생할 수 있다. 그 어떠한 경우라도 상대방을 배척하지 않고 이해하면서 사실에 입각하여 대화를 나누면서 타협하고자 하는 마음가짐과 자세를 지녀야 한다.

(3) 다수결 원리 존중과 소수 의견 존중

다수결의 원리에 의해 결정된 결과를 따르면서 소수 의견을 존중하는 자세를 갖추어야 한다. 모두가 동의하는 의사결정이 가장 바람직하겠지만, 현실적으로 이를 기대하는 것은 무리이다. 따라서, 다수결의 원리가 필요하다. 다수결에 의해 결정된 사안은 누구나 따라야 한다. 자신의 의견과 배치된다고 해서 그 결정을 무시하거나 거부해서는 안 된다. 한편, 다수결의 원리에 지나치게 집착해서도 안 된다. 일반적으로는 다수의 의견이 맞는 경우가 많지만, 그렇지 않을 경우도 존재한다. 예를 들어, 힘 있는 사람의 편에 있는 사람들은 어떤 결정을 할 때 힘 있는 사람의 눈치를 보는 경우를 자주 보는데, 이때 다수에 속하고 싶은 심리를 이용하여 여론을 조작하는 경우가 자주 발생한다. 이는 다수결의 원리를 악용한 '다수의 횡포'이며 왜곡된 결정으로 이어질 가능성이 매우 높다. 따라서, 절대 다수가 찬성하더라도 소수의 동의를 얻기 위해 토론을 통해 설득해야 한다. 또한, 소수의 의견이 지역사회를 위해 매우 소중한 아이디어를 제공하는 경우가 있음을 명심해야 한다.

2) 의사결정과정에 동등한 참여

전통적인 지역사회의 의사결정과정을 보면 모든 주민들의 참여를 보장하는 것이 아니라 일부 주민들에게 배타적인 경우가 적지 않았다. 공식적이든 비공식적이든 의사결정과정에서 한번 배제당한 경험이 있는 주민들은 향후의 의사결정과정에 참여하기가 매우 어렵다. 이것이 반복되면 배제당한 주민들은 소외감을 느끼게 되고, 나아가서 반발감과 저항심이 생길 가능성이 매우 높다. 기본적으로 지역사회개발은 주민들의 참여를 극대화하는 과정을 중시한다. 즉, 지역사회개발의 목적은 모든 지역주민들이 지역사회의 다양한 절차와 활동에 적극적으로 참여하도록 하고 또한 참여를 통해 주민 개인과 지역사회의 밝은 미래를 구현하는 데 있다. 따라서, 지역사회 정치개발의 의사결정과정에 참여하고 싶은 주민들은 누구나 참여할 수 있게 하고 아울러 참여를 촉진하기 위해 아래와 같은 조치가 필요하다.

(1) 참여에 대한 긍정적 시각 구축

참여에 대한 시각이 변해야 한다. 시각의 변화는 지역사회 정치개발을 주도하는 선도자들과 지역사회 주민들 모두에게 필요하다. 선도자들은 주민들의 참여가 얼마나 중요한지를 인식해야 한다. 선도자들은 지역사회개발의 목표를 빨리 달성하기 위하여 결정 과정에 압력을 행사하거나 동조하는 주민들을 뒤에서 조정하거나 일부 주민들을 배제시키는 등의 유혹에 빠지기 쉽다. 이러한 방법은 단기적으로는 효율적일 수도 있지만, 결과적으로는 부정적인 영향이 훨씬 클 수 있다. 따라서 정치적 선도자들은 주민들을 동반자로 여기고 주민들의 협조가 있을 때 지역사회 정치개발이 소기의 목적을 진정으로 달성할 수 있음을 지각해야 한다. 또한, 지역주민들도 지역사회에 대한 주인의식과 지역사회 정치개발 전략에 대해 비판의식을 가지고 지역사회 정치개발과 관련된 다양한 활동에 적극적으로 참여하려는 의지가 있어야 한다.

(2) 정보 공개

지역사회 정치개발과 관련된 정보가 공개되어야 한다. 정보가 공개되지 않으면 참여 동기가 약해지고 참여의 실효성도 떨어진다. 그렇다고 해서, 주민들의 관심을 끌고 참여를 촉진하기 위해 전략적으로 거짓 정보 혹은 왜곡된 정보를 제공해서는 안 된다. 이는 동등한 참여를 위한 것이 아니라 목적 달성을 위해 참여를 조작하는 것이다. 절대 공개되면 안 되는 기밀을 제외한 모든 참된 정보를 주민들에게 공개함으로써, 주민들의 '알 권리'를 충족시키는 동시에 주민들의 다양하고 참신한 아이디어가 창출될 수 있는 기반을 확대시켜야 한다.

(3) 참여 비용 절감

지역사회 정치개발 의사결정과정에 참여하는데 필요한 비용을 낮추어야 한다. 참여 비용은 금전이 될 수도 있고, 시간이 될 수도 있으며, 노력이 될 수도 있다. 참여 비용이 무엇이든 간에 참여 비용이 높을수록 참여에 대한 동기부여가 약해진다. 따라서, 참여를 위한 홍보에 신경을 쓰고 또한 가능한 한 많은 주민들이 참여할 수 있는 방법과 장소를 선택해야 한다.

제3절 대외적 정치개발

모든 지역사회는 외부 환경과 단절된 상황에서는 발전을 기대하기 어렵다. 특히, 개방체제를 지향하는 현재의 상황에서 폐쇄된 지역사회는 발전은커녕 생존조차 어려울 수 있다. 따라서, 모든 지역사회들은 외부와 상호작용을 할 수밖에 없다. 대외적 정치개발이란 지역사회가 외부변화에 대응하는 능력을 향상시키는 것이다. 이를 위해서는 외부 환경에 대응할 수 있는 조직을 만들어야 하고 그 조직을 중심으로 외부 환경에 효율적으로 대응하는 활동을 수행해야 한다.

1. 대외적 조직화

내부 조직화가 지역 내부와 관련된 이슈를 해결하기 위한 조직화라면, 대외적 조직화는 외부적 상황에 대처하기 위한 조직화이다. 지역사회 정치개발이 그 목적을 달성하려면 내부의 다양한 문제를 해결해야 할 뿐만 아니라 다른 지역사회, 국가 혹은 다른 국가와의 관계에서 정치력을 발휘할 수 있어야 한다. 특히, 지역사회를 둘러싼 외부 상황은 수시로 변화하기 때문에 이에 효율적으로 대응할 수 있는 정치적 협상력을 가져야 한다. 지역주민 개개인이 대외적으로 목소리를 내거나 행동하는 것은 그다지 효과가 없다. 뜻이 같은 주민들을 모아 조직해야 더욱 효율적이다. 대외 대응력을 높이기 위한 조직화를 성공적으로 하려면 아래의 사항들을 고려할 필요가 있다.

1) 대외적으로 단합된 조직화

대외적으로 지역사회의 단합된 힘을 보여줄 수 있는 조직화이어야 한다. 지역사회는 이질적인 주민들로 구성되어 있기 때문에 다양한 생각과 행동이 나타날 수 있다. 특히, 대내적으로 민주적 절차와 공정한 참여를 중시하기 때문에 다양한 목소리가 권장되고 있다. 그러나 대내적 행동과 대외적 행동은 전략적으로 달라야 한다. 대내적으로는 포용과 참여를 최대한 보장하여 개인적으로 하고 싶은 말을 하게 하더라도, 대외적으로는 지역사회에서 합의된 사항을 준수해야 한다. 대외적으로 주민들이 개인적으로 하고 싶은 말이나 행동을 마음대로 하게 되면, 자중지란이 심각하게 발생하는 조직이 경험하는 어리석은 결과가 초래될 수 있다.

2) 업무수행 권한 부여

외부 환경에 효과적으로 대응하기 위해서는 특정 업무에 대한 전문능력을 가진 구성원들에게 그 업무를 전문적으로 수행할 수 있는 권한을 부여할 필요가 있다. 이들은 외부의 변화에 따라 신속하고 적절한 전략과 전술을 구사할 수 있기 때문이다. 다만, 특정 업무에 권한을 부여하는 만큼 그 결과에 대한 책임도 지도록 해야 한다.

3) 업무 간 조정·통합

개별 구성원에게 분담된 업무가 지역사회 전체적인 관점에서 가장 효과적으로 수행될 수 있도록 상호 조정·통합되어야 한다. 지역사회 정치개발의 목적을 달성하기 위해서는 관련된 다양한 업무를 추진해야 한다. 개별 업무를 그 분야에 전문적인 능력을 지닌 구성원에게 부여할 경우, 업무 간의 상이한 목표로 인해 마찰과 갈등이 발생될 수 있다. 헤쳐나갈 수 있을 정도의 마찰과 갈등은 지역사회의 건전한 발전에 도움이 될 수 있지만, 이겨내기 어려운 마찰과 갈등을 두고 볼 수는 없다. 따라서, 마찰과 갈등을 최소화하면서 협동적인 관계를 유지할 수 있도록 해야 한다.

2. 대외 활동 활성화

대외적 정치개발이 대외적 조직화에 그치면 의도한 목적을 달성하기 어렵다. 대외적 조직화는 지역사회 정치개발의 목적을 달성하기 위한 대외적 활동을 효과적으로 실행하기 위한 전제조건이다. 즉, 대외 활동을 위한 조직이 구성되어야 대외 활동이 힘을 받을 수 있다. 따라서, 대외적 조직화를 한 이후에는 그 조직을 활용하여 외부에 대응하는 활동을 적극적으로 촉진시켜야 한다.

대외 활동은 다른 지역사회와의 경쟁에서 이기기 위한 활동과 다른 지역사회와 협력하기 위한 활동으로 구성된다. 전통적으로는 경쟁에서 생존·발전하는 방안으로 많이 추진되었다. 예를 들어, 지역사회개발에 도움이 되는 기반시설인 공항, 항구, 도로, 산업시설을 유치하기 위해 다른 지역사회와 경쟁하거나 혹은 유동자본이나 첨단산업을 유치하기 위해 전 세계적 차원에서 다른 지역사회와 경쟁을 벌이는 경우가 많다. 또한, 지역사회 내·외의 환경을 파괴하는 행위를 중지시키는 대외 활동도 경쟁과 관련된 활동들이 많다. 예를 들어, 특정 지역에서 엄청난 양의 생활 쓰레기와 의료 폐기물 등을 불법으로 보관하거나 폐기하는 행위를 막으면 그것은 다른 지역에서 행해질 수 있다. 이를 막기 위해 지역사회들 간에 경쟁이 발생될 수 있다. 상대적으로 보면, 대외 조직화와 대외 활동이 활성화되는 분야는 환경 보전과 관련된 분야이다. 대표적인 예가 우면산 트러스트 운동이다.

📝 우면산 트러스트 운동 ●

서울 서초구 우면산 일대에 대한 개발 제한이 풀리자 난개발로 인해 자연경관이 훼손되고 환경오염이 발생될 수 있다는 우려가 높아졌다. 이에 자극을 받은 우면산 주변 주민들이 돈을 모아 개발 가능성이 큰 땅을 사들여 개발을 원천봉쇄하겠다는 취지로 2003년 6월에 시작된 환경보전운동이다. 우면산 트러스트 운동에 참여한 회원은 1만 8,146명이고 자발적 모금액은 14억 9,083만원에 이르렀다.

그러나, 대외 활동이 반드시 경쟁만을 위한 것은 아니다. 다른 지역사회와 협력관계를 맺는 것도 중요한 대외 활동이다. 협력적인 활동은 지역사회 내에 국한되는 것이 아니다. 다른 지역사회와 공통된 이슈가 있으면 같이 협력하는 활동이 활성화되어야 한다. 지역사회들 간의 관계는 경쟁의 관계라고 생각하기 쉽지만, 경쟁할 부분은 경쟁하고 협력할 분야는 협력해야 한다. 장기적인 관점에서 보면, 협력할 때 더 많은 것을 얻을 수 있다. 협력은 지역사회들 간은 물론이고 국가와의 관계 그리고 국제적인 관계에까지 확대될 수 있다. 예를 들어, 서울 시민의 주택에 대한 욕구를 충족시키기 위해 성남시의 협조 하에 위례신도시를 건설한 것, 여러 난관은 있었지만 서울시 서초구의 청계산에 서울추모공원을 만든 것 등은 주변 지역사회와 협력하여 이룬 사례들이다. 이외에도 다른 국가의 지역사회와 자매결연 등을 맺어 서로를 돕는 것도 협력적 활동에 속한다.

이처럼 대외 활동은 경쟁적일 수도 있고 협력적일 수도 있다. 그리고, 기본적으로 자신의 지역사회가 득이 되기를 바란다. 따라서, 쉽게 접근해서는 그 목적을 달성할 수 없을 뿐만 아니라 경우에 따라서는 이용을 당할 수도 있다. 그러므로 상당한 수준의 정치적 전략을 마련하고 실행에 옮겨야 한다.

06

지역사회 복지개발

제1절   지역사회 복지개발

1. 지역사회 복지개발의 등장 배경

지역사회의 복지가 중요하다는 점을 부인하는 사람은 없을 것이다. 최근 들어 나타난 중요한 변화들로 인해 지역사회의 복지는 더욱 중요하게 인식되고 있다. 이에 대한 몇몇 연구들은 지역사회의 구조적 변화, 사회인구학적 변화, 노인인구 증가와 가족구조의 변화, 사회복지체계의 변화, 지방자치제 실시를 주요 변화로 지적하고 있다(김현호 외, 2017: 45-48; 박원진 외, 2018: 33-36). 이러한 변화는 지역사회 복지개발의 필요성을 더욱 강조한다. 지역사회의 복지 수준을 향상시키기 위해서는 이를 위한 주민들의 자율적이고 역동적인 노력을 강조하는 지역사회 복지개발이 매우 중요한 역할을 수행하기 때문이다. 지역사회 복지개발이 중요한 이유를 살펴보면 다음과 같다.

첫째, 지역사회의 구조 변화가 지역사회 복지개발의 필요성을 증대시켰다. 산업사회가 진행되면서 경제적 이익에 지나치게 치중한 결과로 인해 지역사회에서 연대감과 공동체 의식이 크게 약화되었다. 이는 지역사회 내의 복지 문제를 복잡하게 변화시키면서 동시에 확대시켰다. 또한, 산업화로 인해 소득이 증가하고 교육 수준이 높아져서 의식이 변함에 따라 지역사회 주민들은 질적으로 높은 수준 그리고 양적으로 많은 복지서비스를 요구하면서 동시에 지역사회 복지 수준을 개선하기 위한 자율적이고 역동적인 노력을 강조하였다.

둘째, 인구통계학적 변화가 중요한 원인이 되고 있다. 인구통계학적 변화는 매우 다양하게 전개되고 있지만, 지역사회 복지개발과 관련된 주요 인구통계학적 변화는 노인인구의 증가, 가족구조의 변화, 의료수혜자의 증가 등이다. 먼저, 평균수명의 연장으로 인해서 고령화가 급속하게 진행되고 있다. 그런데, 고령자는 소득과 건강상의 문제를 겪을 수밖에 없기 때문에 노인복지서비스가 주요 이슈로 등장하였다. 가족구조는 대가족중심에서 소규모화 또는 핵가족화로 빠르게 변하고 있다. 1인 가구, 한부모가구, 비혈연가구 등이 확대됨으로써 이들에게 적합한 복지서비스가 필요하게 되었다. 또한, 사회적 기능상 중요한 장애 혹은 문제를 가진 주민들이 늘어나고 있다. 예를 들어, 지적장애, 신체장애, 심각한 의료문제 등을 가진 주민들이 증가하고 있고 또한 이들에 대한 관심이 높아지고 있다.

셋째, 복지서비스체계가 변화하기 때문에 지역사회 복지개발이 관심을 받는다. 복지서비스체계는 시설 중심에서 재가 및 지역사회 중심으로 변하고 있고 또한 공급자 중심에서 수요자 중심으로 변하고 있다. 이러한 변화는 지역사회 복지시스템에 큰 변화를 요구한다. 예를 들어, 지역사회 내에서 복지욕구가 증대함에 따라 복지시설을 개방하여 지역사회 구성원들과의 상호작용을 강조해야 하고, 복지시설 내에서의 집단생활이 사회 적응력을 약화시키기 때문에 탈시설화에 대한 관심이 높아지고 있다. 또한, 재가복지서비스에 대한 요구와 관심이 크게 증대되고 있다. 이러한 변화는 지역사회 복지서비스체계에 대해 전반적으로 검토한 후에 개선할 것을 요구하기 때문에 지역사회 구성원들의 합의를 기반으로 한 적극적이고 역동적인 노력을 필요로 한다.

2. 지역사회 복지개발의 의미

지역사회복지는 지역사회와 복지의 합성어로서 지역사회 차원에서의 복지를 의미한다. 지역사회 자체가 다양한 의미를 지니고 여러 기능을 수행하기 때문에 지역사회 복지도 매우 포괄적인 개념이다. 지역사회 복지는 사회복지라는 보다 광범위한 개념과 동일한 것으로 혼동되어 사용되기도 하고, 대상층 중심의 복지가 아니라 지역성을 강조한 복지로 사용되기도 하며, 또한 개인복지·가정복지 등과 대립적인 위치에 있는 것이 아니라 사회복지의 연속선 상의 다른 위치에 있으면서 상호 보완적 관계에 있는 개념으로 이해되기도 한다(이영철, 2014). 지역사회복지에 대한 몇몇 정의를 살펴보면 다음과 같다.

이영철(2014: 25)은 지역사회복지를 지역사회의 주요 제도가 의도한 사회적 기능을 제대로 수행하도록 하는 노력으로서 지역사회의 특정 분야가 아니라 환경개선, 주민 조직화, 재가 복지 등을 포함한 주민의 생활과 관련된 다양한 분야에서 해당 전문가들과 자원봉사자들에 의해 수행되는 활동이라고 정의하고 있다. 김윤재 외(2016: 22)와 김현호 외(2017: 41)에 의하면, 지역사회복지는 지역사회 주민들의 복지를 향상시키기 위해 전문가 혹은 비전문가들이 지역사회에 개입하여 지역사회 내의 여러 제도에 영향을 주고 지역사회의 문제를 예방하고 해결하고자 하는 일체의 조직적·비조직적 노력이다. 박원진 외(2018)는 지역사회 내에서 사회복지를 필요로 하는 개인이나 가족 등의 삶의 질을 향상시키기 위해 지역사회 자원을 활용할 수 있도록 조직을 통합하고 다양한 지역사회시스템을 확보하여 운영하고 개선하려는 전반적인 사회활동을 지역사회복지라고 정의하였다. 강영숙 외(2019)에 따르면 지역사회복지는 더불어 살기 좋은 지역사회를 실현할 목표를 가지고 지역사회 자체를 변화시키거나 혹은 전문적인 개입을 통해 지역사회 주민들이 스스로 삶의 질을 향상시킬 수 있도록 도와주는 것이다.

지역사회 복지개발은 지역사회복지와 개발의 합성어이다. 앞에서 개발은 바람직한 변화를 추구하는 역동적인 노력 혹은 활동이라고 정의한 바 있다. 지역사회복지에 대한 정의와 개발에 대한 정의를 종합하면, 지역사회 복지개발이란 지역사회 주민들의 복지를 향상시키기 위해 지역사회 혹은 지역사회 주민들이 스스로 지역사회 내의 다양한 제도들과 활동들을 바람직한 방향으로 변화시키려는 자율적이고 협조적이며 역동적인 노력이다. 즉, 지역사회 복지개발은 지역사회 전체의 이익과 주민들의 복지를 향상시키기 위해 주민 수요충족과 관련된 제도와 활동을 변화시키는 데 초점을 두고 아울러 수요충족 과정에서 주민들의 자율적이고 적극적인 역할을 촉진하는 방법을 중시한다.

3. 지역사회 복지개발의 세부 목적과 특성

1) 지역사회 복지개발의 세부 목적

지역사회 복지개발은 지역사회개발의 주요 영역이다. 지역사회 복지개발의 목적을 추구하는 것은 자신의 지역사회를 보다 더 살기 좋은 곳으로 만들려고 하는 지역사회개발의 목적을 달성하기 위한 수단적 가치를 가진다. 지역사회 복지개발의 목적은 지역사회 주민들의 자율적이고 자발적인 노력을 통하여 자신들의 복지를 향상시키는 데 있다.

발독은 지역사회 복지개발의 구체적인 목적으로 경제발전, 합의 촉진, 대인봉사 지원, 시민권 행사 교육, 사회·정치제도의 변화를 제시하였다(Baldock, 1974: 23-34). 경제발전 목표는 자조적·협동적 노력으로 지역사회 주민들에게 경제적 이익을 보장하는 것이고, 합의 촉진 목표는 지역사회에 화해 분위기를 조성해서 주민들의 갈등을 조정하는 것이다. 대인봉사 지원 목표는 의사 등과 같은 전문가들을 봉사에 참여하도록 하는 것이고, 시민권 행사 교육 목표는 지역사회 주민들에게 토론 교육을 통해 주민의 역량을 강화시키는 교육을 제공하는 것이며, 사회·정치제도의 변화 목표는 사회변화에 맞추어 지역사회복지를 활성화할 수 있도록 사회·정치제도를 변화시키는 것이다.

던함은 과업중심 목표, 과정중심 목표, 관계중심 목표를 제시하였다(Dunham, 1970: 51-53). 과업중심 목표는 지역사회의 공통적인 욕구를 충족시키고, 공통욕구와 자원 간의 조정과 균형을 도모하는 것이다. 과정중심 목표란 지역사회 주민들의 참여 능력, 자조 능력, 협동 능력을 개발, 강화, 유지하도록 도와 그들이 문제에 보다 효과적으로 대처할 수 있도록 지원하는 것이다. 관계중심 목표는 지역사회와 집단들 간의 관계와 의사결정권의 분배에 변화를 야기하는 것을 말한다.

로스만은 지역사회 복지개발의 세부 목표를 과업중심 목표와 과정중심 목표로 구분하였다(Rothman, 1974; 12-21). 그에 따르면, 과업중심 목표는 구체적인 사업을 완성하거나 지역사회의 기능과 관련한 문제를 해결하는 데 관심을 두는 것으로서 서비스를 제공하거나 새로운 서비스를 강구하는 것이다. 과정중심 목표는 지역사회 복지개발 체제의 유지와 기능을 강화하려는 것이다. 구체적으로는 지역사회 내의 집단들 간의 협동적 관계를 수립하고, 지역사회 문제들을 해결하기 위한 자치적 구조를 구축하며, 문제 해결 역량을 향상시키고, 지역사회의 일에 대해 주민들의 관심과 참여를 유도하며, 지역사회의 공동사업에 협력적인 태도를 촉진시키고, 지도력을 향상시키는 것이다.

펄만과 구린은 세부 목표를 참여와 통합의 강화, 문제대처 능력의 함양, 사회 조건과 서비스의 향상, 이익 집단의 이익증대라고 하였다(Perman & Gurin, 1972: 37-51). 참여와 통합의 강화란 지역사회 내의 모든 집단들이 자신들의 의사를 표현하도록 격려하고, 효과적인 상호작용을 통해 지역사회 문제들을 개선하는 방안에 합의하도록 하는 것이다. 문제대처 능력의 함양이란 의사소통과 상호작용의 수단을 향상시켜 지역사회 내·외의 환경변화에 대처할 수 있는 능력을 갖도록 하는 것이다. 사회 조건과 서비스의 향상은 지역사회 내의 문제를 찾아내고, 문제를 해결하거나 예방하기 위한 효과적 서비스와 방법을 개발하는 것이다. 이익 집단의 이익증대는 지역사회의 주요 결정과정에 주민의 참여를 증대시킴으로써 지역사회 내의 이익 집단들이 받을 재화와 서비스를 증대시키는 것이다.

이들의 의견을 종합하여 고려하면, 지역사회 복지개발은 다음과 같은 세부 목표를 갖는다. 첫째, 지역사회의 복지문제와 지역사회 주민들의 공통적인 복지 욕구를 충족시켜야 한다. 둘째, 지역사회 구성원들의 공동체 의식을 강화해야 한다. 셋째, 지역사회 구성원들의 복지 문제 해결 능력을 향상시켜야 한다. 넷째, 지역사회의 복지 관련 의사결정과정과 활동에 주민들의 참여를 촉진시켜야 한다.

2) 지역사회 복지개발의 특성

지역사회 복지개발의 특성에 대해서는 많은 연구들이 비슷한 입장을 보이고 있다. 대표적인 특성은 예방성, 종합성·전체성, 연대성·공동성, 지역성이다(전남련 외, 2013: 28-30; 이영철, 2014: 30-32; 박원진 외, 2018:22-24; 강영숙 외, 2019: 27-29).

첫째, 예방성의 특성을 가진다. 지역사회 복지개발은 지역사회 내의 복지 욕구 혹은 해결하지 못한 생활문제를 조기에 발견하여 대응함으로써 예방적 특징을 보인다. 이를 위해서는 지역사회 구성원들의 참여가 필수적이고 네트 워크가 구축되어야 한다.

둘째, 종합성·전체성의 특성을 보인다. 지역사회 주민들의 생활은 정치 적 측면, 복지적 측면, 경제적 측면, 교육적 측면, 문화적 측면 등과 같이 개 별적인 측면으로 명확하게 분리되기 어렵다. 지역사회 복지서비스를 제공하 는 공급자의 입장에서는 개별 서비스를 분리하여 제공하는 것이 편하겠지만, 주민들의 입장에서 보면 개별적이고 단편적인 서비스는 많은 불편을 야기한 다. 따라서, 지역사회 복지개발은 종합적으로 그리고 전체적으로 주민들에게 복지서비스를 제공해야 하는 특성을 가져야 한다. 종합성이란 공급자 측면의 특성을 나타내는 것으로서, 복지서비스를 제공하는 여러 기관들이 네트워크를 구축하여 주민들에게 패키지화해서 혹은 원스톱으로 복지서비스를 제공하는 것을 일컫는다. 전체성은 이용자 측면의 특성으로서, 주민들의 일상생활과 밀 접하게 관련된 전반적인 분야가 포괄적으로 다루어져야 한다는 의미를 가지고 있다.

셋째, 연대성·공동성의 특성을 지닌다. 지역사회의 복지 문제에는 주민 개개인의 활동으로 해결하기 곤란한 주민 공통의 과제들이 매우 많다. 이러한 과제들을 방치하면 지역사회의 복지 수준이 낮아지는 것은 자명한 일이다. 따 라서, 지역사회 복지개발은 이러한 과제들을 해결하기 위하여 주민들이 연대 를 형성하고 공동의 행동을 촉진하려는 특성을 가지고 있다.

넷째, 지역성을 가진다. 지역사회 복지는 기본적으로 주민들의 생활권역 을 기초로 한다. 생활권역이란 주민 생활의 장소이면서 동시에 활동의 장소이 다. 따라서, 지역사회 복지개발은 복지서비스의 생활권역을 파악할 때 실질적 인 거리뿐만 아니라 심리적인 거리까지 포함할 필요가 있다.

제2절 지역사회 복지개발의 주요 내용

지역사회 복지개발은 지역사회 주민들이 원하는 복지 수요를 충족시키고 지역사회의 전반적인 복지 수준을 높이기 위한 주민들의 협동적이고 자조적이며 자율적이고 역동적인 노력이다. 주민들은 질적으로 높은 수준 그리고 양적으로 많은 복지서비스를 요구하기 때문에 현재 아무리 좋은 지역복지서비스체제를 갖추고 있는 지역사회라고 하더라도 주민들의 변화하는 복지 욕구를 충족시키는 데는 역부족을 느낄 수밖에 없다. 따라서, 지역사회 주민들이 원하는 복지사회를 구현하기 위해서 지역사회 복지개발은 다양한 분야에서 다양한 내용으로 진행되어야 한다. 그중에서 지역사회 복지개발의 핵심 내용이 되어야 하는 것을 살펴보면 다음과 같다.

1. 주민이 원하는 복지수요 충족

1) 주민 복지수요 충족의 중요성

지역사회개발은 지역사회와 주민들이 원하는 욕구를 충족시키는 것을 목적으로 하고 있다. 이러한 관점에서 볼 때, 지역사회 복지개발은 지역사회 주민들이 원하는 복지 욕구를 충족시켜야 한다. 주민들이 원하는 복지 수요가 아닌 관, 선도자, 전문가 혹은 일부 유력 지역사회 인사들이 원하는 복지 수요를 충족시키는 데 초점을 맞추게 되면, 궁극적으로 지역사회 혹은 지역사회 주민들의 복지 수준이 향상되지 못할 수도 있다.

그리하여 주민들의 다양해지고 있는 복지수요를 충족시키기 위해서 다양한 복지프로그램들을 모색·실시하는 새로운 기관들이 생겨나고 있다. 예를 들면, 서울 시민들의 주거복지에 대한 수요를 충족시키기 위해 'SH 서울주택도시공사'를 설립하였고, 문화복지 수요를 충족시키기 위해 서울시 성북구는 '아리랑시네센터'를 만들었으며, 육아정보를 요구하는 목소리가 높아지자 서울시 서초구는 '반딧불센터'를 만들어 그 수요에 대처하고 있고, 건강에 대한 수요가 증가하자 전국의 많은 지역사회는 '건강생활지원센터'를 설립하였으며, 고용에 대한 수요를 충족시키고자 경기도 평택시는 '종합고용지원센터'를 만들었다.

2) 유의할 점

이처럼 많은 지역사회는 지역사회 내의 다양한 복지 수요들을 충족시키려는 노력을 기울이고 있지만, 문제점들도 상존하고 있다. 가장 중요한 문제점은 복지서비스 공급에만 초점을 맞춘 나머지 구조적 이슈를 간과한다는 점이다. 지역사회별로 계급, 성, 인종 등의 사회구조적 문제는 매우 다양하게 나타난다. 이는 지역사회별로 복지 수요를 다르게 할 수 있다. 따라서, 사회구조적으로 불평등한 문제를 분석하고 불평등한 대접을 받는 주민들의 복지 문제를 해결하려는 노력이 있어야 한다.

또한, 영향력 있는 일부 지역사회 인사들만을 대상으로 복지 수요를 파악해서는 안 된다. 지역사회 주민들 전체를 대상으로 복지 수요를 조사하여야 한다. 특히, 저소득계층 혹은 소외계층의 복지 수요를 파악하기 위한 노력은 반드시 있어야 한다.

2. 지역사회 복지 활동의 중심기구 확보

1) 사회복지관의 정의

지역사회에서 복지 활동을 수행하는 중심기구는 근린관(neighborhood center), 지역사회센터, 사회복지관 등이다. 우리나라에서는 사회복지관이 지역사회 복지 활동의 중심기구 역할을 수행한다. 사회복지관이란 지역사회 내에서 일정한 시설과 전문인력을 갖추고 지역사회 주민들의 협력적 참여와 지역사회의 인적·물적 자원을 동원하여 지역사회 복지문제를 예방하고 해결하기 위해 종합적으로 복지사업을 수행하는 사회복지시설이다. 사회복지관의 목표는 복지서비스를 원하는 모든 지역사회 주민들을 대상으로 복지서비스를 제공하고 여러 지역사회 문제들을 예방·치료함으로써 주민들의 복지를 증진시키는 것이다.

사회복지관의 주요 사업은 가족복지사업, 지역사회 보호사업, 지역사회

조직사업, 교육·문화사업, 자활사업 등이다. 가족복지사업은 가족관계를 증진시키고, 가족기능을 보완하며, 가정 문제를 해결·치료하고, 부양가족을 지원하며, 다문화가정·북한이탈주민 등을 지원하는 사업이다. 지역사회 보호사업은 급식서비스, 보건의료서비스, 경제지원, 일상생활지원, 정서서비스, 일시보호서비스, 재가복지봉사서비스 등과 같은 세부 사업을 수행하는 사업이다. 지역사회 조직사업은 복지 주체들 간의 네트워크를 구축하고, 주민조직을 육성하며, 자원봉사자를 양성하고, 후원자를 개발·관리하는 등의 사업이다. 교육·문화사업은 아동·청소년 기능교육사업, 성인 기능교육사업, 노인 여가·문화사업, 문화복지사업 등으로 구성된다. 자활사업은 직업기능훈련사업, 취업알선사업, 직업능력개발, 자활공동체 육성사업 등을 수행하는 사업이다.

2) 사회복지관의 문제점

사회복지관은 지역사회의 모든 주민들의 복지 욕구를 충족시키기 위한 목적을 가지지만, 특히 저소득계층이나 소외계층이 필요로 하는 복지서비스 혹은 다양한 사회프로그램들을 제공함으로써 이들이 필요로 하는 욕구를 충족시키고 또한 일상생활을 영위할 수 있도록 지원하는 데 초점을 두고 있다. 그럼에도 불구하고 현재의 사회복지관은 다음과 같은 문제를 보이고 있다.

첫째, 재정적으로 매우 열악한 상황에 처해 있다. 사회복지관이 맡은 사업을 수행하는 데 있어서 가장 중요한 요소 중의 하나가 재정이다. 그런데 사회복지관의 재정은 국고에 많이 의존하고 있으며, 재정 운영비 지원은 실제 필요경비의 약 절반 정도에 밖에 되지 않는 수준이다. 이는 사회복지업무를 수행하는데 필요한 인력의 최저인원의 인건비에도 못 미치는 수준이다. 따라서, 후원금 혹은 사업 수입에 의존하는 실정이다. 후원금에도 한계가 있는 상황이어서 자체적인 프로그램들을 운영하는데, 영리적인 프로그램들이 확대되고 있는 실정이다. 이로 인해 저소득층이나 소외계층을 위한 프로그램들의 수가 감소되어서, 이들의 욕구가 도외시되고 상대적 박탈감이 더욱 커지는 문제가 발생될 수 있다. 이는 지역사회의 통합이나 지역공동체의 구축에 부정적인 요인으로 작용할 수 있다.

둘째, 사회복지관의 전문성이 약하다. 사회복지관의 프로그램들을 직접 운영하는 사회복지사들이 받는 처우가 매우 열악하여 이들의 사기가 저하된 상황이고, 이로 인해 사회복지관 프로그램들의 질적 수준이 낮은 실정이다(박원진 외, 2018: 283-284). 즉, 지역사회의 특성과 주민들의 욕구를 반영하는 전문적이고 특화된 프로그램이 부족하다.

셋째, 사회복지관이 주로 대도시에 많이 설치되어 있다. 지역별 평균 소득을 보면 대도시의 평균 소득이 높은 편이다. 이는 저소득지역의 복지를 향상시킨다는 본래의 목적에 위배되는 것이다. 더구나, 국고 혹은 후원금 등의 지원으로 운영되면서 상대적으로 소득수준이 높은 지역사회의 주민들에게 복지서비스를 제공하는 것은 논란의 소지가 있다.

넷째, 사회복지관이 획일적으로 설치되어 있다. 예를 들어, 영구임대아파트단지의 복지관은 획일적인 모양이나 공간구조를 보이고 있고 면적도 매우 협소하다. 이로 인해 지역적 특성을 고려한 보다 효율적인 서비스를 제공하기 어렵다.

3) 사회복지관의 나아갈 방향

현대 사회에서 복지의 필요성과 중요성은 누구나 인지하고 있다. 하지만 지역사회에서 복지서비스를 제공하는 구심점이 되어야 할 사회복지관은 위와 같은 문제들을 안고 있다. 사회복지관의 나아갈 방향은 다음과 같다.

첫째, 국가와 지역사회가 재정 압박을 받고 있는 상황에서 사회복지관에 재정적 지원을 확대하는 것을 기대하는 것은 매우 어렵다. 또한 수익사업에 치중하는 것도 설립 취지를 위배하는 것이다. 따라서, 다른 방법을 동원해서 사회복지관을 활성화하여야 한다. 지역사회 내의 다양한 기관, 단체, 개인들의 네트워크를 구축하고 활성화하여 지역사회의 복지 문제를 지역사회의 모든 구성원들이 인식하고 이를 해결할 수 있는 역량을 강화하도록 해야 한다.

둘째, 사회복지관의 전문성을 향상시키려면 무엇보다 사회복지사들 스스로 업무와 관련된 전문 지식을 습득하여 이를 사회복지프로그램에 적용하고 그 결과를 환류할 수 있는 역량을 갖추도록 노력하여야 한다. 그러나, 사회복지사들은 낮은 보수와 과다한 업무에 시달리고 있는 것이 현실이기 때문에 개인적인 노력만으로는 한계가 있다. 따라서, 사회복지관 차원에서 전문성을 높일 수 있는 다양한 교육프로그램에 참여할 수 있는 기회와 습득한 지식을 실천현장에 적용할 수 있는 기회를 제공하여야 한다.

셋째, 사회복지관을 가장 필요로 하는 지역사회부터 사회복지관을 설치하여야 한다. 사회복지관의 필요성에 대해 전국의 지역사회를 대상으로 객관적이고 공정한 조사를 할 필요가 있다. 특히, 대도시 내의 사회복지관에 대해서는 면밀하게 존립 여부를 검토하여야 한다. 이 결과를 기반으로 사회복지관에 대한 수요가 높은 지역에 우선적으로 설치하도록 해야 한다.

넷째, 사회복지관은 복지서비스를 제공하는 최일선기관이다. 따라서, 지역사회 주민들이 어떠한 복지서비스를 원하는지를 가장 잘 파악할 수 있다. 따라서, 지역사회 주민들에게 '보여주기'식으로 사회복지관을 운영하는 것에서 탈피하여 지역사회의 복지적 특성을 반영할 수 있는 방식으로 사회복지관이 운영되어야 한다. 이럴 경우에 사회복지관은 지역사회의 구심점이 될 수 있을 것이다.

3. 민주적인 지역사회 복지개발 과정 확립

효율적인 지역사회 복지개발을 위해서는 풀뿌리 차원의 개발과정을 확립하여야 한다. 제4장에서 살펴본 바와 같이, 지역사회 복지개발과정은 지역사회 진단과 의제 설정, 대안 결정, 실행, 평가로 나눌 수 있다. 이에 대해서는 제4장에서 구체적으로 살펴보았으므로, 여기에서는 지역사회 복지개발의 모든 과정을 민주적인 과정으로 만들기 위한 노력에 대해 간략하게 검토하기로 한다.

첫째, 지역사회 복지개발은 궁극적으로 지역사회 주민들이 원하는 복지욕구를 충족시켜서 지역사회의 복지 수준을 향상시키는 것이다. 따라서, 주민들을 대상으로 어떠한 복지서비스를 원하는지 그리고 어느 정도의 수준을 원하는지에 대한 조사가 선행되어야 한다.

둘째, 주민들에게 제공할 복지서비스 분야와 정도가 결정되면 이를 실행에 옮길 방안을 모색해야 한다. 방안을 탐색하는 방안들은 제4장에서 언급한 바와 같이 다양하지만, 결코 제외해서는 안 되는 방안이 실행방안을 탐색하는 과정에 주민들을 참여시키는 것이다.

셋째, 집행과정에서는 현장의 목소리를 직접 들으면서 앞선 단계에서 결정된 실행 대안을 수정할 수도 있기 때문에 전통적으로 선호하던 '하향식(top-down)' 방법보다 실행과정에 대한 주민들의 의사를 바탕으로 하는 '상향식(bottom-up)' 방법을 고려하는 것이 민주적인 개발과정에 더욱 부합한다. 또한 집행과정에 지역사회 주민들이 적극적으로 참여하도록 유도하는 다양한 방안들을 시도해야 한다.

넷째, 집행의 결과를 평가할 때도 지역사회 주민들의 만족도를 적극적으로 반영하여야 한다. 물론, 평가의 기준으로 만족도만을 사용하는 것은 곤란하지만, 필요한 여러 기준들을 적용하면서 만족도도 활용하는 것이 좋다. 만족도를 활용한다는 것은 주민들의 복지서비스 요구에 어느 정도로 잘 대응했는지를 평가하는 것이기 때문이다.

다섯째, 전문가는 지역사회 복지개발 전체 과정을 촉진·지원하는 역할을 하여야 한다. 일반적으로는 지역사회개발 그리고 지역사회 복지개발을 위한 과정들이 관이나 전문가가 주도하고 있는 실정이다. 그러나, 지역사회 주민들의 복지서비스 욕구를 효율적이고 효과적으로 충족시키기 위해서는 모든 과정의 활동이나 절차가 민주적이어야 한다. 이 과정을 전문가가 주도하면 전문지식이 부족한 주민들이 설 자리는 좁아질 수밖에 없다. 따라서, 이 과정을 전문가가 아닌 주민들이 주도하도록 해야 한다. 그렇다고 전문가가 필요 없다는 의미는 아니다. 전문가는 주도적인 입장이 아니라 간접적으로 지원 혹은 후원하는 입장을 취하는 것이 바람직하다.

4. 주민복지공동체 형성

1) 주민복지공동체의 정의

주민복지공동체란 주민복지와 주민공동체의 합성어이다. 따라서, 주민복지공동체는 지역사회를 기반으로 주민들의 복지 수요를 해결하기 위하여 지역사회 주민들이 긴밀하게 상호작용함으로써 정서적 유대감을 구축하는 것을 말한다. 이는 지역사회 내의 다양한 복지 문제들을 주민들 간의 관심, 호혜, 협동, 나눔, 배려 등의 공동체적 가치를 통해 해결하고자 하는 것이다.

2) 주민복지공동체의 필요성

복지서비스에 대한 수요가 질적으로 높아지고 양적으로 확대됨에 따라 복지 분야의 지출은 빠르게 증가하고 있으나, 국가와 지역사회의 재정건전성은 지속적으로 악화되고 있다. 따라서, 복지정책을 통해 지역사회의 복지 수준을 향상시키는 것은 상당한 정도의 난관에 부딪칠 것이다. 이러한 한계를 해결하기 위해 정부부문과 민간부문의 협력체제를 주장하기도 했지만, 민간부문의 참여가 원하는 정도로 활성화되기는 어렵다. 이를 해결하기 위한 전략적 방안들 중의 하나가 주민복지공동체를 구축하는 것이다. 특히, 주민복지공동체가 활성화될 경우 다음과 같은 여러 순기능들이 유발될 수 있다.

첫째, 주민들 간의 상호부조를 통해 복지서비스를 제공하는 과정에서 복지정책에서 발생되는 복지 사각지대를 보완할 수 있다. 복지정책은 모든 지역사회의 특별하고 세세한 특성까지 반영할 수 없기 때문에 모든 지역사회에는 복지정책의 수혜에서 제외되는 사각지대가 존재할 수밖에 없다. 그러나, 주민복지공동체는 지역사회 주민들이 주도하면서 지역사회 복지 문제들을 해결하는 것이기 때문에 지역사회 내에 존재하는 복지 사각지대를 파악하기가 용이할 뿐만 아니라 이 사각지대를 지원하기 위한 활동을 펼칠 수 있다.

둘째, 주민복지공동체가 구축되면 복지수혜자는 지역사회의 다른 측면에서는 생산자 역할을 할 수 있기 때문에 수혜자의 자존감이 향상될 수 있다. 주민복지공동체는 주민들에게 복지서비스를 제공하기 위해 자발적으로 상호부조하는 모임이다. 따라서, 이 공동체의 구성원들은 한편으로는 자신에게 부족한 복지서비스의 수혜자가 되면서 다른 한편으로는 자신의 장점을 살려 복지서비스의 제공자가 될 수 있다. 이처럼 주민들 간 쌍방향적 복지서비스를 제공하게 되면 복지지출을 줄이는 데도 도움이 될 수 있다.

셋째, 주민복지공동체에 참여하는 주민들은 지역사회 복지사업에 대한 다양한 창의적 아이디어를 제시할 가능성이 높다. 주민복지공동체는 주민의 자발적인 참여를 기반으로 하는데, 통상적으로 자발적 참여자들은 맡은 일에 대한 관심이 높고 또한 일을 효율적이고 효과적으로 추진하는 방안을 모색하려는 열정이 강한 경향이 있다. 일에 대한 관심과 추진방법에 대한 열정이 높을수록 창의적인 아이디어가 발현될 가능성이 크다.

넷째, 지역사회 내에서 주민복지운동을 활성화시킴으로써 더 많은 주민들의 참여를 유도할 수 있다. 주민복지공동체는 일방적으로 한쪽에 혜택을 주는 것이 아니라 상호부조를 통해 쌍방향으로 혜택을 주고받는 것이다. 따라서, 주민복지공동체 구성원들은 복지서비스 혜택을 주고받는 것에서 나아가서 구성원들 간의 신뢰가 깊어지고 결속력이 강화되는 등의 부수적인 효과까지 얻을 것이다. 이는 비가입자들에게 가입하고 싶은 동기를 부여할 수 있다.

3) 주민복지공동체 활성화 방안

주민복지공동체가 활성화되기 위해서는 무엇보다 지역사회 주민들의 노력이 중요하다. 그러나, 주민들만의 노력으로 이를 활성화시키는 데에는 한계가 있을 수 있기 때문에 이를 지원하는 체계가 구축되어야 한다. 주민복지공동체를 활성화하기 위한 방안들을 살펴보면 다음과 같다.

첫째, 주민들의 자발적인 참여를 촉진시키는 방안을 적극적으로 강구하여야 한다. 이를 위해 주민복지공동체가 지역사회에 미치는 긍정적인 효과와 이에 참여할 수 있는 다양한 방안들을 지역사회 주민들에게 홍보할 필요가 있다. 또한, 지역사회 주민들은 복지서비스의 대상자라는 전통적인 사고에서 탈피하여 주민들은 수혜자인 동시에 복지서비스의 중요한 자원이자 공급자라는 인식을 지역사회 주민들이 가지도록 해야 한다.

둘째, 주민복지공동체가 할 수 있는 다양한 활동을 개발하는 것을 지원해야 한다. 지역사회의 복지 문제는 매우 다양하므로 주민복지공동체가 할 수 있는 활동 영역도 다양하다. 그러나, 주민복지공동체의 구성원들은 이를 파악하기가 어려울 수 있다. 따라서, 지역사회에서 어떠한 복지 활동이 요구되고 있는지를 분석하고 이를 실행할 수 있는 활동을 개발하여 주민복지공동체 구성원들에게 알려줄 필요가 있다.

셋째, 주민복지공동체의 활동들과 이를 효율적으로 수행할 수 있는 지역사회의 숨은 인재들을 연결시켜야 한다. 위에서 언급한 바와 같이 주민복지공동체가 할 수 있는 활동은 매우 다양하다. 그러나, 이러한 활동을 개발하더라도 이를 실행하는 데 필요한 인재가 확보되지 않으면 그 활동들은 원래의 목적을 달성하기 어렵다. 따라서, 활동들과 지역사회 내의 인재들을 연결시킬 수 있는 시스템이 구축되어야 한다.

넷째, 지역별로 상황과 특성이 다르기 때문에 개별 지역사회에 적합한 주민복지공동체를 구축하도록 도와주어야 한다. 지역사회에 따라 복지개발과 관련된 장점과 단점이 다를 수 있다. 인적 자원이 풍부 혹은 부족하거나, 물적 자원이 풍부 혹은 부족하거나, 주민복지공동체가 구성 혹은 미구성되거나, 주민복지공동체의 활성화 수준이 높거나 혹은 낮을 수 있는 등 지역사회별로 다양한 상황이 존재한다. 이러한 상황을 종합하여 개별 지역사회에서 주민복지공동체가 활성화될 수 있는 전략적 방안을 모색하여 제공할 필요가 있다.

07 지역사회 인적자원개발

제1절 지역사회 인적자원개발의 등장 배경

인적자원의 중요성이 강조된 것은 어제, 오늘의 일이 아니다. 즉, '인사가 만사' 혹은 '조직은 사람이다'라는 말은 예전부터 인구에 회자되는 말이다. 그럼에도 불구하고 '조직은 사람이다'라는 말은 허구에 불과하고, 현장에서는 '누가 하든지 마찬가지이다'라는 생각을 가지고 인적자원의 중요성을 믿는 사람이 많지 않은 것도 사실이다. 그러나, 분위기가 점차 반전되고 있다. 조직의 가장 중요한 구성요소는 사람이고, 조직의 경쟁력은 사람에게서 나오며, 조직은 생명체에 비유된다는 등의 인식이 확대되면서 인적자원의 중요성이 말로만 그치지 않고 제도화되는 경향이 확대되고 있다.

지역사회에서도 유사한 일이 진행되고 있다. 제1장에서 언급하였듯이, 세계화와 정보·지식화가 진행되면서 이에 대응하는 전략의 일환으로 지방화가 추진되었다. 지방화란 지역과 관련된 많은 정책결정권이 지방으로 이양되는 것이다. 권한이 지방에 이양된 만큼 지역의 성공과 실패에 대한 일차적인 책임은 지역사회에 있다. 따라서, 지역사회는 예전의 중앙의존적인 자세를 지양하고 스스로 책임지는 자세를 가져야 한다. 지역과 관련된 정책은 누가 결정하고 누가 집행하는가? 바로 지역사회에 거주하는 주민들이다. 따라서, 지역사회에 거주하는 능력 있는 인적자원의 수는 지역사회의 경쟁력을 결정하는 주요 요인이 되고 있다. 이러한 변화는 잠시 발생했다가 사라지는 것이 아니라 향후에도 지속되리라 예상된다.

1. 지역사회 인적자원개발의 의미

인적자원(human resources)이란 조직이나 사회를 구성하거나 발전하는 데 있어서 핵심적인 자원이 되는 사람을 의미한다. 즉, 인적자원은 조직이나 사회의 한 구성원으로서의 사람을 전제로 한다. 그렇다고 해서 사람을 조직이나 사회의 도구적인 존재로 보거나 단순히 하나의 자원으로 생각해서는 안 된다. 사람을 수동적인 객체가 아니라 능동적이고 주도적인 인격체로 인식하면서 조직이나 사회에 기여할 수 있는 지식, 기술, 능력 등을 가진 핵심적인 자원으로 이해해야 한다.

조직이나 사회의 핵심 기반으로서의 인적자원은 두 가지 형태로 구분할 수 있다. 하나는 인적 자본(human capital)이고, 다른 하나는 사회적 자본(social capital)이다. 인적 자본이란 개인에게 체화된 지식, 기술, 능력을 의미하는 것으로서, 개인에 대한 교육을 통해 향상시킬 수 있는 것이다. 조직이나 사회 속에 존재하는 개개인의 인적 자본은 조직이나 사회의 역량과 경쟁력 향상에 중요한 역할을 한다. 사회적 자본은 사람들 사이의 관계 속에서 형성되는 무형의 자본이다. 사람들은 조직이나 사회 속에서 살거나 혹은 공동의 이익을 위해 행동하면서 사회적 관계를 맺게 되는데, 이러한 관계를 바탕으로 싹트고 발전하는 신뢰, 협력, 인간관계, 타인 배려, 상호부조, 사회적 연대 등이 사회적 자본이다. 인적자원은 개인이 가진 인적 자본과 그들의 관계를 통해 형성되는 사회적 자본을 포함하는 개념으로 보아야 한다.

인적자원개발의 개념 정의는 세 가지 핵심어인 조직, 사람, 성장을 전제로 한다(장원섭, 2011: 29-30). 그의 정의에 따르면, 지역사회 인적자원개발은 지역사회 구성원들을 성장시킴으로써 지역사회를 성장시키는 활동이다. 그러나, 앞에서 지적하였듯이 성장은 양적인 변화를 의미하고, 발전은 상대적으로 포괄적이고 정적인 변화를 말하며, 개발은 양적 변화와 질적 변화 모두를 포함하면서 상대적으로 구체적이고 역동적인 변화를 뜻한다. 따라서, 지역사회 인적자원개발이란 공식적 혹은 비공식적 학습 과정을 통해 지역사회 구성원들의 역량을 개발하는 것을 지원하고 이를 통해 지역사회를 개발하는 모든 활동을 의미한다.

지역사회 인적자원개발은 지역사회, 사람, 개발을 전제로 하기 때문에 개인의 개발을 우선시할 수도 있고 혹은 지역사회의 개발을 우선시할 수도 있다. 어디에 초점을 두느냐에 따라 지역사회 인적자원개발의 목적이 다를 수 있으나, 이 두 초점은 완전히 별개의 것이라고 볼 수 없다(장원섭, 2011: 31–33). 개인의 능력을 향상시키는 것은 개인이 더욱 효율적으로 업무를 수행하게 하는 데 기여한다. 개인 능력의 향상은 개인의 업무성과를 높이는 것으로 이어지는 한편, 지역사회의 역량을 향상시키고 그 결과로 지역사회의 성과를 높이는 데 기여한다.

2. 지역사회 인적자원개발의 대두 배경

세계가 급속히 변함에 따라 세계의 한 부분인 지역사회도 그 영향을 받을 수밖에 없다. 이러한 환경변화에 지역사회가 신속하고 효율적으로 대응하기 위해 인적자원개발이 중요해지고 있다. 주요 환경변화 중에는 전통적인 경쟁우위 요소들의 한계, 불확실성 증가, 창의성 중시 등이 포함된다(배종석, 2006: 8–13). 여기에서 제외할 수 없는 것이 세계화로 인해 지방화가 등장한 변화이다.

1) 세계화로 인한 지방화

무한경쟁사회를 지향하는 세계화가 진행되면서 지역사회에도 커다란 변화가 발생하였다. 세계화에 대한 대응방안으로 지방화가 자리매김하면서 지역사회의 기능이 큰 변화를 겪게 되었다. 지역사회는 종래의 중앙정부 의존적인 행태에서 벗어나 자율적으로 지역사회의 발전을 도모해야만 한다. 즉, 중앙집권체제에서 지역사회는 중앙정부에서 제공해준 재화와 서비스를 주민들에게 나누어주는 '소비자적 역할'에 충실하였다면, 지방화시대에서는 지역사회가 스스로 재화와 서비스를 창출하여 주민들에게 제공해야 하는 '생산자적 역할'과 '소비자적 역할'을 병행해야 한다. 따라서, 한정된 자원을 둘러싸고 지역사회들이 경쟁할 수밖에 없다. 경쟁에서 생존하고 발전하려면 창의적인 아이디어를 바탕으로 한 다양한 정책들을 결정하고 집행하여야 한다. 정책을 결정하고 집행하는 핵심 자원이 인적자원이다.

2) 불확실성의 증가

세계화와 정보·지식화로 인해 인류는 유례없는 많은 변화를 경험하고 있다. 그 중에서 가장 중요한 변화는 과학·정보통신 기술의 획기적인 발전으로 인해 시간과 공간에 대한 개념이 심리적으로 압축되고 파급의 신속성과 연쇄성이 확대되었다는 점이다. 이는 지역사회를 둘러싸고 있는 여러 환경에 불확실성을 증대시켰다. 예를 들어, 장기적인 관점에서 지역사회개발을 어느 방향으로 진행하는 것이 유리한지에 대해 예전보다 훨씬 많은 정보를 입수하는 것이 가능해졌지만, 한편으로는 수시로 변하는 환경으로 인해 장기적인 전략이 가능한지 혹은 바른 방향인지를 판단하기 어려워지고 있다. 또한, 현재 수집된 정보를 정확하게 분석했다고 하더라도 상황 변화에 따라 관련 정보도 빠르게 변하기 때문에 현재의 분석이 무용지물이 될 수도 있다.

이처럼 불확실성이 증대되는 상황에서는 정해진 계획을 고수하는 것보다 환경변화에 신속하게 대처하는 것이 더욱 중요할 수도 있다. 지역사회의 불확실성에 대한 대처 능력을 향상시키려면 불확실성을 분석하고 예측하며 대응방안을 결정할 수 있는 능력이 있는 전문가가 필요하다. 이것이 지역사회 인적자원개발이 매우 중요한 이유이다. 외부 전문가를 초대할 수도 있지만, 외부 전문가는 지역사회의 구체적인 상황을 정확하게 모르기 때문에 정확한 판단을 하기 어렵거나 혹은 상황판단에 많은 시간을 필요로 할 수도 있다. 또한, 외부 전문가는 여러 이유로 인해 언제든지 떠날 수도 있다.

3) 경쟁의 격화

생산요소들을 둘러싼 환경이 빠르게 변하고 있다. 전통적으로 경쟁에서 우위를 점하게 했던 많은 요소들이 우수 제품의 효력 기간 감소, 빨라진 기술개발 사이클, 쉬워진 모방 등으로 인해서 우위를 점하던 기간이 점차 줄어들게 되었다(Pfeffer, 1994). 이외에도 다양한 요인들로 인해 경쟁이 확대되고 있지만, 여기에서는 위에서 지적한 대표적인 요인들을 중심으로 살펴보고자 한다.

첫째, 제품이나 서비스의 경쟁적 우위가 예전보다 빨리 상실됨으로써 또 다른 경쟁력이 있는 제품이나 서비스를 창출하기 위한 경쟁이 확대되고 있다. 다양한 매체가 활성화되어 소비자들은 세계 곳곳의 정보를 실시간으로 접하게 되었다. 이는 소비자의 수요를 빠르게 다양화시키면서 동시에 짧은 시간에 수요를 변화시킨다. 이에 따라 품질의 우수성을 인정받던 제품이나 서비스의 생명주기가 짧아지고 있다. 지역사회가 경쟁력을 확보하기 위해서는 새로운 제품이나 서비스를 신속하게 창출할 수 있는 인재를 개발하는 데 더 많은 노력을 기울여야 한다.

둘째, 정보·지식의 축적·확산이 빨라져서 기술개발의 사이클이 짧아졌다. 예전에는 신기술과 관련된 정보나 지식을 습득하는 데 시간이 많이 걸리기 때문에 이를 응용한 기술개발이 더디게 진행되었다. 그러나, 컴퓨터나 인터넷 등의 발달로 지금은 신기술과 관련된 정보·지식을 쉽게 습득할 수 있기 때문에 이를 응용한 신기술 개발도 빠른 속도로 진행되고 있다. 이는 신기술의 기술적 우위를 유지하는 기간이 짧아지고 있음을 의미한다. 이로 인해 기술개발을 둘러싼 경쟁이 확대되고 있다. 기술 경쟁을 주도할 수 있는 지역사회 인적자원이 어느 때보다 더욱 절실하다.

셋째, 과학기술의 발달로 모방이 매우 쉬워졌다. 특정 지역사회에서 매력적인 제품이나 서비스가 나오면 실시간으로 많은 지역사회들이 이를 접할 수 있게 되었다. 이를 접한 지역사회들은 그대로 모방할 수도 있겠지만 차별적인 모방을 통해 경쟁력을 획득할 수도 있다. 모방을 방지하는 능력이나 차별적 모방을 할 수 있는 능력을 가진 인적자원을 육성할 수 있는 시스템을 구축해야 한다.

넷째, 상품시장은 물론이고 금융시장이 개방되면서 자본의 우위라는 매력을 확신할 수 있는 지역사회는 사라졌다. 어느 지역사회라도 더 많은 인센티브를 제공하면 첨단기업이나 유동자본은 그 지역사회로 갈 것이기 때문이다. 이는 첨단기업과 유동자본의 유치를 둘러싼 지역사회들 간의 경쟁을 격화시키고 있다. 첨단기업과 유동자본의 유치는 다양한 측면에서 지역사회의 변화를 요구한다. 이러한 변화를 이끌 수 있는 인적자원이 필요한 것은 물론이고 지역사회 구성원들이 지역사회 공동의 이익을 위해 변화를 수용하고자 하는 마음과 행동을 가지도록 해야 한다.

이러한 상황의 변화로 인해 지역사회에 중요한 변화가 발생하고 있다. 많은 지역사회들이 인적자원의 중요성을 인식하게 되었다. 경쟁력 있는 제품이나 서비스, 신기술 개발, 차별적 모방, 인센티브 발굴 등은 모두 인적자원을 통해야 가능하기 때문이다.

4) 창의적 아이디어 중시

산업사회에서는 토지, 노동, 자본이 생산의 주요 요소로 인정을 받았다. 그러나, 정보·지식사회에서는 정보와 지식이 가장 중요한 생산요소로 부각되면서 이에 기반한 창의적 아이디어의 중요성이 강조되고 있다. 창의적 아이디어가 중요하게 된 원인은 여러 측면에서 논의가 가능하지만, 지역사회의 만성적 문제 해결, '문화의 시대'에 대비, 생활양식의 변화 등도 주요 원인에 포함된다.

첫째, 모든 지역사회들은 해결해야 할 문제들을 가지고 있다. 쉽게 해결되는 문제들도 있지만, 해결이 어려운 문제들도 존재한다. 지역사회의 만성적인 문제들은 일반적인 방법으로는 해결이 거의 불가능하므로 창의적 아이디어가 필요하다. 예를 들어, 세계의 대부분의 지역사회들은 재정적 어려움을 겪어 왔고, 이를 해소하기 위해 많은 노력을 기울여 왔지만 지금도 여전히 어려움을 겪고 있다. 만성적인 재정 적자 문제를 해결하는 과정에서 창의적 아이디어가 돋보인 대표적인 지역사회들이 네덜란드의 틸버그(Tilberg)시와 캘리

포니아의 바이잘리아(Visalia)시이다. 네덜란드의 틸버그시는 중앙정부의 반대에도 불구하고 만성적인 재정 적자 문제를 해결하기 위해 성과평가제도를 과감히 도입하였다. 성과평가제도가 성공적으로 정착됨에 따라서 틸버그시의 재정건전성은 눈에 띄게 좋아졌으며, 이 제도를 반대하던 중앙정부조차 중앙 공무원을 파견하여 성공사례를 배우고자 하였다(임재현, 2017: 111). 캘리포니아주에 있는 바이잘리아시는 다른 지역사회와 마찬가지로 통제지향적인 '품목별 예산제도'를 실시하고 있었는데, 재정적인 어려움을 타개하기 위해 인식의 전환을 시도하면서 창의적인 아이디어를 고안하여 실시하였다. 즉, 예산을 차기년도로 이월하는 것을 금지하던 관행을 버리고 남는 예산을 차기년도 주요 사업으로 이월할 수 있도록 하였다. 또한, 남는 예산을 다른 항목에서 사용하는 이용과 항목 안의 세항 또는 목 간의 전용을 금지하던 것을 과감하게 허용하였다. 이 결과는 대성공으로 나타났고, 다른 지역사회의 벤치마킹의 대상이 되었다(임재현, 2017: 437).

둘째, 21세기를 '문화의 시대'라고 칭하는 것을 주저하는 사람은 많지 않을 것이다. 점차 많은 사람들이 문화의 중요성을 인식하고 문화 활동에 참여하려고 한다. 세계적인 축제에 관광객들이 많이 모이는 것도 이러한 기류를 반영하는 것이다. 수많은 축제들 중에서 세계적인 축제로 자리매김한 축제들을 보면 기발하고 독창적인 프로그램들이 많다. 예를 들어, 뮌헨의 '옥토버페스트'의 핵심은 '맥주마시기'이다. 우리가 자주 마시는 맥주를 축제의 주제로 삼은 것은 단순하면서도 누구도 생각하지 못한 기발한 아이디어의 결과물이다. 이에 대해서는 제9장 제4절에서 살펴보기로 한다.

셋째, 세계화와 정보·지식화를 발전의 기회로 삼은 지역사회는 지식과 정보를 이용하여 경쟁력을 확보하였고 그 결과로 지역사회 주민들의 소득이 증대되었다. 이는 생활양식에 커다란 변화를 수반하였다. 문화 활동, 휴식 활동 등이 중시되고 있는 것도 이러한 변화의 일환이다. 그런데, 이러한 변화는 몇몇 지역사회들에 한정되어 발생하는 것이 아니고 점차 다른 지역사회들로 확대되고 있다. 따라서, 문화와 감각과 기술이 어우러지는 생활양식이 빠르게 확산되고 있다. 창의적인 아이디어가 없으면 이러한 생활양식은 자리매김하기 어렵다.

제2절   지역사회 인적자원개발의 주요 영역

전통적으로 인적자원개발은 개인 개발, 경력 개발, 조직 개발 등 세 가지 영역으로 구성되는 것으로 간주되어 왔다(Gilley & Eggland, 1989: 10-21; McLagan, 1989: 49-59). 이들은 지역사회에서의 인적자원개발에서도 주요 영역에 해당된다. 여기에서는 이 세 영역과 더불어 최근에 많은 관심을 받고 있는 성과 향상을 포함하여 살펴보도록 한다.

개인 개발은 훈련과 개발(Training and Development)을 포함하는 것으로서, 개인이 새로운 지식이나 기술을 습득하고 태도를 개선하는 데 초점을 맞추는 것이다. 훈련은 개인이 특정 과업이나 직무를 수행하는 데 필요한 지식과 기술을 개선시키는 것이고, 개발은 개인이 자신의 현재 직무를 수행하기 위한 능력을 향상시키는 것은 물론이고 향후 맡게 될 업무를 준비하는 것이다. 훈련과 개발을 위한 대표적인 방법은 스킬 훈련(skill training), 코칭(coaching), 카운슬링(counseling) 등이다. 스킬 훈련은 개인에게 특정 기술이나 특정 영역의 지식을 가르치는 것이다. 코칭은 개인에게 자신의 성과에 대해 책임을 지도록 하고, 탁월한 성과를 달성하고 유지하도록 동기부여하며, 조직의 목표와 효과성을 달성하기 위해 코치와 코칭을 받는 사람이 업무 파트너를 이루도록 하는 것이다. 카운슬링은 목표 성취에 방해가 될 수도 있는 개인적인 문제를 다루는 것이다.

경력 개발(Career Development)은 개인과 조직이 상호 협력하면서 개인이 일생 동안 겪는 모든 경험, 즉 경력을 성장시키고 발전시키는 활동을 일컫는다(장원섭, 2011: 197-216). 경력 개발의 대표적인 방법으로는 심리검사, 직무순환, 경력 워크숍, 경력 상담, 멘토링(mentoring), 조기발탁제 등이 있다. 심리검사는 개인적인 특성, 즉 적성, 성격, 업무태도 등을 객관적으로 자가진단하게 함으로써 개인의 특성에 적합한 경력 개발을 위한 기초자료를 제공한다. 직무순환은 조직 내의 다양한 업무들을 일정 기간 순환하여 맡음으로써 자신의 능력을 가장 잘 발휘할 수 있는 업무를 발견하게 하는 것이다. 경력 워크숍은 구성원들을 모아 놓고 개인의 경력 계획을 어떻게 준비하고 실행하는지에 대해 토론을 통해 구체화하는 행사이다. 경력 상담은 구성원 개인의 경력

에 관한 문제에 대해 전문 상담자의 조언을 구하는 방법이다. 멘토링
(mentoring)은 경험이 풍부하고 유능한 사람이 조직 생활에 익숙하지 않은 초
보자에게 조직에서의 적응 방법이나 성장 방법 등을 지도하는 방식이다. 조기
발탁제는 핵심 인재를 미리 발견하고 집중적으로 투자하는 제도이다. 경력 개
발에 대해서는 이견을 제기하는 학자들이 있다. 현대사회에서는 노동의 유연
성이 크게 증대하여 조직 간 이동이 빈번하게 발생하는데 이러한 상황에서
승진을 주요 내용으로 하는 경력 개발은 인적자원개발의 주요 영역이라 할
수 없다는 것이다(Swanson & Holton, 2009). 그러나, 이 주장은 조직의 입장을
강조한 것으로서 승진 대신 핵심 인재를 중심으로 한 경력 개발이 최근에 부
각되고 있는 사실을 경시한 것이다(장원섭, 2011: 35). 경력 개발은 지역사회의
인적자원개발에서 여전히 중요한 영역을 차지하고 있다.

조직 개발(Organization Development)은 조직 차원의 변화를 꾀하는 다양
한 활동이다. 조직 개발은 조직 내에서 구성원들 간의 인간관계를 개선하고
조직력을 강화하기 위한 노력, 즉 조직 내에서 사회적 자본을 형성하기 위한
활동이라고 볼 수 있다. 달리 표현하면, 계획된 개입을 통해 조직의 효과성과
개인의 웰빙(well−being) 수준을 향상시키는 과정이다(존 워너, 2019: 15−17).
전통적인 조직 개발의 방법에는 팀 구축, 팀 단위 업무 조직화, 학습조직 등
이 포함되어 있으나, 최근에는 다운사이징이나 리엔지니어링 등에 대한 관심
이 증대되고 있다(장원섭, 2011: 232−233).

전통적인 영역에는 없던 새로운 영역이 성과 향상이다. 특히, 세계화와
정보·지식화로 인해 발생한 무한경쟁 상황에서는 조직이나 사회의 성과가 중
요한 화두로 등장할 수밖에 없다. 이리하여 지역사회의 인적자원개발은 개인
의 업무성과와 조직이나 사회의 업무성과를 향상시키는 데 기여하도록 강요
받고 있다. 인적자원개발은 학습을 위한 학습이나 훈련을 위한 훈련을 실시해
서는 안 되고 성과를 향상시킬 수 있는 학습과 훈련을 강조해야 한다는 것이
다(정재삼, 2000; 장원섭, 2011; Swanson & Holton, 2009). 이는 조직이나 사회의
업무수행 활동을 개선하기 위한 체계적인 접근을 강조하고 있다. 즉, 직무를
효율적으로 수행하여 성과를 높일 수 있도록 지식적 지원, 기술적 지원, 환경
적 지원을 받을 수 있도록 하는 것을 목적으로 하는 것이다(장원섭, 2011: 35).

따라서, 인적자원개발과 마찬가지로 지역사회 인적자원개발은 개인 개발, 경력 개발, 조직 개발, 성과 향상 등으로 구성되며, 이들은 시간과 초점에 따라 구별이 가능하다. 개인 개발은 단기적이면서 개인에 초점을 맞추고, 경력 개발은 개인적이며 장기적인 개발을 강조한다. 조직 개발은 장기적이면서 조직에 초점을 맞추고, 성과 향상은 단기적이면서 조직적 측면을 강조한다(장원섭, 2011: 35-36).

그림 7-1 ∥ 인적자원개발 주요 영역

시간	단기	개인 개발	성과 향상
	장기	경력 개발	조직 개발
		개인	조직

초점

출처: 장원섭(2011: 36)의 『인적자원개발』에서 재인용·재서술

제3절   지역사회 인적자원개발의 전략

국가적 차원은 물론이고 지역적 차원에서도 인적자원개발의 중요성에 대해 많은 전문가들이 강조하였으나, 그동안 인적자원개발이 소기의 목적을 달성했다고 자부할 수는 없다. 성공하지 못한 원인은 인적자원개발 책임자가 그 필요성을 입증하지 못했고, 인적자원개발 프로그램이 형식적이어서 구성원들의 역량을 증진시키지 못했으며, 인적자원개발의 효율성을 객관적으로 증명하지 못하였고, 의사결정자가 인적자원개발의 중요성을 인식하지 못하였으며, 인적자원개발을 조직발전의 핵심 요소로 인식하지 않는 등 매우 다양하다.

이리하여 인적자원개발이 구성원들을 단순히 교육하고 훈련하는 차원을

넘어서 전략적인 접근방법을 택해야 한다는 주장이 제기되었다. 즉, 인적자원개발은 장기적이고 계획적이며 조직적으로 조직의 사업과 연계되면서 통합적으로 운영되어야 한다(Porter, 1998). 이러한 차원에서 전략적 인적자원개발이 관심을 받고 있다.

전략적 인적자원개발은 지역사회에도 적용되어야 한다. 전략적 지역사회 인적자원개발이란 지역사회의 경쟁력을 향상시키기 위해서 인적자원개발을 지역사회의 문화나 가치와 일치시키고, 인적자원개발 활동을 지역사회개발의 목표와 활동과 통합시키며, 인적자원개발의 설계에서 실행에 이르는 전 과정에 인적자원개발 관리자가 참여하는 것을 말한다.

지역사회에서 전략적 인적자원개발이 성공하려면 인적자원개발 책임자들의 역할이 매우 중요하다. 이들의 역할은 인적자원개발이 지역사회개발의 성공에 핵심적인 역할을 한다는 것을 지역사회 구성원들에게 객관적으로 입증하고 또한 관련 부서의 중요성을 구성원들이 인지하도록 하는 것이다. 이러한 과정을 통해 전략적 인적자원개발이 지역사회에 내재화되도록 하기 위해서는 다음과 같은 노력이 필요하다.

1. 지역사회개발 활동과 부합

인적자원개발 활동들이 지역사회개발의 목표에 충실하게 부합되고, 지역사회개발의 모든 활동에 스며들도록 해야 한다. 지역사회개발의 목표는 단순히 이익을 추구하는 것을 넘어서 지역사회가 나아갈 방향을 제시하는 것이다. 구체적으로 말하면, 지역사회개발의 목표는 지역사회와 개인의 발전을 자극하고, 이를 위한 추진력을 만들며, 구성원들을 움직이게 하고, 구성원들에게 활력을 주며, 구성원들이 목표에 자극받게 하고, 구성원들이 자신들의 창의적인 재능과 에너지를 목표 달성을 위해 쏟게 할 수 있어야 한다(짐 콜린스·제리 포라스, 2009). 이러한 목표를 설정하고 이를 지역사회개발을 위한 촉매로 지속적으로 활용하여야 한다. 따라서, 전략적 인적자원개발은 목표에 철저하면서도 동시에 발전을 추구하는 열정을 가진 인재를 육성하는 데 초점을 맞추어야 한다. 지역사회 구성원들이 서로를 가능하게 하고 보완하며 강화하면서 지속적으로 변화하고 전진하도록 해야 한다. 이러한 노력이 없다면 변화하는 세계 속에서 다른 지역사회에 뒤처질 것이고 활력을 잃게 될 것이다. 이러한 열정의 뿌리는 일반적으로는 개인적 특성에서 비롯되지만, 전략적 인적자원개발이 이를 지원하는 제도적 장치를 마련하는 것도 하나의 방법이 될 수 있다. 이렇게 함으로써 지역사회개발에 참여하는 인적자원들은 목표를 달성하는 능력을 향상시킬 수 있고 열정적으로 노력하는 자세를 가질 수 있게 되며, 이는 지역사회개발의 성과를 높이고 지역사회의 실질적인 가치를 창출하는 데 이바지할 것이다.

2. 구성원의 자발적 참여 촉진

지역사회 구성원들 모두가 자발적으로 인적자원개발 활동들에 참여하도록 해야 한다. 구성원들이 지역사회와 지역사회개발의 중요성을 인식하여 스스로 독자적인 능력을 발휘할 수 있는 자율성과 창의성을 개발하는 데 최선을 다하도록 유도되어야 한다. 이를 위해서는 지역사회개발의 핵심 인프라가 지역사회 주민들 스스로임을 주민들이 자각하도록 해야 한다. 이러한 자각은 지역사회 주민들이 인적자원개발의 중요성을 느끼게 하고 스스로 참여하는 분위기를 창출하게 될 것이다. 이로 인해, 지역사회개발을 위한 구성원 개인의 인적 자본이 향상될 뿐만 아니라 지역사회의 사회적 자본이 증대될 수 있다.

📝 **사람 먼저, 다음에 할 일** ·····························

좋은 회사에서 위대한 회사로의 전환에 성공한 회사들을 보면 버스를 어디로 몰고 갈지를 먼저 생각한 후에 버스에 사람을 태우지 않는다. 대신, 버스에 '적합한 사람'을 먼저 태우고 난 다음에 버스를 어디로 몰고 갈지를 생각한다. 즉, '무엇'보다 '누구'를 중시하는 것이 변화하는 세계에 보다 쉽게 적응할 수 있게 한다. '적합한 사람'들은 관리 혹은 해고할 필요가 없다. 그들은 스스로 동기를 부여하면서 최선의 성과를 일구어내며 큰 일을 창조하는 한 축이 될 것이기 때문이다. 따라서, 한 명의 천재에 의존하는 과오를 저질러서는 안 된다. 그 천재가 떠나면 조직은 무너지기 때문이다. 훌륭한 아이디어를 구현할 수 있도록 도와주는 사람들이 존재하는 것이 중요하다. 따라서, '적합한 사람'들이 가장 중요한 자산이다.

위대한 회사로 도약한 기업들은 '적합한 사람'들을 규정할 때 특별한 교육적 배경, 유용한 기술, 전문 지식, 실무경험보다는 품성에 더 중점을 둔다. 전문 지식이나 기술이 중요하지 않다는 것이 아니라 이런 것들을 가르치기는 쉽지만, 성격, 기본적 지능, 책임감, 가치관 등은 타고나는 측면이 강하다고 믿기 때문이다. 위대한 기업의 결정적 요소들 중의 하나는 구성원들이 최선의 방안을 찾아서 때로는 격렬하게 다투기도 하고 논쟁하기도 하지만 일단 결정이 되면 부분적인 이해관계에 상관없이 완전히 하나가 되는 것이다. 모든 논쟁은 개인의 이익을 위한 것이 아니라 회사의 공동이익을 위한 것임을 인식해야 한다.

출처: Collins(2001)의 『Good to Great』에서 일부 발췌·재서술

3. 환경 변화에 대한 역동적 대응 능력 향상

전략적 인적자원개발은 지역사회 구성원들이 환경의 변화에 수동적으로 따라가도록 하는 것이 아니라 이에 역동적이고 주도적으로 대응할 수 있는 능력을 향상시키는 것을 강조해야 한다. 지역사회개발의 현실을 보면 지역사회를 둘러싸고 있는 기존의 환경을 주어진 것으로 간주하는 경우가 적지 않다. 그렇지 않을 경우 지역사회개발의 속도가 더뎌지기 때문이다. 그러나, 이러한 자세가 바른 방향을 지향한다고 볼 수는 없다. 속도가 지체되는 한이 있더라도 환경에 수동적이지 않고 능동적으로 대처하는 능력이 있어야 지역사회개발이 바라는 목표를 달성할 수 있다. 이를 위한 핵심 요소가 전략적 인적자원개발이다. 전략적 인적자원개발이 이러한 목표를 달성하기 위해서는 적어도 두 가지 사항을 유의해야 한다. 첫째, 냉혹한 현실을 정확하게 분석하도록 하면서 동시에 '이겨낼 수 있다'는 믿음을 심어주어야 한다. 즉, 지역사회개발의 전체 과정에서 위험하고 힘든 사실을 정직하게 직시하는 용기가 없으면 바른 결정을 내릴 수 없다는 사실을 강조해야 한다. 진실이 들리는 환경을 조성하려면 답이 아니라 질문을 이끌고, 열린 대화에 참여하고 토론하도록 하

며, 비난하지 말고 해부하도록 해야 한다(Collins, 2001). 둘째, 전략적 인적자원개발이 지역사회개발과 별개로 움직이거나 혹은 지역사회개발을 지원하는 종속적인 활동에 그쳐서는 안 된다. 오히려 지역사회개발과 관련된 다양한 활동들과 유기적으로 상호 교류하면서 환경의 변화에 신속하고 적극적으로 대응하는 능력을 함양시킬 수 있어야 한다.

4. 미래의 동력 육성

미래의 발전을 위한 동력을 육성하는 데 초점을 두어야 한다. 현재의 경제적 이익이 중요하지만 이에 지나치게 집착해서는 안 된다. 현재의 이익도 중요하지만 내일의 부를 창출할 수 있는 역량을 키우는 것이 더욱 중요하다(Mayo, 2000). 인적자원개발은 단기적인 요소뿐만 아니라 장기적인 요소를 동시에 내포하고 있다. 따라서, 지역사회의 전략적 인적자원개발은 지역사회 구성원의 잠재력을 키우고 사회적 자본을 굳건히 하는 방향을 지향해야 한다. 이러한 방향으로 나아갈 때, 전략적 인적자원개발은 지역사회개발을 위한 능력 있는 인적자원을 육성함으로써 당장 눈에 보이는 가시적 성과보다 지역사회의 잠재적 경쟁력을 향상시키고 미래의 부를 창출하는 데 기여할 수 있다.

5. 인간중심적인 인적자원 배양

지역사회개발은 주민주도적인 과정을 중시하는 것인데, 현실을 보면 주민들은 지방자치단체장, 지방의원 등을 포함한 지역사회개발 선도자가 이끄는 대로 따라가는 경향을 보인다. 선도자들은 주민주도적인 지역사회개발을 진행하면 지역사회개발의 속도가 지체되거나 혹은 '사공이 많으면 배가 산으로 간다' 혹은 자신들이 지역주민들의 대표로서 지역사회개발의 책임자라는 등의 다양한 이유를 제시할 수도 있다. 이유가 무엇이든지 간에 선도자들은 자신들의 정보력과 판단력을 기반으로 하여 '하향식(top-down)' 방식으로 지역사회개발을 진행하고 싶어한다. 이들이 인간중심적인 전략을 구사할 수도 있지만, 일반적으로는 다음 선거를 위해서 단기적인 성과를 중시한다. 그러나, 지역사회개발은 선도자 중심의 단기적이고 경제적인 성과에 집착하는 활동이 되어서는 안 된다. 오히려, 지역사회 구성원들에게 일하고자 하는 동기를 부여하고 자신의 잠재력을 마음껏 발휘할 수 있는 분위기를 만들 때, 주민 주도적인 지역사회개발이 가능해진다. 따라서, 전략적 인적자원개발은 일보다 지역사회 주민들을 더욱 중시하고, 주민들을 지역사회의 주인이자 동반자로 인식하게 하며, 주민들의 잠재력이 지역사회개발의 핵심 자산임을 자각하게 하고, 주민들의 수준 높은 생활의 질이 지역사회개발의 목표임을 일깨우는 방향으로 나아가야 한다(Collins, 2001; O'Reilly & Pfeffer, 2008).

📝 숨겨진 힘: 사람 ··

어떠한 경우에도 말이 행동을 대신할 수는 없다. 중요한 것은 말이 아니라 행동이다. 필요한 행동을 추진할 만한 용기와 지혜가 있으면 누구나 그에 수반되는 많은 보상을 받게 될 것이다.

경쟁력은 무엇을 할 것인지를 결정하는 것에 있는 것이 아니라 그것을 실천하는 방법을 결정하는 것에 달려있다. 따라서, 우수한 인재들을 확보하고 그들의 아이디어, 정보와 지식, 창의력, 경험을 활용할 수 있는 능력이 있으면 경쟁력을 확보할 수 있다. 구성원들이 잠재력을 발휘하도록 동기를 부여하는 것이 성공의 열쇠가 된다. 전 구성원의 능력과 열정을 최대한 활용했음에도 불구하고 성공하지 못하는 경우는 거의 없다.

문제는 구성원들이 그러한 능력을 갖추어야 한다는 것이다. 그러기 위해서는 구성원들이 자신들이 맡은 일에 대해서는 책임을 지겠다는 태도를 가져야 하고, 다양한 종류의 교육과 자기 계발 노력을 통하여 생산성을 높일 수 있어야 한다. 뿐만 아니라, 구성원들이 최선의 결정을 내릴 수 있도록 필요한 모든 정보들을 제공하고 또한 자신의 지식을 최대한 활용하도록 하며 그리고 모르는 것은 서로 적극적으로 물어보고 도와줄 수 있는 조직 환경을 구축해야 한다.

출처: O'Reilly & Pfeffer(2008)의 『Hidden Value』에서 일부 발췌·재서술

08 지역사회 경제개발

지역사회개발은 지역사회와 관련된 다양한 영역을 균형 있게 개발하는 것을 목적으로 한다. 그중에서 중요한 영역 중의 하나가 지역경제 영역이다. 지역사회에서 지역경제는 다른 모든 영역과 연관되어 있기 때문에 그 중요성에 대해 재론할 필요가 없다. 여기에서는 주요 지역사회 경제개발이론들과 지역사회 경제개발정책들에 대해 살펴보기로 한다.

제1절   지역사회 경제개발이론

지역사회 경제개발이론들을 검토하기 전에 입지 요소들을 살펴보기로 한다. 입지 요소는 경제개발이론에서 중요한 위치를 차지하고 있기 때문이다.

1. 입지 요소

1) 개별 생산자입지의 주요 요소

개별 생산자가 경제활동을 하기 위해 어느 지역에 입지할 것인가를 결정하는 데 영향을 미치는 요인은 개인별로 매우 다양하다. 그중에서 주요 요인들은 이윤극대화, 비용 최소화, 불확실성의 감소, 창업주의 출신배경, 판매 극대화와 만족화 등이다.

(1) 이윤극대화

경제활동에서는 개인을 합리인이라고 가정한다. 개별 생산자가 경제적 합리인이라면 생산장소를 결정할 때 이윤극대화를 달성할 수 있는 입지를 선택할 것이다. 이에 대해 호텔링(H. Hotelling)은 '선형 시장 복점 모형(linear market duopoly model)'을 제시하였다.

이 모형은 두 기업이 차별화된 제품으로 경쟁하는 상황을 그린 제품차별화 모형 중 하나이다. 제품 간 차별화의 정도를 표시하는 방법으로 0에서 1까지 직선으로 그어진 도시를 선택했기 때문에 선형도시모형(Linear City Model)이라고도 부른다. 이 모형에서는 제품과 관련된 많은 특성들 중에서 다른 특성들은 모두 동일한 것으로 가정하고 하나의 특성만 차별화되는 상황을 고려한다. 만약 두 기업이 단 하나의 특성마저 동일하게 결정하면 기업들은 선형도시 상에서 같은 지점에 위치하게 되는 반면에, 기업 간 제품차별화 정도가 커질수록 선형도시 상에서 기업들은 멀리 떨어진 곳에 위치하게 된다. 선형도시 위에는 기업뿐만 아니라, 어느 기업을 방문하여 제품을 구매할지 고민하는 소비자들도 존재한다. 소비자는 자신의 위치에서 제품이 위치한 곳까지 이동할 때 교통비를 지불해야 하므로, 동일한 제품이라면 자신의 위치에서 조금이라도 가까이에 있는 제품을 구매한다. 즉, 동일한 제품이라면 자신의 위치와 가까운 기업의 제품일수록 재화 구입에 소요되는 교통비용이 적으므로 소비자가 그 제품을 더 선호한다는 뜻이 된다. 생산자와 소비자의 이윤추구적 행태를 종합하면, 제품이 동일하다면 동일한 장소에 입지하는 것이 집적 효과

(agglomeration effect)를 누릴 수 있어서 이윤을 극대화할 수 있고 제품이 차별화될수록 다른 장소에 입지하는 것이 서로에게 유리할 것이다. 이 모형은 개별 생산자가 이윤극대화를 추구하는 과정에서 나타나는 상호의존성을 보여주고 있다.

예를 들어, 해변 길이 4Km에서 P와 K가 동일한 가격으로 같은 아이스크림을 판매한다고 가정하자. 모든 조건은 동일하고 입지 선택권만 P와 K에게 있으며 P와 K가 입지할 수 있는 경우는 아래와 같이 세 가지라고 가정하자. 아이스크림 판매자와 아이스크림을 먹고 싶은 구매자 간의 상호의존적 관점에서 어디에 입지하는 것이 이윤을 극대화할 수 있는가?

	0	1지점	2지점	3지점	4지점
Case 1		P		K	
Case 2			P	K	
Case 3			P, K		

Case 1의 경우, 아이스크림 판매자와 가장 멀리 떨어진 구매자 간의 거리는 1Km이고, 판매자와 가장 가까이에 있는 구매자 간의 거리는 0Km이다. 아이스크림을 먹기 위해 구매자가 이동해야 하는 평균 거리는 0.5Km이다.

Case 2의 경우, 아이스크림 판매자와 가장 멀리 떨어진 구매자 간의 거리는 2Km이고, 판매자와 가장 가까이에 있는 구매자 간의 거리는 0Km이다. 아이스크림을 먹기 위해 구매자가 이동해야 하는 평균 거리는 1Km이다.

Case 3의 경우, 아이스크림 판매자와 가장 멀리 떨어진 구매자 간의 거리는 2Km이고, 판매자와 가장 가까이에 있는 구매자 간의 거리는 0Km이다. 아이스크림을 먹기 위해 구매자가 이동해야 하는 평균 거리는 1Km이다.

사회적으로 최적 입지는 Case 1이 된다. 최적 입지를 조성하기 위해 정부개입이나 계획이 필요하다. 그 이유는 다음과 같다. 구매자의 입장에서 볼 때, 판매자와의 거리가 멀수록 아이스크림을 먹겠다는 욕망이 줄어들 수 있어서 아이스크림 판매량이 감소할 수 있다. 또한, 판매자의 입장에서 볼 때, Case 2의 경우 P는 0, 1, 2지점의 소비자를 확보할 수 있는 데 비해, K는 3, 4 지점의 소비자를 확보하는 것이 가능하다. 따라서, 모든 판매자들은 P의 위치를 확보하려고 할 것이다. 판매자들 간의 경쟁이 격화될 수 있다. 따라서, 서로에게 이익이 되게 하려면 사회적으로 최적의 입지가 되도록 조정해야 한다.

(2) 비용 최소화

개별 생산자가 입지를 선택할 때 비용을 최소화할 수 있는 지점을 선호하는 것은 당연한 일이다. 설명의 편의상, 수송비를 제외한 모든 생산비가 동일하다고 가정하자. 이 경우, 수송비가 최소인 지역이 최대이윤을 얻을 수 있는 입지지점이 될 것이다. 이해를 돕기 위해 아래의 경우를 가정하자.

$$\underline{M \qquad Z \qquad\qquad C}$$

M: 원료공급지
Z: 최적 입지지점(최소수송비지점)
C: 시장
tm: 원자재 수송비/Km
tc: 생산품 수송비/Km

M은 원료공급지이고 C는 시장이기 때문에 고정적이다. 최적 입지지점을 나타내는 Z는 가변적이다. 총수송비는 다음과 같이 계산된다.

$$
\begin{aligned}
T(\text{총 수송비}) &= tm \times MZ + tc \times CZ \\
&= tm \times MZ + tc(MC - MZ) \\
&= (tm - tc)MZ + tc \times MC
\end{aligned}
$$

T를 최소화하는 것은 (tm−tc)가 어떤 상태인가에 따라 달라진다. 따라

서, 3가지 경우, 즉 tm>tc일 경우, tm<tc일 경우, tm=tc일 경우를 고려해야 한다.

첫째, tm>tc일 경우에 변수인 MZ는 양(＋)이 된다. 따라서, 기업은 MZ를 최소화할 때 총수송비가 최소가 된다. 즉, 기업은 MZ ＝ 0인 M에 입지해야 한다.

둘째, tm<tc일 경우에 변수인 MZ는 음(－)이 된다. 따라서, 기업은 MZ를 최대화할 때 총수송비가 최소가 된다. 즉, 기업은 MZ ＝ MC인 C에 입지해야 한다.

셋째, tm=tc일 경우에 변수인 MZ는 0이 된다. 따라서, 기업은 어느 곳에 입지하느냐에 관계없이 수송비는 tc×M가 된다.

(3) 불확실성의 감소

불확실성이 발생한 상황에서 이윤극대화 혹은 비용 최소화를 이루려고 노력하는 것은 위험부담을 떠안아야 한다. 불확실성이 심할수록 덜 위험한 장소에 입지함으로써 이윤극대화나 비용 최소화보다 위험에 안전하게 대비하는 것이 합리적일 수 있다. 예를 들어, 2008년 '리먼 브러더스' 사태가 발생하면서 세계 경제가 불황의 조짐을 보일 때, 대부분의 기업들은 이윤극대화 혹은 비용 최소화를 통해 공격적이고 확장적인 경영을 접고 수세적 경영을 취했다. SK가 위기에 대비하여 자금을 확보하기 위해 본사 건물을 매각한 것이 대표적인 예이다. 당시에 많은 기업들이 SK처럼 현금을 확보하기 위해 노력하였다.

리처드슨(Richardson)은 불확실성 하에서 개별 생산자의 입지 행태는 세 유형으로 요약할 수 있다고 했다(Richardson, 1979: 113－117). 첫째, 재입지를 결정할 경우에는 최초의 입지에 그대로 남아 있거나 또는 공급자와의 관계를 교란하지 않을 정도의 단거리 이동을 선호한다. 둘째, 새로운 기업의 경우에는 가장 친숙한 장소에 입지함으로써 정보획득 비용을 감소시키려 한다. 예를 들어, 후술하는 베를린 비즈니스 인큐베이터(BI)를 졸업한 '스타트 업 기업(startup business)'의 경우 대부분 베를린에서 사업을 영위했다. 셋째, 성공 사례를 모방하는 모방입지를 통해 불확실성을 피하려고 한다. 이러한 세 유형들을 종합하면, 불확실성이 존재할 때 개별 생산자는 위험을 줄이기 위해 집적할 가능성이 높다. 집적할 경우 모방하기 쉽고, 주변 정보로 의사결정 조정이 쉬우며, 예상치 못한 변화에 대한 방어력이 상대적으로 높다는 이점을 누릴 수 있기 때문이다. 따라서, 개별 생산자는 불확실성에 대한 대응 비용이 상대적으로 낮은 대도시에 입지할 가능성이 크다. 특히, 소기업은 사회기반시설에 대한 의존도가 높고 정보획득력이 낮기 때문에 더욱더 대도시로 입지하려는 경향이 강하다.

(4) 창업주의 출신배경

입지 요소로서 창업주의 출신배경에 대한 여러 연구들의 결과는 상반되고 있는 것이 사실이다. 그렇기는 하지만, 개별 생산자가 출신지는 아니더라도 자신과 비교적 친숙한 지역에 입지를 결정하고 있음을 부인하기는 어렵다. 역으로, 자신이 전혀 생소한 지역에서 기업 활동을 하는 사람이 얼마나 되는지를 생각하면 쉽게 이해되리라 본다.

예를 들어, 삼성그룹의 창업주인 이병철 전 회장은 경상남도 의령군 출신이고 삼성그룹이 태동하고 발전한 지역적 기반은 영남이었다. 물론, 지금은 초국적 기업으로서 영남이 아니라 전 세계에서 기업 활동을 하고 있다. 금호그룹 창업주인 박인천 전 회장은 전라남도 나주시 출신이고 호남을 기반으로 성장하였다. 반면에 현대그룹 창업주인 정주영 전 회장은 강원도 출신으로 알려져 있으나 강원도와는 별개로 서울, 울산 등에서 성장하였다. 그런데 정주영 전 회장의 출신지는 공식적으로 강원도로 표시되어 있지만, 구체적인 출생지는 현재 북한에 속한 지역이다. 따라서, 정주영 전 회장은 출신지에서 기업 활동을 시작할 수 없었다.

결론적으로 기업 활동을 하는 사람들의 가장 친숙한 지역은 출신지이지만, 경우에 따라서는 출신지가 아닌 지역이 더 익숙한 사람들도 많다. 더구나, 출신지가 기업 활동을 전개하기 어려운 상황이 많이 있을 수 있다. 이병철 전 회장도 의령군 출신이지만 고향인 의령군이 아닌 대구시와 그 주변 지역을 기반으로 기업 활동을 했다. 따라서, 출신배경을 기반으로 검토한 결과와 익숙한 지역을 기반으로 기업 활동을 하는 것을 검토한 결과는 다를 수밖에 없다. 그럼에도 불구하고, 적지 않은 연구들은 출신지를 입지 결정의 주요 요소로 삼고 있다. 위의 사례들을 보면, 출신지보다 익숙한 지역을 입지 요소에 포함시키는 것이 타당하리라 본다.

(5) 판매 극대화와 만족화

기본적으로 입지를 결정하는 의사결정자들이 최적 입지를 선택하는 것은 매우 어려운 일이다. 최적 입지를 결정하기 위해 고려해야 하는 요소들이 매우 많기 때문이다. 따라서 입지 결정자들은 현실적인 입장에서 안정적으로 이익을 내면서 장기생존이 가능한 전략을 추구하는 경향이 있다. 즉, 입지대상 지역이 매우 많지만, 입지를 선택할 때 소수의 지역만을 대상으로 하면서 반드시 필요한 요소들을 중심으로 검토한 후 결정할 수 있다. 판단의 기준에 판매 극대화와 만족의 정도가 자주 포함된다.

2) 산업입지 주요 요소

(1) 자본

자본은 고정자본과 유동자본으로 분류할 수 있다. 고정자본이든 유동자본이든 간에 자본은 산업입지의 주요 요소에 포함된다. 일반적으로 고정자본이 유동자본보다 산업입지에 미치는 영향이 더욱 크다고 알려져 있다. 그 이유는 다음과 같다.

첫째, 고정자본은 특정 장소에 계속해서 존재하는 '입지 관성'을 가지고 있기 때문이다. 유동자본은 지역별 이동이 쉬운 반면에, 고정자본은 입지 관성을 가지고 있기 때문에 기존의 지역에서 다른 지역으로 이동하는 것이 쉽지 않다. 따라서, 고정자본이 많은 지역에 산업이 입지하면 고정자본으로 인한 많은 긍정적 효과를 기대할 수 있다.

둘째, 고정자본인 사회간접자본이 잘 갖추어진 지역에 투자하려는 경향이 강하기 때문이다. 산업은 관련 시설을 만드는 자금이 막대하게 요구되는 것은 물론이고 운영을 위한 자금도 엄청나게 필요하다. 따라서, 대부분의 산업지역은 지역사회 자체적인 재정이 아니라 외부 자금을 많이 필요로 한다.

그런데, 외부 자본은 투자에 따른 이익과 원금 회수 가능성을 고려하기 때문에 사회간접자본이 열악한 지역보다 잘 갖추어진 지역을 선호하는 경향이 매우 강하다.

(2) 토지

과학과 정보통신 기술의 발달로 산업입지를 결정함에 있어서 토지의 중요성이 많이 감소했지만 여전히 주요 요소임에는 틀림이 없다. 카스텔(M. Castells)이 '유통의 공간(space of flow)'의 중요성을 강조했고, 현실적으로 사이버 공간(cyber space)의 중요성을 강조하는 경향이 뚜렷한 것이 사실이다. 그러나, 산업지역을 결정할 때 토지를 무시할 수는 없다. 예를 들어, IT의 메카라고 불리는 실리콘밸리도 12개 도시로 구성된 산타클라라 카운티를 기반으로 하고 있다. 우리나라의 IT산업도 가산디지털단지와 성남 테크노밸리에 위치하고 있다.

(3) 노동력

산업의 연계성이 높은 업종일수록 그리고 4·5차 산업일수록 노동력의 질 확보가 산업입지 결정과정에서 중요한 역할을 한다. 특히, 세계화와 정보·지식화가 진행되면서 국가들 간 그리고 지역사회들 간의 경쟁이 확대되어 노동력의 중요성은 더욱 강조되고 있다. 무한경쟁사회에서 국가경쟁력을 결정하는 핵심 요소는 인식의 관점에 따라 매우 다양하지만, 많은 사람들은 인적자원, SOC, 세계도시를 핵심 요소로 꼽는 데 주저하지 않는다. 인적자원의 경우 단순한 노동력을 지칭하는 것이 결코 아니다. 전문적인 지식과 기술을 갖춘 노동력이 산업입지를 결정하는 주요요소임을 부정하는 사람은 없을 것이다.

그러나, 노동력의 중요성을 인정하더라도 노동력과 관련하여 유의해야 할 점도 있다. 임금 수준이 노동생산성을 제대로 반영하지 못하거나 혹은 노동조합 등 다른 제도적 요인들로 인해 임금이 경직적으로 결정될 경우, 새로운 산업을 유치하는 것을 기대하기는 어려울 뿐만 아니라 기존의 산업조차 유지하기가 어려울 수 있다. 예를 들어, '대설지대(snow-belt)' 혹은 '한랭지대(frost-belt)'로 알려진 미국 북동부 지역에 위치한 전통적인 제조업 도시들을 보자. 특히, 펜실베이니아주의 피츠버그와 미시간주의 디트로이트를 잇는 지역이 '대설지대' 혹은 '한랭지대'의 대표적인 지역이다. 최근에는 '대설지대' 혹은 '한랭지대'라는 표현보다 '녹슨 지대(rust-belt)'라는 표현을 더욱 많이 쓰고 있다. '녹슨 지대'는 '대설지대' 혹은 '한랭지대'를 포함하는 더 넓은 지역으로서 전통적인 제조업 지역이다. 펜실베이니아, 웨스트버지니아, 오하이오, 인디애나, 일리노이 등이 '녹슨 지대'에 포함된다. '녹슨 지대'에 속하면서 동시에 '대설지대(snow-belt)' 혹은 '한랭지대(frost-belt)'의 대표적인 도시인 피츠버그는 철강산업의 메카 그리고 디트로이트는 자동차산업의 메카로 알려져 있었다. 이 도시들은 산업사회에서 엄청난 번영을 경험하였다. 이러한 가운데 관련 산업에 종사하는 사람들의 임금을 향상시키기 위한 노동조합의 활동이 점차 강해졌다. 그러나, 정보·지식사회에서도 철강과 자동차 수요는 지속되리라는 예상을 하였기 때문에 점차 강해지는 노동조합의 활동에 대한 강한 반대의 목소리가 제기되지 못했다. 그 결과, 두 도시들은 주력 산업의 쇠퇴는 물론이고 왕성했던 지역서비스산업의 붕괴를 경험할 수밖에 없었다. 적정 수준으로 임금을 높이려는 활동은 바람직하다. 그러나, 노동생산성을 넘어서면서까지 임금 수준을 높이려는 노동조합의 활동은 기존의 산업을 위축시키는 것은 물론이고 새로운 산업이나 유동자본을 유치하는 데는 매우 부정적인 요인으로 작용할 수 있음을 명심해야 한다. 이러한 경향은 지역경제가 개방될수록 더욱 강해질 것이다.

(4) 기업가정신

기업가정신의 중요성은 경제학을 포함한 학문 분야뿐만 아니라 기업을 비롯한 다양한 실천 현장에서 강조되고 있다. 기업가정신이란 미래를 예측하는 통찰력을 기반으로 새로운 것에 과감히 도전하는 혁신적이고 창의적인 활동을 통하여 이윤을 창출하면서 동시에 사회적 책임을 기꺼이 지려는 정신을 말한다.

산업입지를 결정하는 경우에도 지역사회에 기업가정신이 충만한지의 여부는 중요한 역할을 할 수 있다. 이에 대한 사례로 제1장에서 실리콘밸리와 루트 128을 소개하면서, 성공 원인들 중에 기업가정신을 제시한 바 있다. 기업가정신이 현재 충만하거나 혹은 배태되기 쉬운 지역사회, 즉 진취적이고 경쟁적인 분위기를 가진 지역사회에 산업이 입지하는 것이 산업을 육성시키는 목적을 달성하는 데 유리하다. 따라서, 이질성이 강하면서 노동 의욕이 충만한 지역사회에 산업이 입지할 가능성이 높다.

(5) 시장

시간이 흐를수록 원자재나 원료보다 시장의 중요성이 상대적으로 강조되고 있다. 그렇다고 원자재나 원료의 가치가 감소한다고 볼 수는 없다. 예를 들어, 중국의 등소평은 중동에 석유가 있으면 중국에는 희토류가 있다고 국제사회에 경고하였다. IT 산업에서 감초의 역할을 하는 희토류의 경우, 세계에서 유통되는 양의 80% 이상이 중국산이다. 이러한 상황을 이용하여 중국은 유사시 희토류를 무기화하겠다는 경고를 기회가 있을 때마다 하고 있다. 2021년 바이든이 미국 대통령에 취임하자마자 중국과의 경쟁에 대비하여 희토류 상황을 점검한 바 있다. 따라서 여전히 원자재나 원료가 중요하지만, 상대적으로 볼 때 시장의 역할이 더욱 중요해지고 있다는 의미이다.

특히, 서비스산업과 지식산업의 경우 소비자의 기호와 성향이 기업의 생존에 결정적 역할을 하고 있다. 즉, 기업에 우호적인 시장이 형성되느냐가 기업의 생존·발전에 점점 더 중요해지고 있다. 시장에 우호적인 기업이 되기 위해서 많은 기업들은 좋은 제품을 생산하는 것은 물론이고 기업이미지를 개선시키려고 노력할 정도로 시장의 중요성은 점점 커지고 있다.

(6) 교통·통신

교통이 편한 지역사회일수록 그리고 통신이 발달된 지역사회일수록 산업입지를 결정하는 데 유리할 것이라는 점을 모르는 사람은 없을 것이다. 한국통신의 초청으로 우리나라에 와서 'The Third Technological Revolution'이라는 주제로 강연을 한 벨(D. Bell)은 정보사회에서 수송의 중요성은 감소하지만 통신과 문화의 중요성은 더욱 커질 것이라고 말한 바 있다.

(7) 정부 산업정책

중앙정부가 국가경제발전을 위해 또는 국토 균형발전을 위해서 특정 산업공단을 조성하여 산업시설을 집중적으로 유치하거나 혹은 지방정부가 기업유치지구(enterprise zone)를 조성하는 등의 정부 산업정책은 산업입지를 결정하는 핵심 요소이다. 산업공단 혹은 기업유치지구로 정해지는 것 자체가 산업입지로 결정되는 것이기 때문이다.

(8) 집적경제

유사한 기업들이 집적해 있으면 인력, 정보, 아이디어, 기술, 부품 등을 교환하는 비용이 절감되어 생산비용, 수송비용, 정보획득 비용 등이 감소하면서 기업의 이윤이 많아진다는 것은 이제 상식에 해당된다. 집적이익은 산업사회에서는 매우 중요했으나, 정보·지식화가 진행되면서 그 중요성이 감소되고 있다. 그러나, 집적경제는 여전히 주요 요소임에는 틀림이 없다. 예를 들어, 실리콘밸리에 IT 기업들이 집적해 있고, 뉴욕 실리콘앨리에 뉴미디어 기업들이 모여 있으며, 우리나라 성남 테크노밸리에 IT 기업들이 집적해 있다. 기업들이 특정 지역에 집적하면 그곳은 산업지역이 된다. 이러한 현상은 여전히 집적경제가 중요하다는 것을 보여주는 증거이다.

(9) 환경

환경은 크게 자연지리적 환경과 인문지리적 환경으로 분류할 수 있다. 첫째, 최근에 환경에 대한 범세계적, 국가적, 지역사회적 그리고 개인적 관심이 높아지면서 자연지리적 환경의 중요성이 입지 결정에서 점차 강조되고 있다. 좋은 자연환경을 가진 지역일수록 고급노동력 확보가 용이하다. 특히, 고차산업일수록 고급인력 확보가 중요하기 때문에 고급인력들이 거주하기를 좋아하는 자연환경이 좋은 지역사회 혹은 그 주변에 기업들이 입주하는 경향이 있다. 따라서, 이러한 지역이 입지 결정에서 우선 심의대상이 될 수 있다.

둘째, 세계화와 정보·지식화로 인한 무한경쟁 때문에 입지 결정과정에서 인문지리적 환경의 중요성은 더욱 커지고 있다. 인문지리적 환경이란 지역문화, 관습, 노동 관행, 지역사회 네트워크 등을 포함하는 개념이다. 인문지리적 환경은 노동생산성에 지대한 영향을 미치므로 입지 결정에 영향을 미치는 매우 중요한 요소이다. 따라서, 인문지리적 환경의 수준을 높이기 위해서는 다음과 같은 점들을 깊이 생각해볼 필요가 있다. 먼저, 지역사회 정체성을 확보할 필요가 있다. 정체성이 확보된 지역사회에 거주하는 주민들은 지역사회에 대한 자긍심이 높다. 이러한 지역사회에는 다른 지역사회에 있던 주민들과 기업들이 유입될 가능성이 크고, 지역사회 경제개발 과정에 주민들이 적극적이고 협조적으로 참여하는 경향이 있다. 정체성이 확보된 지역사회에서는 상호 신뢰, 타인 배려 등 사회적 자본이 강화된다. 따라서, 전문인력들이 이러한 지역사회에 거주하기를 선호한다. 이는 첨단기업을 유치하는 데 긍정적으로 작용한다. 또한, 기업가정신을 육성하고 지역사회 네트워크를 구축하여야 한다. 기업가정신이 충만하고 개방체제가 구축되어 있으면서 또한 지역사회 내·외의 네트워크가 잘 정비된 곳은 인문지리적 환경이 좋은 곳으로 인식되기 때문에 이러한 지역사회에 대한 전문인력의 선호도가 높고 따라서 첨단기업이 유입될 가능성이 높다. 다만, 노동조합의 힘이 지나치게 강한 지역사회는 전문인력과 첨단기업으로부터 외면당할 수 있다.

2. 지역사회 경제개발 주요 이론

1차 산업, 2차 산업, 3차 산업과 관련된 이론들도 중요한 이론들이지만, 현재의 시점에서 보다 더 중요하다고 생각되는 이론들을 중심으로 살펴보는 것이 현실적으로 더욱 의의가 있다. 따라서, 장기파동이론, 제품주기이론, 유연생산체제이론, 지역산업클러스트이론에 대해 검토하기로 한다.

1) 장기파동 이론(Long Wave Theory)

(1) 장기파동 이론의 주요 내용

장기파동 이론은 기술혁신을 주장하는 슘페터(J. Schumpeter)의 이론을 지역경제개발과 연계시킨 이론이다. 대표적인 장기적 경기변동 주기 모형은 '콘

드라티에프 파동(Kondratiev wave) 모형'으로서, 이 모형은 산업혁명 후 약 50~60년을 주기로 물가상승률의 부침 현상이 발생하고 있음을 보여주고 있다. 콘드라티에프 파동 모형을 포함한 장기파동 이론에 의하면, 장기적으로 볼 때 경제성장 과정은 주기적으로 반복, 즉 회복기, 호황기, 침체기, 불황기가 반복되는데, 이는 신기술 개발 혹은 혁신과 직접적으로 연계되어 있다.

그러나, 신기술과 혁신의 발생 시점은 보는 관점에 따라 다르다. 멘치의 견해와 프리먼·소트의 견해가 다른 것이 대표적이다(김천권 재인용, 2004).

멘치(Mench)에 따르면, 신기술 개발과 혁신은 호황기에 발생하는 것이 아니라 불황기에 발생한다. 즉, 불황기를 벗어나려는 연구가 활발하게 진행되며, 이 활동들이 축적되어서 신기술과 혁신이 발생하고 이를 산업활동에 응용하면서 경기가 회복된다는 것이다. 이 견해에 가까운 사례를 보도록 하자. 후술되는 영국의 케임브리지 테크노폴의 경우, 제조업의 쇠퇴로 지역경제가 어려운 가운데 지역사회 구성원들이 협심하여 테크노폴을 만들어 유럽 최고의 혁신 지역으로 명명되는 등 '케임브리지 신드롬'을 일으켰다. 실리콘밸리의 사례는 제1장에서 소개하였으므로 간략하게 보도록 한다. 1950년대 냉전의 시기에 국방 프로젝트로 급성장하였다. 1960년대 미·소 간의 화해로 인해 대형 국방 프로젝트가 줄어들자 실리콘밸리는 위기를 맞이하게 되었다. 이러한 상황에서 실리콘밸리는 트랜지스터, 집적회로 등을 활용하여 재도약을 하게 되었고, 1980년대 PC 그리고 1990년대 인터넷을 보급하는 등 위기 때마다 새로운 기술로 발전을 시도하였다.

그러나, 프리먼(C. Freeman)과 소트(L. Soete)는 신기술과 혁신의 파급효과는 시대와 장소에 따라 다르게 나타나며, 한 주기가 아닌 수 개의 주기 동안 영향을 미친다고 주장하였다. 그들에 따르면, 신기술이나 혁신은 불황기에 나타날 수도 있고 호황기에 나타날 수도 있으며, 국가, 지역 혹은 시기에 따라 다르게 나타나기도 한다. 예를 들면, 삼성전자는 호황기 때 반도체 관련 신기술에 과감하게 투자하였고, 현대자동차도 자동차 판매가 증가할 때 수소자동차 분야에 적극적으로 투자를 진행하였다. 이 두 회사들은 해당 분야에서 세계 최고의 기술을 보유하고 있다.

(2) 신기술·혁신과 지역사회 경제개발

새로운 기술과 혁신을 선도하는 지역과 이에 대한 응용력을 보유한 지역은 지역경제가 발전한다. 예를 들어, 울산광역시는 새로운 선박기술, 자동차기술, 화학기술 등과 혁신을 통해 우리나라 최초로 1인당 국민소득 4만 달러를 달성하였다. 서울시 구로구는 서울시의 대표적 공장지대이었으나 공장이 다른 지역으로 이전하자 가산디지털단지를 조성하여 IT와 패션사업을 활성화하는 중이다. 반면에, 구기술 중심의 전통산업 지역들과 기술변화를 수용하지 못하는 지역들의 경제는 침체 혹은 퇴보를 경험하였다. 부산광역시는 사양산업인 신발산업을 오랫동안 주력 산업으로 삼고 있었던 결과 경기가 좋지 않았다. 다행스럽게, 최근 들어 물류거점, 영화산업, 해운대 센텀시티를 중심으로 한 관광도시 등을 추진하여 지역사회에 활기를 불어넣고 있다. 대구광역시도 오랫동안 사양산업인 섬유산업에 의존하여 경기가 침체되었다. 여기에서 탈출하고자 밀라노프로젝트를 추진하였으나 좋은 결실을 아직 보지 못하고 있고, 메디밸리를 조성하여 첨단의료산업을 활성화시키려는 계획을 추진 중이다.

그런데, 신기술과 혁신은 기존 산업지역이 아닌 새로운 지역에 정착되는 경향이 있다. 기존의 지역중심지는 위험부담이 높은 신기술과 혁신에 대한 투자를 기피하기 때문이다. 이를 '유퍼스 효과(upas tree effect)'라고 한다. 그리하여, 모험자본은 지역중심지 주변에 있는 새로운 지역에 투자하려는 경향이 있다. 기존 중심지에서는 높은 비용이 요구되는 반면에, 외곽의 새로운 지역에는 넓은 공간이 있고 투자에 대한 요구가 강하며 혁신적인 문화가 구축될 수 있기 때문이다

📝 유퍼스 효과(upas tree effect) ·

유퍼스 효과는 유퍼스 나무 효과라고도 불린다. 유퍼스 나무는 자바에서 서식하며 독성이 아주 강하고 번식력이 강해 그 주변에 동식물이 살지 못한다. 이를 유퍼스 효과라고 한다. 즉, 기존의 제조업이 유퍼스 나무와 같은 역할을 하여 그 지역에 새로운 산업이 생성하지 못하도록 하여 지역경제를 쇠퇴시키는 결과를 초래한다.

(3) 사례연구 결과

주기적 경기변동을 억제하기 위한 대다수의 정책들, 즉 호경기를 지속시키려는 정책들은 실패하였다. 이는 호황을 유지하려는 정책보다 경기 불황을 조기에 탈피하기 위한 정책이 더욱 현실적이라는 것을 의미한다. 따라서, 불황일 때 연구 활동에 우선적으로 투자할 필요가 있다고 주장하는 연구들이 많다. 그러나, 대다수 국가에서는 불경기 때 연구인력을 감소시키는 경향이 있다. 우리나라도 예외는 아니다.

2) 제품주기이론(Product Cycle Theory)

(1) 제품주기이론의 내용

제품주기이론이란 상품의 생명주기에 따라 다르게 나타나는 생산활동과 지역사회 경제개발을 연계시킨 이론이다. 즉, 제품은 인간과 마찬가지로 성장과정을 가지며, 개별 과정에서 나타나는 특징이 지역사회 경제개발에 영향을 미친다고 주장하는 이론이다. 제품의 성장단계와 개별 단계의 특징을 보면 다음과 같다.

표 8-1 ‖ 제품 성장단계별 특징

	신제품개발· 시장진입단계	성장기	성숙기	쇠퇴기
성장 속도	불규칙 성장	점증적 성장	점감적 성장	점증적 감소
위험 부담	높음	감소	낮음	증가
시장 구조	준독점	과점	경쟁	경쟁 수축
생산 전략	단일제품 생산	유사제품 등장	제품생산 표준화	다양한 제품생산
주요 생산요소	정보·모험자본· 전문인력	전문인력	자본	비숙련노동력
주요 입지형태	연구개발인프라 집적, 쾌적한 환경	지역 내에서 분산 입지	저비용 지역으로 분산 입지	저비용 국가로 생산시설 이전

출처: 김천권(2004)의 『도시개발과 정책』에서 재인용

① 신제품개발과 시장진입단계

성장 속도는 불규칙하고, 위험 부담은 높으며, 시장은 준독점 구조이고, 단일제품을 생산하며, 주요 생산요소는 정보, 모험자본, 전문인력이다. 연구개발 인프라가 잘 갖추어진 쾌적한 지역에서 전문인력들이 연구개발을 통해 신제품을 개발하고 상품화하여 시장에 진입하는 단계이다.

② 성장단계

성장 속도는 점증적으로 성장하고, 위험 부담은 감소하며, 시장은 과점 구조를 보인다. 유사제품의 등장으로 제품 간 품질과 가격 경쟁이 시작되므로, 전문인력이 필요해진다. 생존을 위해 동일 지역 내에서 비용을 줄일 수 있는 곳에 생산시설이 입지한다.

③ 성숙단계

성장 속도는 점감적으로 성장하고, 위험 부담은 낮으며, 시장 구조는 경쟁적이다. 특정 모델이 지배적인 위치를 차지함으로써 제품이 표준화되고 가격 경쟁이 본격화된다. 가격 경쟁으로 인해 자본이 더욱 중요해지고 최저비용으로 생산이 가능한 지역으로 생산시설이 이전한다.

④ 쇠퇴단계

성장 속도는 점증적으로 감소하고, 위험 부담은 증가하며, 시장에서는 경쟁이 수축한다. 신제품의 경쟁력이 하락하여 이에 대한 수요는 감소하고, 대신 다양한 제품들이 생산된다. 수요감소에 따라 품질을 향상시키는 것보다 가격을 하락시키기 위해 비숙련노동력을 고용한다. 개발도상국과의 가격경쟁력에서 열세를 보여 생산시설이 개발도상국으로 이전한다.

(2) 사례연구 결과

이에 대한 사례연구의 결과는 일치하지 않고 있다. 그 이유는 첨단제품의 짧은 생명주기로 인해 입지 이전의 시간이 충분하지 않고 또한 표준화 단계가 짧거나 없기 때문에 주기가 연속되지 않는 현상이 발생하기 때문이다. 그럼에도 불구하고, 생명주기의 초기 단계에서는 인적자원의 집중과 제품의 혁신이 중요하기 때문에 쾌적한 환경을 가진 인구밀집지역에서 생산활동과 기술변화가 관찰되지만 생명주기의 후기단계에서는 노동집약적 활동을 위하여 외곽 혹은 주변지역으로 생산시설이 이동하는 것이 관찰된다는 점에 대해서는 대부분의 연구들이 동의하고 있다. 그러나, 제품의 주기와 입지행태 간의 상관관계가 약하다는 연구결과도 있다.

3) 유연생산체제 이론

유연생산체제 이론은 사람·상품들의 이동과 소비자들 간의 정보 교환이 활발해짐에 따라 소비자들의 취향과 행태가 개성화·다양화로 변하는 상황에서 과학·기술의 급속한 발전으로 인해 수요 변화에 맞추어 제품을 첨단화·다양화·고급화하는 것이 가능해짐에 따라 생산과정의 분업화, 첨단화, 다양화, 유연화, 고급화가 필요하다는 것을 강조하는 이론이다. 유연생산체제 이론의 주요 내용을 살펴보면 다음과 같다(임재현, 2016: 350-351).

첫째, 생산방식의 분업화를 추구한다. 많은 부품들을 생산하고 그 부품들을 조립하여 완성품을 제조하는 전체 생산과정을 특정 기업이 담당하는 것이 아니라, 관련된 많은 전문업체들이 협동하여 제품을 생산하는 것을 강조한다. 즉, 개별 전문업체가 자신이 생산하는 부품의 품질, 생산방식, 디자인 등을 포함한 모든 결정권을 가지고 생산하면서 다른 부품을 생산하는 전문업체와 협력을 통해 완제품을 생산하는 것을 중시한다.

둘째, 생산하는 제품의 첨단화·다양화·고급화를 달성하기 위해 노력한다. 많은 전문협력업체들은 자신이 담당한 부품에 대해 집중적으로 연구·개발함으로써 제품의 첨단화·다양화·고급화를 지향한다. 이는 완제품의 첨단화·다양화·고급화로 연결되어 소비자의 만족을 증대시킬 수 있다.

셋째, 다품종 생산체제의 구축을 강조한다. 점차 소비자들의 욕구가 다양해지고 개성을 추구하기 때문에 이러한 변화에 제대로 대응하지 못하면 생존이 어려워진다. '매몰비용(sunk cost)'이 큰 대량생산체제로는 이처럼 급변한 소비자들의 욕구를 충족시키기 어렵다. 따라서, 여러 전문협력업체들이 공조하여 '범위의 경제'를 추구하는 '다품종소량생산체제'를 구축하는 것을 중시한다.

넷째, 환경변화에 신속하고 융통성 있게 대응해야 한다고 제안한다. 종래의 계층제 조직에서 탈피하여 분야별 개별 조직에게 권한과 책임을 부여할 때 환경변화에 신속하고 융통성 있게 대응할 수 있다고 주장한다. 이를 위해서는 다음과 같은 변화가 필요하다. 먼저, '평면 구조(flat structure)'로 전환해야 한다. 물론 완전한 평면구조는 현실적으로 어려울 수 있다. 그러므로 '키 높이가 낮은 구조(flatter structure)'를 구축해야 한다. 또한, '리엔지니어링(re-engineering)'을 중시해야 한다. 리엔지니어링은 '업무재구축'이라고도 불리는데, 비용·품질·서비스 등과 같은 핵심적인 경영요소를 획기적으로 향상시키기 위해 경영과정과 지원시스템을 근본적으로 재설계하는 것으로서 인원 감축, 권한 이양, 재교육, 조직 재편 등을 획기적으로 다시 디자인하는 것을 말한다(마이클 해머·제임스 챔피, 2008). 그리고, '감량경영(down-sizing)'을 통해 조직구조를 혁신시켜야 한다. 감량경영이란 경기 불황일 때 기업의 부담을 줄이고자 경영 규모를 축소시키고 기업의 체질을 개선하는 것을 말한다. 구체적으로 보면, 인력적 측면에서는 인원을 축소하고, 일시적인 귀휴를 권장하며, 고용을 축소하는 것이다. 생산적 측면에서는 제품의 생산을 감소하고, 경비를 절감하며, 비채산성 부문을 폐쇄하고, 설비투자를 억제하며, 원재료의 재고를 축소하는 것 등을 행하는 것이다. 자금적 측면에서는 차입금을 변제하여 부담을 경감하는 것이다.

이 이론에 의거하여 유연생산체제가 도입되면 전문협력업체들이 인접하여 입지함으로써 전방적·후방적 연계관계를 구축할 수 있다. 이는 첨단산업 도시(technopolis), 과학공원(science park), 산업단지(industry district) 등이 형성되는 것을 가능하게 한다(임재현, 2016: 351).

유연생산체제 이론은 첨단산업이 기존의 중심지가 아닌 주변 지역에 입지하는 이유를 잘 설명한다는 평가를 받고 있다. 첨단산업은 새로운 생산방식을 수용하는 혁신적 문화, 연계 산업들이 인접하여 입지할 수 있을 정도의 넓은 공간, 그리고 전문가를 유인할 수 있는 쾌적한 환경 조건을 필요로 한다. 그러나, 구도심지역은 보수적인 문화와 관습에 젖는 경향이 강하고 공간 확보에서도 어려움이 존재하기 때문에 첨단산업은 주변 지역에 입지하려고 한다. 예를 들어, 실리콘밸리는 샌프란시스코 외곽지역, 루트 128은 보스턴 외곽지역에 입지하고 있어서 이 이론의 주장을 뒷받침하고 있다. 반면에 유연생산체제 이론과 첨단산업 간의 연계를 증명할 수 있는 실제 사례가 부족하다는 주장도 공존하고 있다.

4) 지역산업클러스트(Regional Industrial Cluster)이론

지역사회를 주민들이 원하는 만큼 개발할 수 있을 정도로 충분한 자본력을 갖춘 지역사회는 전 세계에 없을 것이다. 세계도시 중의 세계도시인 뉴욕조차도 재정적인 측면에서 완전하다고 할 수 없다. 따라서, 지역사회들은 유동자본을 유치하여 지역의 경쟁력과 생산성을 높이고자 한다. 유동자본을 유치하기 위해 지역사회들은 생산구조, 노동시장 등을 포함하여 가능한 한 많은 분야들을 유연화하는 정책을 사용하였다. 전 세계를 통틀어 몇몇 지역사회들만 유연화 정책을 사용하였다면 그 지역사회들은 소기의 목적을 달성했을 수도 있다. 불행하게도 한두 지역사회가 유연화 정책을 시행했던 것이 아니라 매우 많은 지역사회들이 유연화 정책을 실행하였다. 이로 인한 대표적인 결과들은 다음과 같다(임재현, 2016: 351−352).

첫째, 한정된 자원, 특히 유동자본을 둘러싸고 벌어진 지역사회들 간의 경쟁은 '제로섬 게임(zero−sum game)'이 될 수밖에 없었으며 치열한 전쟁 아닌 전쟁이 전개되었다. 이 전쟁에서 이기기 위해 출혈경쟁도 마다하지 않는 지역사회들이 나타나기 시작했다. 이는 다른 지역사회들로 하여금 출혈경쟁에 동참하게 만들었다. 결국, 지역사회에는 도움이 되지 않고 유동자본의 이익만 증대시켰다.

둘째, 유동자본을 유치하기 위한 유연화 정책들은 지역사회 주민들의 삶의 질을 저하시키기도 했다. 즉, 유동자본을 유치하기 위해 유동자본에게 많은 인센티브를 제공하는 과정에서 지역사회의 쾌적하고 아름다운 자연환경이 파괴되었고, 전승되어 오던 귀중한 문화자원이 훼손되었으며, 이익을 보는 주민들과 이익을 누리지 못하는 주민들 간의 불화가 발생하였고, 지방자치단체와 주민들 간에도 갈등이 일어났다. 이러한 부작용들은 지역사회 주민들의 삶의 질을 떨어뜨렸다.

이러한 일들이 발생하자 유연화 정책에 대해 '퇴행적 유연화'라는 비판이 제기되었다. 이에 OECD국가를 비롯한 선진국들은 지역사회의 경쟁력을 강화시키기 위한 전략적 방안으로 지역산업클러스트(Regional Industrial Cluster)를 구축하기 시작하였다.

지역산업클러스트 이론이란 이탈리아 북부지역의 경험을 토대로 하여 산업클러스트를 구축하는 것이 지역기업의 경쟁력 향상에 중요한 역할을 한다는 점을 강조하는 이론이다. 특히, 포터(M. Porter)가 『The Competitive Advantage of Nations』에서 경쟁력이 높은 국가의 핵심 요소에는 소수의 지역산업클러스트가 포함된다는 주장을 한 이후에 지역산업클러스트에 대한 관심이 크게 확대되었다.

📝 국가 경쟁우위(The Competitive Advantage of Nations) · · · · · · · · · · ·

특정 기업이 외국의 경쟁기업보다 더 빨리 혁신하도록 국가가 지원하는 환경이 무엇인가라는 명제를 해결하기 위하여 주요 경쟁 요소들을 검토한 결과, 혁신을 통한 차별적 전략으로 경쟁우위를 확보하는 것과 기업을 글로벌화하는 것이 중요하다.

국가 경쟁이론(다이아몬드 이론)의 핵심 중에는 다음과 같은 요소들이 포함된다. 첫번째 요소는 전문화 요소이다. 생산요소의 양과 질을 업그레이드하는 시스템과 교육시스템과 같이 인적자원을 창출하는 시스템은 천연자원, 노동자, 자본, 인프라를 포함하는 일반적인 자원보다 중요성이 떨어지지 않는다. 두 번째 요소는 수요 조건이다. 본국의 까다롭고 세련된 수요는 강한 압박요인으로 작용하여 경쟁우위를 확보하는데 기여한다. 세 번째 요소는 지원산업이다. 산업클러스트를 구축하는 것이 경쟁 확보에 유리하다. 네 번째 요소는 기업전략, 경쟁, 기업가정신에 의한 창업 등으로서 국가 경쟁우위를 결정하는 데 기여한다.

국가경쟁의 발전단계는 네 단계로서 다이아몬드의 구조를 보인다. 1단계는 요소지향(factor driven) 단계, 2단계는 투자지향(investment driven) 단계, 3단계는 혁신지향(innovation driven) 단계, 그리고 4단계는 부 지향(wealth driven) 단계이다. 1단계에서 3단계까지는 성장하는 단계인 반면에, 4단계는 쇠퇴하는 단계로서 경쟁이 약화되고 투자의욕이 떨어진다.

국가의 경쟁력 향상을 위한 전제조건은 수요 업그레이드, 요소 창출 메커니즘, 열위에 있는 선택적 요소 극복, 동기부여, 국내 경쟁, 신규 비즈니스 형성 역량 강화 등이다. 향상과 혁신의 압력이 부족하다면 스스로 그것을 창조하여야 한다. 혁신은 압력과 도전으로부터 자란다.

출처: Porter(1998)의 『The Competitive Advantage of Nations』에서 일부 발췌·재서술

지역산업클러스트는 종래의 산업집적지를 넘어서는 개념이다. 산업집적지는 생산·거래 비용을 축소하는 데 목적을 두고 있다. 그러나, 지역산업클러스트는 기술혁신과 지식 창출의 근원지의 역할을 한다. 따라서, 지역산업클러스트는 산업클러스트에 머물지 않고, 이를 바탕으로 지역혁신체제(RIS: Regional Innovation System)를 구축하여 지역경제발전의 새로운 모델이 되었다. 지역산업클러스트와 관련된 이론들은 여러 가지가 있지만, 아래에서는 이 이론들을 종합한 지역혁신체제 이론에 대해 검토하기로 한다.

5) 지역혁신체제(Regional Innovation System) 이론

(1) 지역혁신체제란?

혁신이란 학습 과정을 통해 축적된 지식을 이용하여 생산성을 높이거나 새로운 제품이나 공정을 개발하는 것을 말한다. 혁신을 위해서는 혁신환경을 조성하는 것이 중요하다. 혁신환경을 조성하는 방법은 다양하지만, 지역혁신체제 이론의 기초가 된 혁신환경이론에서는 집단학습과정(collective learning process)을 중시한다. 집단학습과정이란 경제 주체들 간에 자유롭게 이동하는 정보·지식을 역동적으로 축적하는 과정을 말한다. 집단학습과정이 있으면 학습 능력이 부족한 기업들에게 창의력을 키울 수 있는 기회를 제공할 수 있다. 즉, 일방향으로 정보·지식을 제공하면 정보·지식을 받는 입장에서는 창의적인 사고를 할 기회를 가지기 어렵지만, 집단학습과정을 구축하여 쌍방향으로 정보·지식을 교환하게 되면 더 많은 것을 배우고 생각하는 과정에서 혁신적이거나 창의적인 능력을 육성할 수 있다.

혁신에 대한 정의를 바탕으로 지역혁신체제에 대한 정의를 살펴보면 다음과 같다. 이종식(2009: 311-313)은 다음과 같이 지역혁신체제를 정의한다. 지역혁신체제는 지방정부, 지방대학, 기업, NGO, 지방언론, 지방연구소 등 지역 내 혁신 주체들이 해당 지역의 연구개발, 생산과정, 행정제도, 문화활동 등 다양한 분야에서 역동적으로 상호 협력하고 공동학습을 통해 혁신을 창조하고 지역발전을 도모하는 유기적 체계이다.

쿠크는 지역혁신체제를 제품과 생산공정과 지식의 상업화에 기여하는 기업과 제도들의 네트워크라고 정의한다. 네트워크는 하부구조와 상부구조로 구성된다. 하부구조는 도로, 항만, 통신망 등과 같은 제도적 구조이고, 상부구조는 지역의 문화, 분위기, 규범 등으로 구성된다. 지역혁신체제의 핵심요소는 네트워크, 상호작용, 학습, 혁신, 역동적 변화이다(Cooke, 2004: 3-5).

이러한 개념 정의들을 종합하면, 지역혁신체제는 일반적으로 각 지역사회에 내재하여 있는 혁신 요소들의 혁신 능력을 증진시키고 상호학습을 촉진함으로써 자생적으로 지역사회 경쟁력을 향상시키는 데 초점을 두고 있는 체제이다. 결국, 지역혁신체제란 지방정부, 지방대학, 지역기업, 지역연구소, 주민 등 지역 내의 혁신 주체들이 다양한 영역, 즉 연구개발, 신제품 생산, 행정제도 개선 등에서 함께 학습·협력하면서 혁신을 추구하고 지역사회의 발전을 꾀하는 체계이다(임재현, 2016: 352). 즉, 새로운 기술이나 혁신과 관련된 다양한 제도, 기관, 주체들 간의 네트워크를 강조하는 개념이다. 특히, 우리나라에서 지역사회 경제개발이 성공하기 위해서는 그동안 우리나라의 경제성장에 기여했던 그룹중심적인 협력체제가 아니라 지역사회 내의 혁신 주체들 간의 협조를 강조하는 지역혁신체제를 구축하는 데 많은 노력을 기울일 필요가 있다. 왜냐하면, 우리나라의 경제성장은 대기업과 수많은 하청기업[1]들이 연계된 '선단식 경영'[2]에 기반하기 때문에 세계화와 정보·지식화로 인해 경쟁이

---

1) 기술, 재정 등에서 우위에 있는 기업에 종속되어 있으면서, 그 기업의 주문에 의해 부품, 제품 등을 만들어 납품하는 기업이다.

2) 선단식 경영이란 주력업체를 중심으로 꼬리에 꼬리를 무는 출자방식으로 확장을 거듭하여 수많은 계열사를 거느리는 경영형태로서, 계열사들 간 상호지급보증이나 상호출자 등의 형태를 통해 계열사를 묶어 거대한 집단을 형성하는 것이다(매경시사용어). 특정 분야에서 전문성을 확보하는 것보다 이익이 된다고 생각되는 분야를 찾아 투자하는 것을 더욱 중시하고

확대되는 상황에는 적절하지 않을 수 있기 때문이다.

(2) 지역혁신체제 이론의 주요 내용

지역혁신체제를 구축하기 위한 요소들은 학자마다 다양하게 제시되고 있다. 여기에서는 이들의 의견을 종합한 후 여덟 가지 핵심 요소들을 뽑아서 자세하게 살펴보기로 한다(임재현, 2016: 352-354).

첫째, 지역사회의 장점과 단점에 대해 철저한 분석이 선행되어야 한다. '다른 지역사회가 하니까 따라 한다'는 식의 접근방법으로는 지역사회 경제개발을 성공시키기 어렵다. 지역사회만이 가지는 독특한 특수성이나 비교우위에 있는 분야를 중심으로 경쟁력을 확보하기 위해 노력해야 한다. 그럼에도 불구하고, 이 점을 경시하는 사례가 자주 언론에 등장하고 있다.

📝 '남이 하니까 따라 한다'는 사례 ·····················

☆ 사례 1 : 해양심층수

일본에서 해양심층수(수심 200m 이하의 깊은 바닷물로서 세균, 미생물, 유기물, 병원균이 거의 없는 청정자원)가 유행하고 우리나라에서도 일부 상류층을 중심으로 일본 해양심층수를 수입하여 마시자, 강원도 고성군이 2006년 '㈜ 강원심층수'를 설립하였다. 그 후 양양군, 강릉시, 속초시, 영덕군, 울릉군이 경쟁적으로 심층수 회사를 설립하였다.

☆ 사례 2 : IT 관련 발전계획

노무현 정권 때 각 지방자치단체에게 발전계획을 제출하면 심사 후 좋은 계획에 대해서는 중앙정부가 지원하겠다고 발표를 하자, 거의 모든 지방자치단체들이 IT 관련 발전계획을 제출한 적이 있었다.

또한 가장 큰 고객인 그룹의 대표기업에 지나치게 의존하기 때문에 경쟁다운 경쟁을 하기 어렵기 때문에 전문성을 확보하기 어려운 것은 물론이고 경기가 어려운 상황에 대응하는 능력이 약하다는 비판을 받고 있다. 특히 경쟁이 확대되는 글로벌시대에는 적합하지 않다는 지적들이 많다.

☆ 사례 3 : 국제영화제

제3장 제5절에서 살펴본 것처럼, 우리나라 여러 지역사회들이 지역 특성에 기초한 타당성 평가를 제대로 실시하지 않고 국제영화제를 개최하고 있어 예산 낭비라는 지적을 받고 있다. 2020년 현재, 부산국제영화제(25회), 서울국제여성영화제(22회), 서울인권영화제(24회), 서울국제음식영화제(6회), 대구여성영화제(9회), 인천인권영화제(25회), 광주여성영화제(11회), 울산국제영화제(25회), 제주여성영화제(22회), 전주국제영화제(21회), 부천국제판타스틱영화제(24회), 강릉국제영화제(2회), 제천국제음악영화제(16회) 등을 포함하여 다양한 영화제가 개최되고 있다.

☆ 사례 4 : 유바리시 파산

유바리시는 홋카이도에 있는 세계에서 제일 비싼 '유바리 멜론' 생산지이면서 석탄산업으로 활기찬 지역이었으나 에너지 수요가 석탄에서 석유로 바뀌면서 폐광이 속출하던 시기에 스키장 등 위락관광지역으로 탈바꿈하지 못해 매우 어려운 시절을 보내던 중, 1990년에 '유바리 국제판타스틱 영화제'를 시작하여 한때 판타지 영화와 SF 영화를 소개하는 영화제로서 자리매김하였다. 그러나, 유바리시가 지역의 장점과 단점을 종합하면서 사업성에 대해 철저하게 분석하지 않으면서, 다른 지역에서 성공한 것만을 보고 무리하게 테마 시설, 리조트, 호텔 등을 건설하고 또한 문어발식으로 사업을 확장하여 적자가 확대되었다. 그러한 상황에서 관광객이 점점 줄어들어서, 2007년 일본 지방자치단체 사상 처음으로 파산하였다. 다행히 일본 관광진흥청이 지원하여 2007년 '유바리 국제판타스틱 영화제'를 개최하였고 그 후 후원자들의 지원에 의해 영화제는 계속 열리고 있으나 유바리시는 여전히 재정난 속에서 어려운 시기를 보내고 있다.

둘째, 지역사회 혁신 주체들이 존재하는 부문에 투자해야 한다. 초창기에는 혁신 주체들의 활동이 선구자적인 역할이라고 평가될 정도로 매우 중요하므로 혁신 주체들이 많으면 많을수록 좋겠지만, 비록 적더라도 이들이 존재하는 부문에서 혁신 활동을 추진하여야 한다. 실리콘밸리, 보스턴의 루트 128, 뉴욕의 실리콘앨리, 프랑스의 소피아앙티폴리스 등 세계적인 혁신 지역들이 발전하는 과정에서 지역사회의 혁신 주체, 즉 지역대학, 지역연구소, 지역기업 등이 매우 중요한 역할을 하였다는 사실은 이미 널리 알려져 있다.

뉴욕 '실리콘앨리(Silicon Alley)' •••••••••••••••••••

　교외화와 역도시화의 바람을 타고 뉴욕시도 도심공동화가 빠르게 진행되어 재정이 점차 어려워지는 과정에서 도심의 기능을 강화하기 위한 다양한 정책들을 시도하였으나 1987년 주식 폭락과 경기침체로 인해 맨해튼(Manhattan)의 부동산 개발과 재활성화 열기가 크게 약화되었고, 이로 인해 기업들의 외곽 이전이 점차 확대되어 재정적으로 더욱 어려워지게 되었다. 이러한 상황에서 1990년대 중반 '실리콘앨리'가 조성되었다. 반도체업체들이 '실리콘밸리'를 중심으로 발전한 것과 달리, '실리콘앨리'는 인터넷을 이용한 뉴미디어 산업을 육성하는 것을 목적으로 하였다. 즉, 인터넷을 이용한 단순한 네트워크를 벗어나 인터넷 기획가, 인터넷 디자이너, 방송 PD, 출판 관계자, 영화 관계자 등이 모여 뉴미디어 산업을 육성시키는 목적을 지녔다. 이러한 노력의 결과, '실리콘앨리'는 미국 멀티미디어 콘텐츠산업의 메카가 되어, 새로운 벤처 창업 중심지로 인정을 받고 있다.

　셋째, 다양한 형태의 지역사회 네트워크가 형성되어야 하고, 혁신 활동은 지역사회 네트워크를 통해 전 지역사회에 확산되도록 해야 한다. 지역사회 네트워크는 경성적 네트워크와 연성적 네트워크로 대별할 수 있는데, 데이터통신망, 통신망 운영체계, 통신망 데이터베이스 등의 경성적 네트워크와 더불어 비공식적 관계, 신뢰 등의 연성적 네트워크도 같이 구축되어야 한다. 네트워크를 구축한 후, 지역사회 혁신 활동이 시작되면 지역사회의 모든 네트워크들을 총동원하여 혁신 효과를 지역사회의 전체 구성원들에게 확산시켜야 한다.

　혁신 효과를 증폭시키려면 지역사회 내에 있는 대학의 역할이 매우 중요하다. 먼저, 지역사회 내에 수요중심의 대학을 육성해야 한다. 많은 혁신지역들의 발전과정을 보면 대학이 매우 중요한 역할을 했다는 것은 주지의 사실이다. 특히, 혁신역량이 절대적으로 부족한 지역사회에서는 지역특화산업과 연계된 대학을 육성할 필요가 있다.

📝 지역특화사업 ••••••••••••••••••••••••••••••••••

　「국가균형발전 특별법」에 의해 지역의 특성과 여건을 활용하여 추진하는 시·도의 산업으로서 시·도지사가 선정하는 산업을 말한다. 동법에 의하면, 시·도지사는 관계 중앙행정기관의 장, 관할구역의 시장·군수·구청장과 협의하여 다음 요건을 충족하는 산업을 해당 시·도의 지역특화산업으로 선정할 수 있다.

① 국가의 성장잠재력과 경제성장에 기여도가 높은 산업
② 지역일자리 창출 및 경쟁력 강화에 중심적 역할을 하는 산업
③ 지역의 발전역량을 강화시킬 수 있는 산업

또한, 지역사회 내의 대학이 앞장서서 새로운 기술을 보유한 혁신기업들이 많이 창업되도록 유도하여야 한다. 창업 활동이 활성화되기 위해서는 기업가정신을 존중하는 지역문화가 구축되어야 한다. 그런 차원에서 볼 때 지역사회 내에 기업가정신이 충만한 곳은 대학이다. 따라서, 대학 내에 창업지원기반을 확충할 필요가 있다.

그리고, 지역사회 내의 대학과 지역기업 간의 산학협력이 확대되어야 한다. 대학은 기업이 필요로 하는 교육을 실시하는 것은 물론이고 활발한 연구 활동을 통해 획득된 기술을 기업에게 이전하고 기업은 이를 상품으로 만드는 협력체제를 구축할 필요가 있다.

📝 케임브리지 테크노폴(Cambridge Technopole) · · · · · · · · · · · · · · · · ·

1970년대 케임브리지대학이 '케임브리지 사이언스 파크'를 설립한 것이 '케임브리지 테크노폴'을 형성하는 데 결정적인 계기가 되었다. '케임브리지 테크노폴'은 중앙정부에 의해 하향식으로 만들어졌다기보다는 지역 내의 다양한 주체들, 즉 지역 내의 대학, 연구소, 은행, 기업, 컨설팅업체, 펀드사 등에 의해 상향식으로 만들어졌다.

지역혁신주체들의 노력에 의해 '케임브리지 테크노폴'이 생성된 이후 발전의 기틀이 만들어졌는데, 첨단기업들이 입주하면서 발전을 거듭하게 되었다. 2002년의 경우, 유럽에 있는 초고속 첨단기업 50개 회사 중에서 9개가 케임브리지에 입주할 정도였다. 이리하여, '케임브리지 신드롬(Cambridge Syndrome)'이라는 말이 인구에 회자될 정도로 세계에서 가장 선도적인 혁신클러스트의 하나로 자리매김하였다.

현재 이곳에는 정보통신과 생명공학 분야의 소규모 벤처기업부터 세계 유수의 초국

적 기업 연구소에 이르는 100여 개의 첨단기업들이 입주해 있다. 특히, 바이오산업들이 집적하는 경향이 나타나 세계적인 바이오 혁신클러스터로 인정받고 있다.

넷째, 집단학습(collective learning)과 이를 위한 문화가 형성되어야 한다. 집단학습이란 경제주체 간 자유롭게 이동하는 정보·지식을 역동적으로 축적하는 학습을 의미한다. 집단학습이 활성화되면 한 개의 암묵적 지식이 수많은 암묵적 지식들과 명시적 지식들을 탄생시킬 수 있다. 이에 대해서는 앞에서 설명한 바 있다. 이러한 집단학습과정과 이를 지원하는 문화가 조성되면, 학습능력이 부족한 기업에게 경쟁력을 확보하는 기회를 제공할 수 있다. 일방향으로 정보·지식을 제공한다면, 정보·지식을 받는 입장에서는 자신의 생각을 상대방에게 제시할 기회를 가지지 못하기 때문에 창의적인 사고를 할 이유가 없다. 그러나, 집단학습과정을 구축하여 쌍방향으로 정보·지식을 교환하는 협력체제를 구축하면 서로가 더 현실적이고 도움이 되는 정보·지식을 획득할 수 있게 된다. 이는 빠르게 변화하는 다양한 수요에 대응할 수 있는 창의적인 아이디어의 원천을 확대시키는 데 이바지할 수 있다. 삼성, 애플 등 초국적 기업이 부품기업들과 상생해야 함을 강조하는 이유가 여기에 있다. 이는 지역사회의 경쟁력을 향상시킬 것이다.

다섯째, 경제주체들 간에 신뢰와 공감대가 구축되어야 한다. 앞에서 지적했듯이, 지역혁신체제는 혁신 주체들 간에 네트워크를 구축하는 것이다. 이를 위한 필수 불가결한 요소는 혁신 주체들 간에 신뢰와 공감대를 형성하는 것이다. 만약 혁신 주체들 간에 신뢰와 공감대가 구축되지 않으면, 지역사회 내에 형성된 네트워크는 기대와 달리 형식적이거나 비효율적 네트워크가 되거나 혹은 하나의 장식물에 불과할 수도 있다. 앞에서 소개한 영국 최고의 혁신 클러스트라고 일컬어지는 '케임브리지 테크노폴'이 성공한 원인 중에는 네트워크 구성원들이 공식적인 미팅뿐만 아니라 길거리, 카페 등에서 다양한 만남을 통해 혁신 주체들 간에 신뢰 관계를 구축한 점이 포함되어 있다.

여섯째, 기업활동을 지원하는 다양한 조직들이 형성되어야 하고 이들이 기업발전을 지원할 수 있도록 하는 새로운 제도와 환경을 조성해야 한다. 지역경제의 발전을 위해서는 집단학습을 통해 신기술이나 혁신능력을 발굴하는 것은 물론이고 나아가서 이들을 실질적 수익으로 전환시켜야 한다. 따라서, 대부분의 혁신 지역들에서 관찰되는 것처럼, 아이디어 혹은 혁신 활동을 상용화시키기 위해 경영지원, 자금지원, 회계지원, 법률지원, 기술지원 등을 포함한 다양한 지원조직들이 만들어져야 한다. 또한, 지원조직들이 실제로 기업활동을 지원하는 데 어려움이 발생하지 않도록 하는 새로운 제도와 환경이 먼저 만들어져야 한다.

일곱째, 기업가정신·실패에대한관용·신기술을위한노력·협력체제구축 등이 사회적 관습으로 자리매김하여야 한다. 기업가정신, 신기술을 위한 노력, 협력체제 구축에 대해서는 앞에서 여러 번 지적하였으므로, 여기에서는 실패에 대한 관용에 대해 간략하게 설명하고자 한다. 어느 누구도 인생을 살면서 한두 번은 실패를 경험한다. 실패와 관련하여 가장 중요한 것은 좌절하거나 실패에서 끝나지 않고 실패를 반복하지 않기 위해 노력하는 것이다. 이를 위해서는 실패를 바라보는 사회적 시각이 바뀌어야 한다. 즉, 실패에 대해 관용하고 이를 사회적 자산으로 바라보는 시각이 자리매김해야 한다.

여덟째, 지역사회 내에 존재하지 않는 새로운 혁신을 지속적으로 모색하려는 의지, 노력, 행동 등이 존재해야 한다. 사회는 계속 변하기 때문에 혁신이 일회성으로 끝나면 그 효과가 반감될 수밖에 없으므로 혁신을 위한 노력은 지속적으로 진행되어야 한다. 그런데, 혁신은 그 자체가 어렵기도 하고 또한 반대가 있을 수 있다. 이를 극복하고 혁신을 지속하려면 강력한 의지, 끊임없는 노력, 지속적인 행동이 요구된다.

제2절 지역사회 경제개발정책

앞에서 소개한 호텔링 모형에서 밝혔듯이, 지역경제에서는 공간이 주요 변수가 될 수 있는데, 자유방임상태로는 모든 지역사회에 바람직하게 자원을 배부하는 것이 거의 불가능하다. 즉, 지역사회별로 '빈익빈부익부' 현상이 나타나고 또한 확대될 수밖에 없다. 따라서, 중앙정부와 지방정부가 지역경제활동에 관여해서 지역간, 산업간 자원배분을 바람직하게 유도하려고 하고 있다. 그러나, 지역사회 경제개발정책은 중앙정부와 지방정부의 지원을 받더라도 지역사회 주민들이 주도하여야 한다.

1. 지역사회 경제개발의 목표

1) 실업률 감소

중앙정부의 거시경제정책이 지역사회에서 작동하지 않는 경우가 자주 발생하고 있으며, 이는 전 세계적인 현상이다. 따라서, 지역사회 스스로가 자신의 지역을 산업활동에 적합하도록 변모시킬 필요성이 제기되었다. 즉, 지역기업이 성장할 수 있는 상황을 만들고 또한 외부기업을 유치하는 노력이 필요하다. 이 중에서 지역기업을 육성하는 데 초점을 두어야 한다는 점은 앞에서도 강조하였다. 이러한 노력이 결실을 맺을 때 지역경제가 활성화되고 이로 인해 지역사회에서 실업률이 감소한다.

2) 성장의 지속성 강화

거대한 사회변화에 맞추어 지역경제가 지속적으로 성장하도록 해야 한다. 정보·지식화는 개별 국가 혹은 개별 지역사회가 거스를 수 없는 변화이기 때문에 이에 맞추어 첨단산업을 육성 혹은 유치할 필요가 있다. 지역사회에서 첨단산업이 성장하면 이를 지원하는 전통산업도 성장할 수 있다. 이는 지역경제의 성장을 지속화하는 데 기여한다. 예를 들어, 실리콘밸리는 IT의 메카라고 불리는 데 손색이 없을 정도로 IT 관련 첨단업체들이 집적되어 있다. 그러면 실리콘밸리에는 전통제조업체가 없을까? IT 관련 첨단기업을 지원하는 제조업도 실리콘밸리에 입지할 수 있고 또한 첨단 IT 기술을 필요로 하는 전통제조업체도 입지할 수 있다. 유명한 전기자동차업체인 테슬라(Tesla)는 실리콘밸리의 북부지역에 속하는 팰러 앨토(Palo Alto)에서 설립되었다.

첨단산업을 육성 혹은 유치하지 못한 지역사회는 지역사회의 특성을 이용하여 성장할 수 있다. 예를 들어, 문화관광 분야에서 잠재력을 가지고 있는 지역사회는 이 분야에서 창의적인 아이디어를 창출하여 지역경제를 발전시킬 수 있다. 이와 관련된 사례들은 앞에서 여러 번 제시되었다. 다시 한 번 소개하면 스코틀랜드의 에든버러, 핀란드의 로바니에미, 함평, 보령 등이다.

3) 안정성 확보

선진국의 전통적인 제조업지역들의 침체 원인은 비슷하다. 그 중에서 앞에서 소개한 디트로이트(Detroit)와 피츠버그(Pittsburgh)의 사례를 안정성 차원에서 살펴보자. 이 두 도시들의 경기침체의 주요 원인 중에는 노동조합 활동으로 인한 임금상승, 초국적 기업의 유출, 중앙정부의 보조금 삭감 등이 포함된다. 이를 자세히 살펴보면, 내부요인들뿐만 아니라 외부요인들도 침체에 중요한 영향을 미치고 있음을 알 수 있다. 이러한 현상은 우리나라에도 적용될 가능성이 매우 농후하니 항상 유의할 필요가 있다. 예를 들어, 노동조합의 활동은 노무현 전대통령이 '귀족노조'라고 칭했듯이 자주 정상적인 활동 궤도를 벗어나고, 지방에 대한 지원의 축소와 관세의 단계적인 철폐를 강조하는 '밀레니엄 라운드(millennium round)'로 인해 중앙정부 보조금은 언제든지 축소될 수 있으며, 초국적 기업의 유출은 항상 가능하다. 따라서, 내생적 지역산업이 중요하다(김태연·황종환, 2017). 내생적 지역산업이란 외부요인보다는 지역 특유의 인적·물적 자원을 이용하는 산업을 말한다. 내생적 지역산업을 육성하기 위해서는 지역사회에서 민관파트너십(public-private partnership)을 공고하게 구축하여야 한다. 이는 지역경제를 안정적으로 성장시키는 것은 물론이고 지역공동체를 강화하는 데에도 중요한 역할을 하기 때문이다.

2. 지역사회 경제개발의 주요 정책

1) 테크노폴리스(Technopolis)

(1) 개념

테크노폴리스는 기술(technology)과 도시(polis)를 합한 합성어이다. 테크노폴리스는 일본에서 처음 쓰이기 시작하였다. 우리나라에서는 첨단산업도시 혹은 첨단산업연구도시라고 불리기도 하고, 일본에서는 테크노파크(technopark), 테크노빌(technoville)이라고도 한다(다음 백과).

테크노폴리스는 쾌적한 자연환경, 교육시설, 문화시설, 복리후생시설 등을 잘 갖춘 지역 환경, 첨단기술산업, 대학을 중심으로 하는 고급연구능력의 결합을 강조한다. 따라서, 테크노폴리스란 연구소·대학·첨단산업과 함께 배후도시를 포함하는 복합적인 단지 또는 도시를 일컫는다. 배후도시는 산업단지 등이 본연의 기능을 수행할 수 있도록 지원하기 위해 관공서·주거·상업·문화·여가·교육·의료 등의 시설을 갖추고 주변에 위치해 있는 도시를 말한다.

테크노폴리스에 반드시 존재해야 하는 연구소, 대학, 첨단산업 중에서 연구소와 대학에 관해서는 부연 설명이 필요 없을 것이다. 더구나, 테크노폴리스에서의 연구소와 대학의 주 역할은 첨단산업과 관련된 신기술을 개발하는 것이다. 이러한 이유들로 인해서 여기에서는 첨단산업에 대해 살펴보기로 한다. 첨단산업의 주요 특징들은 다음과 같다.

첫째, 신기술을 바탕으로 지식집약적이며 미래지향적인 특징을 가지고 있다. 세계는 노동집약적 산업에서 포드주의(Fordism)[3]에 의해 기술집약적 산업으로 바뀌었다가 정보혁명으로 인해 지식집약적 산업으로 변화하였다. 지식집약적이란 자본이나 노동력보다는 지식이 경쟁력과 성장의 원천이 된다는 의미를 지니는 단어로서, 기업·조직·개인이 효율적으로 지식을 창출·획득·전달·공유할 수 있어야 하기 때문에 경험과 지식이 노동자 개인에게 축적되는 것보다 데이터베이스에 축적되는 것을 강조하는 개념이다. 미래지향적이란 인류의 미래를 위해야 한다는 의미를 가지는 것으로서, 최근에 들면서 일곱 분야 즉, IT(Information Technology), BT(Bio Technology), NT(Nano Technology), CT(Culture Technology), ET(Environment Technology), RT(Robot

---

3) 헨리 포드에 의해 고안된 분업에 기반한 연속공정을 강조하는 근대적 생산시스템이면서 산업사회의 패러다임으로서, 대량생산을 가능하게 하여 경제성장을 유도하고 대중문화의 발달에 기여했다는 평가를 받았으나 지식기반경제시대를 맞아 포스트포드주의 개념으로 대체되고 있다.

Technology), ST(Space Technology) 등에 대한 관심이 확대되고 있다.

둘째, 에너지·자원 절약적인 특징이 강하다. 예를 들어, 태양열·지열 등 신재생에너지를 활용하고자 하는 것은 지구온난화 혹은 대기오염에 대처하고자 함과 동시에 에너지·자원을 절약하고자 하는 의도에서 비롯되었다. 또한, 조명의 경우에도 LCD에서 LED(발광다이오드: 수명 길고 전기가 절약)를 거쳐 OLED(유기발광다이오드: 자체 발광하면서 얇고 시야각이 넓으며, 응답이 빠름)로 바뀌었다가 최근에 AMOLED(능동형 유기발광다이오드: 라인 전체가 발광하는 것이 아니라 발광소자만 개별적으로 발광)에 대한 관심이 빠르게 확대되고 있다.

셋째, 상품의 부가가치는 높으면서 대개 가볍고 부피가 작은 특징을 보인다. 예를 들면, OLED와 AMOLED를 이용하여 만든 두께가 얇은 TV 혹은 핸드폰, 스마트 셔츠, 스마트 외투, 손목시계형 스마트 폰, 둘둘 마는 디스플레이 등이 생산되고 또한 이 제품들에 대한 소비자들의 호응이 좋은 것은 이러한 특징을 더욱 강화시킬 수 있다.

넷째, 제품의 주기가 짧다. 예를 들어, 예전에는 TV를 사면 수십 년을 사용하였지만, 지금은 더 좋은 성능과 디자인을 가진 제품들이 빠르게 등장하기 때문에 교체 기간이 매우 짧아졌다. 이에 대해서는 본 장 제2절의 '제품주기 이론'에서 설명하였으므로 참고하면 도움이 되리라 본다.

📝 과학공원(science park) ·

테크노폴리스와 자주 혼동되는 것이 과학공원이다. 과학공원은 지역사회의 연구 중심체인 지역대학과 공공·민간 연구기관들을 한 장소에 모음으로써 그들 간의 연계 관계를 구축하여 연구 및 개발 활동을 촉진하기 위한 공간영역이다.

과학공원의 본질적인 기능은 신기술을 연구·개발하는 데에 있다. 반면에, 테크노폴리스는 연구기관과 산업체 간의 긴밀한 협력관계를 강조하는 개념이다.

(2) 의의

일본의 경제개발정책을 보면 1960년대와 1970년대에는 중앙정부 주도하에 신공업도시를 육성하는 정책이 중점적으로 추진되었다. 그러나, 빠른 속도로 산업구조가 변화하고 지방화시대가 확대됨에 따라 중앙정부가 주도하는 경제개발정책에 대한 비판의 목소리가 높아지면서 1980년대에는 지방정부 주도로 테크노폴리스를 개발하는 정책으로 전환되었다(다음 백과). 그 당시 일본의 예측에 따르면, 테크노폴리스가 전국적으로 확산될 경우 지역사회의 독자적인 발전이 가능하고, 지역사회에 첨단기술산업인력이 유입되어 인구 분산에 기여하며, 지역 균형 발전이 기대되었다(다음 백과).

테크노폴리스가 많은 나라들에서 호응을 받은 이유는 다음과 같은 의의가 있기 때문이다. 테크노폴리스는 쾌적한 지역 환경을 토대로 대학과 연구소는 연구개발을 담당하고 제조업체는 생산기능을 담당하면서 상호 긴밀한 유대관계를 갖도록 하는 것이다. 연구개발 및 기술혁신이 지역기업을 통해 신제품으로 생산되거나 혹은 생산성을 향상시키면 지역경제를 활성화시킬 수 있다는 점이 테크노폴리스가 매력적인 이유이다.

그러나, 모든 지역사회가 테크노폴리스를 만들 수는 없다. 특히, 테크노폴리스가 입지하기 어려운 지역은 다음과 같은 지역이다. 과잉·과밀한 대도시, 인접한 곳에 모도시(母都市)가 없는 곳, 지역 내에 이공계 대학 또는 연구기관 없는 곳, 교통 이용이 불편한 곳, 현재 산업·정보·기술 등의 집적이 없는 곳, 노동조합의 영향력이 강한 곳 등은 테크노폴리스를 만드는 데 불리하다.

(3) 사례

최근에 들어 세계의 많은 지역사회들에서 테크노폴리스를 볼 수 있다. 대표적인 테크노폴리스로는 미국의 실리콘밸리, 프랑스의 소피아 앙티폴리스 등을 들 수 있다. 영국, 서독 등도 테크노폴리스를 조성하였다.

일본의 경우 현재 쓰꾸바 연구학원도시를 중심으로 전국에 14개 테크노폴리스가 활발히 성장하고 있다(다음 백과). 대만 신죽(新竹)의 과학산업공원, 싱가포르의 과학공원, 이스라엘의 과학공원 등은 명칭으로 과학공원을 사용

표 8-2 ‖ 대표적인 테크노폴리스

구분	대학	산학협동사례(특징)
실리콘밸리(미)	스탠포드, 버클리	캠퍼스산업단지, 공동연구
루트128(미)	MIT, 하바드	분가적 창업, 연구개발지원, 공동연구
리서치 트라이앵글(미)	N. Carolina, 듀크	인적 교류, 연구개발지원
쓰꾸바(일)	쓰꾸바대	고급두뇌공급, 공동연구
소피아(프)	니스대	고급두뇌공급, 공동연구

하고 있지만 아시아의 대표적인 테크노폴리스이다. 우리나라에서도 1973년 정부가 대덕연구단지를 건설한 이후 현재 많은 지역에서 테크노폴리스를 건설 혹은 건설할 계획을 가지고 있다.

소피아 앙티폴리스 ·

소피아 앙티폴리스는 세계적인 휴양지로 유명한 니스와 영화제로 유명한 칸 사이에 입지하고 있다. 이 도시는 1920년대까지만 해도 소규모 관광수입 외에는 수익 창출의 기회가 없는 전형적인 낙후 도시이었다.

1960년대 후반, 파리의 과도한 인구·산업 집중을 해소하고 지역균형발전을 추진하기 위한 일환으로 계획된 '과학과 지혜의 도시 건설'이라는 구상에 따라 개발되기 시작하였다. 소피아 앙티폴리스는 인근에 니스 국제공항을 비롯한 편리한 교통수단을 가지고 있고, 도시 내 녹지비율이 높아(주거·여가 공간 6.5%, 연구개발·생산활동 공간 28.3%, 공원·녹지 13.0%, 그린벨트 52.2%) 쾌적한 환경에서 연구할 수 있으며, 높은

수준의 문화·여가생활을 할 수 있는 시설이 구비되어 있고, 질 높은 교육을 받을 수 있는 시스템을 갖추고 있으며, 유기적인 산·학·연·관 네트워크가 구축되어 있고, 그리고 지방정부와 각종 기관이 제공하는 창업지원 프로그램과 세제 혜택을 받을 수 있다. 이리하여 1998년에는 세계 10대 지식기반 선도지역 그리고 유럽 3대 지식기반 선도지역으로 선정되었다.

출처: b940512@yna.co.kr과 https://blog.naver.com/ydkim1024/100024159636에서 부분
발췌·재서술

2) 비즈니스 인큐베이터(BI: Business Incubator)

(1) 개념과 의의

비즈니스 인큐베이터는 기업보육센터 혹은 창업보육시설로 불린다. 비즈니스 인큐베이터에 대한 대표적인 개념 정의를 살펴보면 다음과 같다.

지은실(2009)은 비즈니스 인큐베이터를 참신한 아이디어와 뛰어난 기술력을 가진 예비창업자 또는 중소기업이나 창업기업에게 작업장·경영·기술·정보 등을 제공하여 이들이 보다 안정적으로 창업활동을 할 수 있게 함으로써 창업 성공률을 높이고 창업을 위한 전진기지 역할을 수행하는 전문보육기관이라고 정의하였다.

미국 창업보육협회의 정의에 따르면, 비즈니스 인큐베이터는 새로운 기업을 성장시키기 위하여 작업장을 싼 임대료로 제공하고 다양한 지원서비스를 제공·알선하며, 타 기업인 등과의 교류를 제공하여 재정적으로 자립할 수 있는 졸업기업을 배출하는 것을 최종 목표로 삼는 시설이다.

이를 종합하면, 비즈니스 인큐베이터는 소규모 작업장이 필요한 중소기업, 특히 창업기업에게 성공적인 창업활동을 위한 지원서비스를 제공하는 것을 목적으로 하는 전문보육기관이다. 이러한 목적을 수행하기 위해서는 지역 네트워크(local Network)가 구축되어 있어야 하고, 복수의 기업을 위한 공간(multi-tenant space)을 확보하여야 하며, 다양한 공용서비스(shared service)를 제공할 수 있어야 하고, 개별 입주기업에게 주변보다 싼 임대료의 작업장을

포함하여 장비·법률·경영·회계·기술·정보·자금 등을 포함한 다양한 서비스를 지원해야 한다. 이러한 지원서비스가 제공될 때 창업과정에서의 위험부담이 감소됨으로써 창업이 촉진되고 창업기업이 성장할 수 있다. 이는 지역사회에서 실업을 감소시키고 지역경제를 활성화하는 데 긍정적인 영향을 미칠 수 있다.

(2) 사례

① 미국

1985년 미국창업보육협회를 창설하면서 비즈니스 인큐베이터가 빠른 속도로 확대되었다. 미국의 비즈니스 인큐베이터는 입주기간 3년 동안 사업 자금, 전문가 집단의 멘토링, 교육, 정보 등을 제공함으로써 창업을 촉진시키고, 개발된 기술의 이전을 통해 기술의 상업화를 확대하며, 고용을 창출하고, 지역경제를 활성화하고자 한다. 2005년부터 스타트업 엑셀러레이터 프로그램이 급속하게 성장함으로써 비즈니스 인큐베이터는 더욱 확대되고 있다.

② 영국

영국은 '과학기업도전(SEC: Science Enterprise Challenge) 프로그램'과 '비즈니스 링크(Business Link)'로 창업기업과 중소기업을 지원하고 있다. '과학기업도전'은 대학에서 과학 혹은 기술을 전공하는 학생들에게 창업을 교육시키는 '기업에 대한, 기업을 통한, 기업을 위한' 교육프로그램이다(국제중소기업협의회, 1999). 1999년에 12개의 '과학기업도전' 프로그램들이 시행되어, 대학과 기업의 연계를 강화하고, 연구자와 학생을 위한 창업 교육 및 실습 프로그램을 지원하고 있다. 또한, 영국은 '비즈니스 링크(Business Link)'라는 다른 나라와 차별화된 기업지원시스템을 통해 중소기업에 우호적인 기업환경을 조성하고 있다(기획재정부, 2008). 이 제도는 1993년에 무역산업부(DTI)에 의해 도입된 기업지원활동의 '원스톱 샵(One-stop Shop)'으로서, 기업지원의 관문 역할을 수행하고 있다. 즉, 이는 단일 접촉지점을 통해 중소기업을 위한 전문정보와 조언 통로를 제공하는 '지역컨설팅전문가 기반의 전국네트워크'로서,

창업에서 성장 및 승계에 이르는 모든 단계의 비즈니스 활동에 대한 지원업무를 수행하는데, 기업에 대한 직접 지원보다는 상담, 정보제공, 지원기관 알선 등에 집중한다. 잉글랜드 지역 42개 카운티에 비즈니스링크운영단이 설치되어 있다.

③ 독일

1983년 베를린에 기술창업보육센터가 설립되었다. 이에 대해서는 아래에서 소개하기로 한다. 1998년 독일혁신기술창업센터협의회(ADT)는 창업과 혁신을 지원하기 위한 네트워크를 구성하는데 핵심적인 역할을 하였다. ADT를 중심으로 연구소, 기술이전사무소, 기술혁신컨설턴트, 은행 등 금융기관, 보험회사 등이 네트워크를 형성하여 창업보육센터를 후원하고 있다.

📝 베를린 비즈니스 인큐베이터 ·

베를린시의 산업구조는 중소기업 위주인데, 중소기업은 연구 능력이 부족한 것이 사실이다. 이러한 문제점을 보완하기 위해서 베를린시는 산학협동을 촉진시키기 위해 1978년에 베를린기술이전센터를 설립하였다. 이 센터는 1983년에 '베를린 비즈니스 인큐베이터'를 설립하는 기반이 되었다. '베를린 비즈니스 인큐베이터'는 두 가지 목적을 가지고 탄생하였다. 첫째, 중소기업의 성장기반을 강화하여 베를린시가 잃어버리기 쉬운 산업의 활력을 유지하는 것이다. 둘째, 시가지 내에 방치되어 있는 노후건물을 매입·재건축하여 기업에게 싼 임대료로 입주하게 함으로써 도시재생 효과를 누리고자 한다.

'베를린 비즈니스 인큐베이터'에는 설립된 지 2년이 안 된 지역기업 중에서 상당한 수준의 기술력을 가진 기업이 입주할 수 있다. 입주기업에게는 저렴한 임대료와 기술·경영·회계·법률 등의 다양한 혜택이 제공된다.

'베를린 비즈니스 인큐베이터'에 입주한 것만으로도 기업의 이미지를 상승시킬 수 있어서 지원하는 기업이 많다. 또한, '베를린 비즈니스 인큐베이터'를 졸업한 기업들은 대부분 베를린시의 지역기업으로 성장하였다. 결과적으로 베를린시의 부동산가격이 상승하여 시의 재정을 튼튼하게 하였다. 또한 베를린시의 도심이 재생되었고 시의 이미지가 매우 좋아졌다.

④ 프랑스

프랑스의 대표적인 비즈니스 인큐베이터는 '누마(NUMA)', 'Ecole42'이다. '누마'는 프랑스 파리의 대표적인 창업지원협회로서 높은 퍼포먼스(high performance)와 개방성(Openness)을 지향하는 스타트업 인큐베이터로서, 입주한 스타트업들이 지역사회, 공공기관, 일반 기업들과 함께 성장하고 상호 이익이 되도록 지원하고 있다. '에콜42(Ecole42)'는 '누마'와 더불어 파리의 대표적인 창업지원 인프라로 꼽힌다. '에콜42'의 교육과정은 18~30세 청년을 대상으로 전액 무상으로 3~5년간 운영된다. 등하교와 시험이 없지만, 학교에서 제안하는 프로젝트를 수행해야 하는데 개별 프로젝트를 해결하기 위해서는 하루에 약 12~15시간을 투자해야 한다. 이러한 프로젝트 약 150개를 성공시켜야 졸업할 수 있다.

3) 엔터프라이즈 존(Enterprise Zone)

(1) 의의

엔터프라이즈 존은 홀(P. Hall)의 자유개발 개념(planning–free concept)과 프리포터(free port)에 기초하여 만들어진 곳이다. 자유개발 개념이라는 것은 말 그대로 자유롭게 개발한다는 의미이다. 프리포터란 공항, 항만 등에 딸린 한정된 지구로서, 관세가 부과되지 않거나 일체의 세금이 면제되는 지구를 말한다. 프리포터는 수출과 해외자본투자를 촉진시켜 고용을 증가시키는 것을 목적으로 하고 있다.

우리나라에서는 기업유치지구 또는 산업장려지구로 불린다. 이는 경제적으로 쇠퇴하고 물리적으로 황폐한 특정 지역에 대해 각종 행정규제나 정부간섭을 배제하고 세제상의 인센티브를 부여함으로써 지역경제를 활성화시키고자 하는 목적을 가지고 있다. 즉, 민간부문의 경제활동을 촉진시키기 위해 방치되어 있는 도시 토지를 보다 나은 용도로 사용하기 위한 방안으로 추진되고 있다.

(2) 특성

해당 지구를 설정하고, 그 지구 내에서 개발규제, 임대료규제, 임금·가격 규제를 폐지하고, 지방세를 면제하며, 시유지를 민간에게 제공하는 특징을 가진다. 대표적인 인센티브의 내용으로는 일정 개발행위는 허가를 필요로 하지 않도록 개발규제를 완화하고, 지방재산세를 면세하면서 이로 인해 발생하는 지방정부의 세입결손은 중앙정부의 보조금으로 해결하며, 행정절차를 간소화하는 것 등을 들 수 있다.

제3절 전략적 지역사회 경제개발

세계화와 정보·지식화가 진행됨에 따라 지역사회들 간의 명암은 엇갈리고 있다. 국적과 국경의 중요성이 약화되면서 재화·서비스·자본·노동력이 자유롭게 이동함으로써 국가들 간 그리고 지역사회들 간의 관계가 다음과 같이 경쟁적이면서 동시에 상호의존적으로 빠르게 변하고 있다. 첫째, 경쟁적 상황 속에서 효율성과 생산성을 향상시킨 국가와 지역사회는 지역경제가 발전하여 지역사회의 다른 영역에도 긍정적인 영향을 미치고 있다. 그러나, 그러하지 못한 국가와 지역사회는 매우 어둡고 암울한 상황을 맞이하였다. 둘째, 상호의존성이 확대됨으로써 국가와 지역사회가 협력하지 않으면 생존도 어렵게 만들고 있다. 전 세계적으로 협력체제가 중시될수록, 좋은 상황에 있는 국가들 간 그리고 지역사회들 간의 협력은 더욱 공고하게 될 것이고 상황이 어려운 국가들 혹은 지역사회들은 협력체제에 진입하기가 더욱 어려워질 것이다. 이러한 이유들로 인해서 국가들 간 그리고 지역사회들 간의 경제적, 정치적, 사회적, 문화적 격차는 더욱 확대될 것이다.

한편, 잘 살고 고용률이 높은 지역사회들도 존재하지만, 많은 지역사회들에서는 높은 실업률이 나타나고 있다. 적절한 수준의 고용률을 보이는 지역사회에서도 이윤이 발생되는 즉시 본사가 있는 대도시 혹은 초국적 기업의 본사가 있는 지역으로 이윤이 이전되는 경우가 많다. 대표적인 사례가 IMF 때 외환은행을 인수한 론스타가 본사로 이익금을 이전한 '먹튀' 사건이다. 이에 대해서는 제1장 제1절에서 소개하였다.

이로 인해 많은 지역사회 주민들은 기대보다 혹은 실제로 낮은 생활 수준을 유지하는 경우가 많다. 이는 다국적 자본의 이해관계에 따라 지역사회가 희생되고 있음을 의미한다. 이에 대한 대책으로 지역적 기반을 고려한 경제적 접근방법을 강조하는 경향이 있다.

1. 지역산업 조성

1) 지역산업의 정의와 내용

지역산업은 지역내재산업 혹은 지역내생적 산업이라고도 불린다. 지역개발은 지역경제를 중시하면서 중앙정부와 지방자치단체가 주도하지만, 지역사회개발의 한 영역인 지역사회 경제개발은 주민이 주도하는 경제개발이다. 따라서, 지역사회 경제개발의 주초점은 지역내재산업을 육성하는 것이다. 지역내재산업이란 지역사회의 상황과 장점을 고려하면서 지역사회의 자원들을 우선적으로 활용하면서 주민들의 주도적인 노력에 의해 조성된 새로운 지역산업을 말한다.

많은 분야에서 지역내재산업을 육성할 수 있다. 문화적 장점을 활용한 대표적인 곳은 스코틀랜드의 에든버러이다. 제9장 제2절과 제4절에서 소개하는 바와 같이, 에든버러 축제는 역사, 자연, 문화를 융합한 축제로 인해 1년 평균 관광객이 1,200만 명에 이르고, 관광 수입이 시 재정의 80%를 차지하며, 연간 경제적 효과는 약 4조원에 이른다(제이누리, 2021). 이리하여, 에든버러는 축제공화국으로 알려져 있다. 자연적 장점을 활용하여 지역내재산업을 발전시킨 곳은 강원도 평창과 미국 애팔래치아산맥에 있는 포코노를 들 수 있다. 이 지역들은 스키장, 휴양지로 유명하다. 포코노의 경우, 겨울이 되면 스키를 즐기려는 사람들로 인해 시내에 진입하는 것 자체가 어려운 상황이다. 지역사회 특산물을 활용하여 지역내재산업을 일으킨 곳도 많다. 예를 들면, 경상북도 영덕군 강구면은 대게, 경상북도 포항시는 과메기, 전라남도 신안군은 낙지, 강원도 횡성군은 한우를 이용하여 지역내재산업을 성공적으로 운영하고 있다.

2) 지역산업의 효과

지역사회 경제개발의 관점에서 보면, 지역내재산업을 육성하는 것은 첨단산업을 유치하는 것보다 더 중요하다. 이에 대해서는 후술되는 '첨단산업 유치'에서 구체적으로 검토하기로 한다. 지역내재산업이 활성화되면 다음과 같은 효과를 기대할 수 있다.

첫째, 지역경제가 활성화될 수 있다. 지역내재산업은 지역사회 내의 인적 자원을 활용하기 때문에 고용률을 높이고 이 분야의 전문적 지식과 기술을 지역사회에 축적시킬 수 있다. 지역사회 내의 물적 자원을 우선적으로 활용함으로써 이윤을 획득하는 것과 더불어 이 분야의 산업을 촉진시키는 계기가 될 수 있다. 또한, 지역내재산업이 발전할수록 지역경제가 활성화되는 것은 물론이고 이 분야에서 선도적인 입지를 구축할 수 있다.

둘째, 지역사회가 경제개발을 주도적으로 할 수 있다. 중앙정부 혹은 유동자본을 의식하지 않고 지역사회 구성원들의 판단에 따라 지역경제를 자율적으로 이끌어 갈 수 있다. 이는 지역사회가 가진 장점이나 처해 있는 상황을 충분히 고려하는 지역경제개발을 추진할 수 있게 한다.

셋째, 지역내재산업을 통해 발생된 이윤을 다른 지역사회에 빼앗기지 않는다. 발생된 이윤은 지역사회에 재투자될 것이다. 지역내재산업에 재투자가 이루어지면 지역내재산업은 더욱 활성화될 것이고, 다른 분야에 재투자가 이루어지면 그 분야의 성공 가능성은 높아질 것이다.

넷째, 지역사회 주민들의 연대감과 성취감을 고취시킬 수 있다. 주민들이 주도하면서 지역내재산업을 정착시키는 과정에서 주민들 간에 상호 신뢰감과 협동심이 커지면서 연대감이 강화되고 또한 주민들 스스로가 이루었다는 성취감과 자신감이 생길 수 있다.

3) 주의 사항

지역내재산업이 활성화되면 위에서 지적한 효과들을 포함하여 다양한 효과들을 얻을 수 있다. 그러나, 지역내재산업이 지역사회 경제개발을 위한 만병통치약은 아니다. 따라서, 아래와 같은 점들을 유의할 필요가 있다.

(1) 창의적·장기적 노력 부재

지역내재산업이 활성화되려면 지역사회의 독특한 특성과 장점을 기반으로 한 창의적인 아이디어가 있어야 하고, 이를 실행할 수 있는 장기적인 계획을 마련하여 실시하여야 한다. 먼저, 창의적인 아이디어가 부재하여 소중한 지역 자원을 활용하지 못하는 사례를 들어보자. 귀한 자원을 보유하고 있어서 세계적인 문화도시로 탄생될 잠재력은 매우 높지만 이 자원들을 활용하여 지역내재산업을 창출하지 못한 대표적인 사례가 경상북도에 있는 경주시이다. 경주시는 시내에 있는 신라시대의 수많은 유적들, 경주시 감포읍의 수중 문무왕릉, 주변 포항시 구룡포읍의 호미곶 등을 포함하여 매우 많은 유적과 관광자원을 보유하고 있으면서도 제대로 개발을 하지 못하고 있다. 이들을 이용할 창의적인 아이디어를 가진 인재를 보유하고 있지 못하거나 아니면 창의적인 아이디어를 수용·개발할 능력을 가지지 못한 결과로 볼 수밖에 없다.

또한, 장기적인 지역내재산업의 기초를 갖추었음에도 다른 곳에 신경을 쓰느라 운영을 제대로 하지 못한 사례도 있다. 훌륭한 자연조건을 이용하여 세계 최고의 스키장을 만들었지만 이러한 명성에 금이 가게 만든 대표적인 지역이 오스트리아에 있는 인스부르크이다. 인스부르크는 스키산업을 더욱 활성화시키는 것보다 동계올림픽으로 인한 수익에 더 집중하였다. 소위, '염불에는 마음이 없고 잿밥에만 마음이 있다'는 말을 실감시킨 곳이다. 오스트리아의 알프스산맥에 있는 인스부르크는 세계적으로 유명한 스키장이어서 수많은 스키 애호가들이 실제로 가거나 가고 싶은 곳으로 명성이 자자하였다. 그러다가 동계올림픽을 개최할 기회를 가졌다. 동계올림픽을 계획하고 진행되는 동안 지역을 홍보시키는 목적과 더불어 참가자와 관광객에게 편의를 제공한다는 목적을 가지고 수많은 공무원을 양산하였다. 심지어 가판대 앞에 서서 누군가가 신문을 사려고 하면 가판대를 열고 신문을 건네는 사람들을 모집하여 공무원으로 만들었다. 동계올림픽이 끝나고도 신규 채용된 공무원들을 해고하지 않았다. 그로 인해 시의 재정이 큰 어려움에 봉착하였다. 이를 타개하기 위한 가장 좋은 방법은 할 일 없이 빈둥거리는 신규 공무원들을 해고하고 스키 산업에 전념하는 것이었다 그러나, 인스부르크는 해임도 하지 않고 스키 산업 활성화에도 신경을 쓰지 않으면서 오로지 두 번째 동계올림픽 유치에만 전념하여 성공하였다. 동계올림픽을 두 번 개최한 세계 최초의 지역이다. 동계올림픽 이후에도 동일하게 시를 운영하여 '공무원 천국'이라는 비아냥과 함께 재정이 엉망이 된 곳으로 이름이 널리 알려졌다.

(2) 후발주자와 경쟁

지역내재산업이 다른 지역과 경쟁하면서 계속 성장하여야 하는데, 현실적으로 다른 지역이나 후발 지역과 경쟁하면서 성장하기 힘든 경우가 많다. 후발주자는 지역내재산업과 관련된 창의적 아이디어 창출, 효율적인 실행 계획 고안, 시행착오 등으로 인해 발생하는 비용을 감소 혹은 최소화시킬 수 있기 때문이다. 또한, 후발주자는 실행까지의 시간을 감소시킬 수 있고 관련 정보를 수집하려는 노력도 줄일 수 있기 때문이다. 따라서, 성공한 선행주자들은 후발주자에게 항상 신경이 쓰일 수밖에 없으며, 후발주자와의 경쟁에서 이기기 위해 부단히 노력해야 한다. 예를 들어, 포항시에 있는 포항제철(POSCO)은 우리나라 중공업 발전에 지대한 공헌을 하였고 또한 포항시 발전에 기여한 바가 매우 크다. 제철산업이 호황을 맞자 포항시의 제철소에서 생산하는 생산량보다 더 많은 생산량이 필요하여 광양에 제철소를 건설하였다. 포항 제철소의 건설·운영과 관련된 모든 노하우를 광양 제철소에 적용한 것은 물론이고 생산량도 광양의 제철소가 더욱 크다. 자연스럽게 광양 제철소의 생산단가가 더 낮아 광양 제철소의 경쟁력이 높게 되었다. 이러한 현상은 여러 분야에서 발생한다. 앞에서 소개한 바와 같이, 부산국제영화제가 아세아 최대의 영화제로 발돋움하기 위해 노력하는 가운데 서울시에서 충무로국제영화제를 개최한 사례 그리고 진주남강유등축제가 성공하자 서울 등축제를 개최한 사례 등 매우 많은 모방 사례들이 자주 목격된다. 이러한 후발주자들의 등장은 선발주자들에게는 결코 반가운 일이라고 할 수 없다.

(3) 이익에 대한 집착 주의

지역내재산업은 지역사회 내에서의 경제활동의 일부분에 속하기 때문에 당연히 이익이 중요하다. 그러나, 이익에 지나치게 집착해서는 안 된다. 지역 사회 구성원들의 입장에서는 지역내재산업이 지역사회에 반드시 이익이 되어야 한다고 생각할 수 있다. 그러나, 지역내재산업이 지역사회에 이익을 발생시키면 더 좋겠지만 이익을 발생시키지 않더라도 실망을 할 필요는 없다. 지역내재산업은 이익보다 더 중요한 역할인 지역 정체성 확보에 기여하기 때문이다. 본래의 목적보다 이익에 더욱 집착하면 더 큰 것을 잃을 수도 있음을 유의해야 한다. 이에 대해서는 아래에서 살펴볼 관광산업에서 구체적으로 살펴보도록 한다.

4) 개선방안

위에서 지적한 유의사항을 방치하면 예상하지 못했던 부작용이 나타날 수 있다. 따라서, 이를 개선할 수 있는 방안들에 대해 살펴보도록 한다.

(1) 주인의식과 창의성 확보

지역내재산업을 탄생시키고 활성화시키기 위해 지역사회 구성원들은 끊임없이 노력해야 한다. 먼저, 지역내재산업을 탄생시킬 능력을 갖춘 인재가 지역사회 내에 존재해야 한다. 또한, 만들어진 지역내재산업을 효율적으로 운영하기 위해 부단하게 노력해야 한다. 지역내재산업은 만들기만 하면 저절로 발전하는 것이 아니다. 어떤 측면에서는 지역내재산업을 탄생시키는 것보다 이를 유지·발전시키는 것이 더 어려울 수 있다. 따라서, 지역내재산업을 탄생시키고 발전시키기 위해서는 지역사회 경제개발을 이끄는 선도자는 물론이고 주민, 지역기업, 지역대학 등을 포함한 지역사회의 모든 구성원들에게 교육을 받을 기회와 토론할 기회를 제공하여야 한다. 이를 통해 구성원들이 지역내재산업에 대해 주인의식을 가지고 새로운 사업내용, 효율적인 운영방안 등에 대해 지속적으로 창의적인 아이디어를 발현시킬 수 있도록 유도하여야 한다.

(2) 모방 방지를 통한 후발주자 견제

후발주자가 나타나는 것을 근본적으로 저지하지는 못하지만 후발주자가 쉽게 모방하지 못하게 하여야 한다. 하나의 방법으로 지적 재산권을 활용하는 것이다. 지적 재산권이란 지적 활동으로 생성되는 결과에 대한 재산권이다. 이는 산업 발전과 관련된 공업 소유권과 문화 창달과 관련된 저작권으로 분류된다. 공업 소유권에는 특허권, 실용신안권, 의장권, 상표권, 상호권 등이 있으며, 저작권에는 저작자 인권법, 저작자 재산권(복제권, 출판권, 방송권) 등이 있다. 지역내재산업은 지적 재산권에 속하는 여러 권리들에 의해 보호받을 수 있을 것이다. 또 다른 방법은 지역내재산업을 구성하는 세부 내용에서 다른 지역사회가 쉽게 모방하기 어려운 독특한 특성을 포함시키는 것이다. 지역 고유의 전통, 특산물, 가치관, 결집력 등에 기반한 아이디어를 세부 내용과 연계시키는 것이다.

(3) 정체성과 지역특성 중시

지역내재산업의 본래 목표는 지역의 정체성을 확보하고 지역의 특성을 살릴 수 있는 산업을 육성하는 것임을 명심하고 이를 최우선으로 삼아야 한다. 지역내재산업을 통해 이윤이 발생하면 가능한 한 지역사회 모든 주민들이 혜택을 받게 하거나 혹은 지역사회 전체를 위해 재투자함으로써 주민들 간의 갈등을 줄이고 정체성을 굳건하게 하여야 한다. 설령 이윤이 발생하지 않더라도 지역 정체성 확보 혹은 지역의 특성을 살리는 데 기여한다면 지역내재산업의 존폐를 두고 주민들 간 갈등이 발생하지 않도록 사전에 합의하는 것도 하나의 방법이 될 수 있다.

2. 첨단기업 유치

1) 첨단기업의 정의와 중요성

첨단기업의 사전적 정의는 첨단 기술 분야에 일정 규모 이상의 연구·개발 투자가 이루어지고 첨단제품의 생산 기반을 갖추고 있는 기업이다. 첨단기업의 분야는 매우 다양하지만, 최근에 많은 관심을 가진 첨단기업의 분야는 IT(Information Technology), BT(Bio Technology), NT(Nano Technology), CT(Culture Technology), RT(Robot Technology), ET(Environment Technology), ST(Space Technology) 등이다. 이에 대해서는 본 장 제2절의 테크노폴리스 부분에서 언급한 바 있으므로 여기에서는 생략하기로 한다.

지역내재산업을 육성하는 것이 지역사회 경제개발을 위해 바람직하지만, 많은 지역사회들은 인적자원, 물적 자원, 정보·지식, 시간 등 다양한 이유들로 인해 지역내재산업을 육성하는 것이 어려울 수 있다. 이렇다고 하더라도 지역사회가 경제개발을 포기할 수는 없다. 첨단기업을 유치하여 지역사회 경제개발을 꾀해야 한다. 그러나, 마음만 있다고 첨단기업을 유치할 수 있는 것은 아니다. 매우 많은 지역사회들이 첨단기업을 유치하기 위해 노력하고 있기 때문에 이를 위한 진심 어린 노력이 있어야 한다. 다른 지역사회들과의 경쟁에서 밀려나면 다음 유치에서는 더 많은 것을 제시해야 하기 때문에 유치가 점점 어려워진다. 가장 중요한 것은 지역사회 구성원들이 합심하여 최선의 투자환경을 조성하는 것이다. 첨단기업을 유치하는 것이 성공하면 고용이 창출되고 이를 지원하는 제조업과 지역서비스산업이 발달함으로써 고용이 더욱 증대하고 지역사회의 경제가 활성화될 수 있다.

2) 문제점

첨단기업을 유치하면 지역경제가 발전할 수 있다. 문제는 지역사회가 지역경제의 주도권을 가질 수 없다는 점이다. 주도권과 관련해서는 특히 다음과 같은 점이 큰 문제이다.

(1) 재투자 보장 없음

첨단기업이 지역사회에서 기업활동을 함으로써 발생한 이윤이 지역사회에 재투자된다는 보장이 없다. 재투자의 여부는 유치한 외부 첨단기업의 결정에 전적으로 의존한다. 앞에서 언급한 론스타의 사례는 론스타만의 문제가 아니고, 많은 초국적 기업 혹은 첨단기업들에서 발생되는 문제라고 보아야 한다. 지역사회에 재투자가 되지 않더라도 지역사회의 고용률이 높아지고 또한 고용된 일부 주민들의 소득이 상승할 수 있다. 그러나, 첨단기업을 유치하기 위해 제공한 여러 희생들, 예를 들면 세금 감면, 자연환경 훼손, 오염 감수 등에 대한 보상은 포기해야 한다. 또한, 첨단기업에서 일하지 않는 많은 지역사회 주민들의 불만은 점차 커질 것이다.

📝 듀퐁(Dupont)사의 세금 대납 ·

듀퐁사는 많은 나라에 지사와 공장을 두고 있는 초국적 기업이면서 첨단화학물질을 생산하는 기업이다. 우리나라에도 지사와 공장이 있다. 그런데 우리나라의 지사와 공장에서 이익이 발생하면 이익이 발생된 지역에 재투자될까? 물론, 고용이 창출된다는 점과 일부 주민들의 소득이 상승한다는 점에서는 지역사회에 기여하는 바가 있지만, 인식에 따라서는 이 또한 듀퐁사가 수익을 창출하기 위한 수단이라고 볼 수도 있다. 대부분의 수익은 듀퐁사의 본사로 이전된다고 보아야 한다. 본사는 그 수익을 다양한 방법으로 처분하겠지만, 한가지 특이한 점은 듀퐁의 본사가 있는 델라웨어(Delaware)주에서 물건이나 서비스를 사고 팔 때 발생하는 모든 세금을 듀퐁사가 대납한다는 사실이다. 즉, 델라웨어주에서 물건이나 서비스를 판매하는 사람이나 구매하는 사람은 듀퐁사의 도움을 받는 것이다. 그런데, 그 수익을 발생시킨 우리나라의 지사와 공장이 있는 지역사회에서도 듀퐁사가 세금을 대납할까? 아니다. 우리나라를 비롯한 해외에서 번 수익 중의 일부를 수익을 창출한 지역사회에 재투자하는 것이 아니라 델라웨어주에 제공하고 있다.

---

(2) 철수 가능성

많은 인센티브를 주고 유치한 첨단기업이 지역사회에서 철수하지 않는다는 보장이 없다. 첨단기업의 결정에 따라 지역사회에 계속 남을 수도 있고 다른 지역으로 옮길 수도 있다. 지역사회가 할 수 있는 일은 설득을 하든지 아니면 경쟁지역으로 옮기는 것을 막기 위해서 더 많은 특혜를 주어야 한다. 결국, 지역사회들 간에 출혈경쟁이 발생될 수 있고 이로 인한 이익은 첨단기업에 귀속된다. 예를 들어, 우리나라 중공업의 발전을 위해 국가적 차원에서 경상북도 포항에 건설한 제철소(POSCO)의 경우에도 포항에 있던 본사를 서울로 옮기려고 했는데, 외국의 다른 첨단기업들의 이전은 포항제철보다 더 자유로울 것이다.

📝 포스코(POSCO)의 본사 이전 ·

포스코는 이윤의 일부를 포항지역에 재투자하는 것으로 유명하다. 포항시 북부지역에 공원을 건립했고, 포스코 교육재단을 만들어 매년 일정 금액을 후원하고 있다. 그러한 포스코도 서울로 본사를 이전하려고 했다. 당시에 포스코 본사는 포항에 위치하고 있었고 선릉역 근처에 있는 것은 서울지사인데, 대부분의 임원들은 서울지사에서 근무하기 때문에 포스코 입장에서는 당연히 본사를 서울로 이전하고 싶었을 것이다. 그러나, 포항시의 격렬한 반대로 본사 이전은 실패로 돌아갔다. 포항시의 입장은 포스코는 포항시의 상징이자 발전의 원동력이고 매년 막대한 지방세 수입이 생기므로 반대할 수밖에 없었다.

국가적 차원에서 만든 포스코조차 이전 계획을 실행하려고 했다. 포항시의 입장에서는 시민들의 강력한 반대운동으로 이전을 저지하였다. 포스코처럼 그 지역사회에 오랜 기간 있으면서 지역사회의 상징이 된 기업들도 상황에 따라 이전하려는데, 유치한 다른 첨단기업 특히 외국계 첨단기업은 수익을 극대화하기 위해서 지사 혹은 공장을 이전하는 것을 꺼릴 이유가 전혀 없다. 지역사회 차원에서 반대운동을 해도 큰 변화를 기대하기는 어렵다. 지역사회 차원에서는 더 많은 유인책을 제공하는 것 이외에 특별한 방책이 없는 실정이다.

3) 개선방안

첨단산업을 유치한 후에 지역사회에서 계속 기업활동을 하도록 유도하는 것은 매우 어렵다. 기업은 수익 극대화를 가장 중요시하기 때문에 이를 위해 장소를 변경하는 것은 당연한 일로 여기기 때문이다. 현재의 유일한 방안은 경쟁지역보다 더 많은 인센티브를 제공하는 것이다. 그럴 경우 경쟁지역에서 유치를 포기하느냐는 문제가 발생한다. 경쟁지역에서 더 많은 인센티브를 제공하려고 하면 그것보다 더 많은 인센티브를 제공해야 한다. 결국 지역사회들 간에 출혈경쟁이 발생하고 지역사회 경제개발의 하나의 방편이었던 첨단기업의 유치가 오히려 해악이 될 수도 있다.

따라서, 지역사회는 첨단산업 유치를 지역사회 경제개발의 최종 목표로 삼아서는 안 된다. 지역내재산업을 육성하기 위한 하나의 방편으로 삼을 필요가 있다. 즉, 첨단산업이 유치되면 인적자원이 풍부하게 될 것이고, 지방세 수입이 증가하여 재정적으로 이득을 볼 수 있다. 이러한 변화는 지역내재산업을 육성시키는 기반으로 작용할 수 있다.

아울러, 첨단기업의 이탈을 방지하기 위해 인센티브를 제공해야 하지만 출혈까지 감수할 수는 없다. 따라서, 첨단기업이 이전 결정을 쉽게 하기 어려울 정도로 기업환경 혹은 주거환경을 조성하는 방법을 활용하는 것도 하나의 방법이다. 지역사회 주민들이 혁신적이고 친기업적인 마인드를 가지려고 노력하고, 첨단기업과의 갈등을 가능한 한 자제하도록 하며, 친환경적인 기업환경과 주거환경을 조성하고, 문화·여가 활동을 할 수 있는 공간을 만들며, 교육시설에 대한 투자도 고려해볼 필요가 있다.

3. 관광산업 촉진

1) 관광산업의 정의와 중요성

관광이란 일시적으로 다른 지역을 여행하거나 조직적으로 이루어지는 여가 활동을 의미한다. 관광의 대상 지역이 되려면 관광객의 관심을 끌고 관광욕구를 충족시킬 수 있는 관광자원이 있어야 한다. 관광산업은 지역사회가 가지고 있는 관광자원을 바탕으로 관광객들에게 교통, 숙박, 음식, 오락 등의 서비스를 제공하는 산업을 말한다.

최근 들어 관광에 대한 관심이 크게 증대하였다. 2020년부터 시작된 코로나로 인해 전 세계적으로 관광을 금지하는 경향을 보이지만, 관광에 대한 욕구는 더욱 커지고 있다. 특히, 21세기를 '문화의 시대'라고 하는 것에서 유추할 수 있듯이, 향후 관광산업이 발전할 가능성은 매우 크다. 관광산업의 성장 요인으로는 근로 시간 단축, 소득증대에 따른 경제적 여유, 일상생활에서 벗어나고 싶은 욕구 증대, 교육 수준의 향상, 관광 홍보 활동의 증가, 관광 기반시설 확충, 교통 및 대중 매체 발달, 여가에 대한 가치관의 변화, 여행 정보 수집 용이 등을 지적할 수 있다.

지역사회는 관광산업이 지닌 다음과 같은 매력으로 인해 더욱 관광산업을 활성화시키고 싶을 것이다. 관광산업은 오염이 수반되지 않는 깨끗한 산업이고, 고용 창출의 기회가 높으며, 지역경제를 활성화시키고, 주변 산업에 미치는 파급효과가 다양하며, 지역사회를 외부에 홍보하고, 주민들을 일상생활에서 탈출시켜 정신적 만족감을 누리게 하며, 관광하려면 움직이기 때문에 육체적 건강을 증진시키는 효과를 수반한다. 세계적인 축제 지역, 핀란드의 로바니에미, 고양, 보령, 진주, 함평, 화천 등을 비롯하여 세계의 많은 지역사회들에서 성공 사례를 볼 수 있다.

2) 유의점

관광산업이 여러 측면에서 매력적이고 따라서 많은 지역사회들이 관광산업을 추진하고 있다. 예를 들어 지역축제를 개최하는 것도 관광산업의 방안 중의 하나이다. 그렇지만, 기대하는 만큼의 효과가 발생되지 않을 수도 있다. 대표적으로 유의해야 할 사항을 살펴보면 다음과 같다.

(1) 보여주기식 관광산업

지역경제가 불황일수록 관광산업의 잠재성에 주목하는 경향이 있다. 이는 관광산업에 투자되는 초기 자본이 적게 필요하기 때문이다. 특히, 가까운 곳에 관광명소가 될 만한 것이 있을수록 지역사회는 관광산업을 더욱 매력적인 해법으로 생각한다.

(2) 수익 변동성

경제적 수익이 기대만큼 되지 않는 경우가 많다. 일단, 수요가 일정하지 않다. 수요가 해마다 다르고 계절마다 다르기 때문에 지역사회에 들어오는 수입이 수시로 변하고 고용 불안정이 발생한다. 또한 관광객의 지출이 자주 변한다. 특히, 지출을 줄이는 경우가 많아지고 있다.

(3) 소중한 자산의 상품화

지역사회에서 가장 소중한 것이 관광을 위해 상품화되는 위험이 발생한다. 지역사회의 아름다운 자연경관과 귀중한 문화유산이 훼손될 수 있고 생태계 파괴와 환경오염이 발생될 수 있으며 또한 지역사회 주민들의 따뜻하던 마음이 상품화, 즉 이익을 위해 본심에서 우러나오는 것이 아닌 가장된 친절을 보이는 경우가 자주 발생될 수 있다.

(4) 갈등 발생

관광객들에게는 높은 수준의 서비스를 제공하면서 지역사회 주민들에게는 낮은 서비스를 제공하는 경우가 매우 자주 발생한다. 이로 인해 지역사회와 주민들 간의 갈등이 잠재화되고, 약간의 촉발장치가 발생하면 바로 갈등으로 이어질 수 있다.

3) 활성화 방안

(1) 장기적·전략적 접근

장기적이고 전략적인 방안이 요구된다. 초기 자본이 적게 든다고 졸속으로 관광산업을 추진한 많은 지역사회들은 실패의 맛을 경험하였다. 단기적으로 기획됨으로써 관광산업 같지 않은 관광산업은 지방재정을 더욱 고갈시키는 역기능을 빚을 따름이다(임재해, 2000: 203-204). 관광산업이 성공하기 위해서는 관광객들의 수요를 분석하고, 이를 기반으로 지역사회 고유의 향토성을 가진 관광자원에 수요를 충족시킬 수 있는 창의적인 아이디어를 결합시켜 상품화하여야 하며, 관광객의 만족도를 조사한 후 반영하여야 하고, 관광객의 수요 변화를 지속적으로 모니터링해야 하며, 홍보 활동을 강화하는 등 장기적이고 전략적으로 접근해야 한다.

(2) 콘텐츠 다양화를 통한 만족도 증진

관광산업의 활성화를 통해 수익을 지속시키기 위해서는 처음 방문한 관광객이 관광에 만족감을 느끼고 재방문을 하고 싶도록 만들어야 한다. 세계적으로 관광산업이 성공한 국가 혹은 지역사회들은 관광객의 만족도와 재방문 의지가 높다. 이는 관광객을 만족시킬만한 콘텐츠들이 풍부하기 때문이다. 우리나라의 많은 지역사회들은 특색 있는 볼거리들을 지니고 있다. 그러나, 볼거리만을 제공하는 관광산업은 사양길로 접어든 지 오래되었다. 최근 들어 관광객들은 단순히 보고 즐기는 관광을 사양하고 체험하고 느끼는 관광을 원하기 때문이다. 따라서, 지역사회는 가지고 있는 관광자원을 이용하여 마을관광, 테마관광 등 다양하고 내실 있는 콘텐츠와 프로그램을 개발할 필요가 있다.

📝 '요우커'의 한국과 일본 관광 만족도 ·

'요우커'는 관광객을 통칭하는 중국어이다. 국내 여행업계에서 '요우커'는 '중국인 관광객'을 특정하는 용어로 사용되고 있다. '요우커'가 국내에서 관광할 경우 제품을 대량으로 구입하는 것은 물론이고 특히 고가의 제품을 선호하기 때문에 관광업계에서는 '1등 고객'으로 인식하고 있다.

그럼에도 불구하고, '요우커'를 대상으로 진행한 설문조사 결과는 우리의 관광산업에 많은 의문을 던지고 있다. 일본의 설문조사와 단순하게 비교하는 것은 무리가 있을 수도 있지만 동일한 문항을 가진 설문조사이기에 비교해 보았다. 결과는 가히 충격적이다.

한국문화관광연구원에서 '요우커'를 대상으로 한 설문조사에서 '매우 만족'은 17.9.%이고 재방문 의향에서 '매우 그렇다'가 18.6%로 나타났다. 반면에, 일본 관광청이 발표한 '요우커'의 일본 관광 만족도에서 '매우 만족'이 41.2%이고 재방문 의향에서 '매우 그렇다'가 54.6%인 것으로 나타났다.

출처: 최경원(2011)의 『중국인 개별관광객 유치 활성화방안』에서 부분 발췌·재서술

(3) 유연한 규제를 통한 소중한 자산 보호

관광산업을 위해 지역사회의 소중한 자산들인 아름다운 자연경관, 귀중한 문화유산, 생태계, 주민들의 따뜻한 마음 등이 훼손되는 것을 가능한 한 방지하도록 노력해야 한다. 이를 효율적으로 시행하기 위해서는 다양한 방면에서 다각적인 노력이 있어야 함은 물론이다. 그중에는 규제정책이 포함될 수 있다. 우리나라에서는 자연경관, 문화유산, 생태계 등을 보호하기 위해 규제를 강화하고 있다. 규제하지 않아도 되는 것조차 규제하여 관광객들을 불편하게 하고 주민들에게도 스트레스를 주는 경우가 많다. 규제를 강화하는 것만이 정답은 아니다. 미국의 경우 공원에서 고기를 굽는 등의 취사가 가능하다. 우리나라에서는 취사가 가능한 공원이 제한적이다. 공원에서의 취사 여부를 고려하면서, 미국에서 자연경관이 잘 보호되고 있는지 아니면 우리나라에서 자연경관이 잘 보호되고 있는지에 대해 그리고 그 이유에 대해 곰곰이 생각해 볼 필요가 있다. 또한, 규제 강화로 인한 주민들의 스트레스는 관광객에게 가장된 친절을 야기하는 원인이 될 수 있다. 가장된 친절이든 마음에서 우러난 친절이든 간에 관광객에게 친절한 것은 예의이고 이익 창출을 위해서 당연히 해야 되는 일이다. 문제는 가장된 친절이 지속되면 일상생활에서 폭발될 수 있다는 것이다. 따라서, 반드시 규제해야 하는 것은 규제를 강화하고, 규제하지 않아도 되는 것은 규제를 푸는 등 융통성 있게 규제를 시행하여야 한다. 아울러, 규제의 방식에 변화를 기할 필요가 있다. 즉, 전통적으로 선호하던 타율적 규제(명령·통제식 규제)는 규제 관련 법령을 위반할 경우 처벌을 하는 방식인데, 법망을 교묘하게 피하는 사람들을 처벌하는 것은 사실상 어렵다. 규제를 준수하는 대가로 금전적 이익을 주는 시장유인적 규제 혹은 주민들이 자발적으로 규제하는 자율적 규제를 지향하여야 한다.

(4) 민주적 절차에 따른 관광산업 참여

관광산업에 참여하기 위한 절차를 투명하고 공정하게 진행하는 한편, 관광산업을 통해 얻는 수익은 가능한 한 지역사회 혹은 주민들에게 환원되도록 해야 한다. 관광산업으로 인해 발생하는 지역사회와 일부 주민들 간의 갈등과 주민들 간의 갈등을 살펴보면 관광산업에 참여하지 못하는 주민들의 불만이 주요 원인이다. 지역사회에서 시행하는 관광산업에 모든 주민들이 참여할 수는 없다. 관광산업에 참여하는 주민들은 그로 인해 수익이 발생하기 때문에 불편이나 불만이 있더라고 감내할 수 있다. 그러나 참여하지 못한 주민들의 입장에서 보면, 관광객과 주민들에게 제공되는 서비스의 수준 차이는 커다란 불만 사항이 될 수밖에 없고 또한 관광객이 많을수록 증가하는 소음 혹은 교통 문제 등도 신경에 거슬릴 것이다. 이를 최소화시키려면 주민들의 관광산업 참여 여부를 합리적이고 명확한 기준에 입각하여 민주적인 절차에 따라서 정해야 한다. 또한, 관광산업에 참여하지 못하는 주민들도 지역사회가 추진하는 관광산업으로 인해 이익을 볼 수 있도록 해야 한다.

09

지역사회 문화개발

제1절 지역사회 문화개발의 정의와 중요성

1. 지역사회 문화개발의 정의

1) 문화에 대한 정의

문화라는 단어는 일상생활에서 매우 흔하게 사용되고 있다. 그러나, 문화는 인식에 따라 그리고 사용 목적에 따라 다양하게 정의될 수 있기 때문에 명확하게 개념을 규정하기가 어렵다. 따라서, 학자들도 관점에 따라 문화를 다양하게 정의하고 있다. 대표적인 정의를 살펴보면 다음과 같다.

임학순(2003: 20-22)은 문화를 생활양식, 지적·정신적·예술적 활동, 상징체계를 포함하는 것으로 정의하면서, 이미지와 정체성을 형성하고 마케팅의 주요 요소로 활용되며 상징성을 창출하는 역할을 한다고 하였다.

유네스코 국제회의(UNESCO World Conference on Cultural Policies)에서는 특정 사회 혹은 집단의 영적·정서적·지적·물질적 특징들을 총체적으로 나타내는 복합체로서 예술과 문자는 물론이고 삶의 양식, 인간의 기본권, 가치체계, 전통, 믿음 등을 포함하는 것을 문화라고 정의하였다(문화관광부, 2004: 19-20). 타일러(E.

Tylor)는 문화를 사회 구성원으로서 얻게 된 모든 능력이나 관습을 포함하는 복합체라고 정의하였다(이영진·권대웅, 1999: 15).

이를 종합하면 문화는 환경에 대응하여 삶의 질을 높이고자 특정 사회의 구성원들이 습득하고, 공유하며, 전달하는 생활양식의 총체라고 볼 수 있다. 문화를 구성하는 요소는 매우 다양한데, 대표적인 요소로 지식·언어·관념·신앙·도덕·관습·규범·제도·예술 등을 들 수 있다.

2) 지역사회 문화와 지역사회 문화개발에 대한 정의

지역사회 문화란 지역사회에 기반을 둔 문화를 말한다. 문화에 대한 개념 정의를 고려하면, 지역사회 문화는 특정 지역사회에서 지역공동체를 통하여 형성되고 공유되며 전승되는 지역사회 생활양식의 총체라고 볼 수 있다. 지역사회 문화는 특정 지역사회 내의 주민들의 인식, 행태, 유대관계에 지대한 영향을 미침으로써, 지역사회 정체성을 확립시키고 지역사회 주민들의 동질감과 유대감을 강화하며 지역사회의 통합을 위해 긍정적인 역할을 수행한다. 또한, 지역사회마다 자연환경과 인문환경이 다르므로 인해서 특정 지역사회 주민들은 타 지역사회 주민들과 다른 생활양식을 발전시켜 왔기 때문에 지역사회들 간에 문화의 차이가 나타날 수밖에 없는데, 국가 전체의 입장에서 볼 때 이러한 특성은 문화적 다양성의 기반을 제공한다. 문화적 다양성은 다른 사람, 다른 지역사회, 다른 지역사회 문화에 대한 고정관념과 편견을 버리게 하고 이해심, 신뢰감, 존중심을 강화시킨다. 이로 인해서 개인적 차원에서는 풍부한 경험과 새로운 사고방식을 얻음으로써 창의력을 향상시킬 수 있고, 집단적 차원에서는 '생산적 갈등과정'을 통해 생산성과 창의성을 높일 수 있다(장재윤, 2018).

지역사회 문화개발이란 지역사회의 생활양식을 보존하고 사회변화에 따라 필요할 경우 새로운 생활양식을 창출하는 자율적이고 역동적인 과정이다. 즉, 지역사회 문화개발은 지역사회 주민들이 주도하여 지역사회의 이미지·정체성·상징성·마케팅에 도움이 되도록 하기 위해 지역사회의 가치관, 관습, 문화유산, 예술활동, 의식주 생활 등을 포함하여 전승되어 온 생활양식을 유지·보존·개발하면서 동시에 지역사회에 도움이 되는 새로운 문화를 개발하는 동태적인 노력이다.

2. 지역사회 문화개발의 중요성

지역사회 문화개발은 산업사회에서도 중요성이 인정되었지만, 정보·지식사회에서는 소비적 차원을 넘어 생산적 차원으로 중요성이 빠르게 확대되고 있다. 특히, 다음과 같은 다섯 가지 측면에서 지역사회 문화개발의 중요성이 강조되고 있다.

1) 문화의 시대 도래

국력은 '하드 파워(hard power)'와 '소프트 파워(soft power)'로 분류되기도 한다. 국력을 하드 파워와 소프트 파워로 분류하게 된 배경은 1980년대 매우 뜨겁게 논쟁을 불러일으켰던 '미국 쇠퇴론'이다. 나이(Nye, Jr., 1990)는 그의 저서 『Bound to Lead: The Changing Nature of America Power』에서 당시 미국의 국력이 쇠퇴하고 있지만 상대적이고, 미국은 하드파워 외에 강력한 소프트파워를 보유하고 있다고 주장했다. 그는 파워, 즉 힘이란 목적을 달성하는 능력이라고 하면서, '지배력'과 '흡수력(co-optive power)'으로 구분하였다. 지배력은 자신이 원하는 것을 상대에게 하도록 하는 힘으로서 군사력, 경제력으로 대표된다. 이것을 하드 파워라고 했다. 흡수력이란 자신이 원하는 것을 상대도 원하도록 하는 힘으로서 사람들을 끌어들이고 설득하며 호감을 사는 능력이다. 그는 이것을 소프트 파워라고 했다. 소프트 파워는 무형의 자원으로서 문화, 예술 등이 대표적이다. 그는 현재의 세계에서는 소프트 파워의 비중이 상대적으로 증가하고 있다고 했다.

소프트 파워의 중요성이 증대됨에 따라 문화와 예술에 대한 관심이 빠르게 확대되면서 21세기는 '문화의 시대'가 되었다. 모슈라(D. Moshura)는 IT산업의 시대를 4단계로 구분하고 있다. 그에 따르면 1970년대에서 1980년대는 하드웨어 시대, 1980년대는 소프트웨어 시대, 1990년대는 네트워킹 시대,

2000년대부터 콘텐츠 시대가 되면서 사회의 중심적인 가치도 산업, 정보, 지식을 거쳐서 문화로 변하고 있다(임학순, 2003: 24-25).

📝 **콘텐츠 시대의 도래** ·

미국의 IT 애널리스트인 데이비드 모슈라는 IT산업의 시대를 모두 네 단계로 구분했다. 첫 번째 단계는 1970년대에서 1980년대까지로서 하드웨어를 중시하는 시스템 시대로 기업들이 컴퓨터 시스템을 도입해 업무를 처리하는 단계다. 두 번째 단계는 개인들의 PC 사용이 확대되는 시대로 시기적으로는 1980년대이다. 기술의 발달로 개인들도 컴퓨터를 사용하였으며, 소프트웨어에 대한 관심이 증대되던 시대이다. 세 번째 단계는 네트워크 시대로서 시기적으로는 1990년대이다. 인터넷 보급으로 전 세계 컴퓨터가 통신 인프라로 연결됐다. 마지막 단계는 2000년대에 들어서 나타난 콘텐츠 시대다. 창의적인 기획력과 강력한 통신 인프라를 토대로 다양한 콘텐츠 서비스가 IT산업을 주도하는 시대이다.

출처: 전라일보(2017)의 '콘텐츠의 힘'에서 일부 발췌·재서술.

모든 지역사회는 세계를 구성하고 있는 일부분이다. 따라서, 세계의 변화를 거스를 수 있는 지역사회는 존재할 수 없다. 문화의 시대를 맞아 지역사회도 연성적 관리의 시대를 맞이하게 되었다. 문화콘텐츠가 점점 더 중요시됨에 따라 지역사회도 지역사회에서 생성·전승된 문화자원을 이용하거나 혹은 새로운 문화자원을 만들어 다양한 문화콘텐츠들을 창출할 수 있도록 노력해야 한다.

📝 **스웨덴 시스타의 문화콘텐츠 클러스터** ·

서구에서 성공한 클러스터는 지역사회에서 혁신적인 기업활동을 촉진시키기 위해 개방적이고 국제적인 마인드를 구축하는 등의 문화환경을 조성하였다. 이를 통해 다양한 산업영역을 개척하고자 특정 분야만을 고집하지 않고 복합 클러스터를 지향하는 경향이 강하다. 대표적인 곳이 스웨덴의 시스타이다. 시스타의 사이언스시티는 IT 클러스터만으로는 지속적으로 지역경제를 발전시키기 어렵다는 판단 아래, 새로운 시장을 창출할 수 있는 방안을 모색하고자 노력하였다. 그리하여, 기존의 IT 이미지를 탈피하고 'TIME(통신-인터넷-엔터테인먼트)' 클러스터를 구축하였다. 이는 새로운 문화콘텐츠 시장을 공략하기 위한 혁신전략을 개발하는 데 집중하고 있다.

2) 지역사회의 경쟁력 확보

지역사회가 지니고 있는 여러 특성들 중에서 다른 지역사회와 비교하여 우위를 점하는 특성을 중점적으로 개발할 때 지역사회의 경쟁력이 향상될 수 있다. 다른 지역사회와 비교할 때 확실하게 우위를 점한다고 장담할 수 있을 정도의 특성을 지니는 지역사회들이 분명히 존재한다. 지금까지 이 책에서 소개한 성공 사례들은 이러한 지역사회들에 속한다. 그러나, 많은 지역사회들은 그러한 특성을 발견할 수 없거나 혹은 비슷한 수준의 특성을 가지고 있을 따름이다. 그러한 지역사회들도 노력 여하에 따라 경쟁력을 확보할 수 있다. 설령 확실한 장점을 보유하고 있는 지역사회라고 하더라도 세계의 변화를 도외시하면 경쟁력을 확보하는 과정에서 많은 어려움을 겪을 수 있다. 반면에, 동일한 조건 하에서 세계 변화의 방향을 고려하면 경쟁력 확보가 상대적으로 용이할 수 있다.

현재는 문화의 시대에 속해 있다. 문화의 시대에서는 경쟁력의 원천이 기술력, 자금력, 인력보다 지식, 감성, 무형자산, 창의력, 상상력 등으로 이동한다. 특히, 문화 유적, 문화 지식, 문화적 감수성, 문화적 창의성 등을 포함한 문화자산이 지역사회 경쟁력을 창출하는 가장 중요한 원천이 된다. 트로스비도 사회가 지식기반사회에서 문화기반사회로 변함에 따라 문화자산의 중요성이 강조된다고 했다(Throsby, 2001: 110-136). 더구나, '문화의 시대'가 진행되면서 주력 생산품과 가치관이 변하고 있다. 산업사회는 제품생산과 노동 의식을 중시하고 노동을 상품화하였다면, 문화사회는 문화 생산과 '유희 의식'을 강조하고 놀이의 상품화를 특징으로 한다(Rifkin, 2000: 3-15).

📝 새로운 자본주의의 핵심 코드: 접속(Access) ··············

접속의 시대가 오고 있다. 접속의 시대에서 인류는 현실 공간에서 가상 공간으로, 산업 자본주의에서 문화 자본주의로, 소유에서 접속으로 이동하는 거대한 조류를 경험할 것이다. 소유가 중요하지 않다는 것이 아니다. 가치 있는 소유의 개념이 바뀌고 있다. 사유 재산에 기반을 둔 사회에서는 자본과 생산수단을 소유한 사람이 사회를 주도하였다면, 접속의 사회에서는 네트워크의 통행로를 장악한 사람이 그 역할을 하게 될 것이다. 앞으로 사람의 지위를 결정하는 것은 단순한 소유가 아니라 접속이 되는 시대가 올 것이다.

문화의 생산은 21세기 고부가가치산업을 선도할 것이다. 접속의 시대에서 문화의 생산은 경제생활의 1열로 부상하고 정보와 서비스는 2열, 제조업은 3열, 농업은 4열로 내려 갈 것이다. 그러나, 접속의 시대에는 즉흥적이고 경험적인 접속이 중요시되기 때문에 전통문화, 취미, 여행 등과 같은 문화 자본이 자본주의 시장에서 값싼 체험 생활로 상품화되면서 문화 자본의 잠식 상태로 들어가서 결국 문화 자본을 고갈시킬 수도 있다. 이는 재무 상황이 좋지 않은 회사가 자본 잠식에 들어가는 것과 마찬가지이다. 그럼에도 불구하고, 이념보다 심리 그리고 글자보다 이미지를 중시하는 변화무쌍한 남녀를 끌어당기는 것은 스타일과 패션이기 때문에 문화 생산은 더욱 중요해질 것이다. 가상의 행사와 순간적인 경험을 중시하는 이들에게 접속은 생명이다.

출처: Rifkin(2000)의 『The Age of Access』에서 일부 발췌·재서술.

이처럼 문화의 시대가 진행되면서, 문화자산을 어느 지역사회가 많이 보유하느냐는 것이 지역사회의 경쟁력을 결정하는 가장 중요한 요소가 되고 있다. 따라서, 많은 지역사회들은 지역사회의 문화자산을 강화하려는 목적을 가진 '지역사회 문화개발'을 강조하고 있다. 지역사회 문화개발은 특히 다음과 같은 점에서 지역사회의 경쟁력을 높이는데 긍정적인 효과를 발생시킨다. 첫째, 일반적으로 문화행사에는 주민들의 참여가 적극적인 경우가 많기 때문에 지역사회 문화개발은 지역사회 주민들의 결속과 연대를 강화시킨다. 이는 지역사회의 정치·행정적 안정감, 사회적 포용력, 심리적 일체감을 증진시키는데 도움이 된다. 지역사회에서 주민들 간의 갈등이 만연되면 지역사회개발의 목표와 과정에서 혼란과 비효율성이 발생되어 지역사회의 경쟁력이 약화될 수 있다. 반면, 지역사회에서 정치적·행정적 안정이나 일체감이 구축되면 계획대로 지역사회개발이 성공적으로 정착할 가능성이 높다. 둘째, 지역사회 문화개발이 성공적으로 이루어지면 지역사회 주민들의 문화적 욕구가 충족되고, 지역사회 주민들의 생활 수준이 질적으로 높아지며, 지역사회의 이미지가 제고된다. 이로 인해 주민, 전문인력, 관광객, 자본 등을 유치하는 데 기여할 수 있다. 이는 또 다른 지역사회 문화개발을 촉진시킴으로써 더 많은 유입이 발생하는 등의 선순환을 발생시켜 지역사회 경쟁력의 상승을 기대하게 한다. 셋째, 지역사회 문화개발은 창의력을 가진 문화 전문가들을 육성하는 데 도움이 된다. 이들은 재미있고 매력적인 문화콘텐츠들을 창출함으로써 지역사회의 문화기반을 굳건하게 구축하고 고부가가치적인 다양한 문화상품들을 생산할 것이다.

3) 지역사회의 정체성 확보

세계화와 정보·지식화로 인해 국가들 간 그리고 지역사회들 간의 경쟁이 확대되면서 많은 지역사회들은 밀물처럼 밀려드는 서구문물로 인해서 정체성을 위협받았으며, 이에 따라 지역사회 주민들은 상실감을 느끼게 되었다. 또한, 세계가 자국의 문화를 포함한 다양한 자원들을 무기로 삼아 치열한 경쟁을 벌이는 상황에서 지역사회가 자신의 소중한 문화자원들을 버리고 선진국의 문물을 무비판적으로 받아들이면 무한경쟁 속에서 주류(메인스트림: mainstream)가 아닌 국외자(아웃사이더: outsider)로 전락할 것이라는 인식이 확대되었다. 이에 대한 대응으로 지역사회들은 지역사회의 독특한 문화를 유지·개발하기 위한 정책적 노력을 기울이고 있다. 이는 지역사회의 문화가 다음과 같은 점에서 지역사회 주민들에게 '우리'임을 확인시켜줌으로써 지역사회의 정체성을 형성하는 데 기여하기 때문이다.

지역사회에서 문화는 현세대에만 존재하는 것이 아니라 세대 간에 지속적으로 전승·계승되는 것이기 때문에 전통적 가치를 지닐 뿐만 아니라 새로운 사회적 가치를 창출할 수 있는 창조성을 보유하고 있다. 따라서, 지역사회의 문화를 활용하는 것은 지역사회의 생존을 결정지을 수 있는 것으로 인식되면서 지역사회 문화개발은 선택적 사항이 아니라 '우리'의 생존과 발전을 위한 숙명적 사항이 되었다. 또한, 지역사회의 문화를 보존·개발·활용하는 것은 단순하게 문화예술을 진흥시키는 것이 아니라 지역사회 주민들 모두를 윤택하고 살기 좋은 곳에서 살 수 있게 하는 것이기 때문에 주민들이 합심하여 총체적으로 노력하는 활동이다(구견서, 2018: 246). 그리고, 지역사회 문화개발은 문화인프라를 활성화하고 지역사회의 환경에 부합하는 문화를 개발·창조하여 지역사회 주민들의 정신적·물질적 만족도를 높이는 한편 문화접근성을 향상시켜 문화의 생활화를 실현시킴으로써 주민들 간의 일체감과 결속력을 강화시킨다(구견서, 2018: 246-247).

📝 지역사회 정체성 ·

정체성이란 자신을 특정 지리적 장소 속에 위치시키고, 그 장소와의 관계를 인식하며, 궁극적으로 자신과 장소를 일치시키려는 인간의 태도와 관계되는 개념이다. 지역사회는 주민들이 살아가는 공간이면서 동시에 상징적 의미를 가지고 있는 복합적인 연결망이다. 따라서, 개인들은 세계보다 국가 그리고 국가보다 지역사회에 대해 애착심과 일체감을 더욱 느끼는 경향이 있다. 지역사회는 거주하는 주민들로부터 정체성을 찾고, 역으로 주민들은 지역사회로부터 자신의 정체성을 발견한다. 이 두 현상이 결합하면 '지역사회의 정체성'이 구축된다. 즉, 지역사회의 주민들은 본능적이든 혹은 다른 이유이든 끊임없이 지역사회에 귀속감을 느끼려 하고 또한 지역사회와 일치되는 정체성을 추구하는 경향이 있다.

지역사회의 정체성에 영향을 미치는 요인들은 다양할 뿐만 아니라 개인별로 중요한 요인은 다를 수 있다. 누구나 동의하는 대표적인 요인으로 장소, 역사·문화, 인적 교류, 상징, 축제 등을 들 수 있다.

첫 번째 요소는 장소이다. 특정 장소에서 주체 의식이 형성될 때 정체성이 나타나는데, 이는 다른 지역사회와의 구별에서 출발한다. 즉, 정체성은 지리적 공간을 기반으로 언어, 문화, 경제, 정치 등의 여러 요소들이 복합적으로 작용하여 나타난다. 지역사회는 세계적인 힘 그리고 중앙정부의 힘에 대항하는 개체로서의 의미가 부각되면서, 사회적 단위로서 주민들에게 공통의 정체성을 불어넣는 역할을 한다. 지역사회에는 중심적인 장소가 있고 중심과 떨어진 장소가 있다. 중심에 가까울수록 주민에게 안전과 안정을 보장해 주는 반면에, 경계에 가까울수록 위험과 자극에 노출될 가능성이 있다. 따라서, 주민들은 가능하면 지역사회의 변경에서 중심으로 이동하면서 자신의 정체성을 찾으려 한다.

두 번째 요소는 역사·문화이다. 정체성은 '장소에 대한 감정'과 '과거에 대한 감정'의 통합으로 나타난다. 장소에 대한 감정은 장소에서 발생한 개인들의 경험과 더불어 그러한 경험을 가능하게 하는 역사·문화적 특성에서 나온다. 물론 역사·문화적 특성은 주어지는 것이 아니고 해당 지역사회의 사회적 관계에서 나온다. 따라서 지역사회의 정체성을 강조하려면, 지역사회 주민들을 중심으로 하는 사회적 관계가 활성화되어야 한다. 즉, 지역사회 주민들이 의도적으로 노력할수록 그리고 공동체적 상호작용과 참여의 정신이 강할수록 정체성은 더욱 강해진다.

세 번째 요소는 인적 교류이다. 지역사회 정체성은 선험적으로 주어지기보다는 주민들의 상호 교류 속에서 형성된다. 메시지를 주고받으면서 상호 교류하는 과정을 통하여 주민은 자신에 대한 정체성, 자신이 속한 집단의 정체성, 나아가서 지역사회에 대한 정체성이 형성된다.

네 번째 요소는 상징이다. 기념적 상징물은 집단적 기억에서 유래한다. 집단적 기억은 사회적으로 구성된다. 기념적 상징물은 주로 역사적 경험이나 문화적 요소에 기반을 둔 주민들의 감정을 상징적으로 표현한 것이다. 따라서, 기념적 상징물은 지역사회 주민들을 단합시키고 정체성을 강화하는 힘이 된다.

다섯 번째 요소는 축제이다. 축제는 기념행사, 놀이, 이벤트로서 일상의 단조로움이나 권태에서 벗어나 즐겁고 유쾌한 감동을 준다. 지역사회 주민들은 축제를 위한 다양한 활동들을 함으로써 불만을 해소하고, 동류의식을 느끼며, 문화적 동조심리를 가지게 된다. 이러한 과정을 통해 주민들은 '우리'라는 공동체 감정을 갖게 되어 서로가 공동운명체임을 확인하게 된다.

출처: https://kisingo.tistory.com/481에서 일부 발췌·재서술.

4) 장소마케팅

지역사회 문화개발은 장소마케팅의 핵심 요소로서의 역할을 수행한다.

사회변화에 발맞추어 정보중심지, 금융중심지, 첨단산업도시 등으로 거듭난 지역사회들은 자신들이 보유한 장점으로 인해 경쟁에서 유리한 위치를 유지할 수 있다. 그러나, 제조업을 고수하던 지역사회들에서는 쇠퇴와 불황이 깊어졌다. 특히, 서구의 제조업 중심의 도시들과 그 주변 지역사회들은 1960년대와 1970년대를 거치면서 제조업의 불황이 지속되고 이에 따라 주민들과 기업들이 유출되는 현상을 겪은 결과 '도시 황폐화(urban wilderness)'를 경험하였다(Beauregard, 1986; Smith, 1986).

📝 도시 황폐화(Urban Wilderness) ·

도시정책 이론가들은 중심도시가 쇠퇴하는 것에 대해 다양한 표현으로 심각하게 고민하였다. 중심도시의 악화, 쇠퇴, 침체 등은 일반적인 표현이고, 도시생활의 사회적 병리화라고 표현하기도 하였다. 심지어, 'Unheavenly City'라고 표현하는 학자도 있다(Banfield, 1968). 이러한 표현들은 도시가 점점 황폐화되고 있고 정글이 되고 있음을 의미한다. 여러 미디어들과 사회과학 이론들보다 '도시 황폐화' 현상을 우리에게 더 생생하게 보여주는 것은 헐리우드의 되풀이되는 작품들이다. 대표적인 작품들은 'West Side Story', 'King Kong', 'The Warriors' 등이다(Smith, 1986).

출처: Banfield(1968)의 『The Unheavenly City』와 Smith(1968)의
'Gentrification, Frontier and the Resfructuring of Urban Space'에서 일부 발췌·재서술

이 지역사회들은 재활성화를 위해서 산업 재구조화를 추진할 수밖에 없는 상황이었다. 산업 재구조화를 위해서는 유동자본 혹은 첨단산업을 유치해야 한다. 이를 위해 장소마케팅에 적극적인 관심을 보였다. 장소마케팅이란 수요자가 원하는 방향으로 지역사회를 상품화하는 것이다. 이는 지역사회가 자신의 지역을 재활성화시키기 위해 산업 재구조화를 추진하는 것을 목표로 하면서 이동하는 기업, 자본, 주민, 관광객들을 유치하려는 자원관리 기술이다. 즉, 지역사회의 수요자인 기업, 자본, 주민, 관광객들의 구미에 맞도록 제도·시설·이미지를 개선시키는 전략이다. 장소마케팅을 성공시킬 때, 구 산업

지역들은 유동자본을 유치하거나 혹은 제조업을 대체할 신산업, 즉 첨단산업, 금융업, 생산자서비스업, 여가·레저산업 등을 유치할 기회를 잡을 수 있다. 그런데 유동자본이나 신산업은 정체성이 확보되거나 공동체가 구축된 지역사회를 선호하는 경향이 있다. 따라서, 지역사회들은 지역사회 특유의 문화·역사적 자원을 활용한 지역사회 문화개발에 집중하면서, 동시에 이를 이용한 장소마케팅에 총력을 기울이고 있다.

📝 장소마케팅의 성공과 실패 사례 ·······························

뉴욕시가 'I Love NY' 슬로건을 내세워 브랜드가치를 높인 일이나, 서울시가 고궁, 남산, 한강 등을 이용해 브랜드가치를 높이기 위해 'Hi, Seoul', '디자인 서울' 등을 내세웠던 것은 좋은 사례에 속한다. 부산시도 부산국제영화제와 해양도시를 이용하여 장소마케팅에 집중하고 있다.

그런데, 우리나라의 많은 도시들은 도시마케팅을 위한 슬로건을 만들면서 대부분 영어를 사용하면서 또한 이해가 어려운 표현을 쓰기도 했다. 대전시의 현재 슬로건은 'Daejeon is U. 대전이 바로 당신입니다'이지만, 한때 'It's Daejeon'을 사용한 적이 있다. 관계자들만이 'I'는 'Interesting'으로서 삶이 재미있고 풍요로운 것을 의미하고, 'T'는 'Tradition & Culture'로서 전통과 다양한 문화를 뜻하며, 'S'는 'Science & Technology'로서 과학과 기술을 나타낸다고 했다. 경기도 파주시의 슬로건은 '한반도 평화수도 PAJU'이지만 예전에는 'G & G PAJU'이었다. 'Good & Great PAJU'라고 관계자가 설명했다. 이처럼, 일반인들이 이해하지 못하는 슬로건이 슬로건으로서의 의미가 없다는 것은 상식이다.

5) 지역사회경제 활성화

종래에는 문화의 중요성을 얘기할 때 주로 사용가치에 집중하는 경향이 있었다. 산업사회에서는 많은 사람들이 문화를 소비하는 것으로 인식하였다. 정보·지식화가 진행되면서 문화는 사용가치는 물론이고 교환가치도 중요하다는 인식이 확대되고 있다. 1980년대에 들어 지역사회의 문화를 지역경제의 차원에서 바라보는 시각이 등장하기 시작하였다. 즉, 문화의 소비재로서의 가치는 물론이고 생산재로서의 역할이 강조되기 시작하였으며, 문화산업은 제조업 중심이던 지역사회의 경제구조를 대체시킬 수 있는 새로운 산업으로 인식되었다.

📝 문화를 활용한 지역사회 경제개발 ·

영국의 경우 문화를 정체성을 확보하기 위한 수단에서 지역사회 경제개발을 위한 수단으로 인식하기 시작한 시기는 대처(Thatcher)가 수상이던 1980년대이다. 대처정부는 그동안 '보편적 복지정책'을 실시함으로 인해서 방만하게 운영되던 재정을 긴축재정으로 바꾸는 과정에서 지역사회에 지원하던 문화·예술 활동에 대한 보조금을 삭감하였다. 즉, 시장 기능을 중시하는 신자유주의 이념에 바탕을 두고 문화정책을 추진하였다. 1990년대 들어 메이저(John Major) 정부와 토니 블레어(Tony Blair) 정부도 문화정책 네트워크를 구축하면서 중앙정부, 지방정부, 문화·예술단체들의 파트너십을 통해 문화·예술과 경제개발 간의 시너지효과를 강조하였다. 이러한 분위기 속에서 영국의 지역사회들도 문화·예술단체들과 네트워크를 형성하면서 문화·예술과 경제를 연계시키는 사업을 확대시켰고, 이것이 성공적으로 정착된 지역사회에서는 경제구조가 바뀌는 모습을 볼 수 있었다.

프랑스의 경우, 1980년대 전에는 주로 문화유산이나 예술창작 지원 등에 문화정책의 초점을 두었으나, 1980년대부터 예술교육 강화, 지역별 문화 다양성 존중, 중앙정부와 지역사회 간의 문화적 연계성 중시, 문화산업 지원 강화, 문화산업 지원 영역 확대 등과 같이 네트워크를 구축하여 문화와 경제를 활성화시키는 방향으로 문화정책의 핵심 내용이 변하였다.

독일의 경우, 1970년대 문화정책의 기조는 '모두를 위한, 모두에 의한 문화'였는데, 1980년대 들면서 문화정책이 문화의 수단적 가치를 강조하기 시작하였다. 지역사회 이미지 증진, 주거환경의 미적 개선을 통한 주민과 기업의 유치, 지역사회 경제개발을 위한 문화의 활용 등을 중시하였다.

미국의 경우 1940년대 중반부터 시작된 '교외화(suburbanization)'를 기점으로 1960년대 후반에 발생한 '역도시화(disurbanization)'를 거치면서 도시지역의 재정 상황이 매우 좋지 않아 '도시 황폐화(urban wilderness)' 현상이 나타났다. 이를 타개하기 위한 도심재생 정책들이 자리를 잡기 시작하면서 1970년대 중반부터 '재도시화

(reurbanization)' 현상이 나타났다. 도심재생 정책의 핵심 내용이 이미지 개선을 통해 주민, 기업, 관광객을 유입하는 것이었다. 즉, '혼합용도개발(mixed-use development)' 계획과 '문화지구(cultural district)' 지정이 확대되면서 문화·예술을 활용하여 도시지역의 이미지를 바꾸는 지역사회 문화개발이 활성화되었다.

출처: 임재현(2016)의 『도시행정론』, 임학순(2003)의 『창의적 문화사회와 문화정책』, Snedcof(1990)의 『Cultural Facilities in Mixed-Use Development』, Bianchini & Parkinson(1993)의 『Cultural Policy and Urban Regeneration』에서 일부 발췌·재서술.

최근 들어 문화는 고부가가치를 창출하는 핵심 요소로 자리매김하고 있다. 산업사회와 달리 정보·지식사회가 '감성의 시대', '문화의 시대', '이미지의 시대'라고 불리는 데에서 알 수 있듯이, 재화의 생산보다 상징과 생활양식의 소비가 더 중요해지고 있다(Smith, 2001: 214-232). 이러한 변화에 적응하고자 1997년 영국의 토니 블레어(Tony Blair) 정부는 'Creative Britain'을 표방하고 '문화'가 경제에 영향을 미치는 핵심 요소임을 강조하였다(Smith, 1998: 1-28).

이러한 과정을 거치면서 지역사회 문화개발의 핵심 내용으로 문화적 경제와 경제적 문화가 자리매김하고 있다(임재현, 2016: 435-441). 종래에는 경제와 문화는 전혀 다른 것으로 인식하는 경향이 강하였다. 가난에서 벗어나고자 했던 시대에서는 경제제일주의와 물질만능주의의 파도에 휩싸여 생활이 기계적이고 몰개성적이었기 때문에 문화에 관심을 가질 여유가 없었다. 경제가 발전하면서 물질적 풍요를 경험하게 되었지만, 정신적 풍요를 반드시 누리는 것은 아님을 인식하게 되었다. 최근 들어 커다란 기류의 변화를 보게 되었다. 경제가 성장함에 따라 소비패턴이 획일화·표준화·대량화에서 개성화·다양화·고급화로 바뀜에 따라 '산업의 감성화'가 촉진되었다. 이로 인해서 산업의 발전을 위해 산업, 감각, 문화의 결합이 필수요건이 되었다. 예를 들어, 상품의 국제적 경쟁력을 확보하기 위해 상품의 질적 수준이 높아야 함은 당연한 것이고 이것을 넘어서서 상품 속에 독특한 감각과 문화가 가미되어야 한다. 이로 인해서 문화와 경제를 하나의 축으로 연결된 두 개의 수레바퀴 혹은 동전의 양면 등으로 비유되기도 한다. 이는 문화와 경제를 '주종관계', '전후관

계'라는 이분법적 시각으로 보아서는 안 되고 양자가 서로에게 필요충분조건
이라는 인식이 필요하다는 것을 의미한다. 즉, 문화와 경제는 상생의 틀 속에
서 시너지 효과를 창출하는 관계로 인식되어야 한다. 이러한 인식의 변화에
따라 지역사회 문화개발도 문화와 경제의 융합을 강조하는 방향으로 진행되
어 지역사회의 경제를 활성화하는 데 기여하고 있다.

제2절 문화적 경제와 경제적 문화

1. 문화적 경제

1) 정의

예전에는 문화적 경제라는 단어를 사용하는 사람들도 없었지만, 일부 이
를 사용하는 사람들도 문화산업으로 정의하는 경향이 있었다. 문화산업은 문
화를 생산하는 산업으로 정의하는 것이 일반적이었다. 즉, 문화산업이란 대중
을 위한 문화상품을 제작함으로써 영리를 추구하는 산업이다(Koivunen, 1998).
여기에는 영화, TV, 라디오, 출판, 음반, 각종 문화콘텐츠 등이 포함된다. '유
네스코(UNESCO)'와 '관세 및 무역에 관한 일반협정(GATT)'의 규정에 따르면,
문화산업은 저작권의 보호를 받는 문화적 성격의 상품과 서비스(음악, 방송, 영
화, 출판, 디자인 등)의 창조·생산·유통에 관련된 산업으로서, 창조산업(Creative
Industry)을 의미한다.

그러나, 최근 들어 문화산업에 대한 정의가 바뀌고 있다. 문화산업이란
특정 국가 혹은 특정 지역사회의 고유하고 독특한 문화적 내용을 창조적인
기획력을 통해 재창조해내는 벤처사업으로서, 대표적인 '고위험고수익' 사업
이다. 문화산업의 가장 큰 특징은 창조산업과 벤처산업의 특성이 어우러져 있
다는 것이다. 즉, 전문성과 창조성이 제품의 질과 가격을 결정한다는 점에서
는 창조산업의 특징을 보이고, 아이디어와 창의력을 발판으로 한다는 점에서
는 벤처산업의 특징을 가지고 있다.

문화산업이 이처럼 전문성, 창조성, 창의적인 아이디어를 바탕으로 상징·
이미지·디자인·스타일·광고·서비스 등과 같은 문화적이고 비생산적인 요소
들을 강조함으로써 전통적인 문화산업은 물론이고 비문화산업에 속했던 다른
많은 산업들에게도 큰 영향을 미치고 있다. 즉, 문화적이고 상징적인 요소들
은 전통적 문화산업뿐만 아니라 비문화산업에 속했던 산업의 생산·소비에도
중대한 영향을 미치고 있다. 따라서, 문화산업에 대한 정의가 바뀜에 따라 문
화산업으로 정의되는 문화적 경제의 정의도 변해야 한다. 문화적 경제를 전통
적 문화산업에 국한시키는 것보다는 산업 전반에 걸친 현상으로 보는 것이
타당하다. 이러한 논의를 종합하면, 문화적 경제는 비생산적 요소가 지대한
영향을 끼치는 경제를 뜻한다.

2) 문화적 경제의 중요성

문화산업에 대한 정의가 변함에 따라, 현대적 의미의 문화산업을 뜻하는
문화적 경제도 전문성, 창조성, 창의적인 아이디어를 강조하는 창조산업과 벤
처산업의 특성을 보이게 되었다. 창조산업과 벤처산업은 현대 경제에서 강조
되는 산업이다. 더구나, 21세기를 '문화의 시대'라고 부르는 점에서 알 수 있
듯이 경제에서 문화적 요소를 강조하는 경향이 두드러지고 있다. 이로 인해서
문화적 경제의 중요성에 대한 논의가 점차 확대되고 있다. 문화적 경제가 중
요하게 되는 대표적인 이유들을 살펴보면 다음과 같다.

(1) 비생산적 요소 중시

문화의 영향을 받는 산업들은 생산적 요소인 자본, 토지, 노동보다 위에
서 제시된 비생산적 요소를 더욱 중시하는 경향이 강해지고 있다. 문화의 영
향을 받는 대표적인 산업인 영화산업, 패션산업, 게임산업 등은 생산적 요소
의 영향을 받지만, 비생산적 요소의 영향을 더 많이 받고 있다. 이러한 경향
은 산업 분야에만 국한된 현상이 아니라 개별 상품에서도 나타나고 있다.

📝 **상징·이미지·디자인을 강조하는 핸드폰** ·

핸드폰은 일상생활에서 반드시 필요한 생활필수품이 되었다. 따라서, 성능이 매우 중요하지만 최근에 디자인의 중요성도 강조되고 있다. 여기에 상징과 이미지를 강조한 핸드폰들도 등장하였다. 2020년 현재 세상에서 가장 비싼 핸드폰은 2011년에 제작된 스튜어트 휴스(Stuart Hughes)의 걸작으로서 24캐럿의 금, 총 600개의 화이트 다이아몬드, 26캐럿의 블랙 다이아몬드로 제작되었으며 가격은 약 178억이다. 일반인에게는 핸드폰이 아니라 귀중한 예술품이다.

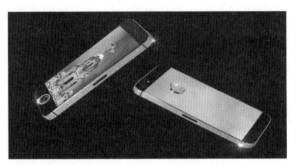

Black Diamond iPhone 5

2) 상품의 미학화

상품을 미학화하는 경향이 나타남에 따라 문화와 경제의 영역이 명확하게 구별되지 않는 일이 확대되고 있다. 현대예술이라 불리는 것에는 개념미술, 설치미술, 행위예술 등이 있는데, 이들은 예술계에만 영향을 미치는 것이 아니라 일반인에게도 영향을 미치고 있다. 즉, 공간 속에서 새로운 체험을 하게 함으로써 인간의 지각과 체험을 풍요롭게 하고, 또한 상품의 미학화를 유도했다. 예를 들어, 쇼핑몰, 백화점 등의 설계, 전시, 음향에 영향을 미쳐 예술과 일상의 경계 그리고 작품과 상품의 경계를 허물었다.

건축물의 경우에도 부조화 속에서 조화를 꾀하는 희한하고 미적인 건축물이 많이 생겨나고 있다. 서울에도 부조화 속에서 조화를 찾으려는 건축물들을 볼 수 있다. 아래의 원더웍스도 대표적인 희한한 건축물이다.

Wonderworks(Pigeon Forge, TN, USA)

(3) 문화 활동 확산

소득수준의 향상으로 인해서 문화 활동에 대한 관심이 부쩍 높아지고 있다. 지하철이나 벤치 등에서 책 읽는 사람들을 목격하는 것은 어렵지 않다. 예전에는 이러한 사람들을 보면 '티를 낸다', '집에서 읽지' 등의 말로 비아냥거렸지만, 요즈음은 예사로운 일로 보지 않는다. 또한, 영화, 오페라, 연극, 축제 등의 관람객 혹은 참가자들도 급증하고 있다. 어떤 공연의 경우에는 예약하기조차 어렵다. 이처럼 문화 활동이 확대되면서, 문화산업의 중요성이 크게 부각되고 또한 문화산업이 활성화되고 있다.

📝 **문화·예술 활동** •

2019년 한국문화관광연구원이 조사한 '국민문화예술활동조사'에 따르면, 2016년 대비 2019년 월평균 여가시간은 평일과 휴일 모두 0.4시간이 증가해서 평일 3.5시간, 휴일 5.4시간으로 나타났다. 2019년 문화예술행사 관람률은 81.8%로 2016년(78.3%) 대비 3.5%포인트, 2018년(81.5%) 대비 0.3%포인트 증가해서 계속 상승하는 모습을 보였다. 분야별 관람률은 2016년과 대비할 때 전 분야에서 상승한 가운데 '대중음악·연예'에서 8.7%포인트, '영화'에서 3.7%포인트 증가하여 다른 분야보다 상대적으로 큰 폭의 상승을 보였다. 소득계층별 조사에서도, 2019년의 100만원 미만 소득 가구의 문화예술행사 관람률은 2016년 대비 20.8%포인트 증가한 51.7%로서 통계조사 이후 처음으로 50%를 넘었다. 전체적으로 국민들의 문화·여가 생활이 확대되고 '일과 삶의 균형'이 정착되고 있다.

출처: https://blog.naver.com/happyvirus66/221797313786에서 일부 발췌·재서술.

(4) 주거·기업입지의 주요 요소로서의 문화·여가

기업경영인과 전문 노동자들은 주거입지를 결정할 때 자연환경, 주거환경, 교육, 문화, 여가 등의 상황을 중요시한다. 이들은 성공적인 기업활동을 위해서는 절대적으로 필요한 사람들이다. 따라서, 기업은 능력 있는 경영인과 전문적인 노동자들을 확보하기 위해 아름답고 깨끗한 자연환경, 쾌적한 주거환경, 높은 수준의 교육·문화·여가 시설 등을 갖춘 지역사회에 입지하려고 한다. 고차산업에 속하는 기업일수록 그리고 부가가치가 높은 산업에 속하는 기업일수록 이들을 확보하기가 용이한 지역사회에 입지하려고 한다(Knight, 1995). 이는 비생산적 요소인 문화와 여가가 주거입지와 기업입지의 주요 요소로 등장하고 있음을 의미한다.

(5) 기업 이미지 중시

소비자들은 상품을 구매할 때 상품의 질을 보고 결정했지만, 최근 들어 상품의 질과 함께 기업의 이미지를 중요시하고 있다. 그런데, 기업의 이미지는 기업 스스로 만들어내기도 하지만, 기업이 입지하고 있는 지역사회의 이미지와 문화에 의해 결정되기도 한다. 따라서, 기업은 자신의 이미지를 부각시킬 수 있는 지역에 입지하려고 한다.

2. 경제적 문화

1) 정의

문화와 경제의 상생이 강조되면서 문화와 경제는 상호 영향을 통해 시너지효과를 내고 있다. 이리하여, 비생산적 요소가 지대한 영향을 끼치는 경제를 의미하는 문화적 경제와 함께 경제적 문화에 대한 관심도 빠른 속도로 높아지고 있다.

문화는 넓은 의미에서는 '삶의 방식', 좁은 의미에서는 '예술적 활동'으로 정의되지만, 최근에 들면서 경제를 활성화하기 위한 수단으로서 문화를 활용하는 경향이 커지고 있다. 이미 앞에서도 자주 언급한 바와 같이 많은 지역사회들에서 문화를 이용하여 지역경제를 개발하고 있다. 전 세계적으로 '축제의 붐'이 일어난 것도 이러한 맥락이다. 이러한 경향에 따라 경제적 문화에 대한 관심이 폭발적으로 확대되고 있는 상황이다. 경제적 문화란 경제 활성화를 위한 기반으로 작용하는 문화를 의미한다.

2) 중요성

경제적 문화의 중요성은 국가적 차원은 물론이고 지역사회적 차원에서도 강조되고 있다. 많은 국가들은 자국의 문화를 활용하여 경제개발에 도움이 되는 방안을 연구하고 있고 동시에 지역사회가 문화를 이용하여 지역경제를 개발하는 것을 적극적으로 지원하고 있다. 특히, 지역사회에 있어서 문화적 자산은 다음과 같은 점에서 지역사회 경제개발의 중요한 수단이 되고 있다.

(1) 문화유산의 상품화 경향

지역사회에서 전승·보유되어 온 문화적 유산들이 지역사회 경제개발의 필수적인 요소가 되고 있다. 즉, 지역사회의 문화적 유산들을 문화상품으로 이용하면서 지역경제에 활력을 불러일으키는 현상이 확대되고 있다. 지역사회의 문화적 유산은 일반적으로 생각하는 문화유산만을 의미하는 것은 아니다. 지역사회의 독특한 언어, 별미, 특산물 등도 주요한 문화적 유산으로서 지역경제개발을 위한 소중한 자산이다.

신라문화제는 신라문화를 계승하고 주민화합과 지역발전을 도모하고자 매년 10월 초 경상북도 경주시 일원에서 3일간 펼쳐지는 종합축제의 성격을 갖는 문화축제이다. 찬란했던 신라문화, 화랑정신, 호국불교사상을 계승하고 주민의 화합과 지역발전을 목적으로 1962년에 시작되었다. 행사종목은 길놀이·민속놀

이경연·음악제·신라미술대전·백일장·연극공연·전시회·불교행사·경축행사 등으로 구성되어 있다. 특히, 화랑·원화 선발, 가배놀이 시연, 바라춤 공연 등 신라문화를 주제로 한 행사가 이 축제의 특징적인 것으로 손꼽힌다.

백제문화제는 백제인의 얼과 슬기를 드높여 부여와 공주인의 긍지를 높이고 백제문화를 계승·발전시키기 위하여 부여와 공주에서 1년씩 교대로 9월말에서 10월초 경에 개최되는 종합예술제 성격의 문화축제이다. 주요 행사는 전국시조경창대회·궁도대회·불꽃축전놀이·삼산제·백제대왕제·수륙제·가장행렬·전통민속공연·백제역사문화체험 등이다.

경상북도 영덕군은 대게축제로 유명하다. 영덕군의 최고 자랑거리이자 가장 큰 자산이 대게이다. 매년 4월에 열리는 영덕대게축제는 대게 맛에 빠진 사람들을 위한 특별한 잔치다. 대게잡기대회, 대게요리경연대회가 주요 행사이다.

전라남도 여수시, 순천시, 강진군, 담양군 등이 번갈아가면서 매년 10월 남도음식문화 큰잔치를 개최한다. 1994년 1회를 시작으로 계절별 남도음식이 전시되고, 남도 별미방에서는 명인들이 만든 음식을 보고, 직접 요리법을 배우는 체험도 한다. 아울러 강진만 생태공원의 갈대숲도 관망할 수 있다.

이외에도 포항시 구룡포읍 과메기축제(11월), 신안군 낙지축제(10월), 이태원지구촌축제(10월) 등을 포함하여 우리나라의 많은 지역사회들은 자신들의 별미 혹은 특산물을 이용하여 관련 산업을 발전시키고 있다.

문화자산을 이용하여 지역경제를 활성화시키는 사례들은 외국에도 매우 많다. 이에 대해서는 제4절에 소개할 예정이므로 간략하게 언급하기로 한다. 스코틀랜드의 에든버러는 문화 유적, 자연 경관, 창의적 아이디어를 접목시킨 축제를 개최함으로써 '축제공화국'이라고 불리고 있으며 수많은 관광객들로 인해서 발생하는 관광수입은 지방재정의 가장 중요한 기반이 되고 있다. 이탈리아의 베네치아 카니발(Carnevale di Venezia, Carnival of Venice)도 매년 약 300만 명의 방문객을 유치함으로써 지역경제 활성화에 일익을 담당하고 있다.

　각각의 축제들이 집중되는 8월 초부터 4주간은 시에 머무는 사람이 평소 거주자의 최소 2배 이상 늘어난다. 이러한 축제들 중에서 에든버러 프린지 페스티벌(세계에서 가장 큰 행위예술 페스티벌), 에든버러 국제 페스티벌, 에든버러 밀리터리 타투, 에든버러 국제영화제가 가장 명성이 높다. 해마다 1,200만 명 이상의 관광객이 찾으며 경제효과는 약 4조 원에 이른다(제이누리, 2021).

출처: 위키백과와 제이누리에서 일부 발췌·재서술

(2) 새로운 문화자산을 통한 지역경제 활성화

　앞에서 살펴본 바와 같이, 전승되는 문화적 자산이 있는 경우에는 이를 기반으로 창의적 아이디어를 가미하여 다양한 문화적 체험을 활성화시킴으로써 지역경제에 도움을 주는 사례들은 국내·외로 매우 많다. 전승받은 문화유산이 없는 지역사회들도 많다. 이러한 지역사회들도 노력의 여하에 따라서 경제적 문화의 기류에 편승할 수 있다. 즉, 문화적 자산이 없는 지역사회들도 새로운 문화적 상징을 창출함으로써 지역경제를 활성화시키려고 노력하고 있다. 지역사회 경제개발을 위한 끊임없는 노력은 새로운 문화적 상징을 만들고 이를 통해 새로운 생산과 고용을 창출하고 있다.

앞에서 소개한 바 있는 부산국제영화제가 우리나라의 대표적인 사례이다. 부산시는 어려운 부산 경제를 활성화시키기 위해 다양한 방안을 모색하던 중에 누구도 예상하지 못했던 창의적인 아이디어를 실행하여 부산시의 새로운 상징인 부산국제영화제를 탄생시켰다. 1996년 1회를 시작으로 아시아의 대표적인 영화제로 자리매김하면서, 영화제 기간에 수많은 관객들이 부산시를 찾아 부산 경제를 활성화시키는 데 기여하고 있다. 우리나라에서는 부산시 이외에도 고양시, 보령시, 진주시, 화천군, 함평군 등이 그동안 가치를 몰랐다가 새로운 가치를 발견하거나 혹은 완전히 새로운 상징을 만들어 지역경제에 생기를 불어넣은 대표적인 지역사회들이다.

독일의 슈투트가르트는 프로축구를 통해서 이름이 알려져 있지만, 환경정책을 연구하는 학자들에게는 세계적인 환경도시로 통한다. 교량을 건설하면서도 '바람길'을 고려할 정도로 친환경적인 개발을 하는 도시로 유명하다. 그런 슈투트가르트가 지역을 문화예술공간으로 상품화함으로써 지역사회의 이미지를 개선시키고 또한 지역사회 생산품의 판매를 증대시켜 지역경제 활성화에 크게 기여하고 있다.

본서에서 이미 소개했거나 아니면 제4절에서 소개할 리우 축제, 뮌헨 옥토버페스트, 삿뽀로 눈꽃축제, 로바니에미 산타마을 등도 기존의 문화유적 혹은 문화적 활동에 새로운 문화적 가치를 첨가하거나 혹은 생각하지도 못했던 새로운 문화적 상징을 창출하여 지역경제를 발전시킨 대표적인 사례들이다.

📝 슈투트가르트 ·

신선한 바람이 통하는 바람길, 벤츠와 포르쉐의 본사, 슈투트가르트 발레단(강수진 발레리나)으로 유명한 도시이다. 또한 도시에 웅장한 옛 건물, 현대식 건물, 디자인이 돋보이는 작은 건물들이 조화롭게 구성되어 있고, 많은 문화예술 작품들이 전시되고 있으며, 다양한 문화예술 활동들이 활발하게 펼쳐지고 있다. 2020년 9월 4일 '디 벨트 (Die Welt)'는 '슈투트가르트가 독일 30개 대도시 중에서 시민들에게 가장 많은 문화 시설을 제공하는 도시이고, 뮌헨, 드레스덴, 베를린이 그 뒤를 이었으며, … 특히, 슈투트가르트에서는 전체 고용자의 7.4%가 문화와 관련된 일을 하고 있어 … 독일의 문화 중심도시로 등극했다'고 보도했다(엠 프랑크푸르트, 2020).

슈투트가르트는 도시를 문화예술공간으로 상품화함으로써 도시의 이미지를 개선시키고 또한 지역기업이 생산한 공산품(자동차·의류·정밀기계<사진기·광학제품>·맥주·가죽제품·악기·화학제품 등), 다양한 서적, 지역특산물(양배추·과일·포도주 등)의 판매 증대를 통해 지역경제발전에 크게 기여하고 있다. 문화예술과 경제가 시너지효과를 내는 독일의 대표적인 도시이다.

출처: 다음백과와 엠 프랑크푸르트(2020)에서 일부 발췌·재서술

(3) 문화적 매력으로 인한 주민·기업의 유입과 지역사회 경제개발

지역사회가 가지고 있는 문화적 매력은 기업들과 주민들의 유출을 방지하는 한편, 다른 지역사회의 기업들과 주민들의 새로운 유입을 유도할 수 있다. 최근 들어 문화·예술·여가에 대한 관심이 높아지고 있어서 이와 관련된 시설들을 잘 갖춘 지역사회에서는 기업들이나 주민들이 적어도 문화·예술·여가 활동을 하기 위해 다른 지역사회로 이주하는 현상이 나타나지는 않을 것이다. 오히려, 문화·예술·여가 활동을 선호하는 다른 지역사회 주민들이

이 지역사회로 유입될 가능성이 높다. 또한, 전문인력들은 문화·예술·여가 활동을 중시하므로, 이러한 여건을 갖춘 지역사회에 전문인력들이 유입되는 경향이 강하게 나타나고 있다. 이로 인해 이들이 필요한 기업들은 이 지역사회에 입지하려 하고, 이는 지역경제를 활성화하고 지방재정을 향상시키는 데 이바지한다.

제3절   지역사회 문화개발의 유의점

지역사회 문화개발은 지역사회의 문화를 보존·발전시키고, 지역사회 주민들의 문화적 욕구를 충족시키며, 지역경제 활성화에도 기여할 수 있다. 그러나, 지역사회가 문화개발을 시도하기만 하면 이러한 장점들을 얻을 수 있는 것은 아니다. 어떤 경우에는 지역사회 문화개발로 인해 부작용이 발생할 수도 있다. 여기에서는 지역사회 문화개발에 있어서 항상 유의해야 할 사항들에 대해 검토하기로 한다.

1. 관 주도적인 지역사회 문화개발

우리나라 대부분의 지역사회들에서 관이 주도하여 문화개발을 추진하고 있다. 지역사회 문화개발은 지방자치단체장, 지방공무원으로 대표되는 관(공공부문) 그리고 관과 밀접한 관련이 있는 지역사회의 힘 있는 주민(지역사회 유지)들이 주도적으로 추진하는 것이 일반적이다. 이들은 주민들보다 문화와 관련된 전문성을 상대적으로 더 많이 축적하고 있고 또한 문화개발을 신속하고 강력하게 추진할 수 있기 때문이다. 그러나, 이들이 문화개발을 주도할 경우에는 다음과 같은 문제들이 발생할 수 있다.

첫째, 창의적인 아이디어의 폭이 좁아질 수밖에 없다. 이들은 가능하면 신속하게 문화개발을 추진하려고 하기 때문에 관행을 중시하거나 혹은 다른 지역의 성공 사례를 모방하려는 경향이 강하다. 또한, 관이 주도할 경우에는 쌍방향 커뮤니케이션보다는 일방향 커뮤니케이션을 통해 문화개발이 이루어질 가능성이 높다. 이러한 현상들은 창의적 아이디어를 기반으로 한 문화개발을 방해하는 요소로 작용할 수 있다.

둘째, 관 주도적인 지역사회 문화개발은 문화정치를 둘러싸고 새로운 갈등을 발생시키거나 혹은 갈등을 확대시킬 수 있다. 지역사회 문화개발 전략은 이데올로기적 갈등 혹은 이해관계적 갈등을 발생시킬 수 있다. 이로 인해서 관이 주도하는 문화개발은 지방자치단체와 주민들 간의 갈등 혹은 주민들 간의 갈등을 발생 혹은 확대시킬 수 있다. 즉, 지역사회 문화개발로 인해 이익을 받는 주민들은 이에 적극적으로 찬성하겠지만 불이익 혹은 이익을 받지 못하는 주민들은 이에 강하게 반대할 수 있기 때문이다.

📝 문화자원을 둘러싼 이데올로기적 갈등과 이해관계적 갈등 · · · · · · · · · · · · ·

문화자원을 둘러싼 이데올로기적 갈등이란 문화를 보존하느냐 아니면 문화를 활용하느냐를 두고 주민들 간에 갈등이 발생하는 것을 말한다. 대표적인 사례가 서울시에 영어마을을 건립하는 것을 두고 나타난 논쟁이다. 서울시의 암사동은 신석기 유적으로 유명한 지역인데, 이 지역에 대규모 영어마을을 건립하는 계획을 발표한 적이 있다. 당시에 학생들에게 영어를 가르치는 붐이 있어서 이러한 계획을 세운 것이다. 이 계획이 발표되자 신석기 유적을 보존해야 한다는 주장과 영어교육이 중요하다는 주장이 심하게 대립하였다. 문화유적의 중요성에 대한 목소리가 커지자 암사동을 포기하고 경기도 파주시에 '영어마을(경기미래교육 파주캠퍼스)'을 건설하였다.

이해관계적 갈등은 지역사회의 문화자원을 활용할 때 이해를 둘러싸고 발생하는 갈등을 일컫는다. 한 사례를 소개하면 다음과 같다. 우리나라의 많은 국민들이 좋아하는 영덕 대게는 영덕군 영해면 앞바다에서 경주시 감포읍 앞바다에서 잡히지만, 실제 주산지는 영덕군 강구면이다. 예전에는 대게에 대한 관심이 전국적이 아니라 지엽적이었기 때문에 영덕대게라고 해도 영덕군에 속한 강구면에서는 불만이 제기되지 않았다. 대게에 대한 관심이 전국적으로 일반화되자 '왜 강구대게라고 하지 않느냐'는 비판이 강구면에서 제기된 적이 있었다. 강구면 주민들은 대게를 통해 강구면의 이미지를 널리 홍보하고 싶었기 때문이다.

2. 비전략적 지역사회 문화개발

지역사회의 경제적 전망이 밝지 않은 경우에 마지막 수단으로 지역사회 문화개발을 이용하려고 해서는 안 된다. 지역경제 활성화를 위한 실질적인 노력은 하지 않고 주민들에게 보여주기 위한 수단으로 이용한다면 절대 성공할 수 없다는 것은 세계적으로 많은 사례들을 통해 알 수 있다.

예를 들어, 김대중 정권 때 '남해안 관광벨트' 사업을 발표하면서, 해당 지역사회들이 발전계획을 제출하면 심사 후 중앙정부가 지원하겠다고 했다. 해당 지역에 속하는 모든 지역사회들이 발전계획서를 제출하였는데, 주제가 이순신 아니면 공룡이었다. 공룡이 한 곳에만 있었던 것은 아니지 않느냐 혹은 이순신 장군이 점심을 드신 적이 있다 등의 변명을 제시하였다. 이러한 발전계획은 지역사회의 독특한 장점을 기반으로 전략적으로 접근하기보다 지원금 확보에 눈이 멀어 다른 지역사회를 모방한 대표적인 사례이다.

제3장 제5절에서 소개한 일본 스키장의 사례와 마찬가지로, 서구의 탄광지역들 중에서도 비전략적으로 문화개발을 추진한 지역사회들이 많다. 경제가 발전하여 소득수준이 상승하면 에너지원이 석탄에서 석유로 바뀌는 것이 일반적인 현상이다. 서구의 많은 탄광지역들은 석탄수요가 감소하여 지역경제가 힘들어지자 문화관광사업에 관심을 보였고, 그 중에서는 이 사업을 전략적으로 추진한 지역사회들도 다수 있었다. 에너지원이 석유로 바뀌는 시점에서 관광, 여가, 스키를 즐기는 사람들이 증가하는 현상이 나타났기 때문이다. 이러한 변화를 감지하고 문화관광사업을 추진한 지역사회들은 대부분 지역경제를 활성화시켰다. 그런데, 지역사회가 이러한 결정을 내리는 것이 결코 쉬운 일은 아니다. 서서히 시간을 두고 석탄의 수요가 감소했기 때문에 지역사회의 경제력과 재정력이 조금씩 약해진 상황에서 대규모 문화관광사업에 투자하는 것은 모험일 수도 있기 때문이다. 이러한 모험을 감수하면서 사업을 추진한 지역사회는 앞에서 언급한 애팔래치아 산맥의 자락에 있는 포크노 (Pocono)처럼 유명한 스키장이 될 수 있었다. 그러나, 어려운 재정 상황에서 모험적인 투자를 꺼린 지역사회들 중의 일부는 더 오랜 세월 동안 재정적 어려움을 겪다가 후발주자로 스키사업에 투자하기도 했다. 선발주자들이 이미

획득한 명성을 넘어서기 위해서는 더 좋은 시설을 갖추어야 하는데 그럴 재정적 여유는 없었다. 전략적 문화개발보다 선발주자들의 성공사례를 모방한 후발주자들은 실패의 쓴맛을 볼 수밖에 없었다.

3. 공감이 없는 지역사회 문화개발

지역사회가 문화개발을 추진하려 할 때 가장 먼저 떠올리는 것이 지역축제를 개최하는 것이다. 우리나라 지역축제는 최근에 폭발적으로 증가하여 해마다 1,000개가 넘는 축제가 개최되고 있어 '축제의 홍수' 속에 살고 있다(이대현, 2016). 이렇게 지역축제가 많아진 가장 큰 이유는 지방자치단체장들이 앞다투어 지역축제를 개최하기 때문이다. 그들의 명분은 지역경제를 활성화시키고, 지역사회의 전통문화와 관광자원을 발굴하며, 지역주민들에게 문화와 여가생활을 제공한다는 것이다. 그러나, 명분은 그럴 듯하지만, 많은 지역사회에서 개최하는 축제들은 지역사회의 특성과 관계없이 세부 프로그램들이 거의 비슷비슷하기 때문에 세금을 낭비하는 것이라는 비판을 받고 있다. 축제의 외형적 화려함을 강조하고 또한 편의상 전문 기획사에 맡긴 결과이다.

지역축제의 사례에서 알 수 있듯이, 주민들을 신명나게 하거나 혹은 관광객들에게 공감을 주지 못하는 지역사회 문화개발은 오래 지속될 수 없다. 주민들에게 재미, 즐거움, 멋을 제공하지 않는 문화개발에 주민들이 동참할리가 없다. 또한 공감을 주지 않는 문화자원을 다시 보고 싶어 하는 관광객들도 없다. 이처럼 공감을 불러일으키지 못하는 지역사회 문화개발은 지역경제에 도움이 되기는커녕, 예산을 낭비함으로써 지역경제에 부정적 영향을 끼칠수 있다.

제4절   지역사회 문화개발 전략

제3절에서 지역사회 문화개발 과정에서 발생할 수 있는 문제점들을 짚어보았다. 여기에서는 이러한 유의점을 해결하면서 성공적인 지역사회 문화개

발을 위한 전략적 방안에 대해 살펴보기로 한다.

1. 주민 주도의 지역사회 문화개발

지방자치단체가 주도하는 일방적인 방식에서 벗어나 지역사회 주민들이 문화개발을 주도해야 한다. 주민 주도적인 문화개발은 다양한 측면에서 긍정적인 효과를 줄 수 있지만, 무엇보다도 창의적 아이디어의 발현, 지역사회 내의 갈등 감소, 지역사회 정체성 확보에 기여하는 바가 크다고 볼 수 있다.

1) 창의적 아이디어 강화

주민 주도적인 접근방식은 창의적인 아이디어를 얻는 데 도움이 된다. 창의적 아이디어를 위해서는 사람들이 지적 호기심이 강하여 새롭고 도전적인 일을 좋아해야 하며, 아울러 집중적 사고능력과 확산적 사고능력을 갖추어야 한다.

첫째, 지적 호기심이 강한 사람은 당연히 변화를 추구하려는 경향이 강하다. 지역사회를 구성하는 주민들은 다양한 개성들을 지니고 있다. 변화를 좋아하는 주민들도 있을 것이고, 변화를 싫어하는 주민들도 있을 것이다. 공공부문에 종사하는 사람들도 변화를 추구하는 사람들과 변화를 꺼리는 사람들로 구성되어 있다. 이들 중에는 주민들보다 더 변화와 혁신에 앞장서는 사람들도 있다. 그러나, 다른 주민들과 비교할 때 공공부문 종사자들은 변화를 꺼리는 사람들이 많을 수 있다. 그 이유는 다음과 같다. 먼저, 이들은 고위 관료들의 의견을 따르지 않을 수 없기 때문이다. 고위 관료들의 변화에 대한 인식도 개인별로 다르겠지만 변화를 꺼리는 경향이 있음을 부인하기 어렵다. 또한, 이들은 맡은 바 업무를 가능한 한 효율적이고 신속하게 완수해야 하기 때문이다. 이로 인해 이들은 표준운영절차(SOP: Standard Operating Procedure)를 중시하는 경향이 있다. 표준운영절차에 의존하게 되면 변화를 수용하기 어려워질 수 있다. 따라서, 변화를 추구하고자 하는 사람들은 주민들 중에 더 많을 가능성이 높으며 또한 이 주민들은 공공부문 종사자들이 경험하는 변화를 제약하는 요인들로부터 자유롭기 때문에 변화를 추구하려는 의지와 활동이 더욱 적극적일 수 있다.

둘째, 창의성을 위해서는 집중적 사고능력과 확산적 사고능력이 필요하다. 지적 수준이 높다고 해서 반드시 창의적이라고 단언할 수 없다. 지능은 집중적 사고능력과 확산적 사고능력으로 구분될 수 있다. 집중적 사고능력은 분석적 추리능력을 의미하고 확산적 사고능력은 사고의 다양성과 독창성을 나타낸다. 창의적 아이디어 혹은 활동을 위해서는 집중적 사고능력과 확산적 사고능력 모두가 필요하다. 직업이나 하는 일의 종류에 따라 집중적 사고능력과 확산적 사고능력의 필요성의 정도가 달라질 수 있다. 공공부문 종사자들은 집중적 사고능력은 필요하다고 인식하겠지만, 확산적 사고능력은 신속하고 효율적인 업무 추진에 방해된다고 생각할 수도 있다. 이는 창의적인 아이디어를 발현하는데 장애요인으로 작용할 수 있다.

2) 갈등 약화

주민 주도적인 문화개발은 지역사회 내의 갈등을 약화시킬 수 있다. 주민들이 지역사회 문화개발을 주도할 경우, 계획이나 결정 과정에서 본인의 의사와 다른 방향으로 결정이 나더라도 민주적인 방식으로 많은 주민들이 찬성한 것이기 때문에 매우 강하게 반대하기 어렵다. 다수결에 의해 결정된 것을 지나칠 정도로 강하게 반대하면 다른 지역주민들로부터 지탄을 받을 수 있고 소외될 수 있기 때문이다. 또한 주민 주도적인 방식은 주민들에 의해 결정된 방안을 집행하는 과정에서 찬성자들의 순응(compliance)을 확보하기 용이하고 반대자들의 적극적인 불응(non-compliance)을 약화시킬 수 있다.

3) 정체성 확립

주민들이 주도하는 지역사회 문화개발은 지역사회의 정체성을 확립하는데 기여한다. 지역사회 문화개발을 주민들이 주도하면 지역사회에 대한 애착심과 일체감이 발생하고, 문화개발에 대한 공감대가 형성되며, 문화개발 과정에서 단합과 결속력이 강화될 수 있다. 또한, 주민들이 주도하면 '배타적 정체성'이 아니라 구성원들과 더불어 살려는 의식을 강조하는 '시민적 정체성'이 확대될 수 있다. 이는 지역사회의 다른 주민들, 특히 문화개발 자체 혹은 방식에 반대하는 주민들까지 포용하려는 마음가짐과 태도를 배가시킬 수 있다. 이러한 장점들로 인해서 주민주도적인 문화개발은 지역사회 내의 정체성을 강화하는 데 도움이 될 수 있다.

4) 주민참여 촉진

주민 주도의 문화개발은 지역사회 문화개발 과정에 주민들의 자율적이고 적극적인 참여를 촉진시킬 수 있다. 주민참여가 확대되면 문화개발 과정에서 활기가 왕성해지는 것은 물론이고 새로운 문화 자산을 육성하기 위한 노력도 활발해질 수 있다. 이러한 변화는 방관자 혹은 소극적인 자세를 취하던 주민들도 지역사회 문화개발에 적극적으로 참여하게 만드는 계기로 작용할 수 있다. 예를 들어, 세계적인 축제들은 주민들의 적극적인 참여를 기반으로 개최되고 있다.

📝 주민참여에 기반한 세계적 축제 ·················

해마다 세계 10대 축제는 약간씩 다를 수 있지만, 자주 10대 축제로 거론되는 축제들을 자세히 살펴보면 재미있고 색다른 체험을 하게 하며 공감을 불러일으키는 콘텐츠들이 주민들의 자율적인 참여와 적극적인 협조를 통해 만들어지고 거행되고 있음을 알수 있다. 2021년 1월 기준으로 세계 10대 축제를 순위별로 살펴보면 다음과 같다.

1위 : 브라질의 리우 삼바 축제
브라질의 리우데자네이루에서 매년 2월 말부터 3월 초까지 4일간 열리는 세계 최대 축제이다. 브라질은 남반구에 위치한 나라이므로 삼바 축제가 열릴 때의 브라질은 여름이다. 여름 휴가가 끝날 때쯤 시작되던 리우 삼바 축제는 화려함이나 규모가 세계 최고이다. 1930년대 후반 빈민가에서 시작되었는데 처음에는 포르투갈에서 건너온 사

람들과 노예들의 타악기 연주가 곁들여진 소규모 거리 행진에 불과하였다. 이후 각 학교의 학생들이 참여하여 거리를 걷기 시작하면서 이처럼 큰 행사로 발전했다. 이 페스티벌의 핵심은 여러 그룹으로 구성된 삼바 퍼레이드인데, 한 그룹에서 삼바춤을 추는 사람만 약 4,000명에 이른다. 이에 직접 참가하는 총 인원만 10만 명이 넘는다.

2위 : 독일의 뮌헨 옥토버페스트

1810년에 시작한 독일의 전통 축제로 매년 9월 말에서 10월 첫째 주 일요일까지 약 16일 동안 열린다. 매년 유럽 등 세계 각국에서 700만 명 이상의 방문객이 찾고 있다. 이 축제의 백미는 세계의 유명 맥주회사들의 맥주를 마실 수 있는 '맥주마시기 축제'이다. 매년 약 600~700만 리터의 맥주가 소비된다. 또한, 뮌헨 시내를 가로지르는 거리 행진이 열리는데, 약 8,000명 이상의 대규모 인원이 참여하고 있다.

3위 : 일본의 삿뽀로 눈꽃축제

1950년 삿뽀로 중고등학생들이 얼음조각을 공원에 전시하면서 시작되어 1980년경 눈꽃축제로 발전하였다. 높이 15m의 대형 얼음조각과 눈으로 만든 다양한 예술조각들이 1.5km에 걸쳐 전시된다.

4위 : 영국의 노팅힐 축제

1965년 카리브해에서 이주해 온 이민자들의 결속을 다지기 위해 전통 복장을 하고 노래와 춤을 추면서 거리를 행진한 것이 현재는 전 인종이 하나가 되어 즐기는 세계적인 축제로 발전하였다. 매년 8월 마지막 주 2~4일간 개최된다. 유럽 최대의 거리 축제답게 카니발 길이가 4.2km 달하여 공식적으로는 브라질의 리우 카니발보다 큰 행사로 알려져 있다. 축제기간 동안 가장행렬이나 야외콘서트 등 많은 볼거리들이 있다.

5위 : 몽골의 나담 축제

매년 7월 11일부터 7월 13일까지 3일간 열리는 축제로서, 행사 기간은 국가 공휴일로 지정되어 있다. 몽골인의 일상생활을 기초로 한 축제로서, 씨름, 경마, 활쏘기로 구성되며, '즐겁게 노는' 축제로 알려져 있다.

6위 : 이탈리아의 베네치아(베니스) 카니발

13세기 무렵부터 시작된 것으로 알려진 이탈리아 최대 축제이다. '물의 도시' 베네치아에서 개최되는 카니발로서, 화려한 패션과 정교하고 다양한 가면으로 유명하여 '가면축제'라고도 불린다. 이 행사의 백미는 가면을 쓰고 자신을 숨긴 상태에서 축제에 참여하기 때문에 평소에는 할 수 없는 괴이한 행동을 할 수 있는 즐거움이라고 한다. 매년 약 300만 명의 방문객이 참여한다. 특별히 지정된 축제 장소는 없으며 베네치아 전역에서 가장행렬이나 공연 등 다양한 행사가 개최된다.

7위 : 태국의 송크란 축제

매년 4월 13일부터 4월 15일까지 치앙마이에서 개최되는 '물 축제'이다. 타인에게 물 세례를 하면서 타인의 행운과 건강을 기원하는 축제이다. 미스 송크란 선발대회를 비롯하여 다양한 프로그램들이 있다.

8위 : 멕시코의 세르반티노 축제

매년 10월 중 20일간 돈키호테의 작가 세르반테스를 기리기 위해 시작된 축제로서 전 세계의 예술가들이 모여 연극, 콘서트 등 다양한 공연과 전시회를 개최한다. 세계 4대 종합예술축제로서 세계문화유산으로 등재되어 있다.

9위 : 스코틀랜드의 에든버러 축제

에딘버러는 1년 내내 축제 중이라고 할 정도로 축제로 유명하다. 이 축제는 영국 최대 축제로서 1,200만 명 이상의 관광객을 유치하고, 연간 4조 원의 경제적 효과를 이루고 있다고 알려져 있다(제이누리, 2021).

10위 : 스페인의 토마토 축제

1944년 토마토가격 대폭락 때 화가 난 농부들이 의원들에게 토마토를 던지면서 시작된 축제이다. 세계에서 가장 많은 축제가 열린다는 '축제에 홀린 땅' 스페인에서도 스페인 사람들이 가장 손꼽는 축제이다. 매년 8월 마지막 주의 하루를 골라서 열리는데, 도로 위에 뿌려진 토마토는 약 2만 명의 젊은이들을 광란의 도가니로 몰아넣는다고 한다.

---

5) '주민주도·관지원' 체제 구축

주민들의 주도가 중요하다고 해서, 지역사회 문화개발에서 지방자치단체장이나 지방공무원들을 완전히 배제해서는 안 된다. 문화에 대한 수요가 다양화, 전문화, 고도화되는 상황에서 관이 주도하는 동원행정으로는 지역사회 문화개발을 성공시키기 힘들지만, 오직 주민들만의 힘으로 추진하는 것도 다음과 같은 점들로 인해 많은 난관에 부딪힐 수 있다. 첫째, 지역사회 문화개발 관련 환경이 급변하고 있다. 즉, 문화개발을 둘러싼 지역사회들 간의 경쟁이 확대되고 있고, 문화개발의 방향이 공급자 중심에서 수요자 중심으로 전환되고 있다. 이러한 변화에 대처하기 위해서는 관련 정보들을 신속하게 수집·분석할 수 있는 능력이 중요하다. 둘째, 시설 설치·관리 기능보다 감동을 주는 콘텐츠를 개발하기 위해 창의력, 기획 기능, 네트워크 기능이 중요해지고 있다. 지역사회를 구성하고 있는 모든 구성원들의 협력이 필요하다. 셋째, 성공적인 지역사회 문화개발을 위해서는 많은 행정적 그리고 재정적 지원이 필요하다. 넷째, 문화개발 과정에서 주민들 간에 발생하는 갈등을 조정할 필요가 있다. 이러한 변화에 유연하게 대처하기 위해서는 지역사회 문화개발을 주민들이 주도하면서 지방자치단체가 지원하는 민·관파트너십을 구축할 필요가 있다. 즉, 민간부문과 공공부문이 네트워크를 형성하여 상호 협력하고 공동으로 노력하는 체제가 정착되어야 한다.

2. 친기업 문화 조성

지역사회 문화개발은 지역사회의 문화적 자산을 창조·발굴·보존·개발시키는 것은 물론이고 주민들의 문화적 욕구를 충족시키며, 문화와 경제의 시너지 효과를 꾀하는 것을 목적으로 삼고 있다. 지역사회의 문화자원을 바탕으로 지역경제의 활성화를 이루기 위해서는 기업활동을 촉진시키는 문화환경을 조성하여야 한다. 즉, 지역기업을 창출할 수 있고 초국적 기업을 유치할 수 있는 문화적 환경을 형성하여야 한다. 따라서, 다음과 같은 사항들을 전략적으로 추진하여야 한다.

1) 기업가정신·혁신 존중 문화 형성

기업가정신과 혁신을 존중하는 지역문화를 생성하여야 한다. 이는 지역고유의 산업을 조성하거나 또는 활성화하는 데 도움이 될 수 있고 또한 초국적 기업을 유치하는 데에도 유리한 조건이 될 수 있다. 앞에서 살펴본 바와 같이, 세계적인 혁신도시들은 기업가정신과 혁신을 존중하는 문화가 지역사회 주민들에게 널리 확산되어 있다.

2) 소프트한 하부구조 구축

쾌적한 주거환경, 높은 교육시설 등은 물론이고 기업들과 전문인력들에게 매력을 주는 소프트한 하부구조를 구축하여야 한다. 즉, 문화활동, 예술활동, 레저활동 등을 즐겁게 할 수 있는 질적 수준이 높은 시설을 갖추도록 해야 한다. 이럴 경우, 더 많은 기업들, 전문인력들, 주민들, 관광객들이 유입됨으로써 기존 혹은 새로운 분야에서 더 많은 고용이 창출되어 지역경제를 활성화시킬 수 있다(Knight, 1995).

네덜란드 푸드밸리(Food Valley) •

수도인 암스테르담에서 동남쪽으로 약 85km 떨어진 바헤닝언(Wageningen)시의 식품클러스트인 '푸드밸리'에는 네슬레(Nestle), 유니레버(Unilever), 하인즈(Heinz), 하이네켄(Heineken) 등을 비롯하여 글로벌 식품기업의 지사와 연구소 약 1,400개가 집적되어 있다. 푸드밸리의 연간 매출은 약 630억 달러로서 네덜란드 국내총생산(GDP)의 10% 정도를 차지한다.

'푸드밸리'의 가장 핵심적인 성공요인은 R&D로 알려져 있다. '푸드밸리'의 두뇌라고 불리는 '바헤닝언대학 연구센터(Wageningen University & Research Centre)'는 농업 분야의 기초연구부터 식품기업이 활용할 수 있는 실용기술에 이르기까지 폭넓은 연구를 수행한다. 또한, 푸드밸리에서 문제가 발생되면 입주해 있는 기관들과 기업들이 '집단 지성'을 통해 문제를 해결하는 협조체제도 구축되어 있다.

바헤닝언대학 연구센터

출처: 다온푸드솔루션(2016)과 동아일보(2013)에서 일부 내용을 발췌·재서술

3. 상품으로서 지역문화의 전략적 개발

문화의 시대를 맞이하여 지역사회의 문화적 자산에 대한 인식도 변해야 한다. 앞에서 검토한 문화적 경제와 경제적 문화가 부각되는 조류에 맞추어 문화자산의 생산가치와 교환가치의 중요성을 전략적으로 실행할 수 있어야 한다. 이를 위한 구체적인 방안을 살펴보면 다음과 같다.

1) 지역문화 중요성 인식

지역사회가 가지고 있는 문화자산을 상품화하기 위해서는 지역문화의 중요성을 주민들 스스로가 인식하는 것이 선행되어야 한다. 그럼에도 불구하고, 한때 우리는 우리 것을 소홀히 하는 경향이 있었다. 이는 지역사회에서도 마찬가지였다. 다행스럽게 최근 들어 우리 것을 소중히 생각하는 움직임이 나타나기 시작했다. 그러나, 지역사회의 문화에 대한 중요성을 인식하는 것만으로는 안 된다. 지역사회의 문화는 외부 영향에 의해 쉽게 파괴될 수 있으므로 전략적 방안이 요구된다. 지역사회 주민들이 참여하면서 일상생활과 지역사회의 전통을 통합시키는 방향으로 지역문화를 보존해야 한다. 즉, 전통문화를 일상생활과 분리시키고, 지역문화를 삶의 일부가 아니라 관찰의 대상으로 삼으면 안 된다. 다시 말하면, 지역문화를 지역사회의 현실적 삶의 일부로 이해하여야 한다.

2) 지역문화의 새로운 상품화

지역사회 주민들이 문화와 여가와 관광을 지역경제 활성화를 위한 새로운 상품으로 인식하도록 하는 전략적인 노력이 있어야 한다. 경제발전으로 인한 소득의 증가는 정신적 만족을 중시하는 분위기를 확대시키면서 문화·여가생활에 대한 관심을 높였다. 이와 더불어 세계화와 정보·지식화로 인한 시·공간의 압축 현상은 많은 사람들의 관광에 대한 호기심을 자극하였고, 실제로 관광객들이 엄청나게 증가하였다. 그러나, 패키지화된 구식 관광은 더 이상 관광객들의 호기심을 충족할 수 없고, 세분화되고 유연하며 주문방식의 새로운 관광이 관광객들로부터 각광을 받고 있다. 따라서, 문화유적, 건물, 시설만으로 관광객의 흥미를 끌기에는 부족하다는 것을 지역사회 주민들이 인식해야 한다. 거리 축제와 같이 더불어 참여하는 이벤트 성격의 문화 활동들을 창출하여 관광객들을 유치하도록 해야 한다. 왜냐하면 관광을 통해 잠시라도 일상생활에서 벗어나고 싶어하는 관광객들은 점차 웅장하고 화려하며 비일상적인 활동에 관심을 많이 가지기 때문이다.

3) 문화콘텐츠 공동 개발

지역사회 문화개발은 지역사회의 독특한 문화, 역사, 정서, 생활양식, 특산물 등을 기반으로 창조적 아이디어와 스토리텔링을 통해 콘텐츠를 개발하기 위해 지역사회 구성원들이 함께 고민하고 참여하는 공동체적 성격을 가져야 한다. 또한, 주민들이 신명이 나서 지역사회 문화개발의 주인공이 되어야 한다. 이럴 때, '그 지역에 가면 어떠한 문화적 감동을 경험하고 어떤 만족감을 누릴 수 있을까?'라는 생각에 가슴이 설레게 되고 다시 찾고 싶은 감정이 생기게 된다. 이는 새로운 관광객들 그리고 다시 찾는 관광객들을 불러 모아 지역경제와 지역사회 주민들에게 생기를 불어넣는다.

4) 브랜드 개발을 통한 문화콘텐츠 상징화

지역사회에서 새로운 상품으로 개발한 문화콘텐츠의 문화적 가치를 제고시키기 위해서는 브랜드 개발을 통한 상징화를 시도해야 한다. 특정 지역사회에서 개발된 문화적 상품을 다른 지역사회에서 쉽게 모방하면 상품으로서의 가치가 떨어질 수 있기 때문이다. 브랜드는 명칭, 색채, 상징물, 슬로건 등과 같은 언어적 혹은 비언어적 요소들을 모두 포함하는 개념이다. 브랜드 가치를 유지할 때 지역사회 주민들의 자긍심과 공동체 의식이 강화되고 또한 지역사회의 이미지와 경쟁력이 높아질 수 있다.

5) 타 지역사회와 문화교류 확대

다른 지역사회들과 문화자원이나 문화적 활동을 서로 교류·결합하기 위한 전략을 마련하여야 한다. 지역사회들 간에 이질적인 문화자원이나 문화적 활동을 교류·결합하면 주민들이 새로운 문화적 체험을 하게 됨으로써 주민들의 창의력과 상상력을 높일 수 있게 된다. 이는 새로운 문화적 가치를 창출하는 중요한 동력이 될 수 있다.

6) 문화 활용한 기업·주민·관광객 유치

지역사회의 문화·여가활동을 활성화하고 상품화하면 지역공동체 의식이 강화됨으로써 기존의 기업들, 주민들, 관광객들의 유출이 방지되면서 아울러 다른 지역사회의 기업들, 주민들, 관광객들의 유입이 유도될 수 있다는 것을 지역사회 주민들이 인식하도록 해야 한다.

📝 지역축제의 세계화 ·······························

축제가 세계화되려면 우선 축제가 축제다워야 하는 것은 당연한 일이다. 그러나, 많은 축제는 그러하지 못하다. 축제에서 수익은 매우 중요하지만, 이는 축제의 부산물일 뿐이지 본질은 결코 아니다. 축제가 성공적으로 자리를 잡으려면 적어도 지역적 특성 확보, 내용의 독창성, 주체성, 문화산업화, 축제지식의 전문성을 갖추어야 한다.

지역적 특성화는 지역에서 생성·전승되어 온 독특하고 고유한 특성을 축제에 활용하는 것이다. 처음부터 세계적인 축제는 있을 수 없다. 세계적인 축제도 지역축제에서 출발하였으며, 주민들의 신명나는 축제가 될 때 세계적인 축제의 가능성이 열렸다.

내용의 독창성은 다른 지역사회와 비교할 때 상대적으로 우위를 점할 수 있는 콘텐츠와 프로그램을 보유해야 한다는 의미이다. 가장 쉬운 방법은 세계 어디에도 없는 유일무이한 소재를 발굴하는 것이다. 그러나, 중요한 것은 소재가 아니라 독창성이다. 유일무이한 소재로 축제를 개최해도 독창성이 없으면 매력은 상실된다. 창조성과 독창성으로 축제의 질적 우수성을 확보하려면 문화의 지식기반이 뒷받침되어야 한다. 이를 바탕으로 주민들 스스로가 축제를 통하여 만족감을 느끼고 지역공동체를 굳건히 하며 새로운 문화작품을 생산하고 향유하는 문화적 기회를 만들 수 있으면 최고의 축제가 될 수 있다. 축제는 구경하는 것이 아니라 참여하는 것이다. 축제의 세계성은 주민의 참여도와 만족도에 달려있다.

축제의 주체성이란 축제의 주인은 기득권을 누리는 주민이 아니라 모든 주민이어야 한다는 의미이다. 그들의 자발적이고 적극적인 참여가 있어야 세계적 축제로 자리매김할 가능성이 생긴다.

축제의 문화산업화는 문화산업으로서 생산성을 향상시킬 수 있는 축제이어야 한다는 것을 의미한다. 축제가 세계화되려면 문화산업화가 수반되어야 한다. 축제는 관광,

출판, 영상 등과 함께 중요한 문화산업이다. 관광축제가 아니라 새로운 문화 생산을 가능하게 하는 창조적 문화축제가 되어야 한다. 문화가 생산되고 축적되며 수용되는 문화산업의 현장이어야 한다.

축제지식의 전문성 확보는 축제의 역사적 의미, 문화적 가치 등을 포함하여 축제와 관련된 경험, 지식, 성과들이 문화지식으로 축적되는 것을 뜻한다. 전문성을 갖추지 않은 사람들이 축제를 담당하면 축제가 제대로 거행될 리가 없다. 축제의 운영과 주제에 대한 전문성을 갖추어야 한다. 창조적 문화지식, 전문적 문화지식이 확충되어야 수준 높은 축제가 될 수 있다.

출처: 임재해(2000)의 『지역문화와 문화산업』에서 부분 발췌·재서술

4. 지역사회 이미지 관리

지역사회의 이미지를 통합적으로 관리할 필요가 있다. 따라서, 경제와 문화를 결합시킬 수 있는 통합적 지역이미지 관리전략을 실시해야 한다. 이를 위한 구체적인 실행방안은 다음과 같다.

1) 새로운 경관 구성

지역사회의 경관을 새롭게 구성해야 한다. 지역사회의 경관을 깨끗하고 아름답게 재구성하면 지역사회 주민들은 경관을 구경하기 위해 움직이기 때문에 육체적 건강에 도움이 되고 또한 아름다운 경관을 구경함으로써 정신적 만족감을 증대시킬 수 있다. 지역사회 경관의 장점은 거기에서 끝나는 것이 아니라 새로운 문화상품으로 활용될 수 있다.

📝 마당을 나온 암탉 ·

2011년에 개봉된 우리나라의 '마당을 나온 암탉'은 '우포늪'을 애니메이션의 배경으로 삼고 있는 작품이다. 제작진들은 우포늪을 상세히 취재해 작품에 반영하고 음향팀이 계절마다 우포늪을 답사하며 소리를 녹음해서 작품 속에서 사용했다. 이리하여 우

리나라의 아름다운 자연미를 잘 묘사하였으며 '우포늪'을 많은 사람들에게 알리는 작품이라는 평가를 받았다.

이러한 평가를 받자 '우포늪'이 있는 경상남도 창녕군은 우포늪 생태탐방과 생태체험관을 통해 관광객을 유치하고 있다.

출처: 경남도민신문(2018)과 나무위키(2021)에서 일부 발췌·재서술

예를 들어, 우리나라의 '마당을 나온 암탉'은 우포늪을 배경으로 한 작품인데, 우포늪의 아름다운 자연미를 잘 묘사하였으며 우포늪을 홍보하는 효과가 컸다는 평가를 받았다. 실제로 이 애니메이션이 발표된 이후에 우포늪을 찾는 관광객이 크게 늘었다.

일본의 애니메이션들도 지역 경관을 관광상품화하여 큰 성공을 거두었다. 즉, 애니메이션 제작자들은 의도적으로 스토리와 캐릭터뿐만 아니라 지역사회의 경관을 주요 요소로 삼으려고 노력하였다. '모모와 다락방의 수상한 요괴들'의 경우, 혼슈, 규슈, 시코쿠 근방의 해안지역에서 수십만 장의 사진을 촬영하여 애니메이션의 배경으로 사용하였기 때문에 제작기간만 7여 년이 걸렸다. 이외에도 '원령공주', '하울의 움직이는 성', '프렌즈', '벼랑 위의 포뇨' 등과 같이 우리에게도 익숙한 애니메이션들은 아름다운 지역 경관을 배경으로 삼았다. 이 애니메이션들을 본 수많은 사람들이 아름다운 경관에 매료되어 그 지역사회를 방문하였다.

'모모와 다락방의 수상한 요괴들'은 혼슈, 규슈, 시코쿠 근방의 해안에 있는 아름다운 지역에서 수십 만장의 사진을 촬영하여 배경으로 사용하였는데, 그로 인해 제작 기간이 7여 년 걸렸다고 알려져 있다. 이 외에도 '하울의 움직이는 성'을 비롯한 유명 애니메이션들이 아름다운 경치를 배경으로 하였다.

그 애니메이션들을 본 사람들이 배경으로 사용된 아름다운 지역 경관들을 구경하고자 해당 지역을 방문하는 관광객들이 갑자기 증대하였다. 해당 지방자치단체들은 지역을 발전시킬 기회로 보고 더 많은 관광객들을 유치하고자 도로를 확장하려고 하였다.

그러자, 법원이 지역 경관은 주민에게 이익이 될 뿐만 아니라 문화·역사적인 가치를 지닌 '주민의 재산'이기 때문에 법적 보호의 대상이 된다고 지적하면서 도로 확장을 금지시킨 적이 있을 정도이다.

모모와 다락방의 수상한 요괴들

출처: 한국일보(2009), 조선일보(2017)에서 일부 발췌·재서술

2) 이벤트 활동 활성화

지역사회 주민들이 주도하여 관광객들의 호기심을 자극할 수 있는 이벤트 활동을 활성화해야 한다. 지역사회의 특성을 살린 다양한 이벤트 활동, 즉 축제, 박람회, 전시회, 경연대회, 거리행진 등을 전략적으로 개발·실시하여 문화와 경제를 접목시킬 필요가 있다.

　2016년 제31회 '리우데자네이루 올림픽' 폐막식에서 깜짝 이벤트가 창출되었다. 폐막식 끝 무렵에 소개된 '2020 도쿄올림픽' 프로모션 영상은 자국의 애니메이션과 게임 캐릭터를 최대한 활용하여 세계의 극찬을 받았다. 일본의 지방자치단체들은 강력한 애니메이션 콘텐츠를 원소스 멀티유즈(OSMU: One-Source Multi-Use)의 방식으로 활용하고자 지역에 새로운 이미지를 창출함으로써 수많은 관광객들을 모집하여 관광 활성화를 가능하게 하였다. 대표적인 소도시들에는 사카이미나토시와 호쿠에이정이 있다.

　인구 3만 명 정도가 거주하는 작은 어촌 사카이미나토시는 이곳이 고향인 만화가 '미즈키 시게루'의 히트작인 <게게게 노 기타로>를 활용해서 관광사업을 활성화하고자 지역 전체를 '요괴들의 놀이터'로 조성하고 도시 곳곳에 배치된 요괴 캐릭터들이 관광객을 맞도록 하였다. 이리하여 연 300만 명 정도의 관광객이 방문할 정도로 관광명소로 거듭났다.

　돗토리현의 작은 시골 마을 호쿠에이정은 <명탐정 코난>의 원작자인 '아오야마 고쇼'의 고향이다. 호쿠에이정은 코난 시리즈를 집약해 놓은 박물관과 굿즈숍을 통해 다양한 연령대의 마니아들을 공략할 뿐 아니라, <명탐정 코난>의 '추리'를 콘셉트로 '미스터리 투어' 프로그램을 만들었다. 투어 참가자는 직접 명탐정이 되어서 범인을 추적하게 되는데, 사건의 무대인 마을을 돌며 단서를 얻는 과정에서 이들은 자연스럽게 지역 내 다양한 콘텐츠를 접하고 소비하게 된다. 투어 참가자 인원만 해마다 2만 명이 넘는다고 한다.

　참고: 원소스 멀티유즈(OSMU)란 하나의 좋은 소스·콘텐츠를 영화, 드라마, 책, 애니메이션, 게임, 공연, 테마파크 등 다양한 매체와 방식으로 판매하여 부가가치를 극대화하는 방식을 말한다(에듀윌 시사상식, 2019).

　　　　　　　　　　　　　　　　　　출처: 아는 동네(2017)에서 일부 발췌·재서술

---

3) 이미지 광고 강화

　지역사회에 대한 이미지 광고를 강화해야 한다. 이미지 전략이란 필요할 때마다 직관적으로 사용하는 것이 아니라, 이미지를 체계적으로 이용하기 위한 전략적 방안을 개발한 후 광고 혹은 영상을 통해 대상집단에 영향을 미쳐서 마케팅 목적을 조직적으로 달성하는 것이다(베르너 크뢰버 릴, 2004: 186). 지역사회에 대한 이미지 광고 전략은 광고를 통해 지역사회 자체와 지역사회에서 생산하는 제품·서비스를 홍보함으로써 대상집단의 심적 위치 구상을 개선하고[1] 또한 감성적 기억[2]을 더욱 생생하고 긍정적으로 만들어 지역사회에 대한 호감을 증진시킨다. 이는 지역사회의 이미지와 지역사회 생산물의 상표 이미지를 효과적으로 구축하게 한다. 이미지 광고 전략을 성공시키기 위해서는 다음과 같은 실천방안이 필요하다.

(1) 핵심 이미지 광고 지속화

이미지 광고를 위한 전략적 핵심 내용을 장기적·연속적으로 지속해야 한다(Brochand & Lendrevie, 1989: 83). 지역사회 이미지 광고의 핵심주제를 표현하는 내용을 사실과 다르게 조작하거나 혹은 큰 결점이 없음에도 불구하고 바꾸는 등의 행위는 지역사회의 이미지에 부정적인 영향을 미칠 수 있다.

(2) 이미지 차별화

핵심주제를 나타내는 전략적 내용이 독자적이어야 한다(Loken, et al., 1986: 195–211). 지역사회 이미지의 전부 혹은 일부를 다른 지역사회가 대체하기 어렵게 해야 한다. 이를 위해서는 관련자 간의 자유로운 논의를 바탕으로 창의적인 아이디어를 창출하고, 그 아이디어에 지역사회의 차별성을 부각시킬 수 있는 요소를 담아야 한다(Kroehl, 1987).

(3) 단순명료한 이미지

이미지를 명확하고 단순하게 광고해야 한다. 모든 지역사회들은 동일한

---

1) 심적 위치 구상 개선이란 마음으로 위치를 구상할 때 쉽게 위치를 파악하도록 하여 공간 내의 행동을 촉진시키는 것이다(베르너 크뢰버 릴, 2004: 197).
2) 감성적 기억이란 객관적 기억이 아니라 분위기 효과와 전시효과를 통해 형성된 이미지와 개인적 체험이 결합되어 있는 기억을 말한다(베르너 크뢰버 릴, 2004: 197–199).

예산으로 가능한 한 많은 지역사회 이미지를 광고하고 싶을 것이다. 이는 광고 내용을 복잡하게 만들어 사람들의 기억에서 빨리 사라지게 함으로써 광고 치사율을 높일 수 있다. 따라서, 지역사회 이미지 관리를 위한 가장 본질적인 내용에 초점을 맞추어 단순명료하게 광고해야 한다(베르너 크뢰버 릴, 2004: 213-215).

출처: 임재현(2017: 431)에서 인용

5. 다문화주의 인식

지역사회가 다문화사회에 살고 있음을 부인하는 사람은 없을 것이다. 다문화주의는 다양성과 새로운 문화 체험의 기회를 제공하는 한편, 위협, 문화적 긴장, 배타성을 야기시킬 수 있다. 따라서, 지역사회 문화개발은 다문화로 인한 갈등을 일으키는 것이 아니라 다양한 문화적 전통을 통합시키고, 지역사회 주민들이 다양한 문화를 경험할 수 있게 하며, 다양한 문화의 순수성을 보존할 수 있도록 하여야 한다. 이는 지역사회와 주민들의 창의력을 진작시키는 데 크게 기여할 것이다.

10

지역사회 친환경개발

제1절 환경 위기와 국제적 대응

1. 지구환경의 현황

지구환경은 위기에 처해있다는 말을 자주 듣는다. 실제로 지구환경의 실태를 보여주는 자료들은 점점 상황이 악화되고 있음을 나타내고 있다. 보는 관점에 따라 시급함의 정도에 대해 다양한 의견이 나타날 수 있지만, 환경문제의 해결이 시급하다는 인식이 일반적이다. 환경의 문제에 대해 세계적으로 관심을 끈 사건은 오존층 파괴와 지구온난화이다. 이에 대해 살펴보면 다음과 같다.

1) 오존층 파괴

(1) 오존층 파괴와 원인

오존층은 지상의 생명체를 줄이거나 돌연변이시키는 자외선을 흡수해서 지표면에 도달하는 자외선의 양을 감소시키는 역할을 한다. 인공위성을 통해 오존의 분포를 관찰한 결과, 남극대륙 상공의 오존층이 마치 구멍이 뚫린 것과 같은 상황임을 발견하고 이를 '남극 오존 구멍'이라 불렀다. 1980년대 중반에 영국 탐사대와 과학자들은 남극대륙 상공의 오존층에 구멍이 주기적으로 나타난다는 사실을 발견했으며, 이곳의 오존층 밀도가 정상 밀도에 비해 40~50% 정도 감소했음을 발견했다. 오존층을 파괴하는 대표적인 원인 물질은 염화불화탄소(CFC: 프레온가스)이다.

(2) 오존층 파괴의 부정적 영향

오존층은 태양으로부터 방출되는 자외선을 흡수함으로써 지표에 도달하는 자외선을 감소시켜 인체나 농작물을 보호해주고 이상기후가 발생하는 것을 저지하는 역할을 한다. 오존층의 농도가 얇아지면 많은 부작용들이 발생할 수 있다. 대표적인 부작용들을 살펴보면 다음과 같다.

① 인간 건강 위협

오존층이 얇아지면 오존층에서 자외선을 흡수하는 양이 줄어들어서 지표에 도달하는 자외선의 양이 증가한다. 자외선의 양이 많아지면 인체나 동물의 세포가 자외선을 많이 흡수함으로써 부작용이 나타난다. 인체가 자외선을 많이 흡수할수록 노화가 촉진된다. 또한, 자외선의 증가는 눈에 치명적이다. 예를 들면, 오랫동안 배를 탔던 선원들은 자외선에 많이 노출되기 때문에 백내장 증세를 보이는 경우가 많다는 조사 결과도 있었다. 그리고, 동물이나 식물에 중대한 영향을 미친다. 오존에 노출될수록 동물의 정상적인 면역기능이 저하된다는 사실은 이미 알려진 지 오래되었다. 면역기능의 저하는 동물들의 피부암과 기타 질병들을 유발시키는 것으로 알려져 있다.

오존농도가 1% 줄어들면 지표면에 도달하는 자외선의 양이 2% 증가한다. 이로 인해, 피부암 환자가 3~4% 정도 증가하고, 백내장 환자가 0.6% 정도 늘어나며, 면역기능의 저하로 각종 전염병이 발생할 수 있다고 알려져 있다(https://cafe.naver.com/grouptetra/23).

② 농산물·어패류 수확 감소

오존층이 파괴되면 식물의 엽록소가 파괴되어 농산물의 수확이 크게 감소한다. 오존층이 약 25% 파괴되면 뿌리혹박테리아가 크게 줄어들면서 콩의 수확량이 20% 정도 감소하고 저질 콩의 생산이 크게 증대하는 것으로 알려져 있다. 식물에 대한 영향도 매우 크다. 많은 꽃들의 개화시기에 오존으로 인한 변화가 발생하면 꽃가루를 운반하는 곤충들도 혼동되어 자연생태계에 중요한 결과를 초래하게 된다.

오존층의 파괴로 인해 해수면에 자외선이 증가하면 상당한 수심까지 침투한 자외선으로 인해 해양 플랑크톤이 감소하고, 이로 인해 해양 생태계 먹이사슬이 파괴되면서 어획고가 감소한다. 얕은 바다에 자외선이 20% 정도 증가하면 식물성 플랑크톤이 약 5%가 파괴되면서 어패류의 생산이 약 15% 감소한다(https://cafe.naver.com/grouptetra/23).

📝 오존층 파괴의 어류에 대한 악영향 · · · · · · · · · · · · · · · · ·

오존층이 파괴될 경우 단세포 생물뿐만 아니라 고등생물의 DNA도 손상되는 등 생태계에 치명적인 영향을 미친다는 사실이 밝혀졌다. 미국 노스이스턴 대학의 커크 맬로이 교수가 이끄는 연구팀은 남극 상공의 오존층에 뚫린 구멍을 통해 유입된 자외선에 의해 남극에 서식하는 뱅어의 알 및 성체의 DNA가 크게 손상됐음을 발견했다고 발표했다. 처음으로 자외선이 뱅어 등 어류의 유전자에 손상을 입히는 것으로 밝혀졌다. 지금까지는 자외선이 식물성 플랑크톤 등 단세포 생물의 DNA에만 직접적인 피해를 입히는 것으로 알려져 왔다. 이번 연구를 이끈 맬로이 교수 등은 "펭귄, 고래 등과 같이 큰 동물의 DNA 손상이 발견되지는 않았으나 먹이사슬을 통해 생태계 전반에 큰 피해가 예상된다"고 말했다. 자외선을 막아주는 역할을 하는 오존층은 대기오염으로 인해 매년 봄 남극 상공에 구멍이 뚫리고 있으며 이로 인해 지구 전체 대기의 오존층도 절반 정도의 두께로 얇아져 21세기에는 전 세계적인 피해가 우려되고 있다.

출처: 한겨레신문(1997)의 '오존층 파괴되면 생물 DNA도 손상. 미 연구팀 밝혀'에서 일부
발췌·재서술

③ 육상 미생물 소멸

지표면에 자외선이 증가하면 육상에 서식하는 다양한 종류의 미생물들은 성장에 악영향을 받거나, 돌연변이되거나 혹은 소멸될 수 있다. 이로 인해서, 이들에 의존하는 생물들은 생존과 관련된 큰 악영향을 입는다. 이는 먹이사슬을 파괴시키고, 나아가서 생물종 다양성을 감소시킨다.

④ 빈번한 이상기후

오존층이 파괴되면 많은 양의 자외선이 지표면에 도달하여 지구의 온도를 높인다. 대류권에 증가된 오존량은 이산화탄소와 마찬가지로 온실효과를 일으켜 지구의 온도를 상승시킨다. 반면에 성층권에서는 흡수되는 자외선의 양이 줄어들어 성층권의 온도는 내려간다. 대류권의 온도 상승과 성층권의 온도 하락은 기온의 평형상태를 파괴시킴으로써 대기권의 공기 순환에 영향을 준다. 이로 인해 이상기후가 빈번하게 발생한다.

(3) 오존층 복원

오존층 파괴로 인해 지구 생명체가 위험해질 수 있다는 것이 알려지면서 이를 복원시키려는 국제적인 노력이 이루어졌다. 대표적인 국제적 노력이 1985년에 채택된 '비엔나 협약'과 1987년에 채택된 '몬트리올 의정서'이다.

'비엔나 협약(Vienna Convention)'은 국제적 차원에서 오존층을 보호하기 위한 기본골격을 마련한 협약이다. 비엔나 협약은 오존층 파괴로 인해 발생하는 악영향으로부터 인류와 환경을 보호하기 위해, 당사국들에게 적절한 조치를 취할 의무를 부과하고 있다. 아쉽게도, 당사국들에게 부과한 적절한 조치의 의무가 구체적으로 어떤 조치를 의미하는지에 대해서 명확하게 밝히지 않고 있다. 다만, 적절한 입법적 조치와 행정적 조치의 필요성을 거론하고 또한 오존층에 악영향을 미치는 인간 활동을 통제하기 위해 당사자들이 상호협력하도록 규정하고 있다. 협약에서는 구체적인 화학물질에 대해서 상세히 규정하지 않고 있으며, 부속서에서 오존층 파괴물질로 추정되는 물질들을 나열하고 있을 뿐이다.

이 협약의 후속 작업으로 오존층 파괴물질의 생산과 소비의 감축을 주요 내용으로 하는 '몬트리올 의정서(Montreal Protocol)'가 채택되었다. '몬트리올 의정서'의 공식 명칭은 '오존층 파괴물질에 관한 몬트리올 의정서(Montreal Protocol on Substances that Delete the Ozone Layer)'이다. 몬트리올 의정서는 염화불화탄소, 할론(halon) 등 지구 대기권 오존층을 파괴하는 물질에 대한 사용금지와 규제를 통해 인체와 동식물에 대한 피해를 최소화하기 위한 국제적 노력이다. 주요 내용은 염화불화탄소의 단계적 감축, 비가입국에 대한 통상제재 등이다. 1994년 제49차 유엔총회에서는 몬트리올 의정서 채택일인 1987년 9월 16일을 '세계 오존층 보호의 날'로 지정하였다. 처음에는 46개국이 의정서에 서명했으나 지금은 200여 개국이 가입되어 있다.

이러한 국제적인 노력을 통해 오존층이 복원되었다. 2007년 9월 6일 '몬트리올 의정서' 채택 20주년을 맞이하여 코피 아난(Kofi Atta Annan) 전 UN사무총장은 세계에서 가장 성공한 협약이라고 극찬한 바 있다.

2) 지구온난화

(1) 지구온난화와 원인

오존층 파괴에 대한 국제적 노력이 어느 정도 성공을 거두었다면, 지구온난화는 현재 진행되고 있는 문제이다. 어떤 측면에서 보면 지구온난화는 오존층 파괴보다 지구에 더 치명적인 영향을 미칠 수도 있다. 특히, 오존층 파괴를 해결하기 위해 전 지구적으로 협력적인 노력을 기울였지만, 국가별로 지구온난화를 바라보는 시각에 차이가 있다는 점은 이를 해결하는 데 큰 장애요인으로 작용하고 있다.

지구온난화란 대기권의 온실가스가 지구 전체에 대해 온실효과를 일으킴으로써 대기 기온이 높아지는 현상이다. 그 대표적인 원인물질들은 다음과 같다. 이산화탄소(CO_2)가 지구온난화 원인의 약 77%를 차지하고 있으며, 발전소·공장 등의 화석연료, 자동차·비행기 운행, 냉난방 등을 포함하여 다양한 원인에 의해 발생한다. 메탄(CH_4)은 주로 소의 트림과 방귀 등에 의해 발생된다. 아산화질소(N_2O)가 발생되는 주 원인은 비료 사용, 소각 등이다. 수소불화탄소(HFCs)는 에어컨 냉매 등에 의해 그리고 과불화탄소(PFCs)는 반도체 세정 등에 의해 발생한다.

온실가스는 지구에 피해만 끼치는 것은 아니다. 온실가스가 없으면, 지표면의 평균 기온은 영하 18도까지 내려가기 때문에 생물이 살기 어렵다. 적정 수준의 온실가스가 필요한데, 현재의 지구에는 온실가스가 적정 수준을 넘기 때문에 지구온난화가 발생하고 있다.

(2) 지구온난화의 부정적 영향

지구온난화는 지구의 모든 생물들의 생존을 어렵게 할 수 있을 정도로 부작용이 매우 크다. 지구온난화로 인한 대표적인 부정적 효과들은 다음과 같다.

① 해수면 상승

지구온난화는 빙하를 해빙시킴으로써 해수면을 상승시킨다. 지구온난화로 시베리아 동토가 녹으면 얼음 밑에 있는 다양한 종류의 가스가 분출되어 지구온난화는 더욱 심해질 수 있다. 2100년에는 해수면이 90cm 상승한다는 연구보고서가 있다. 약 300만 년 전 현재와 비슷한 온난화가 진행되었을 때 해수면이 16m 상승했다는 보고서도 있다. 연구마다 해수면 상승의 정도가 조금씩 다르지만 상당한 정도로 해수면이 상승할 것이라는 점은 분명하다.

해수면이 상승하면 해발 고도가 낮은 지역부터 위험에 처할 것이다(IPCC, 2007; Mimura et al., 2007). 해수면이 상승하면, 작은 섬과 삼각주부터 중요한 인프라가 침수되고 주거지가 위협받을 것이다. 특히, 투발루나 몰디브 국민의 경우에는 무국적자가 될 수도 있다. 또한, 방글라데시와 같은 저지대 국가 등지에서는 대규모 난민이 발생할 수도 있다.

지구온난화로 인해 해수면이 상승하면, 국토가 침수되고, 농경지와 주거지가 감소하며, 해안 습지대가 소멸된다. 이로 인해 식량 생산이 감소하고, 해수가 강으로 유입됨으로써 식수와 농업용수가 오염됨으로써 용수 부족 현상이 심해진다. 그렇지 않아도 21세기 가장 위협적인 환경재앙으로 물 부족을 지적하는 사람들이 많은데, 지구온난화는 이를 더욱 심각하게 할 수 있다. 또한, 해수면 상승은 삼림을 파괴하고, 생물종의 다양성을 감소시킨다(IPCC, 2013).

나우루공화국의 비극 •

　현재도 남반구 섬나라들의 경우 해수면 상승으로 인해 국토가 수면 아래로 가라앉고 있다. 예를 들어, 2013년 2월에 개최된 '제18차 기후변화협약당사자 총회'에서 나우루공화국은 온난화로 인한 피해를 호소하였다. 소위 말하는, '나우루공화국의 비극'을 호소하였다. 나우루공화국은 울릉도의 1/3(여의도의 2배) 정도의 면적에 인구 약 1만 명이 거주하고 있다. 비료를 만드는데 중요한 인광석을 수출하여 엄청난 돈을 벌어서 일하지 않는 국민, 포르쉐 등 고급 승용차가 도로에 즐비한 국가, 모든 것이 무상인 국가로 유명하였다. 인광석이 거의 채굴되어 현재는 매우 힘든 상황인데, 인광석을 더 캐기 위해 무리하게 땅을 파서 섬의 고도가 낮아져 있는데 지구온난화가 진행됨으로써 국토가 잠길 위기에 처해 있다고 호소하였다.

---

　② 자연재해 속출

　지구온난화는 수온을 상승시킴으로써 강력한 태풍을 자주 발생시킨다. 강수량도 3~5% 증가하여 홍수 피해가 극심하리라 예상된다. 한쪽에서는 홍수로 인한 피해가 심해지는데, 다른 쪽의 건조한 지역에서는 토양의 수분이 더욱 증발되어 가뭄이 확대되어 사막화가 빠르게 진행된다. 또한, 기후 이변으로 해충이 늘어나 질병 발병률이 증대될 수 있다.

　③ 식량 생산의 위기

　지구온난화는 식량 생산에서는 이중 효과를 발생시킨다. 단기적으로는 광합성 작용을 촉진하고 강우량을 증대시켜 식량 생산에 긍정적인 효과를 낸다. 그러나, 장기적으로는 농경지를 감소시키고 농업용수를 오염시켜 식량 생산을 감소시킨다.

　UN의 미래보고서에 따르면, 지구 최악의 시나리오는 지구온난화가 심해지면서 이상기후가 빈번하게 발생하여 극심한 가뭄, 폭염, 홍수 등이 확대됨으로 인해서 곡물생산량이 극감하여 식량 위기를 맞이하는 것이다. 이 보고서는 2020년까지는 이러한 위기가 발생되지 않으리라고 예상하였다. 그러나, 불행하게도 2010년부터 이 최악의 시나리오가 현실화되고 있는 중이다. 현재의 추세가 이어지면, 2030년에는 남아프리카의 옥수수 생산은 30% 감소하고, 남아시아의 쌀, 기장, 옥수수의 생산량은 10% 감소할 것이다(Lobell et al., 2008: 607-610). 2030년까지 곡물 가격이 2010년에 비해 약 2배 이상 오르면서 '애그플레이션(Agflation)'이 발생하여 모든 소비자, 특히 취약계층이 큰 타격을 입으리라고 예상된다. 2080년에는 개발도상국의 수확량은 평균적으로 10~25% 감소할 것이며, 특히 인도는 30~40% 감소할 수 있다(IMF, 2008). 2100년에는 토양의 수분 부족, 물 부족, 온도 상승, 열대 지역의 확장 등으로 인해 세계적으로 쌀과 옥수수 수확량이 20~40% 감소되어 3억 명 이상이 기아를 겪게 될 것이라고 경고했다(Battisti, 2009: 240-244).

3) 아마존 원시림 파괴

오존층 파괴, 지구온난화보다는 사람들의 이목을 집중시키지 못하고 있지만 아마존강의 원시림이 파괴되고 있는 것도 지구에는 큰 문제이다. 아마존 원시림은 남한 면적의 약 65배가 넘으면서, 지구의 열대우림지의 절반 정도를 차지하고 있다.

아마존 밀림은 지구 산소의 20~25% 정도를 생성하고, 이산화탄소를 가장 많이 흡수하는 곳으로 알려져 있다. 또한, 지구 생물종의 1/3이 서식하고 있는 생태계 보고이다. 이러한 아마존 원시림이 파괴되면 산소가 줄어들고, 이산화탄소는 늘어나며, 생물종의 다양성이 감소할 수 있다. 이로 인해 지구환경의 대재앙이 발생할 수 있다.

2. 환경 위기에 대한 국제적 관심

환경문제의 심각성에 대해 고민을 하는 학자들은 오래전부터 있었다. 예를 들어, 1713년에 독인 작센 지방의 산림청장이었던 폰 카를로비(Hans Carl von Carlowitz)는 저서인 『산림경제(Sylvicultura Oeconomica)』에서 산림이 황폐해지는 것을 막기 위해 지속가능한 산림경제를 주장한 바 있다. 그러나, 인류는 경제개발과 물질주의에 빠져 풍요를 미덕으로 생각함으로써 그에 대한 대가인 자연의 고갈, 환경파괴 등에 크게 신경을 쓰지 않았다. 세계 환경 위기에 대해 국제적인 관심이 발생한 것은 1962년 카슨(Rachel Carson)이 『침묵의 봄(Silent Spring)』을 발간한 이후부터이다.

📝 죽은 듯 조용한 봄 ·······························

살충제를 포함한 다양한 유독 화학물질이 환경과 공중위생에 악영향을 미치고 있다. 해충을 막기 위해 살충제를 무분별하게 남용하면 약제에 대한 곤충의 내성이 증가할 뿐만 아니라, 오히려 곤충을 먹이로 하는 새들이 죽게 된다. 모이를 쪼아 먹던 뒷마당은 버림받은 듯 쓸쓸하다. 주위에서 볼 수 있는 몇 마리의 새조차 다 죽어가는 듯 격하게 몸을 떨었고 날지도 못했다. 해충박멸업자들이 발생시킨 위험을 책임져야 하는 사람은 일반 시민이다. 제초제는 오직 식물에게만 독성이 있고 동물에게는 별 문제가 없다는 잘못된 생각으로 인해 발생하는 일이기 때문이다.

불필요한 파괴로 인하여 새, 물고기, 숲, 동물 등이 사라져가고 있다. 생물들이 암과 벌인 싸움은 아주 오래 전부터 시작되었다. 생물체 중에서 인간만이 암 유발물질을 인공적으로 만들어낸다. 비록 현재 생존해 있다고 하더라도 물, 공기 등으로 인하여 치러야 할 대가는 매우 크다.

죽은 듯 조용한 봄이 온 것이다. 이렇듯 세상은 비탄에 잠겼다. 이는 사람들 스스로가 저지른 일이다.

출처: Carson(1962)의 『Silent Spring』에서 일부 발췌·재서술

1972년 로마클럽에서 발간한 『성장의 한계(The Limits to Growth)』는 환경 파괴로 인하여 초래될 암울한 미래를 보여주고 있다. 이 보고서에 의하면, 인구, 생산, 식량, 오염, 자원고갈은 상호 의존되어 있어서 이 중의 한 요인에 대한 해결은 다른 요인의 위기를 초래하고, 산업사회의 성장은 자연 자원의 유한성과 오염 자정능력과 양립할 수 없으며, 환경문제는 어느 정도까지는 인식이 되지 않다가 갑자기 문제가 드러나면서 해결할 시간적 여유가 없고, 기술적 방법으로는 환경문제를 해결할 수 없다. 또한, 향후 인구의 폭발적인 증가와 지속적인 경제성장으로 인해 100년 내에 지구는 자원, 식량, 환경의 측면에서 파괴적인 상황을 맞이할 것이라고 이 보고서는 예견하였다.

1972년 UN은 스웨덴의 스톡홀름에서 '인간환경회의'를 개최하였다. 이 회의는 인간의 생활환경과 문화적 생활을 보호하기 위하여 국제협력을 촉진하는 것을 목적으로 '오직 하나뿐인 지구'를 캐치프레이즈로 하여, 환경파괴로부터 지구를 보호하고 천연자원이 고갈되는 것을 방지하기 위한 국제연합 체제를 구축하려는 데 목적을 두고 있었다. 이 회의에는 모두 114개국에서 1,200여 명의 각국 대표들이 참가했다. 이 회의는 '인간환경선언(일명 스톡홀름선언)'을 공표하였다. 이는 최초의 국제적 환경 선언문이다. 이 선언은 인간환경을 자연환경, 경제개발, 인구 등을 포함하는 총체적인 개념으로 인식하고, 인간환경의 보호와 개선에 관한 원칙을 선언함에 따라 사람은 일정한 환경을 누릴 수 있는 기본적 권리와 동시에 환경을 보호·개선할 의무가 있다고 지적하고 있다.

1992년 브라질의 리우데자네이루에서 '지구를 건강하게, 미래를 풍요롭게'라는 슬로건 아래 지구 정상회담이 개최되었다. 이 회의는 178개국의 정부 대표 8,000여 명과 167개국의 7,892개 민간단체 대표 1만여 명, 취재기자 6,000여 명, 국가정상급 인사 115명 등이 참석한 당시로서는 사상 최대 규모의 국제회의였다. 이 회의에서 리우선언과 리우선언의 원칙을 실천하기 위하여 '21세기 지구환경실천강령(Agenda 21)'이 채택되었다. '21세기 지구환경실천강령'은 사실상 리우회의의 핵심 정신을 담고 있다. 이는 '환경적으로 건전하고 지속 가능한 개발(ESSD: Environmentally Sound and Sustainable Development)'을 실현하기 위한 27개의 행동 원칙으로 구성되어 있다. 주요 원칙은 다음과 같다. 제1원칙은 인류는 자연과 조화를 이루면서 건강하고 생산적인 생활을 할 권리가 있다는 것이다. 제2원칙은 각국은 자국의 자원을 개발할 권리를 지니는 동시에 다른 국가의 환경에 손상을 주지 않도록 할 책임이 있다는 것이다. 제3원칙은 개발 권리의 행사는 현재와 미래 세대의 개발과 환경상의 필요성을 충족시키는 범위 내에서 가능하다는 것이다. 제4원칙은 환경 보호와 개발은 일체적으로 추진되어야 한다는 것이다.

> '기후변화에 관한 정부간 패널(IPCC)'은 2007년 보고서에서 20세기 동안 해수면이 약 18~59cm 상승하였고 북극 빙하도 예상보다 빨리 녹고 있다고 주장하고 있다. 지구상에서 사라질 가장 위험한 지역은 하와이와 파푸아뉴기니 사이에 있는 마샬제도라고 보고 있다.
>
> 대서양과 인도양의 섬나라 43개국이 가입한 국제기구 AOSIS가 1990년에 설립되었는데, 이 가입국들은 해수면 상승으로 지구상에서 사라져가고 있는 국가들이다.
>
> 이처럼 심각한 상황이어서 2009년부터 이 나라들의 주장에 공감하는 방향으로 인식이 전환되고 있으나, 실제 정책에서는 입장 차가 여전히 크다. 예를 들어, 위에서 거론된 보고서와 국가들은 지구온난화의 심각성을 주장하고 있는 반면에, 트럼프(Donald Trump) 전 미국 대통령은 재임 시절에 지구온난화는 없다고 단언한 바 있다.

제2절　지역사회 친환경개발의 중요성

1. 지속가능한 개발의 정의와 특징

지속가능한 개발은 '환경적으로 건전하고 지속 가능한 개발(ESSD: Environmentally Sound and Sustainable Development)'을 의미한다. 1987년 '브룬틀랜드 보고서(Brundtland Report)'는 미래 세대의 가능성을 제약하지 않으면서 현 세대의 필요와 미래 세대의 필요를 충족시키는 것을 지속가능한 개발이라고 했다. 1987년 '환경과 개발에 관한 세계위원회(WCED: World Commission on Environment and Development)'의 보고서인 『우리의 공동미래(Our Common

Future)』에서는 지속가능한 개발을 '미래 세대의 삶의 충족을 위한 그들의 능력에 손상을 주지 않으며 현재 세대의 요구를 충족시키는 것'이라고 정의하고 있다. 이 보고서는 지속가능한 개발의 의도를 잘 나타내고 있지만, 구체적인 범위와 방향에 대해 언급하지 않았다. 이에 영국산림위원회는 지속가능한 개발의 네 가지 목적을 제시하여 위 보고서의 정의를 구체화하였다(Forestry Commission, 2010). 즉, 모든 사람들의 요구를 고려하는 사회적 발전, 효과적인 환경보호, 천연자원의 신중한 소비, 안정되고 높은 수준의 경제발전과 고용유지를 지속가능한 개발의 목적이라고 하였다.

이를 종합하면, 지속 가능한 개발은 환경 보전과 경제 발전 그리고 사회 발전을 조화시켜 현 세대 인류의 삶의 질을 향상시키고 이것이 미래 세대에게 전달되기를 지향하는 것이라고 할 수 있다. 즉, 현재는 물론이고 미래에도 인류와 환경에게 최선의 상태를 제공하는 것을 추구하는 것이다.

지속가능한 개발에 대한 정의를 바탕으로 이의 특징을 살펴보면 다음과 같다. 첫째, 지속가능한 개발이란 친환경적인 개발을 의미하지만, 환경보호만을 강조하는 것은 아니다. 이는 정치·경제·사회적 측면 등을 포함하는 포괄적 개념으로 이해되어야 한다. 둘째, 경제와 생태 간의 조화롭고 균형적인 이용·관리를 특히 강조한다. 자연 자원은 생태계 재생능력을 넘어서면서까지 수탈되어서는 안 되고, 자원의 총량이 감소되지 않아야 한다. 즉, 환경과 개발은 동전의 양면과 같은데, 경제개발로 인해서 환경이 오염되어 건강과 삶의 질에 부정적인 영향을 미친다면 올바른 개발 방향이 아니다.

지역사회는 세계의 일부분이다. 따라서, 전 세계적으로 지속가능한 개발을 강조하고 있기 때문에 지역사회개발도 지속가능성에 기반하여 추진되어야 한다. 즉, 지속가능한 지역사회개발은 지역사회 주민들이 자연환경과 문화환경의 향상을 위하여 지역사회 차원에서 노력함과 동시에 지구 전체의 지속가능한 개발과 합치되는 활동을 하는 것이다. 지속가능한 지역사회개발은 지역사회를 개발할 때 친환경적으로 개발하는 것이다. 다시 말하면, 지역사회 친환경개발이란 자연환경과 인간이 조화를 이루면서 지속가능한 개발을 할 수 있게 하는 환경보전적인 활동이다. 이는 지역사회개발 과정에서 자연 생태에 대해 배려하는 차원을 넘어서 이를 보호하는 것을 의무로 인식하는 개발 활동이다.

2. 지역사회 친환경개발의 중요성

환경은 크게 자연적 환경과 인공적 환경으로 분류할 수 있다. 지역사회개발에서 인공적 환경이 중요하다는 점은 앞에서 거론되었다. 그렇다고 자연적 환경이 무시되어서는 안 된다. 특히, 지역사회 친환경개발이란 지역사회 주민들의 삶의 질을 향상시키기 위해 자연환경의 재생능력의 범위 내에서 지역사회를 종합적이고 포괄적으로 개발하는 활동이다. 따라서, 지역사회개발에 있어서 핵심적인 접근방법 중의 하나가 되어야 할 정도로 중요한 위치를 차지하고 있다. 지역사회 친환경개발의 대표적인 중요성을 살펴보면 다음과 같다.

1) 주민 삶의 질 향상

지역사회 친환경개발은 지역사회 주민들의 삶의 질을 향상시키기 위해 필요하다. 삶의 질을 향상시킨다는 것은 소득, 의료, 교육, 주거환경, 문화 등을 포함하여 주민들의 삶에 영향을 미치는 모든 것의 수준을 높이는 것이다. 따라서, 도로, 상하수도 등의 기본적인 시설이 갖추어져야 하는 것은 물론이고 녹지공간의 확보 등을 통해서 자연과 인간이 어우러지는 쾌적한 환경에서 생활하고자 하는 주민의 욕구가 충족되어야 한다. 예를 들어, 한강을 따라 조성된 한강공원들은 운동하는 장소, 산책을 즐기는 장소, 친구들과 담소하는 장소, 맥주와 함께 스트레스를 해소하는 장소 등의 기능을 한다. 이로 인해 한강공원을 찾는 시민들이 매우 많다. 이는 서울 시민들 스스로가 자신의 삶의 질을 높이는 데 필요함을 인식하고 있기 때문이다. 또한, 아파트 조망권에 대한 가치가 높아지는 것도 같은 맥락에서 이해될 필요가 있다. 조망권의 범위는 건물 창에서 밖을 내다봤을 때 보이는 경관 가운데 녹지, 건물, 대지, 하늘이 차지하는 비율을 말한다. 확 트인 공간을 보는 것은 정신적 스트레스를 해소하는 데 도움을 주기 때문에 '같은 집, 다른 집값' 현상이 나타나는 것이다. 이에 대해 법원에서도 조망권은 집값의 20% 정도를 차지한다고 판시한 바 있다.

📝 한강공원과 주민들의 삶의 질 ·

　한강공원은 1980년대 한강종합개발계획의 일환으로 조성되었다. 1980~90년대에는 '한강고수부지'로 불렸다. 이는 고수위 때 잠기는 부지라는 의미이었다. '부지'가 일본식 한자라는 지적에 따라 '한강 둔치'로 변경되었다. 한강 둔치란 물가에 있는 언덕이라는 뜻이다. 그 후, '한강공원'으로 불리고 있다. 현재 광나루한강공원, 잠실한강공원, 뚝섬한강공원, 잠원한강공원, 반포한강공원, 이촌한강공원, 여의도한강공원, 양화한강공원, 망원한강공원, 난지한강공원, 강서한강공원 등이 있다.

　한강공원은 한강변을 따라 수변공원을 조성한 것으로서 개별 공원은 고유한 테마를 지닌 생태공원이면서 동시에 자연과 더불어 함께 하는 문화예술 공간으로 꾸며져 있다. 즉, 강변에 시민 휴식공원, 축구장, 배구장, 농구장, 수영장, 게이트볼장, 체육시설, 자연학습장, 수상스키장, 수상택시승강장, 요트장, 보트장, 낚시터, 주차장 등을 갖추고 있는 서울 시민들의 대표적인 휴식공원이다. 이러한 시설들과 함께 다양한 활동들을 할 수 있어서 시민들과 관광객들의 만족도가 매우 높다.

2) 유한한 환경자원 보호

　지역사회의 환경자원은 유한하기 때문에 친환경적 개발이 필요하다. 자연환경은 한 번 개발되면 원래의 상태로 복구하는 것이 매우 어렵거나, 거의 불가능하거나 혹은 복구가 가능하더라도 막대한 비용과 시간이 요구된다. 예를 들어, 서울의 남산에 남산 외인아파트를 1972년에 건설하였다. 경제개발계획을 추진하던 과정에서 선진기술을 전수받기 위해 외국의 전문기술자들의 도움이 필요했는데, 당시 우리나라는 '준전시' 상황이었기 때문에 이들에게 최고의 대우를 해주어야 했다. 이런 차원에서 건축되어 이들이 우리 경제개발에 크게 기여했다는 평가도 있지만, 남산의 소중한 가치에 어긋나고 서울의 조망권을 크게 훼손한다는 비판이 제기되어서 1994년 11월 3일 철거보상비용 약 1,530억 원, 폭파비용 약 15억 원 등을 들여 철거하였다. 그 자리에는 1995년 약 32억 원을 투자하여 아름다운 야외식물원이 조성되었고, 2001년까지 약 3,700억 원을 투입하여 '남산 제모습가꾸기 사업'을 진행하여 시민의 휴식처로 자리매김하였다(연합뉴스, 1994.11.21.; 한국일보, 2013.05.21.).

더구나, 환경적으로 건전하고 지속가능한 개발은 전 세계적인 경향이기 때문에 친환경적인 지역사회개발은 모든 지역사회들의 중요한 이슈가 되고 있다. 앞으로 지역사회개발은 단순히 환경에 대해 배려하는 차원을 넘어서야 한다. 지역사회의 유한한 환경자원을 보호하기 위해서 모든 지역사회개발은 반드시 친환경적으로 이루어져야 한다는 인식의 변화가 필요하다. 즉, 모든 지역사회개발은 지역사회의 유한한 환경자원을 보호하기 위해 환경자원에 대한 배려가 아니라 환경자원을 보호해야 하는 의무감을 가지고 추진되어야 한다. 일본의 경우 스스로 '잃어버린 10년'이라고 말하는 1990년대에 환경보호를 위한 많은 노력이 있었다. 대표적인 것이 예전에는 환경 관련 법보다 개발 관련법을 우선시 하였으나 '잃어버린 10년' 동안 개발 관련 법보다 환경 관련 법을 더욱 중시하는 방향으로 선회하였다. 안타깝게도, 우리나라는 아직도 개발 관련법이 환경 관련법보다 우선시 되고 있다.

3) 생명공동체 배려

후손과 동식물을 포함한 생명공동체를 배려해야 하기 때문에 친환경적 개발에 집중해야 한다. 지역사회의 생활 터전과 자연은 현재의 주민들만이 살아가는 공간이 아니라, 후손으로부터 빌려 쓰고 있는 것이기 때문에 깨끗하게 사용하고 돌려주어야 한다. 또한, 동식물을 포함한 생명공동체와의 공생도 지역사회와 주민들의 생존과 발전을 위해 필요하다. 생태계 먹이사슬이 파괴되면 지역사회와 주민들도 생존이 어려울 수 있다. 따라서 생명공동체를 배려하는 지역사회개발이 되어야 한다.

4) 지역사회 특성 보존

지역사회의 독특한 특성을 보전하고 발전시키기 위해서는 친환경적으로 지역사회를 개발해야 한다. 지역사회의 독특성은 자연환경적 특성, 역사적 특성, 문화적 특성 등을 고려하면서 형성된 것이다. 예를 들어, 지역사회의 특정 장소에 존재하는 유적, 시설, 건물 등은 그것들이 건립될 당시의 자연환경적 상황, 역사적 상황, 문화적 상황 등을 종합한 결과물이다. 이러한 것들이 모여서 지역사회의 독특한 특성이 형성된다. 지역사회가 차별성을 확보하려면 가능한 한 이 특성들을 보존하고 사회변화에 맞추어 변화하고 개발하여야 한다. 경제적 측면에 집중하여 이들을 파괴한 모든 지역사회들은 결과적으로 독특한 특성들을 잃어버리고 비슷한 양태를 보이기 때문에 지역 차별성을 확보하지 못한다. 이는 지역경쟁력을 떨어뜨릴 수 있다. 따라서, 지역경쟁력을 높이기 위해서는 지역사회의 특성을 보존·개발할 수 있는 지역사회개발이 되어야 한다.

5) 지역사회 통합

지역사회의 환경문제는 지역사회 활동의 촉매제 역할을 하고, 지역사회의 결합에 중요한 역할을 하고 있다. 환경과 관련된 이슈에는 지역사회 주민들의 결속력이 강하고 또한 조직화되는 경향이 강하다. 다만, 환경문제를 해결하기 위해서는 일정 부분 전문적인 지식이 필요한 경우가 많다. 그러다 보니 지역사회 주민들이 전문가들의 의견에 의존하고자 하는 경향도 있다. 그러나, 지역사회의 환경문제는 기술적 문제라기보다는 오히려 사회·경제·행정·정치적인 문제임을 인식하고, 전문가에게 전적으로 맡기는 것보다 지역사회 주민들의 참여를 통해 해결하는 방안을 모색해야 한다. 즉, 주민참여가 주가 되어야 하고, 전문가는 지원하는 역할을 해야 한다. 이렇게 될 때, 지역사회 주민들은 전문 지식으로 인한 망설임이 없이 환경문제를 해결하기 위해 적극적으로 참여하고, 문제해결과정에서 많은 것을 배우면서 창의적인 아이디어를 모색하려고 노력하며, 문제가 해결되면 스스로에 대한 자긍심과 지역사회에 대한 일체감을 느낄 수 있을 것이다.

제3절 지역사회개발의 문제점

1. 친환경개발에 대한 전 세계적 인식의 부족

현재의 많은 국가들의 정치적·경제적·사회적·환경적 질서로 인해서 친환경적인 개발이 어렵다는 비판이 점점 자주 제기되고 있다. 다시 말하면, 인류의 생활의 질과 환경에 대한 관심이 높아지는 상황임에도 불구하고 친환경적인 사회를 제대로 구축하지 못하고 있음을 강조하는 목소리가 점차 확대되고 있다. 이는 현재의 정치·경제·사회 질서가 성장 위주의 경제시스템, 인간 중심적 인식과 태도, 선진국의 생활의 질의 향상을 위해 개발도상국의 자연 파괴 등으로 대표되기 때문이다. 지금까지 인류가 환경문제에 대응하는 특징은 다음과 같이 두 가지로 요약할 수 있다.

1) 개별적 대응

특정 환경문제에 대해 개별적으로 대응한다. 예를 들면, 지구온난화 문제가 제기되자 이산화탄소 배출 감소에만 초점을 맞춘다. 그럼에도 불구하고 모든 국가들이 이에 동참하고 있는 것도 아니다. 미국이 대표적이다(경향신문a, 2007). 앞에서 잠시 언급한 바와 같이 트럼프 전 미국대통령은 지구온난화가 없다고 주장했다. 중국의 경우에도 석탄탄광 개발, 급속한 산림 파괴, 산업 개발 등으로 인해 이산화탄소 방출량 증가율이 세계 최고에 이르고 있지만 교토 의정서 기후변화협약에 서명하지 않고 있다(경향신문b, 2007). 다른 사례를 들면, 아마존 원시림이 파괴되고 있다는 문제가 제기되자 보호지역을 설정해야 한다는 데 의견을 같이 하고 있다. 그런데도 아마존 원시림 지역은 남벌이 계속되고 있다. 이러한 사례들에서 보듯이 종합적으로 대응하지 않고 개별적으로 대응하는 이유는 서구의 단선적 사고방식, 즉 분석철학에서 비롯된다고 할 수 있다(Saul. 1982).

2) 현재 질서 유지 강조

현재의 정치·경제·사회 질서의 유지를 전제조건으로 환경문제를 해결하려고 한다. 이는 현재의 지식과 기술이 환경문제를 해결할 수 있다고 믿기 때문이다. 이러한 믿음으로 인해 환경문제를 해결함에 있어서 기술적·물리적 접근방법을 취하는 경향이 강하다. 그러나, 지구온난화가 제대로 해결되지 못하는 현실을 직시하면서 기술에 대한 맹신은 금물임을 명심해야 한다.

2. 기존 지역사회개발의 문제점

위에서 환경문제를 바라보는 세계적인 인식과 활동에 대해 간략하게 살펴보았다. 그러면, 우리나라의 지역사회들은 친환경적으로 지역사회를 개발하고 있을까? 이 질문에 대한 답은 바로 머리에 떠오를 것이다. 그 이유가 무엇인지에 대해 살펴보기로 한다.

1) 친환경개발에 대한 지역사회 인식 부족

친환경적 지역사회개발의 중요성에 대한 목소리가 확산되고 있음에도 불구하고, 우리나라 대부분의 지역사회들은 이의 중요성에 대한 인식이 성숙되지 못하고 있다. 여전히 환경보다 개발을 우선시하는 경향이 눈에 띈다. 지역사회들의 친환경적이지 못한 대표적인 개발활동들을 살펴보면 다음과 같다.

(1) 환경을 도외시한 경제개발

지역사회개발을 위한 사업들이 지역사회의 특성과 장점을 종합적으로 고려하면서 시행되지 않고, 경제적 관점에서 개발만이 지역발전을 이룰 수 있다는 인식이 팽배해 있다. 모든 지역사회들이 도로, 산업단지, 관광지, 골프장, 위락시설 등을 중심으로 획일적으로 개발을 단행하였다. 그 과정에서 지역사회의 역사, 문화, 자연환경 등을 고려하지 않았고, 오히려 이러한 귀중한 자산들을 파괴시키는 것도 서슴지 않았다.

(2) 정치적 목적의 개발

많은 지역사회들이 정치적 목적으로 지역사회개발을 추진한 사례를 발견하는 것은 어렵지 않다. 지역사회 주민들에게 무엇인가를 하고 있다는 것을 보여주려는 개발의 경향이 있었음을 부인하기 어렵다. 친환경적으로 지역사회를 개발하려면 이용인구나 교통량에 대한 정확한 예측을 바탕으로 문화유적이나 자연환경의 훼손을 최소화하면서 도로, 산업단지, 공항 등을 신설하여야 한다. 그러나, 우리나라 지역사회들은 그러하지 못하다. 이에 대한 많은 사례들을 살펴볼 수 있지만, 대표적으로 지방공항 건설과 관광지 조성의 사례들을 살펴보기로 한다.

📝 지방공항들의 현실 ●

2015년 공항별 경영수지		(단위: 백만원)	
김포공항	130,899	양양공항	-8,326
김해공항	105,087	여수공항	-11,342
제주공항	91,960	사천공항	-4,429
대구공항	-583	포항공항	-7,882
광주공항	-3,057	군산공항	-2,360
울산공항	-11,483	원주공항	-2,148
청주공항	-906	무안공항	-8,967

무안공항

호남지방의 허브공항이 되겠다는 꿈을 안고, 1999년 878만 명이 이용할 것이라는 예측을 기반으로 1999년 착공하였다. 그러나, 2007년 개항 후 실제 이용객은 10만 명 정도이어서 적자가 누적되고 있다.

양양공항

이용객이 166만 명 정도가 될 것이라는 예측과 전혀 달리, 실제 이용객은 약 2만 명에 불과하다.

울진공항

양양군, 봉화군 주민들이 울진공항을 이용할 것이라는 뻥튀기 타당성 조사를 바탕으로 1,000억 원이 넘게 투자된 울진공항은 취항하는 항공사가 없어서 비행훈련장으로 사용 중이다.

출처: 한국공항공사, 채널A(2020.11.19.), 데일리그리드(http://www.dailygrid.net)에서 일부

발췌·재서술

위에서 살펴본 지방공항의 사례들에서 알 수 있듯이, 정치적인 목적으로 앞 다투어 개장한 지방공항들이 적자 상태를 면하지 못하고 있다. 이는 국민들의 혈세를 낭비하였음을 의미한다. 우리나라 지방공항들이 이러한 상황임에도 불구하고, 오거돈 전 부산시장의 성추행 문제로 2021년 4월에 실시되는 부산시장 보궐선거를 앞두고 여당인 더불어민주당은 「가덕도 신공항 특별법」을 통과시켜 가덕도 신공항을 건설하기로 결정하였다. 이에 찬성하는 측이 있는 반면에 2016년 세계 3대 공항 설계회사인 파리공항공단엔지니어링(ADPi)의 평가 결과 1순위 김해, 2순위 밀양, 3순위 가덕도였다는 사실을 무시한 정치적 개발이라는 비판이 매우 거세다.

또한, 자연환경을 훼손하면서 막대한 예산을 들여 관광지를 조성하였지만 관광객이 없는 경우도 많다. 특히, 드라마 촬영지가 되려고 지방자치단체들이 노력하여 드라마 촬영장소가 되었으나 그 후 후속 드라마가 없어 세트장을 방치하여 흉물로 변하게 한 지역사회들이 적지 않다. 2000년 방영된 '태조 왕건'의 촬영지 중의 하나인 경상북도 문경이 사극촬영지로 주목받으면서 지방자치단체들이 경쟁적으로 드라마세트장을 유치하기 시작하였다. 대표적인 촬영지가 '불멸의 이순신'의 촬영지인 전라남도 부안군, '해신'의 촬영지인

전라남도 완도군, '신돈'의 촬영지인 경기도 용인시, '사랑과 야망'의 촬영지인 전라남도 순천시, '연개소문'의 촬영지인 경상북도 문경시 등이다. 하지만 드라마 방영 당시와 달리 종영 후 드라마세트장의 위상은 초라한 경우가 많다.

(3) 환경보전계획 미비

체계적이고 종합적인 환경보전계획이 미비한 상태에서 지역사회개발 사업들이 추진되는 경우가 많다. 이는 난개발 문제를 야기시킨다. 난개발은 주로 두 가지 형태로 이루어진다. 하나는 종합적인 토지이용계획이 없이 기존 시가지 주변에 밀집하거나 혹은 산발적으로 시가지를 개발함으로써 도로·상하수도 등 도시기반시설과 주민들의 생활에 필요한 공공시설·복리시설이 제대로 공급되지 못한 채 개발이 이루어지는 경우이다. 또 다른 하나는 환경보전계획이 미비하여 보전해야 할 필요성이 높은 녹지공간을 개발하는 것이다. 두 형태는 모두 환경을 크게 훼손시킨다. 대표적인 사례가 경기도 용인시의 난개발이다. 이에 대해 살펴보면 다음과 같다. 1992년 입주를 완료한 분당, 일산, 평촌 등의 '1기 신도시'에 대해 자족도시도 아니고 침상도시(Bed town)

도 아닌 어정쩡한 도시 혹은 졸속 건축 등 많은 비판이 일어나자, 정부는 2003년 김포, 동탄, 위례, 판교 등에 '2기 신도시'를 건설할 때까지 신도시 건설을 포기하였다. 그러한 상황에서 수도권에 인구가 지속적으로 집중하자 서울 인근에 위치한 지역들에서 난개발이 이루어졌다. 특히, '생거 진천, 사거 용인'으로 유명하고 준농림지역이 많은 용인 지역에서 소규모 난개발이 폭증했다. 이로 인해 강한 태풍이 지날 때마다 엄청난 피해가 발생하여 왔다. 이는 친환경적 개발에 대한 지역사회의 인식이 부족한 상황에서 종합적인 환경보전계획 없이 난개발이 이루어졌기 때문이다.

2) 친환경개발 참여자 한계

환경단체 외에 친환경적 개발에 관심을 갖는 새로운 참여자를 유도하지 못하고 있다. 친환경적인 지역사회개발이 효과적으로 추진되려면 모든 지역사회 구성원들의 환경에 대한 근본적인 인식과 행동의 변화가 유도되어 자발적인 참여자가 지속적으로 증가하여야 한다. 환경단체의 노력만으로는 지속가능한 개발을 효과적으로 추진하기는 어렵다.

3) 지역기업의 비협조

지역사회 친환경개발을 위해서는 지역기업들의 역할이 매우 중요함에도 이들의 활발한 참여가 이루어지지 않고 있다. 지역기업들이 친환경적 지역사회개발에 참여하면 지역사회의 산업구조를 친환경적으로 바꾸는 데 크게 기여할 수 있다. 또한 지역기업 종사자들의 기업활동과 일상적인 활동을 친환경적으로 유도할 수 있다. 특히, 지역기업의 참여는 교통혼잡, 에너지 효율성, 폐기물처리 등의 문제를 해결하는데 매우 큰 영향을 미칠 수 있다. 그러나, 지역기업들은 지역사회 친환경개발의 필요성을 인식하지 못하고 있으며 이로 인해 친환경개발 과정에 참여가 부족한 실정이다.

4) 지방공무원들의 이중적 행태

지방공무원들의 행태에도 문제가 있다. 한편으로는 환경보호 사업에 대규모 투자를 하면서, 다른 한편으로 오염과 환경파괴를 유발하는 사업에 예산을 지속적으로 배정하고 있다. 예를 들어, 국가 차원은 물론이고 지역사회 차원에서도 지구온난화에 대한 대응방법으로 태양광발전 사업을 권장하면서 이를 독려하기 위해 많은 예산을 책정하여 사용하고 있다. 태양광발전을 권장하고 이에 대해 예산을 지원하는 것은 환경을 보호하려는 의도임에 틀림이 없다. 그러나, 현재의 '1세대 태양광발전'은 주로 임야에 설치하기 때문에 태양광발전을 위해 산림을 훼손하여 왔다. 이는 환경을 파괴하는 사업에 속한다. 그럼에도 불구하고, 지방공무원들은 주민들에게 태양광 발전을 권유하여 왔다.

📝 **태양광발전은 친환경적?** ●

태양광발전이란 태양의 빛 에너지를 전기로 바꾸는 것을 말한다. 태양광발전의 가장 큰 장점은 무한정 존재하며 무공해인 태양에너지를 이용하므로 연료비가 필요하지 않고 대기오염을 발생시키지 않는다는 것이다. 이리하여 우리나라 많은 지방자치단체에서 정책적으로 태양광발전을 유도하였다. 그런데 우리나라의 경우 대규모 태양광발전을 위해 태양광 패널을 햇빛이 잘 드는 임야에 설치하는 경향이 있어 산림을 훼손시키고 있으며 또한 태양광발전에 사용되는 모듈의 수명이 다하면 처리할 방법이 없어서 환경문제를 일으킨다.

제기된 사진은 2020년 8월 2일부터 이틀 동안 약 300mm의 폭우가 내린 충북 제천시 봉양읍 공전리의 한 야산의 산비탈에 늘어선 태양광발전 시설 밑으로 흘러내린 토사가 길 위에 잔뜩 쌓여있는 모습을 보여주고 있다. 흙더미는 안전펜스를 밀어내고, 인근 농경지까

지 내려와 벼와 밭작물을 덮쳤다. 땅값이 싼 임야를 벌목해 수백 개의 태양광 패널을 설치한 결과이다.

출처: 뉴스1(2020)에서 일부 발췌·재서술

제4절 지역사회 친환경개발 전략

1. 환경 위기에 대한 접근방법

앞에서 지적하였듯이, 많은 개발 활동들은 현재의 정치·경제·사회 질서에 기반하여 개발을 추진하기 때문에 지속불가능성의 문제가 제기될 수밖에 없다. 지속불가능성이란 성장은 한계에 직면할 수밖에 없으며 그 한계점을 가까운 시일 내에 느낄 것이라는 의미이다. 실제로 지구환경시계는 지속불가능의 위험을 알리고 있다.

📝 **지구환경시계** ···

지구환경시계는 12시에서 3시까지 '양호', 3시에서 6시까지 '조금 불안', 6시에서 9시까지 '꽤 불안', 9시부터 12시까지 '매우 불안'을 나타낸다.

세계 지구환경시계가 가리키는 시간은 1992년에 7시 49분, 2000년에 8시 56분, 2008년에 9시 33분, 2013년에 9시 19분, 2016년에 9시 31분, 2020년에 9시 47분이었다.

우리나라의 지구환경시계는 2011년에 9시 59분, 2012년에 9시 32분, 2013년에 9시 31분, 2016년에 9시 47분, 2019년에 9시 46분, 2020년에 9시 56분을 가리키고 있어서 세계의 시간보다 빨리 진행되고 있다.

따라서, 지구적 차원, 국가적 차원, 지역사회적 차원에서 환경문제를 근본적으로 해결하기 위해서는 현재의 개별적 접근보다 생태학적 원칙에 입각한 입체적 접근이 필요하고, 현재의 기술적 접근방법보다 사회과학적 접근방법이 요구된다. 이는 전체적인 관점에서 인류, 국민, 주민의 환경에 대한 인식과 행태의 변화를 꾀해야 하기 때문이다.

이러한 인식 하에서 환경 위기에서 탈출하기 위한 다양한 접근방법들이 제기되어 왔다. 대표적인 접근방법들은 에코사회주의, 에코아나키즘, 에코페미니즘, 에코러디즘, 대안경제학, 지구개발, 생태철학이다. 이들 중에는 지역사회 친환경개발에 크게 도움이 되는 접근방법도 있고, 크게 도움이 되지 않는 접근방법도 있을 수 있다. 그러나, 지역사회에 대한 도움의 여부에 관계없이 이들을 검토해보는 것도 의미가 있으리라 본다. 이 접근방법들을 검토한 후 이들을 고려하면서 지역사회 친환경개발의 전략을 논의하고자 한다.

아래에서 살펴볼 일곱 가지 접근방법들은 환경위기의 원인을 정치·경제·사회 질서에서 찾는 점에서는 동일하지만, 변화 전략에서는 입장의 차이를 보이고 있다. 이들은 지역사회 친환경개발의 전략을 모색하기 위한 지적 기반을 제공하는 역할을 하므로 주요 내용들을 중심으로 요점 위주로 간략하게 살펴보도록 한다(Ryle, 1988; Williams, 1989; Bookchin, 1991; Jacobs 1991; Mander, 1991; Ekins, 1992; Lutz 1992; Marchall, 1992; Merchant, 1992; Pepper, 1993; Postman, 1993; Norgard, 1994; Salleh, 1997; Warren, 2002; Ife, 2002).

1) 에코사회주의(eco-socialism)

에코사회주의는 마르크스주의에 입각하여 자본주의는 근본적으로 노동자계급을 착취하듯이 토지와 자원을 착취한다고 본다. 따라서, 생산수단의 소유를 철폐 혹은 최소화해야 한다고 주장한다. 즉, 생산수단의 사회적 소유를 강조하고 자원과 생산의 통제를 주장한다. 다만, '수박'이라는 비판을 받고 있다. 수박이 겉은 녹색이지만 안은 붉은 색이듯이, 겉만 친환경을 표방한다는 비판에 직면하고 있다.

2) 에코아나키즘(생태무정부주의; eco-anarchism)

에코아나키즘에 따르면, 환경위기는 정부를 비롯한 지배계급이 낳은 위기이다. 즉, 중앙집권적 지배구조는 지배계급의 안정과 발전을 위해 경제개발에 집중함으로써 자연을 파괴시켰다는 것이다. 따라서 지방분권시스템을 통해 자연으로 회귀해야 한다고 주장한다. 그러나 이 주장은 환경문제가 일부 지역사회가 아니라 전 세계적으로 영향을 미칠 수 있으므로 어느 정도는 집중적 관리가 요구된다는 사실을 도외시한다는 비판을 받고 있다. 즉, 황사 문제는 몽골, 중국, 한국, 일본, 미국 간의 협조가 필요하고, 우리나라의 미세먼지 문제는 중국의 절대적인 협조가 필요하다. 이러한 문제들은 분권시스템으로 해결하기 어렵다는 사실을 깊이 인식하지 못하고 있다.

3) 에코페미니즘(eco-feminism)

환경위기는 경쟁적·착취적 사회로 인한 것인데 그러한 사회는 가부장제 사회라고 에코페미니즘은 주장한다. 가부장적 사회는 남성위주의 사회인데, 남성은 공존보다 경쟁을 중시하고 경쟁에서 우위를 점하고자 하는 경향이 강하다. 입신양명하려고 노력하고 따라서 외형성장을 중시하기 때문에 환경파괴를 중요한 문제로 인식하지 않는다. 또한, 가부장적 사회는 가사경제의 중요성을 무시하기 때문에 여성을 착취할 수 있다고 주장한다. 반면에, 여성은 외형적 성장을 추구하는 남성에 비해 절약을 강조하여 가정도 살리고 환경도 살릴 수 있다고 주장한다. '살림'은 '살리다'의 명사형인데, 여성은 가사 활동을 통해 가정을 살리는 '살림'을 맡고 있다고 주장한 어느 변호사의 말을 고려해봄직하다.

에코페미니즘의 대표적인 주장을 살펴보면 다음과 같다. 첫째, 경쟁적 구조를 협동적 구조로 전환시켜야 한다. 환경문제를 해결하기 위해 상의하고 협조하는 구조가 구축되어야 환경문제가 해결될 수 있다. 둘째, 개인주의를 집단적 의사결정구조로 바꾸어야 한다. 환경문제는 개별적 접근이 아니라 종합적 접근을 필요로 할 정도로 복잡한 문제이다. 따라서, 집단적으로 의사결정을 할 경우 더 좋은 아이디어를 창출하고 더 좋은 대안을 채택할 가능성이 높아진다. 특히, 21세기 '더불어 사는 세상'에서는 감성이 풍부한 여성들의 의사가 매우 중요시된다. 따라서, 의사결정과정에 여성들의 참여를 확대시키는 다양한 방안이 강구되어야 한다. 셋째, 모든 인간이 존중되는 사회로 변화되어야 한다. 억압된 상황에서는 창의적인 아이디어가 창출되기 어려우므로 여성을 포함하여 모두의 의사가 동등하게 대접받는 사회가 되어야 한다. 더구나, 여성들은 남성들에 비해 상대적으로 환경에 관심이 높으므로 여성들의 의견이 존중되어야 한다.

4) 에코러디즘(eco-luddism)

기술 개발은 인류에게 혜택보다 손해를 더 준다고 주장한다. 기계파괴운동을 뜻하는 '러디즘(luddism)'의 입장에서 볼 때, 핵개발은 인류의 에너지문제를 해결하기보다 인류의 생존을 위협하고, 교통기술의 발전은 인류를 자유롭게 하기보다 더 많은 환경적 비용을 요구한다. 이러한 관점에서 보면 기술개발은 환경위기의 주원인이 될 수도 있다. 한국교통연구원은 2018년도 전국 교통혼잡비용이 GDP($1조 6천억)의 2.2% 정도인 약 $350억(약 42조원)이라고 발표했다. 일본의 한 국책연구소는 서울의 공해는 도쿄보다 심각하여 서울 시민의 수명이 동경 시민보다 약 3년 단축된다고 발표한 바 있다. 이리하여, 에코러디즘은 인간이 통제할 수 있고 인간에게 직접적으로 행복을 주는 기술만 개발해야 한다고 주장한다.

5) 대안경제학(alternative economics)

자본주의 하의 경제시스템은 지구의 대처능력을 뛰어넘는 성장을 추진하여 환경위기를 초래했다고 대안경제학은 주장한다. 이러한 관점에서 대안경제학은 지속가능성의 원칙에 기초한 대안 마련이 시급하다고 주장하면서 두 가지 대안을 제시하고 있다. 첫째, 개발과 관련된 비용과 편익을 계산할 때 환경적 요소를 형식적이 아니라 실질적으로 포함해야 한다. 둘째, 초국적 기업들의 예에서 보듯이 일반 대중의 힘이 미치지 않는 곳에서 대규모 경제활동들이 이루어지는데 대부분의 초국적 기업들은 이익의 실현에만 초점을 맞추기 때문에 경쟁이 격화되고 이러한 거대한 경쟁 관계 속에서 초국적 기업들이 환경을 고려하기는 어렵다고 강조한다. 따라서, 이들은 지역사회에 기반한 경제시스템을 구축해야 한다고 주장한다.

6) 지구개발(global development)

환경문제를 발생시키는 원인에 대해 선진국과 개발도상국 간에 인식의 차이가 존재한다. 선진국은 개발도상국의 다산과 과도한 식량 소비를 주원인으로 보고, 개발도상국은 선진국의 그동안 개발, 1인당 과도한 선진국 식량 소비를 주요 원인으로 인식하고 있다. 지구개발주의자들은 남반구(개발도상국)의 환경 파괴는 개발도상국 국민들의 욕구 충족보다는 북반구(선진국)의 풍요로운 생활과 다국적 자본의 욕구를 충족시키기 위한 것이라고 주장한다. 따라서, 이들은 북반구가 남반구의 환경문제에 대해 책임을 느껴야 함과 동시에 지구는 하나의 공동체임을 인식하여야 한다고 강조한다.

7) 생태철학(eco-philosophy)

현재의 지배적인 세계관은 서구의 '인간중심주의' 사고이다. 즉, 인간의 이익은 다른 어떤 종의 이익보다 우선하고 자연세계는 인간을 위한 도구라고 본다. 종교적 관점에서 보면 기독교적 사고는 반환경적이고 불교적 사고는 친환경적이라고 주장한다. 이들은 인간도 생태계의 일부분이므로 전체로서의 생태계를 우선시해야 한다는 '생태중심주의'를 강조한다.

2. 지역사회 친환경개발 전략

위에서 소개한 일곱 가지 친환경적 접근방법들은 환경위기를 바라보는 관점에 따라 다양한 견해들을 제시하고 있지만, 궁극적으로는 생태학적 관점에서 지역사회개발이 이루어져야 함을 강조하고 있다. 이들의 주장이 아니더라도 좋은 환경을 유지하면서 지속가능한 개발을 하기 위해서는 지역사회개발이 생태학적 관점에 기초하여야 한다. 따라서, 제3장에서 소개한 생태학적 주요 원리들, 즉 전체성, 지속가능성, 다양성 등에 입각한 지역사회 친환경개발이 되어야 한다. 이를 위한 구체적인 전략은 다음과 같다.

1) 공동 목표 확립

지역사회를 구성하고 있는 지역주민, 지방자치단체장, 지방의원, 지방공무원, 지역기업, 지역학교, 다양한 지역단체 등을 포함한 모든 구성원들 간에 지역사회 친환경개발에 대한 공동 목표가 확립되어야 한다. 지역사회개발을 위한 모든 사업들에서 일시적인 개발이 아니라 지속적인 개발을 추진하고, 지역사회의 자원을 효율적으로 활용하며, 효율성이 있는 신재생에너지의 사용을 검토하고, 오염물질 배출을 최소화하는 목표를 추구하여야 한다. 지역사회의 환경은 수단적 가치를 가지는 것이 아니고 목적적 가치가 되고 있음을 인식하여야 한다. 주민들의 경제적 수준이 향상된다고 하더라도 환경이 나빠서 정신적 스트레스를 많이 받거나 혹은 건강에 이상이 생긴다면, 지역사회개발의 궁극적인 목표인 살기 좋은 지역사회를 건설하는 꿈은 물거품이 될 수 있다. 그리고 지역사회의 자연환경적 조건이 나쁘면, 기존의 주민들과 기업들이 다른 지역으로 이주할 수 있고 또한 관광객들에게 매력적인 장소가 될 수 없다. 제시된 일부 예를 통해 알 수 있는 것처럼, 자연환경의 질적 수준은 지역사회의 다른 측면들과 밀접하게 연관되어 있기 때문에 지역사회의 사회복지개발, 인적자원개발, 정치개발, 경제개발, 문화개발 등에도 큰 영향을 미칠 수 있다. 따라서, 지역사회 구성원들은 '자연과의 공생'이 중요함을 반드시 인식해야 하고, 이를 바탕으로 가능한 한 친환경적으로 지역사회개발을 계획하고 실시하도록 뜻을 모아야 한다.

2) 참여 확대

지역사회 친환경개발은 가능한 한 지역사회의 환경을 훼손시키지 않으면서 혹은 불가피할 경우에는 최소로 훼손시키면서 개발 활동을 하는 것이다. 앞에서 제시한 것처럼, 이는 개발과정에서 환경에 대한 배려는 물론이고 나아가서 환경에 대한 의무를 실천하는 활동이다. 지역사회가 처한 환경적 조건은 지역사회별로 다르기 때문에 지역사회에 맞는 창의적인 아이디어가 필요하다. 창의적인 아이디어는 그 문제에 대해 지속적으로 관심을 가지고 고민을 하는 과정에서 발현되기 쉽다. 따라서, 참여자가 많을수록 창의적인 아이디어의 원천이 확대될 수 있다. 또한, 환경문제를 일으키는 원인들은 매우 중요한 것에서부터 매우 사소한 것에 이르기까지 아주 다양하다. 중요한 원인은 누구나 인식할 수 있지만, 사소한 원인은 감지하기 어려운 경우가 많다. 사소한 원인들은 지역사회 구성원들의 일상생활을 통해 파악되는 경우가 적지 않다. 사소한 원인들은 구성원들이 일상생활 과정에서 직접 몸으로 체험하면서 느끼는 경우가 많기 때문에 이를 해결할 창의적이고 다양한 아이디어들은 체험자인 구성원들로부터 창출될 가능성이 크다.

지역사회 구성원들이 적극적으로 참여할수록 친환경적 지역사회개발을 촉진시키는 동력이 될 수 있다. 친환경적 지역사회개발이 중요하다는 것을 모르는 구성원들은 없을 것이다. 그러나, 친환경적 개발은 예상보다 훨씬 큰 어려움과 갈등을 유발할 수 있고 또한 개발과정이 지체될 수 있다. 따라서, 지역사회개발을 이끄는 선도자들이 처음에는 주민들의 의사를 존중하더라도 친환경적 개발과정에서 나타나는 여러 문제들로 인해서 주민들의 의사보다 동조자들의 의사를 더 중시하여 환경적 요소를 약화시키거나 혹은 독선적으로 친환경적 개발을 포기할 수 있다. 지역사회 구성원들의 참여가 늘어날수록 구성원들의 지역사회에 대한 주인의식이 더욱 강해지고 지역사회개발 과정에 대한 비판의식이 확대된다. 이는 선도자들이 역경을 이겨내고 친환경적 지역사회개발을 고수하도록 하는 힘으로 작용한다.

3) 친환경적 지역사회개발계획 수립·실시

앞에서 살펴본 바와 같이 지역사회개발은 환경을 고려하지 않거나 혹은 형식적으로 고려하면서 추진되는 경우가 많다. 이는 지역사회개발의 궁극적인 목적에 반하는 것이므로, 친환경적 지역사회개발계획을 수립·실시하여야 한다. 이를 위해서는 아래의 네 가지 원칙을 지켜야 한다.

(1) '선 환경보전계획 - 후 개발' 원칙

지역사회개발이 친환경적 개발이 되려면 그 계획에 대해 환경성 여부를 검토해야 한다. 그러려면 환경성 여부를 검토할 수 있는 기준이 있어야 한다. 지역환경보전계획은 환경성 여부를 검토할 수 있는 기준적 역할을 한다. 따라서, 지역환경보전계획을 먼저 수립한 후에 모든 지역사회개발 사업들에게 이 계획을 적용하여야 한다. 지역환경보전계획에 위배되는 지역사회개발 사업은 시행되지 말아야 한다.

(2) 환경에 기반한 입지 선정

환경적인 가치를 고려하면서 입지가 선정되어야 한다. 즉, 자연에 대한 감각적 체험을 바탕으로 보전하여야 할 공간은 철저하게 보전하고 개발 가능한 공간은 환경친화적으로 개발하는 전략적 접근이 요구된다. 개발할 수 있는 공간의 경우에도 가능한 한 최소한의 공간에 지역사회에서 필요로 하는 기능들, 즉 주거기능, 상업기능, 사무기능, 여가기능 등을 집중시킬 필요가 있다. 또한, 그곳에 생태공원 등 환경친화적인 공간을 조성하여야 한다. 이러한 환경친화적인 개발은 우리나라보다 환경에 관심을 더 많이 가진 서구국가들이 이미 시행하고 있는 중이다. 최근에 전 세계적으로 많은 관심을 받아 온 '콤팩트 시티(compact city)'가 대표적인 사례이다. '콤팩트 시티'는 미국에서는 '뉴 어바니즘(new urbanism)' 그리고 영국에서는 '어반 빌리지(urban village)'라는 정책으로 추진되고 있다.

📝 **콤팩트 시티(Compact City)** •

교외화(suburbanization)와 역도시화(disurbanization)가 진행되면서 도시 내에서 주민들과 기업들이 교외 지역이나 교외 지역에서 더 멀리 떨어진 지역으로 이주하였다. 이들이 이주하는 지역사회에는 주거지역과 기업입지 공간이 마련되어야 했다. 이는 잘 보존되고 있던 자연환경을 훼손시키는 결과를 초래하였다. 20세기 후반에 자연환경의 중요성이 강조되면서 중심도시 주변의 자연환경이 훼손되는 것을 중지해야 한다는 목소리가 힘을 받으면서 등장한 것이 도시의 주요 기능을 중심부에 밀집시키는 '고밀도 도시계획' 모델이다. 이것이 '콤팩트 시티(압축도시)'이다. '콤팩트 시티'라는 용어는 1970년 대 초반에 댄치그(George Dantzig)와 사티(Thomas L. Saaty)가 공동으로 집필한 『콤팩트 시티(Compact City: Plan for a Liveable Urban Environment)』에서 처음으로 사용되었다.

이는 '지속가능한 도시(Sustainable City)'를 구현하기 위한 도시정책이다. 즉, 도시 중심부의 걸어 다닐 수 있는 공간 내에 주거기능, 사무기능, 상업기능 등을 고밀도로 형성하고자 하는 정책이다. 이 정책의 기대 효과는 에너지를 절감하고, 대기오염물질 배출량을 줄이며, 도시의 무분별한 확장을 막아 외곽 지역의 환경파괴를 억제하고, 도심의 쇠퇴를 막는 것이다.

출처: 임재현(2016: 98-135)의 『도시행정론』에서 일부 발췌·재서술

---

(3) 수요·효율성 고려

개발을 포기한 지역사회는 존재 가치가 상실될 수밖에 없기 때문에 모든 지역사회는 지역사회개발을 위해 노력을 하든지 혹은 노력의 시늉을 한다. 실제로 노력을 하는 지역사회이든 아니면 시늉을 하는 지역사회이든 간에 지역사회개발이 추구하는 목적을 망각해서는 안 된다. 즉, 지역사회를 어떠한 방식으로든지 개발하면 수요는 창출될 것이라는 안이한 생각을 버려야 하고 정치적인 이유에 의한 개발도 지양되어야 한다. 지역사회를 친환경적으로 개발하고 싶다면 수요예측, 효율성, 시급성 등을 종합적으로 고려하면서 최적 규모로 지역사회를 개발해야 한다.

(4) 상징·역사와 조화

지역사회개발이 친환경적으로 이루어지려면 지역사회 내에서 간직되어 온 상징이나 역사와 조화를 이루어야 한다. 지역사회 내에서 전승되어 온 상징물이나 역사물은 당시의 자연환경적 요인을 고려한 경우가 많다. 시대가 바뀌었다고 해서 당시의 상황을 무시해서는 안 된다. 당시의 상황을 고려하면서 꼭 필요한 경우가 아니라면 가능한 한 이들과 조화를 이루면서 지역사회개발이 추진되어야 한다.

4) 실효성있는 환경영향평가제도 실시

환경영향평가제도란 환경 파괴와 오염을 사전에 방지하기 위한 제도로서, 환경적으로 건전하고 지속가능한 개발을 유도하여 쾌적한 환경을 유지하는 것을 목적으로 한다. 이는 특정 사업의 시행이 환경에 미치는 영향을 미리 조사·예측·평가하여 해로운 환경영향을 피하거나 줄일 수 있는 방안을 강구함으로써 환경 파괴와 오염을 예방하는 수단이다. 따라서, 이는 개발사업의 경제성, 기술성뿐만 아니라 환경성까지 고려함으로써 환경적으로 건전한 개발사업이 되도록 모색하는 제도이다. 이 제도의 목적을 이해한다면, 환경영향평가를 통과하지 못한 사업은 시행되지 않도록 해야 한다. 즉, 지역사회개발계획의 초기 단계부터 환경영향평가를 종합적이고 정확하게 시행한 후에 기준에 미달되는 사업은 추진을 보류해야 한다. 또한, 환경영향평가를 할 때 주요 항목이 빠지거나, 부실하게 평가하거나, 보고서를 제대로 작성하지 않는 등의 문제들이 발생되지 않아야 한다.

5) 지역환경정보망 구축

친환경적 지역사회개발이 이루어지려면 지역환경정보망이 구축되어야 한다. 환경적으로 합리적이고 효과적인 지역사회개발은 지역사회에 대한 종합적인 정보가 바탕이 되어야 하기 때문이다. 따라서, 각 지역사회별 그리고 기관별로 분산되어 있는 환경관련 자료들을 공동으로 활용할 수 있는 지역환경 정보망이 구축되어야 한다.

지역환경정보망이 구축되면 다양한 환경정보들을 제공받을 수 있고 또한 환경감시시스템을 구축할 수 있다. 먼저, 지역환경정보망은 자연환경을 오염 시키는 여러 가지 사례들과 요인들을 매우 다양한 제공자들로부터 제공받기 쉽게 하고, 이들을 종합적이고 정확하게 분석·처리할 수 있게 하며, 네트워크 를 통해 지역사회 주민들에게 이러한 정보를 제공함으로써 더 많은 주민들이 지역사회의 환경보호와 친환경개발에 참여할 수 있도록 한다. 또한 지역환경 정보망을 활용하여 환경감시시스템을 구축할 경우 지역사회 곳곳에 대한 환 경오염 요인들을 사전에 감시할 수 있다.

6) 예방적 전략 추구

서구국가들은 경제적 풍요로움을 중요시하지만 그것보다 인간답게 살 수 있는 정신적 문화와 깨끗한 생활환경을 강조하는 경향이 최근에 매우 강하다. 이는 사회의 흐름에 맞추어 육체와 정신의 조화를 통해 행복하고 안락한 삶 을 지향하기 때문이다. 거기에 더해 산업혁명으로 인해 발생한 아픈 과거에 대한 반성 때문이기도 하다. 영국에서 산업혁명이 발생하자 도시노동자들은 처참한 생활을 하였고 또한 엄청난 환경오염에 시달렸다. 그 부작용의 하나로 전염병이 확산되어 처참한 생활이 지속되었다. 서구국가들은 그 후유증을 치 유하는 데 수많은 세월을 소비했다.

서구국가들의 쓰라린 경험은 지역사회 환경보호를 위한 예방적 전략의 중요성을 깨닫게 한다. 환경문제가 발생한 후 해결하려는 전략이 아니라 환경 문제의 근본적인 원인을 사전에 방지하는 예방적 전략을 추구해야 한다. 즉, 지역사회의 환경문제를 해결하는 데는 시간과 비용이 많이 드는 사후적 수단 보다 일상생활을 하면서 조금만 더 환경을 배려하고 환경을 의무적으로 보호 하고자 하는 인식과 활동을 강조하는 사전적 예방이 최선이라고 할 수 있다.

7) 세계와 공조

지구환경의 현황에서 살펴보았듯이, 20세기에 들어와서 지구환경은 최대의 위기를 맞고 있다. 그동안 경제성장과 물질만능주의에 몰입하여 자연환경을 인류의 풍요로움을 위한 수단으로 인식하였고 경제개발을 위해 자연환경을 파괴하는 것을 당연시하였다. 인류의 삶의 질을 향상시키기 위한 경제적 노력이 역으로 삶의 질을 저하시키고 있을 뿐만 아니라 인류의 생존조차 위협하고 있다. 지구 환경오염은 국지적인 문제가 아니라 지구적 차원의 공동 관심사가 되었고 전 지구적인 공동 대처를 필요로 하고 있다. 지역사회 환경과 지구환경은 독립적이 아니라 상호 연관이 있으므로 생태적 지식과 경험을 서로 교환해야 함을 인식하고 전 지구적으로 공동 노력하는 자세를 가져야 한다.

참고문헌

강영숙 외 (2019). 『지역사회복지론』. 서울: 동문사.

구견서 (2018). 『일본의 지역문화정책』. 서울: 신아사.

국가균형발전특별법 (2004).

국제중소기업협의회 (1999). 『영국 '과학기업도전' 프로그램 분석』. 국제중소기업협의회.

기획재정부 (2008). 영국 Business Link제도의 정책적 시사점. 기획재정부.

김남선 (1991). 『지역사회개발학 개론』. 서울: 형설출판사.

김윤재 외 (2016). 『지역사회복지론』. 서울: 동문사.

김정수 (2017). 『문화행정론』. 파주: 집문당.

김종춘 (2011). 『베끼고, 훔치고, 창조하라』. 매일경제신문사.

김천권 (2004). 『도시개발과 정책』. 서울: 대영문화사.

김태연 · 황종환 (2017). 『내생적 지역발전과 지역산업의 육성전략』. 충남발전연구원.

김현식 · 진영효 (2003). 정보화시대 도시공간 변화에 관한 연구. 국토연구 36: 59-76.

김현호 외 (2017). 『지역사회복지론』. 파주: 양서원.

김형국 (2002). 『고장의 문화판촉: 세계화시대에 지방이 살 길』. 서울: 학고재.

김호기 (2007). 『한국시민사회의 성찰』. 서울: 아르케.

김흥순 (2003). 선발 첨단산업지역으로부터의 교훈: 실리콘 밸리와 루트 128을 중심으로. 지역사회발전학회논문집 28 (1): 7-25.

로버트 퍼트넘 (2016). 『나 홀로 볼링』. 정승현 옮김. 서울: 페이퍼로드.

마누엘 카스텔 (2003). 『밀레니엄의 종언』. 박행웅 · 이종삼 옮김. 서울: 한울아카데미.

_____(2014). 『네트워크 사회의 도래』. 김묵한 옮김. 서울: 한울아카데미.

마샬 맥루한·브루스 파워스 (2005). 『지구촌(Global Village)』. 박기순 옮김. 서울: 커뮤니케이션북스.

마이클 폴라니 (2001), 『개인적 지식』. 표재명·김봉미 옮김. 서울: 아카넷.

마이클 해머·제임스 챔피 (2008). 『리엔지니어링 기업혁명』. 공민희 옮김. 서울: 김영사.

모성은 (2010). 『지역경제정책론』. 서울: 박영사.

문병집 (1994). 『지역사회개발론』. 서울: 법문사.

문화관광부 (2004). 『창의한국』. 문화관광부.

찰스 라이트 밀즈 (1978). 『사회학적 상상력』. 강희경·이해찬 옮김. 서울: 홍성사.

박원진 외 (2018). 『지역사회복지론』. 서울: 수양재.

박인권 (2003). 내생적 지역발전. 국토 통권 265호.

박조원 (2004). 『국제영화제 평가 및 향후 발전방안』. 한국문화관광정책연구원.

박혜자 (2011). 『문화정책과 행정』. 서울: 대영문화사.

배종석 (2006). 『사람기반 경쟁우위를 위한 인적자원론』. 서울: 홍문사.

베르너 크뢰버 릴 (2004). 『영상커뮤니케이션』. 조창연 옮김. 서울: 커뮤니케이션북스.

새뮤얼 헌팅턴 외 (2001년). 『문화가 중요하다』. 이종인 옮김. 서울: 김영사.

서종국 (2005). 정보화와 도시공간 및 행태의 변화에 관한 연구. 한국행정논집 17(2): 291−311.

양태석 (2006). 프랑스 파리에서 혁신적인 창업 지원을 이끄는 누마(NUMA)와 에콜 42(Echol42). http://www.thevoiceofus.co.kr/news/article.html?no=1352

앨빈 토플러 (1991). 『권력이동』. 이규행 옮김. 서울: 한국경제신문사.

_____ (1995). 『미래쇼크』. 이규행 옮김. 서울: 한국경제신문사.

_____ (2006). 『제3의 물결』. 원창엽 옮김. 서울: 홍신문화사.

_____ (2006). 『부의 미래』. 김중웅 옮김. 서울: 청림출판.

에릭 리우·닉 하나우어 (2017). 『민주주의의 정원』. 김문주 옮김. 웅진지식하우스.

위키미디어 재단 (2001). 위키백과.

유승권 (2006). 『도시 마케팅의 이해』. 서울: 한솜미디어.

유승우 (2008). 『HRD101: 인적자원개발 원론』. 서울: 문음사.

이대현 (2016). '축제, 지역의 매력을 이야기하라!' 공감 2016.05.30.

이무용 (2002). 도시마케팅 전략에 대한 문화적 제 고찰. 도시정보 247.

_____ (2006). 『지역발전의 새로운 패러다임 장소마케팅 전략』. 서울: 논형.

이영진·권대웅 (1999). 『문화와 관광』. 서울: 학문사.

이영철 (2014). 『지역사회복지론』. 파주: 양서원.

이자원 (2000). 정보화와 도시공간구조의 변화. 지리학연구 34(4): 245-258.

이종식 (2009). 『NGO와 지역사회의 이해』. 파주: 한국학술정보(주).

이희연 (1991). 『경제지리학』. 서울: 법문사.

_____ (2005). 세계화시대의 지역인구에서 장소마케팅의 의의와 활성화방안. 한국
　　도시지리학회지 8(2): 22-50.

임재해 (2000). 『지역문화와 문화산업』. 서울: 지식산업사.

임재현 (2016). 『도시행정론』. 서울: 대영문화사.

_____ (2017). 『지방행정론』. 서울: 대영문화사.

임학순 (2003). 『창의적 문화사회와 문화정책』. 서울: 진한도서.

장원섭 (2011). 『인적자원개발』. 서울: 학지사.

장재윤 (2018). 『문화적 다양성과 창의성: 심리학적 접근』. 서울: 집문당.

장 피에르 바르니에 (2008). 『문화의 세계화』. 주형일 옮김. 서울: 한울.

전남련 외 (2013). 『지역사회복지론』. 파주: 정민사.

정재삼 (2000). 『수행공학의 이해』. 서울: 교육과학사.

정진철 (2008). 미국에서의 논쟁 분석을 통한 HRD 개념 정립과 I-A모형에 기초한
　　HRD 도전과제 분석. 농업교육과 인적자원개발 40(3): 275-293.

정치학대사전편찬위원회 (2002). 『21세기 정치학대사전』. 서울 : 아카데미아리서치.

조지프 슘페터 (2016). 『자본주의 사회주의 민주주의』. 이종인 옮김. 서귀포: 북길드.

존 메들리 (2004). 『초국적 기업 세계를 삼키다』. 차미경 외 옮김. 파주: 창비.

존 워너 (2019). 『인적자원개발론』. 차종석·류종현·류충렬·박형근 옮김. 서울: 한
　　경사.

지그문트 바우만 (2013). 『방황하는 개인들의 사회』. 홍지수 옮김. 성남: 봄아필.

지은실 (2009). 『인적자원관리용어사전』. 한국학술정보.

짐 아이프 (2005). 『지역사회개발』. 류혜정 옮김. 서울: 인간과복지.

짐 콜린스·제리 포라스(2009). 『성공하는 기업들의 8가지 습관』. 워튼 포럼 옮김.
　　서울: 김영사.

최경원 (2011). 『중국인 개별관광객 유치 활성화방안』. 한국문화관광연구원.

최상호 (2004). 『지방시대 지역사회개발론』. 서울: 박영사.

피터 드러커 (2009). 『지식사회』. 서울: 한국경제신문,

경남도민신문 (2018). 창녕군 우포늪 생태관 관람객 유치 박차 2018.03.01.

경향신문a (2007). 거꾸로 가는 미국, 뜨거워지는 지구. 2007.04.12.

＿＿＿＿b (2007). 中 발전한만큼 기후대책을… 訪中 메르켈, 원자바오에 촉구.
   2007.08.27.

나무위키 (2021). 마당을 나온 암탉(애니메이션). 2021.01.01.

＿＿＿＿ (2021). 화천산천어축제. 2021.01.17.

노컷뉴스 (2011). 영화·드라마 세트장 '흉물'로 방치. 2011.09.19.

뉴스인데일리 (2018). 직장인 73.8% '직무전환 준비 중'. 2018.05.17.

뉴스1 (2020). 태양광 '와르르' 이유 있었네. 83%가 경사도 높은 '옛날 기준'.
   2020.08.12.

다온푸드솔루션 (2016). 세계 농산품 수출국 2위 네덜란드, 그 답은 푸드밸리에 있다.

동아일보 (2013). 흉물로 변한 제주 드라마 세트장. 2013.11.19.

머니투데이 (2016). '2016 산천어 축제' 경제효과 2,499억 … 전년比 34%↑.
   2016.04.27.

아는동네 (2017). 애니메이션과 함께 숨쉬는 일본의 도시들. 2017. 12. 19

에듀윌 시사상식 (2019). 2019.12.

엠 프랑크푸르트 (2020). "슈투트가르트, 독일 최대의 문화 중심도시로 등극해".
   2020.09.11.

연합뉴스 (1994). 서울시, 남산 제모습 가꾸기 본격 추진. 1994.11.21.

연합뉴스 (2021). 화천군 산천어축제 산업화 대박 터지나. 2021.01.31.

월간조선(2010). 네덜란드의 폐기물 재활용 시스템. 2010.05.26.

위키백과 (2021). 1991년 낙동강 페놀 오염 사건. 2021.01.23.

이코노미스트 (2013). 유리천장지수. 2013.03.

＿＿＿＿＿＿ (2015). 유리천장지수. 2015.03.

장애인교육권연대 (2005). 장애우 차별 이렇게 심각하다니. 2005.03.11.

전라일보 (2017). 콘텐츠의 힘. 2017.02.05.

제이누리 (2012). 잘츠부르크, 에든버러 … 제주관광 새 가능성을 보다. 2021.03.19.

조선일보 (2017). 이국 정서가 넘치는 나가사키 … 애니메이션 박람회까지. 2017.
    05.23.

중부매일 (2008). 단일민족 주장할 때가 아니다 2008.05.22.

중앙일보 (2019). 30년 전 페놀 수돗물 파동 … 그 충격에도 교훈 못 얻었다.
    2019.06.22.

채널A (2020). 4년 전 신공항 실사단장 "가덕도, 가장 어려운 곳". 2020.11.19.

투어코리아(2015) '얼음나라 화천, 산천어 축제'를 전세계인 즐기는 축제로!
    2015.11.19.

한계레신문 (1997). 오존층파괴되면 생물 DNA도 손상.. 미 연구팀 밝혀.
    1997.04.17.

한국민족문화대백과사전. 몬트리올 의정서.

한국일보 (2009). 日 애니메이션 '벼랑 위의 포뇨' 속 풍경 보존된다. 2009.10.05.

한국일보 (2013). 남산 외인아파트 철거. 2013.05.21.

KBS (1991). 대구 수돗물 악취. 1991.03.17.

Arnstein, S. R. (1969). A Ladder of Citizen Participation. Journal of the American
    Institute of Planners 35 (4).

Babones, S. (2008). Studying Globalization: Methodological Issues. In G. Ritzer
    (ed,). The Blackwell Companion to Globalization. John Wiley & Sons.

Baldock, P. (1974). Community Work and Social Work. London: R. K. P.

Banfield E. (1968). The Unheavenly City: The Nature and Future of Our Urban
    Crisis. Boston: Life & Brown.

Batten, T. (1957). Communities & Their Development. London: Oxford
    University Press.

Battisti, D. (2009). Historical warnings of future food insecurity with
    unprecedented seasonal heat. Science 323: 240−244.

Beal, G. & D. Hobbs (1966). The Process of Social Action in Community and
    Area Development. Ames, Iowa: Iowa State University Press.

Beauregard, R. (1986). The Chaos and Complexity of Gentrification. In Smith, N.

& P. Williams (eds.). Gentrification of the City. Winchester, Mass.: Allen & Unwin Inc.

Bianchini, F. & M. Parkinson (1993). Cultural Policy and Urban Regeneration: The West European Experiance. Manchester: Manchester University Press.

Bookchin, M. (1991). The Ecology of Freedom: The Emergence and Dissolution of Hierarchy. Montreal: Black Rose Books.

Bourdieu, P. (1986). The Forms of Capital. In J. Richardson (ed.). Handbook of Theory and Research for the Sociology of Education. Westport, CT: Greenwood Press.

Brochand, B. & J. Lendrevie (1989). Le Publicitor. Paris: Dalloz Gestion.

Bryson, L. (1992). Welfare and State. London: Macmillan.

Carson, R. et al. (1962). Silent Spring. Boston: Houghton Mifflin.

Castells, M. (1994). Space of Flows: Raum der Strome. Noller, P. (hg.). Eine Theorie des Raums in der Informationsgesellschaft. Frankfurt: Stadt−Welt.

_____ (1996). The Rise of the Network Society. Cambridge: Blackwell Publishers Inc..

Castells, M. & P. Hall (1994). Technopoles of the World. London: Routledge.

Chambers, R. (1993). Challenging the Professions: Frontiers for Rural Development. London: Intermediate Technology Publication.

Christenson, J. & J. Robinson (1989). Community development in perspective. Iowa University Press.

Collins, J. (2001). Good to Great. Harper Business.

Cooke, P. (2004). Introduction. In H. Braczyk & M. Heidenreich (eds.). Regional Innovation System. London: UCL Press.

Cox, E. (1995). A Truly Civil Society. Sydney: ABC Books.

Cox, K. (1995). Globalisation, Competition and the Politics of Local Economic Development. Urban Studies 32 (2): 213−224.

Crouch, C., Nash, K. & A. Scott (2012). The Wiley−Blackwell Companion to Political Sociology. John Wiley & Sons.

Daylor, R. (2002). Evolution of the Route 128, Boston. paper presented in an

International Symposiumon the Developing Knowledge Industrial Clusters in a Metropolitan Setting.

Darby, J. & G. Morris (1975). Community groups and research in Nothern Ireland. Community Development Journal 10 (2): 113−119.

Delanty, G. & C. Rumford (2008). Political Globalization. In G. Ritzer (ed.). The Blackwell Companion to Globalization. John Wiley & Sons.

Donnison, D. (1991). A Radical Agenda: After the New Right and the Old Left. London: Rivers Oram.

Dunham, A. (1967). Community Welfare Organization: Principles and Practice. N.Y.: Crowell.

_____ (1970). The Community Organization. N.Y.: Prentice Hall.

Ekins, P. (1992). A New World Order−Grassroots Movements for Glocal Chang. London: Routledge.

Esping−Andersen, G. (1990). The Three Worlds of Welfare Capitalism. New Jersey: Princeton University Press.

Forestry Commission (2010), Sustainability. Forestry Commission.

Gamble, A. (1994). The Free Economy and the Strong State. Basingstoke: Macmillan.

Gandhi, M. (1982). An Autobiography or the Story of My Experiments with Truth. Harmondsworth: Penguin.

George, V. & P. Wilding (1984). The Impact of Social Policy. London: Routledge.

Gibson, D. & E. Rogers (1994). R&D Collaboration on Trial. Boston: Harvard Business School Press.

Gilbert, N. (2012). Dimensions of Social Welfare Policy. N.Y.: Pearson.

Gilley, J. & S. Eggland (1989). Principles of Human Resource Development. Reading, Mass: Addison−Wesley.

Guilford, J. (1967). The Nature of Intelligence. N.Y.: McGraw & Hill Inc..

Goeppinger, J., Lassiter, P. & B. Wilcox (1982). Community health is community competence. Nurs Outlook 30 (8): 464-467.

Goist, P. (1971). City and Community: The Urban Theory of Robert Park. American Quarterly 23 (1): 46-59.

Goodin, R., Headey, B., Muffels, R. & H. Dirven (1999). The Real Worlds of Welfare Capitalism. Cambridge: Cambridge University Press.

Gough, I. (1979). The Political Economy of Welfare State. London: Macmillan.

Hamlin, R. & J. Stewart (2011). What is HRD? A definitional review and synthesis of the HRD domain. Journal of European Industrial Training 35 (3): 199−220.

Harvey, D. (1989). The Conditions of Postmodernity. Oxford: Blackwell.

Hill, M. (1997). The Policy Process in the Modern State. N.Y.: Prentice Hall.

Hillery, G., Jr. (1955). Definitions of Community: Areas of Agreement. Rural Sociology 20: 111-123.

Holland, J. & J. Blackburn (1998). Whose Voice? Participatory Research and Policy Change. London: Intermediate Technology Publications.

ICA (1956). The community development guiding of international cooperation administration. Community Development Review 3: 1−15.

Ife, Jim (2002). Community development: community−based alternatives in an age of globalisation. Sydney: Pearson Education.

IMF (2008). Global warming and agriculture.

IPCC (2007). Especially affected systems, sectors and regions.

_____ (2013). Synthesis Report Summary for Policymakers.

Jacobs, M. (1991). The Green Economy−Environment, Sustainable Development and the Politics of the Future. London: Pluto Press.

Jones, M. (1996). The Australian Welfare State. Sydney: Allen & Unwin.

Kemp, S. (1995). Practice with communities. In Meyer, C. & M. Mattaini(eds.). The Foundations of Social Work Practice. Washington, D.C.: NASW Press.

Kennedy, R. (1989). Australian Welfare: Historical Sociology. Melbourne: Macmillan.

Knight, R. (1995). Knowledge−based development. Urban Studies 32 (2): 225−260.

Kohn, A. (1986). No Contest: The Case Against Competition. Boston: Houghton Mifflin.

Koivunen, H.(1998), Value Chain in the cultural sector, paper presented in Association for Cultural Economics International Conference, Barcelona. June: 14−17.

Kroehl, H. (1987). Communication Design 2000. Zurich: ABC Edition.

Lobell, D. et al. (2008). Prioritizing climate change adaptation needs for food security in 2030. Science 319: 607−610.

Loken, B., Ross, I. & R. Hinkle (1986). Consumer Confusion of Origin and Brand Similarity Perceptions. Journal of Public Policy and Marketing 5: 195−211.

Lutz, M. (1992). Humanistic Economics: History and Basic Principles. In Mclaren, P. & C. Lankshear (eds.) Politics of Liberation: Paths from Freire. London: Routledge.

MacIver, R. & C. Page (1950). Society. London: Macmillan.

Mander, J. (1991). In the Absence of the Sacred: The Failure of Technology and Survival of the Indian Nations. San Francisco: Sierra Club Book.

Marshall, P. (1992). Nature's Web: An Exploration of Ecological Thinking. London: Simon & Schusster.

Mayo, A. (2000). The role of employee development in the growth of intellectual capital. Personnel Review 29 (4): 521−533.

McLagan, P. (1989). Models for HRD practice. Training and Development Journal 41 (9): 49−59.

Meadow, D. & J. Randers (1992). Beyond the Limits−Global Collapse or a Sustainable Future. London: Earthscan.

Merchant, C. (1992). Radical Ecology: The Search for a Livable Word. N.Y.: Routledge.

Middlemas, K. (1979). Politics in Industrial Society. London: Andre Deutsch.

Mills, C. W. (1959). The Sociological Imagination. London: Oxford University Press.

Mimura, N., et al. (2007). Executive summary. In Parry, M., et al. (eds.). Small Islands. Cambridge: Cambridge University Press.

Mishra, R. (1981). Society and Social Policy: Theories and Practice of Welfare. London: Macmillan.

_____ (1984). The Welfare State in Crisis. Brighton: Wheatsheaf.

_____ (1999). Globalization and Welfare State. Cheltenham: Edward Elgar.

Modelski, G., Devezas, T. & W. Thompson (2007). Globalization as Evolutionary Process: Modeling Global Change. London: Routledge.

Mooney, A. & B. Evans (2007). Globalization: The Key Concepts. Routledge.

Mosher, A. (1958). Varieties of Extension Education and Community Development. N.Y.: New York State College of Agriculture at Cornell Unoversity.

Nelson, L. (1948). Rural Sociology. Woodstock: American Book Co.

Norgaard, R. (1994). Development Betrayed: The End of Progress and a Coevolutionary Revisioning of the Future. London: Routledge.

Nye, Joseph S., Jr. (1990). Bound To Lead: The Changing Nature Of American Power. N.Y.: Basic Books.

O'Connor, J. (1973). The Fiscal Crisis of the State. N.Y.: St. Martin's Press.

Offe, C. (1984). Contradictions of the Welfare State. London: Hutchinson.

Olsen, E. (1961). school and Community. Englewood Cliffs, NJ.: Prentice Hall Inc.

O'Reilly, C. & J. Pfeffer (2008). Hidden Value. Boston: Harvard Business School Press.

Pepper, D. (1993). Eco−Socialism: From Deep Ecology to Social Justice: London: Routledge.

Perman, R. & A. Gurin (1972). Community Organization and Social Planning. N.Y.: John Wiley & Sons.

Pfeffer, J. (1994). Competitive Advantage through People: Unleashing the Power of the Work Force. Boston, MA: Harvard Business School Press.

Porter, M. (1998). The Competitive Advantage of Nations: With a New

Introduction. N.Y.: Free Press.

_____ (1998). Competitive Strategy: Techniques for Analyzing Industries and Competitors. N.Y.: Free Press.

Postman, N. (1993). Technology: The Surrender of Culture to Technology, N.Y.: Random House.

Putnam, R. (1994). Making Democracy Work: Civic Traditions in Modern Italy. New Jersey: Princeton University Press.

Rawls, J. (1972). A Theory of Justice. London: Oxford University Press.

Richardson, H. (1979). Regional Economics. Urbana: University of Illinois Press.

Rifkin, J. (2000). The Age of Access. N.Y.: Penguin Putnam Inc.

Roberston, R. (1992). Globalization: Social Theory and Global Culture. London: Sage.

Rodger, J. (2000). From a Welfare State to a Welfare Society. London: Macmillan.

Rothman, J. (2005). Approaches to community intervention. In Rothman, J., Erlich, L. & J. Tropman (eds.). Strategies of community intervention. Itasca, IL: F. E. Peacock.

Ryle, M. (1988). Ecology and Socialism. London: Radius Century Hutchinson.

Salleh, A. (1997). Ecofeminism as Politics: Nature, Marx and Postmodern. Sydney: Allen & Unwin.

Sanders, I. (1976). The Concept of Community Development. In Gary, L. (ed.). Community Development as a Process. Columbia: University of Missouri Press.

Saul, J. (1992). Voltaire's Bastards: The Dictatorship of Reason in the West. N.Y.: Vintage Books.

Saunders, P. (1994). Welfare and Inequality. Cambridge: Cambridge University Press.

Saxenian, A. (1991). Local area networks: Industrial adaptation in Silicon Valley. in J. Brotchie et al. (eds.). In Cities of the 21st Century. N.Y.: Longman Cheshire.

Schultz, T. (1961). Investment in Human Capital. American Economic Review 51: 1−17.

Shragge, E. (ed.). (1990). Community Economic Development: In Search of Empowerment and Alternatives. Montreal: Black Rose Books.

Shumpeter, J. (1949). The Theory of Economic Development. Cambridge: Harvard University Press.

Smith, C. (1998). Creative Britain. London: Faber and Faber Limited.

Smith, N. (1986). Gertrification, the Frontier and the Restructuring of Urban Space. In Smith, N. & P. Williams (eds.). Gentrification of th City. Winchester, Mass.: Allen & Unwin Inc.

Smith, P. (2001). Cultural Theory. Oxford: Blackwell Publishers Inc.

Snedcof, H. (1990). Cultural Facilities in Mixed−Use Development. The Urban Land Institute.

Steger, M. (2003). Globalization: A Very Short Introduction. London: Oxford University Press.

Storper, M. & A. Scott (1995). The Wealth of Regions: Market Forces and Policy Imperatives in Local and Global Context. Futures 27 (5): 505−526.

Street, J. (1997). Politics and Popular Culture. Philadelphia: Temple University Press.

Swanson, R. & E. Holton (2009). Foundations of Human Resource Development. San Francisco, CA: Berrett−Koehler.

Tapper, A. (1990). The Family and the Welfare State. Sydney: Allen & Unwin.

Throsby, D. (2001). Economics and Culture. Cambridge: Cambridge University Press.

Tylor, E. (1958). Primitive Culture. N.Y.: Harper & Row.

Van de Veer, D. & C. Pierce (1998). The Environmental Ethics and Policy Book. London: Wadsworth.

Warren, K. (2000). Eco−feminist Philosophy: A Western Perspective on what it is and why it matters. Ianham, MD: Rowman & Littlefield.

Warren, R. (1987). The Community in America. N.Y.: UPA.

Weinberger, L. (1998). Commonly Held Theories of Human Resource Development. Human Resource Development International 1 (1): 75−94.

Wilding, P. (1986). In Defence of Welfare State. London: Manchester University Press.

Wilensky, H. & C. Lebeaux (1965). Industrial Society and Social Welfare. N.Y.: The Free Press.

Williams, F. (1989). Social Policy: a Critical Introduction. Cambridge: Polity Press.

World Commission on Environment and Development (1987). Our Common Future. UN WCED Report.

찾아보기

임재현

한국외국어대학교 영어과 학사
연세대학교 행정학과 석사
미국 University of Delaware 도시정책학 박사
한국행정학회 이사 역임
한국정책학회 이사 역임
지방자치단체·공공기관 평가위원 역임
국가고시·공무원시험 출제·채점 위원 역임
오리건주립대학 교환교수 역임
숙명여자대학교 사회과학대학 학장 역임
숙명여자대학교 정책대학원 원장, 인적자원개발대학원 원장 등 역임
현) 숙명여자대학교 행정학과 교수

저서: 사회복지정책론(법문사), 주택정책론(부연사), 부동산학개론(부연사), 공동주택관리론(부연사), 부동산과 현대사회(부연사), 도시행정론(대영문화사), 지방행정론(대영문화사).

논문: 도시의 성장과 쇠퇴(현대사회발전연구), 우리나라의 도시별 도시화단계(주택연구), 광역행정체계의 활성화에 관한 연구(현대사회연구), 영구임대주택단지의 공동체 활성화에 영향을 미치는 요인에 관한 연구(한국정책과학학회보), 주택특성가격이론의 발전 모색(한국행정학보), 지역개발의 과제(사회·교육과학연구), 무주택서민을 위한 지방정부의 주택프로그램이 주택쇼핑의 능률성에 미친 영향(주택연구), 지방자치단체의 자치구역에 관한 연구(한국행정연구), 영구임대주택단지 임차가구의 삶의 질에 영향을 미치는 요인에 관한 연구(GRI연구논총), 국가 지식정보자원 관리체계의 효과적 구축을 위한 제언(한국행정연구), 수자원 분쟁 해결방안(사회·교육과학연구), 지방재정 확보에 관한 연구(사회·교육과학연구), 지속가능한 발전을 위한 수자원 관리방안(사회·교육과학연구), 주택저당채권유동화제도의 활성화 방안(사회·교육과학연구), 생태계 보전을 위한 관리방안(사회·교육과학연구), 주상복합건물의 매매가격에 영향을 주는 요인에 관한 연구(대한부동산학회지), 서울시 아파트의 전세가격 격차에 영향을 주는 요인에 관한 연구(지적), 영구임대주택단지의 공동체 활성화 요인에 대한 수요 분석(한국정책학회보), 주상복합아파트 임대료의 산포에 영향을 주는 요인(지적과 국토정보), 문화지구의 지가의 영향요인에 관한 연구(지적과 국토정보), 성과평가제도의 평가결과 요인이 직무태도에 미치는 영향(한국인사행정학회보) 외 다수.

지역사회개발론

초판발행   2021년 2월 25일

지은이   임재현
펴낸이   안종만·안상준

편 집   전채린
기획/마케팅   장규식
표지디자인   BenStory
제 작   고철민·조영환

펴낸곳   (주) **박영사**
             서울특별시 금천구 가산디지털2로 53, 210호(가산동, 한라시그마밸리)
             등록 1959. 3. 11. 제300-1959-1호(倫)

전 화   02)733-6771
f a x   02)736-4818
e-mail   pys@pybook.co.kr
homepage   www.pybook.co.kr
ISBN   979-11-303-1293-4   93350

정 가   20,000원